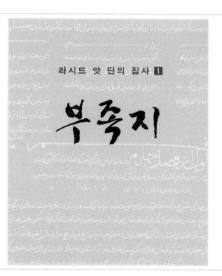

라시드 앗 딘의 집사 **1**

부족지

라시드 앗 딘 지음 | 김호동 역주

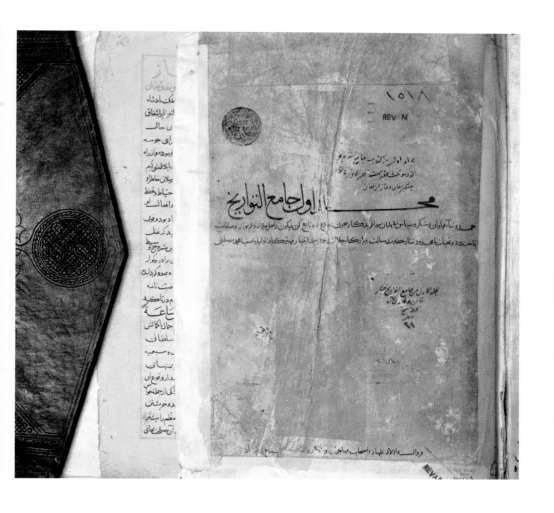

터키 이스탄불 톱카프 도서관에 소장된 『집사』 사본(Revan Köşkü 1518)의 겉표지.
_출처:『大モンゴル』(卷1, 東京, 1992)

بعضی حکایات ایشان در تاریخ دیون بایان والان مذکور است و اکنون قوم اخماجد مذکور ایمغو مغول از غوان مغول اندر قسم دو قسم اندمغول و مغول نیرون لکین و سواد انغولکین
مغول است و سواد از نیرون انگلب صلب طامر باسنده یعنی از نسل صلب الان قوا کان کتابت یعنی مغول معروف و مشهور است

اول

اول که اسنا نو مغول لکین کویند اسان سعبت اقوام یا ساندکه از نسل بقیه از قوم مغول کورومان کو بود
ارک نه قو ن زنده بود لیکن سنو اندو مسرازی از دیون سلطان والان قوا بود ۰ اند

دوهر

دوهر که اسنا نو مغول نیرون کویند اسنا زیغوان اندکه از نسل الان قوا بعد از واز نسل الان فوا بعد از واز دیون سلطان بادید
اندر اند و الان قوا زقوم قورلاس بود زقوم لیکنه بود که یکت شعبه اسنل دمغول لکین واین وا بیعم بعد مغول بعد واز وانشه از نو د
اسن یند و سه سواز وبوجود امذه و اناکل واین سان الان قوا بسرا نیرون اسنا نو الان سنده و معنی نیرون کویند اسنا نو نیرون کو صلب طبنه اشارت
بان صلب طا مریسنکه اندو بابا دیدمذه زمان و این قوام وابن قسل الان غوا و بهوان وا از نسل الان غوا و بهوان وا اندیو سقیم اند بدین عصل

اول

انک از نسل الان قوا ما سنده رابطن غوا سم اوکه
قبلطان بوده و نما دیث ایند جماعنا از سران یه بس
الان قوا ودروغ ایشان طفلان نیرون کو بند
واز دار ان قبل طان واد روغ اسنار خان مجنین بنیرون
کویند

دو

انک مرحند نیرون با سنده بسا با غا صان
کویند وا یسان طایفه اندکه از بطن سم سنم
الان قوا از نسل قبل خان با دید مذه باسند

اول

انک مرحند زقوم نیرون و مساری نسل
مال الان قوا ما سنده وا زور زلان سنم
او قبل خان درو جود امذه نسل زابنا
بوجتین کو بند و نسبه السان جان
است که از بسرزاده قبل خان بیسو کلا بی
باد و مدرخنک کبرخان درو جود امذه
بلمسته

قسم

اول از فصل از جمام

درد کرا اقوام اتراک مغول ک اسنا غاد و لکین کویند
وایسان بنیبعب اقوام یاسنده که از نسل کورومان که دارکنه قون و بندره درد مسول کنشته اندو بیسن
ازمان دیون مامان والا ن قوا ۱ بوده ۰ اند

بوجی که در مقدمه این کتاب مبارک شرح داد سند اقوام مغول و صنوف اندعموم اقوام انکل نه بود ۰ اندو شکل به لعنت اسان بیکر بکر ما سند و مجمو ع
اون قوم از نسل یافت سیغاسر هو علیه السلم اندک او ابولجم خان خبرانده اند و صدعموم طوابط اتراک بود ۰ لکین جنو عهد دیر بعد از روزکار ۶بدر
کنسنت و امداد ایام سدید سنا بسیا بحال میاسند و اتراک ایکتانی و خطی نبود و انواع جهاری بینج از مزار سار رامنط اندو تاریخی میان
مسح قدیم باد رزند سکر سنه بعض حوادث که زمان حال ریست طریف توا بایان سین و فرد بزانوا ازمانی ملتین کرد ۰ اندو ابن قوام
بورث و مواضع بهد بکر سو مند و سعیت که مرقوم راورد ۰ اگ کا ناکلبی نابجا بود ۰ و مجموع بور بها ایشان ارده و دلایه بغورست احده و دخنای و حورجه
درو لا بابا تی با سنون مغول سنا ی کویند و کرا اسامی ان مواضع و شرح آن ۰ از سنر بنده وان قوم راکه ده بدم اسنا نو مغول کفنه اندکلا بین و هزار
یسا سلین رابن باد بکر اقوام اتراک محاصنی و معاند ی فناد ۰ و بکا وهند محاربت خان سین روا انت سنه ان معتبر ان عندالغول ۰ دیکراقوام و افوام
مغول غالب آمد بند و انا خان وارجان بهنل آورد ۰ اندکه دو مرد دو وزن زیان ریا داندان دوطا نه از بهم خصم کرتخت بوضعی میبعت سندک بهرام آن آن ۶

라시드 앗 딘의 집사 **1**

부족지

라시드 앗 딘의 집사 1

부족지

라시드 앗 딘 지음 | 김호동 역주

이 책을 내면서

라시드 앗 딘의 『집사』를 처음 접한 지 벌써 20년 가까운 세월이 흘렀다. 당시 유학생이던 나는 중앙아시아 근대사에 관한 박사 논문을 쓰기 위해 이란어를 배우기 시작했다. 초급과 중급까지는 그래도 두어 명이 같이 강의를 들었으나 3년차 고급반에서는 결국 나 혼자 남게 되었다. 학생 하나만 앉혀 놓고 강의하게 된 선생은 내게 무엇을 읽고 싶냐고 물어보았다. 나는 꿈에서나 감히 읽어볼 생각을 하던 고전 중의 고전 『집사』가 어떻겠느냐고 말했는데 의외로 이 제안은 선뜻 받아들여졌다. 처음에 읽기 시작한 부분은 몽골 서방 원정군의 총수 훌레구의 군대가 바그다드를 압박해 들어가는 장면이었고, 이렇게 해서 『집사』와의 첫 만남이 이루어지게 되었다. 원문이 내가 생각했던 것보다 어렵지는 않았다. 그것은 물론 나의 이란어 능력이 향상되어서라기보다는 『집사』 특유의 평이하고 간결한 문체 때문이었다. 그래도 모르는 단어들이 적지 않게 나왔기 때문에, 사전을 찾아 행간에 적어 넣고 단어장을 만들어 암기하는 과정이 계속되었다. 그때는 몽골어도 동시에 배우고 있었기 때문에 머릿속은 생소한 단어들로 뒤죽박죽된 창고와도 같았지만, 페르시아의 고전을 원어로 직접 읽는다는 흥분으로 그리 힘든 줄 몰랐다.

　『집사』를 번역해 보겠다는 다짐도 바로 그때 한 것이었지만, 그 뒤로는 중앙아시아 근대사에 몰두하게 되었기 때문에 그것을 실현에 옮길 만한 시간적인 여유가 없었다. 그래도 여전히 미련은 버리지 못했기 때문에, 이스탄불에서 어렵사리 톱카프 사본을 구했고 또 타슈켄트 사본의 일부도 입수할 수 있었다. 그 뒤 연구 관심이 점차 몽골 제국사 쪽으로 기울어지면서 『집사』 번역에 본격적으로 착수하겠다는 결심을 굳히게 되었고, 수년 전부터는 그 첫 부분인 「부족지」를 정독하며 번역과 주석 작업에 몰입하게 된 것이다. 역주를 거의 마쳤을 즈음, 과거 나의 은사였던 쌕스턴 교수가 미국에서 『집사』의 몽골사 부분을 완역·출간했다는 소식을 접하게 되었다. 그때까지 완성한 초고를 그의 번역본과 대조하여 적지 않은 오류를 바로잡을 수 있었던 것은 무엇보다도 다행이었다.

본서에 제시된 「부족지」의 번역은 오늘날 학계에서 최상의 사본으로 인정받고 있는 톱카프 사본을 저본으로 삼았고, 고유명사나 특수한 용어를 판독할 때는 타슈켄트 사본과 대조했다. 그 과정에서 이제까지 이란어를 모르는 학자들이 의존해 왔던 러시아 번역본에 있는 다수의 오류를 발견할 수 있었다. 또한 본문에 등장하는 인명·지명·어휘 등에 대해서도 가능하면 다른 사료들과 기존의 연구들을 참고하여 상세한 주석을 첨가하려고 노력했다. 물론 나의 능력이 미치지 못해서 저질러진 오역이나 실수도 적지 않으리라고 생각하나, 앞으로 독자들의 비판과 검증을 통해 개선될 수 있기를 바랄 뿐이다.

『집사』 「부족지」 역주본을 출판하게 된 이 시점에서 나의 소망은 금후 그 뒷부분에 대한 작업도 계속하는 것이다. 이미 「칭기스 칸 열조기」는 『중앙아시아연구』 제6호에 발표했고, 앞으로도 시간이 나는 대로 역주 작업을 계속했으면 하는 바램이다. 천학비재한 주제에 그런 꿈을 갖는다는 것 자체가 얼마나 외람된지는 잘 알고 있으나, 『집사』가 몽골 제국사 연구에 필수불가결한 사료인 동시에 이슬람권 역사학 전통의 최고봉을 이루는 고전이기도 하기 때문에, 만약 완역을 할 수만 있다면 나의 꿈을 성취하는 것은 물론이요 학계에도 조그만 공헌이 되리라 생각한다.

마지막으로 『집사』 「부족지」의 역주와 출간에 도움을 준 여러 분들께도 감사를 드리고 싶다. 먼저 번역의 저본이 된 이스탄불 톱카프 사본과 타슈켄트 사본의 마이크로 필름을 구하는 데 애를 써 주신 이희수 교수와 최한우 교수, 또한 쌕스턴의 영역본을 구해서 보내준 이용규 군에게도 감사를 표시하고 싶다. 무엇보다도 상업적 가치라고는 거의 없는 본서의 학술성을 인정하여 흔쾌히 출판을 수락한 사계절출판사의 강맑실 사장, 편집과 교정에서 수고를 많이 한 강현주 씨에게 고마움의 인사를 전하고 싶다. 끝으로 본서는 학술진흥재단에서 추진한 '동서양 학술명저 번역(1999~2000)' 과제로 선정되어 그 지원을 받았음을 밝혀 둔다.

2002년 9월 역자

일러두기

● 본서는 페르시아의 역사가 라시드 앗 딘(Rashîd ad-Dîn, 1319년 경 사망)이 저술한 『집사』
(*Jâmi' at-tavârîkh*)의 제1부 제1권에 해당되는 「부족지」의 역주이다.

● 번역의 저본은 이스탄불 톱카프 도서관에 소장된 Revan Köşkü 1518로 하였고, 타슈켄트
사본(우즈베키스탄 공화국 동방사본부 no. 1620)과 대조하였으며, 전자를 A본으로 후자를 B본
으로 칭한다. 번역 본문 가운데 표기된 사본의 엽수(葉數) 가운데 〔 〕는 A본을, 「 」은 B본을
나타내며, r은 recto(前面)를, v는 verso(背面)를 가리킨다.

● 아랍 문자의 영문 표기는 다음과 같이 하였다.
â, a, b, p, t, th, j, ch, ḥ, kh, d, dh, r, z, zh,
s, sh, ṣ, ḍ, ṭ, z, ', ğ, f, q, k, g, l, m, n, w/v, h, i/y

● 사본에 표기된 몽골·투르크식 고유명사나 어휘를 영문으로 표기할 때 채택한 가장 중요한
원칙은 영문 전사(轉寫)만으로도 원문의 철자를 재구성할 수 있어야 한다는 점이었다. 그렇
지 않을 경우, 전문적인 독자들이 역자의 자의적인 독음 여부를 판단하기란 불가능하기 때
문이다. 따라서 장모음은 ^표시를 통해 모두 나타내되, 단모음은 몽골·투르크어의 원음을
고려해 첨가했다. 다만 자음 j와 ch, g와 k는 점 표시가 불분명한 경우 원음에 가까운 선택
을 했다.
예_ ôtögû boğôl(우투구 보골; ötögü boğol) → WTGW BGWL
　　 Möngkû (뭉케; Möngke) → MNGKW
　　 Môngkâ(뭉케; Möngke) → MWNGKA

● 아랍, 페르시아, 투르크, 몽골 등 다양한 민족과 언어에 속하는 이름과 용어들을 한글로 표
기할 때 예외 없는 통일된 원칙에 따라 옮긴다는 것은 실제로 불가능에 가까운 일이다.
그렇지만 기본적인 원칙이 필요하다는 점은 분명하며, 본서에서는 『유라시아 유목제국사』
(사계절출판사, 1998)에 제시된 원칙을 따랐다는 사실을 밝혀둔다.

차례

『집사』의 구성표

제1부: 몽골 제국의 홍기 (일명 『가잔 사』)

        제1권 부족지   제1편·오구즈족

                              제2편·몽골화된 투르크족

                              제3편·투르크족

                              제4편·몽골족

        제2권 몽골 제국사   제1편·칭기스 칸의 조상들

                              제2편·칭기스 칸과 계승자들

제2부: 세계 각 민족들의 역사

        제1권 울제이투 칸 기

        제2권   제1편·아담 이후 사도와 칼리프들의 역사 및

                                      지구상 각 종족들의 역사

                              제2편·본서 완성 이후 전개될 역사

제3부: 세계 각 지역의 경역·도로·하천

_현존하는 부분은 제1부 전체와 제2부의 제2권뿐이다.

_본서의 내용은   로 표시된 부분이다.

해설 | 라시드 앗 딘과 『집사』 「부족지」

13세기 초 칭기스 칸에 의해 통합된 몽골리아 초원의 기마유목민들은 수십 년에 걸친 부단한 정복전의 결과 역사상 전무후무한 대제국을 건설하게 되었다. 이 엄청난 사건의 주역이었던 몽골인들 자신은 물론이지만, 질풍노도처럼 밀려드는 기마군단의 진동을 직접 몸으로 느끼면서 경악을 금치 못했던 수많은 정주농경민들 역시 그들의 말발굽 아래 머리를 조아리면서 새로운 시대의 개막을 목도했던 것이다. 몽골 세계제국의 출현은 오늘날 우리의 눈에뿐만 아니라 당대인들에게도 놀라운 역사적 사건이었기 때문에, 제국의 흥기와 팽창 과정에 대해 수많은 민족이 각기 자기들의 언어와 문자로 기록을 남겼다는 사실도 기이한 일은 아니다. 몽골의 직접적인 지배를 받았던 중국과 이란, 러시아는 물론, 오랜 항전과 교섭의 관계를 가졌던 고려, 심지어 몽골의 직접적인 지배를 받지 않았던 인도, 이집트, 유럽에도 연대기나 기행문이 남아 있다. 저 멀리 코카서스 산중의 아르메니아나 그루지아 지방의 주민들이 남긴 기록도 있다. 이처럼 다양한 기록과 증언들은 지금 우리가 몽골 제국의 출현과 그 역사적 의미를 탐구하는 데 빼놓을 수 없는 귀중한 자료를 제공한다.

갖가지 언어와 형식으로 기술된 이 수많은 기록들 가운데 정확성과 상세함에서 타의 추종을 불허하는 것이 바로 『집사』이다. 이것은 몽골의 지배를 받던 이란에서 칸의 최측근으로 재상의 직무를 수행하던 라시드 앗 딘(Rashîd ad-Dîn)에 의해 쓰여진 것이다. 비록 그 자신이 몽골인은 아니었으나 몽골 군주의 칙령과 후원을 받아 집필된 것이었기 때문에, 지금은 사라져 버린 '원자료'들을 광범위하게 활용할 수 있었고 그래서 다른 어떤 자료에서도 찾아볼 수 없는 진귀한 정보들을 우리에게 전해 주고 있는 것이다. '연대기의 집성'(*Jâmi' at-tavârîkh*)이라는 원제목이 시사하듯이 이 저술은 몽골 제국을 건설하고 통치했던 여러 군주들의 연대기를 종합하여 서술한 것일 뿐만 아니라, 몽골 이외에도 중국, 인도, 아랍, 투르크, 유럽, 유태 등 여러 민족들의 역사까지도 집대성한 것이다. 따라서 실제적으로 유라시아 대륙의 모든 민족의 역사를 망라하여 서술한 이런 규모의 저술은 그때까지 동서고금을 막론하고 어디에서도 찾아볼 수 없었으며, 그런 의미에서 학자들이 『집사』를 가리켜 '최초의 세계사'라고 부르고 있는 것도 결코 과장이라고만 하기는 어려울 것이다.[1]

그렇다면 이 방대한 역사서를 저술한 라시드 앗 딘은 어떤 경력의 소유자이며, 무슨 연유로 이 글을 집필하게 되었는가, 또 『집사』가 지닌 역사서로서의 가치는 무엇이며, 이 중요한 고전에 대해 이제까지 어떠한 연구들이 있었는가 하는 점들을 살펴보도록 하자.

I. 저자 라시드 앗 딘의 생애와 저술 활동

라시드 앗 딘 파들 알라(Rashîd ad-Dîn Faḍl Allâh)는 스스로를 '하마단 출신의 의사 라시드'(Rashîd at-Tabîb al-Hamadânî)라는 별명으로 부르고 있듯이 이란 중부의 도시 하마단에서 출생하여 어려서부터 가전의 의술을 익혔던 것으로 보인다. 그는 제약과 의술에 관한 이러한 지식을 발판으로 몽골 군주일 칸의 궁정에 출사하여 후일 문관으로서는 최고직인 재상(vazîr)의 자리에까지 오르게 되었지만, 그가 역사상 이름을 남기게 된 것이 탁월한 의사나 정치가였기 때문은 아니었다. 그보다는 그가 바로 『집사』라는 불후의 고전의

1) K. Jahn, *Rashîd al-Dîn's History of India*(The Hague : Mouton, 1964), x ; Boyle, "Rashîd ad-Dîn : The First World Historian", *Iran*, vol. 9(1972), pp.19~26 (*The Mongol World Empire 1206~1370*, London : Variorum Reprints, 1977 再收) ; 岡田英弘, 『世界史の誕生』 (東京 : 筑摩, 1992), pp.245~247 ; 스기야마 마사아키, 『몽골세계제국』 (임대희 · 김장구 · 양영우 옮김, 신서원, 1999), p.15.

저자이기 때문이었다.

이처럼 그는 이슬람 권을 대표하는 역사가임에도 불구하고 그가 일 칸국의 궁정 고관이 되기 전까지 어떤 삶을 살았는지에 대해 우리가 알고 있는 것은 극히 미미하다. 심지어 출생 연도조차 분명치 않은 실정이다. 그는 회력 718년, 즉 서기 1318~19년, 일 칸국의 군주를 시해했다는 정적들의 고발에 의해 처형되었는데, 사망할 당시 그가 80세였다는 기록을 남긴 한 당대인의 주장이 사실이라면 그의 출생은 638/1240~41년이 된다. 하지만 이러한 추정은 라시드 앗 딘 자신이 남긴 다른 기록들과 상치되므로 받아들이기 어렵다. 즉, 그는 705/1305~06년에 자신이 60세 정도였다고 쓴 적이 있는데, 이를 역산하면 출생 연도는 645/1247년경이 될 수밖에 없기 때문이다.[2] 그런가 하면 그는 또 다른 글에서는 "710년인 금년에 나는 62살이다"라는 기록을 남겨 648/1250~51년에 출생했을 가능성도 시사하고 있다.[3]

분명치 않은 것은 라시드 앗 딘의 출생 연도만이 아니다. 그의 민족적 배경, 특히 그가 유태인이었는가의 여부에 대해서도 학자들의 견해가 엇갈리고 있다. 그는 1318년 7월 17일에 정적인 타즈 앗 딘 알리샤(Tâj ad-Dîn 'Alîshâh)와 그 일파의 무고를 받아 처형되었는데, 전해지는 바에 따르면 참수된 그의 머리는 이란 서북부의 타브리즈라는 도시로 보내져 며칠 동안 시내를 돌면서 시민들로부터 "이것이 신의 이름을 악용한 유태인의 머리이다. 그에게 신의 저주가 있으라!"는 욕설과 조소의 대상이 되었다고 한다.[4] 뿐만 아니라 그의 시신은 자신이 생전에 타브리즈 근교에 준비해 둔 묘역에 묻혔

---

2) M. Quatremère, *Histoire des Mongols de la Perse écrite en persan par Raschid-eldin*, tome premier (Paris : Imprimerie royale, 1836), iv-v ; E. G. Browne, *A History of Persian Literature under Tartar Dominion(A.D. 1265~1502)* (Cambridge : Cambridge University Press, 1920), p.69.

3) Muḥammad Rawshan & Muṣṭafa Mûsavî, *Jâmi' al-tavârîkh*(4 vols., Tehran : Katîbe, 1994), vol. 1, "Pîshguftâr", pp.68~69 참조. 이 책에 대해서는 본 역자의 서평(『중앙아시아연구』 제2호, 1997, pp.145~150)을 참조하시오.

4) J. A. Boyle tr., *The Successors of Genghis Khan*(New York : Columbia University Press, 1971), p.5.

으나, 그로부터 1세기도 채 지나지 않아 티무르의 '미치광이' 아들 미란샤 (Mîrânshâh, 1404~07년 재위)가 유해를 무덤에서 파내어 유태인 공동묘지에 묻어 버렸다고 한다.[5] 이미 오래 전에 라시드 앗 딘의 생애에 대해 치밀한 연구를 발표한 바 있는 프랑스의 학자 카트레메르는 유태인설의 신빙성 여부를 이모저모로 검토한 뒤, 그같은 주장은 라시드 앗 딘을 공격하기 위해서 정적들이 꾸며낸 이야기일 뿐, 그 자신은 물론 그의 조상들도 유태교를 신봉하지 않았고 이슬람으로 개종한 유태인도 아니었다고 주장했다.[6]

그러나 라시드 앗 딘이 유태인이었다는 주장에 동의하는 학자들도 적지 않다. 그 까닭은 정적들의 주장을 단순히 모함으로만 치부하기 어려운 몇 가지 정황적 증거들이 있기 때문이다. 우선 라시드 앗 딘과 동시대를 살았던 아르메니아의 역사가 바르 헤브레우스(Bar Hebraeus)의 기록을 한 예로 들 수 있다. 그는 자신의 『연대기』에서 '라시드 앗 다울라'(Rashîd ad-Dawla)라는 이름의 한 유태인이 게이하투(Gaykhâtû) 칸의 궁정에서 칸을 위해 각종 음식을 준비하는 시종의 임무를 맡게 되었는데, 당시 궁정의 재정 상태가 너무 악화되어 칸을 위해 양 한 마리도 구입할 수 없을 지경이 되자, 거금을 쾌척하여 수천 마리의 양과 소를 사들여 성찬을 준비하고 그 대신 각 지방으로부터 일정액을 수취할 권리를 얻게 되었다고 하였다. 그러나 그는 지방에서 한 푼의 세금도 거두어들이지 못하게 되었고, 결국 파산하여 도주하고 말았다는 것이다.[7]

이 아르메니아 사가가 언급한 '라시드 앗 다울라'가 『집사』의 저자인 라시드 앗 딘이라고 단언할 수는 없다. 그러나 개연성은 충분하다. 왜냐하면 당

5) E. Berthels, "Rashîd ad-Dîn Ṭabîb", The Enclopaedia of Islâm, vol. 3(Leiden : E. J. Brill, 1936), pp.1124~1125.

6) M. Quatremère, Histoire des Mongols de la Perse, iv-viii ; I. P. Petrushevskii, Sbornik letopisei, vol. 1, pt. 1(Moscow : Izdatel'stvo Nauka,), p.17.

7) E. A. W. Budge tr., The Chronography of Gregory of Abû'l Faraj(Oxford : Oxford University Press, 1932), p.496.

시 기독교도와 유태인은 무슬림들이 이름 뒤에 흔히 첨가하여 사용하는 '앗 딘'(ad-Dîn) 대신 '앗 다울라'(ad-Dawla)라는 표현을 사용하는 경우가 많았 기 때문이다. '딘'은 '종교'를 뜻하는 반면 '다울라'는 '국가'를 의미하고, 이 슬람을 믿지 않는 사람들은 자기 이름 뒤에 '딘'을 붙이기를 꺼려했던 것이 다. 사실 라시드 앗 딘의 부친·조부·증조부의 이름은 이마드 앗 다울라 ('Imâd ad-Dawla), 무와팍 앗 다울라(Muwaffaq ad-Dawla), 라이스 앗 다울 라(Ra'îs ad-Dawla)였던 점을 생각하면 이러한 추정은 더욱 설득력을 갖는 다.[8] 14세기 초 사카이(Saqqâ'î)라는 사람이 남긴 기록에 의하면, 라시드 앗 다울라 아불 파들('Rashîd ad-Dawla Abû'l-Faḍl) ─ 그는 라시드 앗 딘을 이렇 게 불렀다 ─ 이 처형되기 직전에 심문을 받는 자리에서 자신은 가난한 유태 인으로서 약제사·의사에 불과했는데, 가잔과 울제이투의 치세에 국사를 담 당하고 국가의 재정을 총괄하게 되었다고 자백했다고 한다.[9]

물론 단정하기는 어렵지만 이러한 정황들은 라시드 앗 딘이 유태인 출신 이었음을 강하게 암시하는 증거로 보인다. 그가 아바카 칸의 궁정에서 의사 로 일하면서 지위도 점차로 올라가자 이슬람으로 개종하여 '라시드 앗 딘'으 로 개명했을 가능성은 충분하며, 후일 이슬람에 관한 신학적인 저작들을 다 수 집필한 것도 실은 유태교도라는 비난을 의식하여 이를 부인하기 위한 의 도적인 목적으로 쓰여진 것이라는 추정도 제기되었다. 뿐만 아니라 라시드 앗 딘이 출생한 하마단은 유태인들의 중요한 중심지였고 그곳에는 유태교의 교리를 가르치는 학교(yeshivah)도 있었다. 그가 유태교의 관습과 종교 그리 고 히브리어에 대해서도 깊은 지식을 갖고 있었던 것도 고향의 이러한 문화

---

8) Z. V. Togan, "Reşîd-ud-Dîn Tabîb," *Islam Ansiklpedisi*, vol. 9(Istanbul : Milli Egitim Basimevi), p.705 ; Spuler, pp.268~273 ; Boyle tr., *The Successors of Genghis Khan*, p.3~4. 아르군 칸의 시대 에 재상이었던 사아드 앗 다울라(Sa'd ad-Dawla)도 유태인이었다.

9) E. Blochet, *Introduction a l'Histoire des Mongols de Fadl Allah Rashid ed-Din*(Leyden : E. J. Brill, 1910), pp.50~52.

적 분위기와 무관하지 않을 것이다.

라시드 앗 딘이 언제 출생지 하마단을 떠났는지는 알 수 없으나, 홀레구가 이끄는 몽골 군이 서아시아를 정복할 때 그는 이미 가족과 함께 알라무트 (Alamut)라는 곳에 머물고 있었다. 테헤란 서북방 엘부르즈 산맥의 험준한 산지에 위치한 이곳에는 당시 시어파에 속하는 이스마일리 교단의 요새가 있었다. '산상의 노인'이라는 별명으로 알려진 교주는 그를 추종하는 젊은이들에게 순니파 무슬림의 고관들은 물론 서구 십자군의 지휘관들까지도 암살의 대상으로 지목하여 서아시아 전역을 공포에 떨게 했다. 청년들이 대마초의 일종인 하시시(ḥashîsh)를 피운 뒤 혼미한 정신으로 물불을 가리지 않고 정적을 공격한다는 소문이 퍼져 이 교단에 속하는 사람들은 하샤신 (Ḥashshâshîn : '하시시를 피우는 사람들')이라 불렸고, 이 말이 서구인들에게 전해져 오늘날 '암살자'라는 뜻의 어쌔신(assassin)이란 단어가 만들어지게 된 것이다. 그러나 그같은 소문은 자신의 목숨을 기꺼이 던지며 순교의 길을 택하여 '헌신자'(fidâ'î)라 불린 젊은이들의 행동을 이해하기 힘들었던 사람들이 지어낸 이야기에 불과했다.[10] 1256년 11월, 교주 루큰 앗 딘 후르샤(Rukn ad-Dîn Khurshâh)는 마침내 알라무트 성채를 열고 몽골 군에 투항했고, 홀레구의 명령에 따라 대칸을 알현하러 몽골리아를 방문했다가 죽음을 당하고 말았다. 라시드 앗 딘 자신의 기술에 의하면 당시 그의 부친과 조부와 증조부는 '자신들의 의사와는 무관하게' 알라무트 성채 안에 연금된 상태였고, 그곳이 함락될 때 이들은 저명한 학자였던 나시르 앗 딘 투시(Naṣîr ad-Dîn Tûsî)와 함께 산성에서 내려올 수 있었으며, 홀레구는 이들의 충성심을 확인한 뒤 은사를 내려주고 일족·추종자·하인들을 모두 모아 궁정에서 일하게 했다고 한다.[11]

---

10) B. Lewis, *The Assassins*(1967 ; London : Al Saqi Books, 1985), pp.11~12.
11) W. M. Thackston tr., *Jami'u't-tawarikh. Compendium of Chronicles. A History of the Mongols*(pt. 2, Harvard University, 1999), pp.483, 485~486.

라시드 앗 딘이 일 칸국의 조정에서 일하기 시작한 것은 훌레구의 아들인 아바카(Abaqa) 칸 때부터였으며, 그가 기용된 것은 의술 때문인 것으로 보인다. 아바카의 뒤를 이은 게이하투 칸의 시대에 라시드가 의사로서 또 시종관으로서 몽골 군주를 위해 봉사하다가 어떻게 궁정을 떠나게 되었는지는 위에서 설명한 바이지만, 당시 그가 궁정 안에서 정치적으로 그다지 중요한 직책을 담당한 것은 아니었다. 그런데 그의 이름이 다시 등장한 것은 가잔(Ğâzân) 칸의 시대였다. 칸은 국고를 남용·탕진했다는 이유로 재상이었던 사드르 앗 딘 잔자니(Ṣadr ad-Dîn Zanjânî)——무소불위의 권력을 지녔기 때문에 Ṣadr-i Jahân, 즉 '천하의 사드르'라는 별명으로 불렸다——를 처형시키고, 사아드 앗 딘 사바지(Sa'd ad-Dîn Sâvajî)와 라시드 앗 딘 두 사람에게 재상부(vuzarât)의 사무를 나누어 관할토록 했다. 역사가 와싸프(Waṣṣâf)는 전자가 재상(ṣâḥib-i dîvân)의 직책을 수행했고 후자는 '부관'(nâ'ib)으로서 재상부의 일을 총괄했다고 기록했고,[12] 카즈비니(Qazvînî)는 전자에게 재상부의 사무를 전결하는 데 필요한 인장(al-tamğâ)이 부여되었다고 하였다.[13] 아마 사아드 앗 딘이 선임자였고 라시드 앗 딘은 그를 보좌하면서 재상부의 사무를 관장했던 것으로 보인다.[14] 그가 이 직책에 임명된 해에 대해서는 위의 두 자료에서 697/1297~98년과 699/1299~1300년으로 상이하게 기록하고 있으나, 전후 사정으로 보아 697년으로 보는 것이 타당한 듯하다.[15]

가잔 칸은 일 칸국이 직면한 재정적인 어려움을 타개하기 위해 라시드 앗

---

12) 'Abd al-Muḥammad Âyatî, *Taḥrîr-i târîkh-i Waṣṣâf*(Tehran : Bunyad-i Farhang-i Iran, 1967), p.210.

13) Ḥamd Allâh Qazvînî, *Târîkh-i guzîda*(ed. 'Abd al-Ḥusayn Navâ'î, Tehran : Amîr Kabîr, 1960), p.604.

14) *Cambridge History of Iran*, vol. 5 : The Saljuq and Mongol Periods(ed. by J. A. Boyle, Cambridge : Cambridge University Press, 1968), pp.385~386.

15) Quatremère, *Histoire des Mongols de la Perse*, x ; d'Ohsson, 『モンゴル帝國史』, 권5(佐口透譯, 東京 : 平凡社, 1976), pp.363~365.

딘을 내세워 다방면에 걸친 개혁정책을 추진했다. 예를 들어 지세(kharâj)를 비롯한 각종 세금의 징수 방법을 개선하여 일년에 봄과 가을 2회에 걸쳐 정해진 세액을 재무성(dîvân)에 납부토록 했고, 상업이나 수공업을 대상으로 징수하던 상세(tamğa)를 감면함으로써 도시 경제에 활력을 불어넣으려 했다. 또한 각지에 주둔하는 군관들을 부양하기 위해 발급하던 '지불증서'(barât) 제도를 폐지하고, 군인들이 농가에 숙박하며 음식을 요구하던 관행도 중지시켰다. 나아가 국가나 개인이 소유하던 유휴농지를 개방하여 무전농민들에게 경작토록 하고, 은화의 교환비율을 정하고 도량형을 통일하기도 했다.[16] 이러한 일련의 개혁적 조치를 담은 가잔 칸의 칙령들은『집사』「가잔 칸 기」에 상세하게 소개되어 있다.[17] 라시드 앗 딘이『집사』의 집필에 착수한 것도 바로 가잔 칸의 시대였다. 개혁정책을 추진하며 분망한 업무를 수행하면서도 칸의 칙명을 받들어 몽골 제국의 흥기부터 당시에 이르기까지의 역사를 집필한 것이다.

가잔 칸이 사망하고 그의 동생인 울제이투(Öljeitü) 칸이 즉위한 뒤에도 라시드 앗 딘은 총애를 잃지 않고 사아드 앗 딘과 함께 재상직을 수행할 수 있었다. 또한 가잔이 지시한 몽골 사 집필을 완성하라는 신임 군주의 칙명을 받들어 1306년 4월 14일에는『가잔 사』(Târîkh-i Ğâzânî)를 헌정하기도 했다. 한편 울제이투는 술타니야(Sulṭânîyya)를 자신의 여름 수도로 삼고 그곳에 대대적인 건설을 추진했는데, 라시드 앗 딘 역시 그 근교에 모스크·학교·병원을 비롯하여 약 1000호 이상의 가옥을 건설하고 자신의 이름을 따서 그곳을 '라시디야'(Rashidiyya)라 불렀다. 또한 하마단·야즈드·바그다드 등

---

16) I. p. Petrushevsky, "The Socio-economic condition of Iran under the Îl-Khâns", *Cambridge History of Iran*, vol. 5, pp.494~495. 보다 자세한 전론으로는 本田實信의『モンゴル時代史硏究』(東京 : 東京大學出版會, 1991)에 수록된「ガザン・ハンの税制改革」,「タムガ税」,「ガザン・ハンの度量衡統一」등의 논고를 참조하시오.

17) Thackston tr., *Jami'u't-tawarikh*, vol. 3, pp.689~762.

지에도 건물을 세워 자선용으로 헌납했는데, 특히 1309년에는 가잔 칸의 수도였던 타브리즈 동북방 근교에 막대한 자금을 들여 건물들을 지었다. '라시드 區'(Rab'-i Rashîdî)라는 이름으로 불린 그곳에는 라시드 앗 딘 자신의 묘역이 만들어졌고, 모스크·마드라사·도서관·수도장(khânaqâh)을 비롯하여, 수피나 여행객들이 묵을 수 있는 숙박시설, 병원·욕탕·창고·분수 등 부대시설들이 들어섰으며, 이를 관리하기 위해 100여 명의 고용인들이 일했다고 한다.[18] 그는 견고한 바위를 굴착하여 그 근처를 흐르는 사라우 루드(Sarâw-rûd) 강물을 수로를 통해 그곳으로 끌어들여 용수를 공급하기도 했다. 라시드 앗 딘은 공사에 소요된 엄청난 비용을 댈 수 있었던 것은 칸의 아낌없는 지원이 있었기 때문이었다고 기록하고 있다.[19]

울제이투 치세에 그의 영향력이 얼마나 컸는지는 칸이 라시드 앗 딘이 신봉하던 샤피이(Shafi'î) 법학파—하나피(Hanafî), 한발리(Hanbanlî), 말리키(Malikî)와 함께 이슬람 4대 법학파의 하나—를 추종하게 된 사실로도 알 수 있다. 나아가 그는 샤피이파의 지도자인 니잠 앗 딘 압둘 말릭(Nizâm ad-Dîn 'Abd al-Malik)을 마라가(Maraǧa)의 수석 판관(qâḍî al-quḍât)으로 임명했고, 1307년 12월에는 맘룩 왕조와 내통했다는 혐의를 받아 처형당할 운명에 있었던 바그다드의 수피 시합 앗 딘 수흐라와르디(Shihâb ad-Dîn Suhrawardî)와 자말 앗 딘(Jamâl ad-Dîn)의 목숨을 구해 주기도 했다.[20] 그는 전국 각지에 걸쳐 엄청난 재산과 부동산을 소유하게 되었고, 국사는 그의 가족들이 거의 전담하다시피 했다. 그의 아들 14명 가운데 8명이 지방장관으로 임명되어, 서부 이란·그루지아·이라크·아나톨리아 등지를 관할했다.

---

18) '라시드 구'에 세워진 건물들과 그 운영에 필요한 비용에 관해서는 B. Hoffmann, "The Gates of Piety and Charity Rašîd ad-Dîn Fadl Allâh as Founder of Pious Endowments", *L'Iran face à la domination Mongole*(ed. D. Aigle, Tehera : Institut Français de Recherche en Iran, 1997), pp.189~201 참조.

19) Browne, *A History of Persian Literature*, p.70.

20) Quatremère, *Histoire des Mongols de la Perse*, xvi-xvii.

이처럼 라시드 앗 딘의 영향력이 증대하면서 그의 동료였던 사아드 앗 딘과의 사이는 점점 멀어졌고, 1312년 사아드 앗 딘은 국고를 낭비했다는 죄목을 받아 처형되었다. 사아드 앗 딘 대신 라시드 앗 딘과 친분이 있던 직물상이자 보석상이던 타즈 앗 딘 알리샤가 등용되었으나 이 두 사람의 사이도 곧 벌어지기 시작했다. 1315년 군인들에게 줄 급료가 부족하게 되어 그 책임 문제를 놓고 양자의 갈등이 심각해지자, 울제이투는 이를 중재하기 위해 라시드 앗 딘에게는 이란 중부와 남부를, 알리샤에게는 이란 서북부와 메소포타미아와 아나톨리아의 통치를 위임함으로써 양인의 관할구역을 나누었다.

울제이투가 사망하고 그의 어린 아들 아부 사이드(Abû Saʿîd)가 계승한 뒤 두 사람 사이의 갈등은 더욱 증폭되었다. 수많은 정적들의 압력에 견디지 못한 라시드는 1317년 10월 공직에서 사퇴할 수밖에 없었고, 1318년 1월 몽골 고관이었던 아미르 세빈치(Amîr Sevinch)의 죽음으로 마지막 후원자마저 상실하게 되었다. 알리샤와 그 일파는 라시드 앗 딘이 울제이투 칸을 독살했다고 고발했고, 결국 그는 1318년 7월 17일, 당시 16살에 불과하던 아들 이브라힘(Ibrâhim)과 함께 처형당하고 말았던 것이다. 그의 죽음과 함께 재산과 일가족은 약탈의 대상이 되었고, 그가 가꾸어 왔던 '라시드 구'를 비롯하여 寄進地들이 모두 노략당했다. 그를 죽음으로 몰고 갔던 알리샤는 승리를 자축하기 위해 메카의 성전에 엄청난 헌물을 기부했다고 한다. 그러나 라시드의 아들 가운데 기야쓰 앗 딘(Ğiyâth ad-Dîn)만은 공직 생활을 계속할 수 있었고, 재상의 자리에까지 올랐으나 1336년 봄 그의 부친과 마찬가지로 처형이라는 비극적 종말을 맞고 말았다.[21]

생전에 라시드 앗 딘은 정치가로서의 바쁜 생활 속에서도 수많은 저작을 남겼다. 그 자신의 말에 의하면 하루 중 그가 저술에 몰두할 수 있었던 시간은 새벽 기도가 끝난 뒤부터 동이 틀 때까지의 짧은 시간뿐이었다고 할 정도

---

21) Browne, *A History of Persian Literature*, pp.70~71.

였다. 그의 저작은 『집사』와 같은 역사 방면은 물론, 신학·식물학·약학 등 광범위한 분야에 걸쳐 있다.[22]

우선 신학 관계 저술들을 묶어서 편찬한 『라시드 集成』(*Majmû'a-i Rashidiyya*)이 있다. 710/1310~11년에 필사된 아랍어 사본 하나가 현재 파리 국립도서관에 소장되어 있다.[23] 여기에는 아랍어로 된 다음 네 저작이 포함되어 있다. (1)『解説』(*Tawdîhât*) : 서문과 각기 19개의 주제를 다룬 서한들로 이루어져 있다. 신학 및 신비주의에 관한 논설집으로 울제이투 칸의 요청에 의해 집필되었으며, 특히 12번째 서한에는 투르크·몽골 및 세계의 역사에 관한 울제이투의 글이 포함되어 있다. (2)『註釋要訣』(*Miftâh at-tafâsîr*) : 울제이투 시대에 완성된 것으로, 아랍어·페르시아어 사본이 터키에 있다. 『코란』에 담긴 내용에 대한 주석, 주석가들과 그들이 활용한 방법, 선과 악, 보상과 징벌, 인간의 수명, 신의 섭리, 육체의 부활 등에 관한 글을 모은 것이다. (3)『帝王政要』(*Favâ'id-i Sulţâniyya*) : 울제이투 칸의 어전에서 행해진 신학 토론의 결과를 모은 것으로 1307년에 집필되었고, 이스탄불의 누르오스마니에(Nurosmaniye) 도서관에 페르시아어 사본(no.3415)이 있다. (4)『奧妙眞理』(*Latâ'if al-haqâ'iq*) : 14개의 서한으로 되어 있으며, 이는 저자가 705년 라마단(1306년 4월)에 꿈 속에서 예언자 무함마드를 본 환상에 대한 설명으로 시작하는 작품으로, 신학적인 토론을 주된 내용으로 하고 있다. 현재 그 한 사본이 이스탄불의 아야 소피아(Aya Sofya) 도서관에 no.3833으로 등록되어 있다.

라시드 앗 딘은 위의 네 저술을 포괄하는 『라시드 집성』은 물론 자신이 집

---

22) 이하 라시드 앗 딘의 주요 저작과 그 사본들의 소장처에 대해서는 A. Z. V. Togan, "The Composition of the History of the Mongols by Rashîd ad-Dîn", *Central Asiatic Journal*, vol. 8, no. 1(1962), pp.60~72 : Browne, *A History of Persian Literature*, pp.72~87 : C. A. Storey, *Persidskaia Literatura : Bio-bobliograficheskii Obzor*, vol. 1(tr. & revised by Iu. E. Bregel', Moscow : Izdatel'stvo "Nauka", 1972), pp.301~320 등을 참조.

23) de Slane, *Catalogue des manuscrits arabes*(Paris : Impr. nationale, 1883~1895), no. 2324.

필한 다른 여러 작품들을 많은 사람들이 읽고 혜택을 받을 수 있도록, 아랍어로 된 것은 페르시아어로, 페르시아어로 된 것은 아랍어로 번역시켜 모두 두 언어로 필사본을 완비케 한 뒤, 이를 자신이 건설한 타브리즈 근교의 '라시드 區'에 비치케 하였다. 그리고 이를 저본으로 삼아 전체 저작을 매년 1부씩 필사시켰는데, 종이는 최고급 바그다드 紙로, 제본은 염소 가죽으로 하여 일급의 필사 전문가에게 맡겨 정확하게 필사하고 화공들을 시켜 삽화를 그려 넣도록 한 뒤, 완성된 것을 원본과 꼼꼼히 대조케 하였다. 그리고 이를 일칸국 내 중요 도시의 모스크에 보내 비치하여, 사람들이 그것을 읽거나 자유롭게 필사하도록 했다.[24]

그는 필사의 대상으로 다음 작품들을 열거하였다. (5) 『集史』(Jâmi' at-tavârîkh) : 이에 관해서는 뒤에서 상술하겠지만 몽골 제국의 흥기를 다룬 제1부, 지구상의 각 민족들의 역사를 다룬 제2부, 세계 각 지역의 경역·도로·하천을 설명한 제3부로 구성되어 있다. (6) 『動物·遺物誌』(Âthâr wa ahyâ) : 가잔 칸의 시대에 저술이 시작되어 울제이투 칸 시대에 완성된 것으로 모두 24개의 장으로 구성되어 있으며, 광물학·농학·수목학·양봉술을 비롯하여, 해로운 곤충과 파충류를 제거하는 방법, 농경과 목축에 관한 설명, 건축·축성·조선·야금·금속에 관한 각종의 서술로 이루어져 있는 책이다. 그 사본이 전해지지 않는 것으로 알려지다가 1905년 테헤란에서 그 일부가 출간되었다. (7) 『眞理詳解』(Bayân al-haqâ'iq) : 1311년 작품으로, 울제이투 칸이 관심을 가진 주제들에 관한 서술이다. 20개의 서한으로 구성된 이 작품은 저자 자신이 젊어서부터 아버지와 숙부로부터 배운 의술, 천연두와 같은 병에

---

24) Thackston tr., *Jami'u't-tawarikh*, vol. 1, "Translator's Preface", xi-xiii. 라시드 앗 딘 생전에 그의 직접적인 감독하에 만들어진 사본들 가운데 하나가 현재까지 전해지고 있는데, Khalili Collection과 Edinburgh 대학도서관에 있는 두 사본(원래는 하나였던 것으로 추정)이 그것이다. 특히 할릴리 사본의 화려한 세밀화는 S. S. Blair의 *A Compendium of Chronicles. Rashid ad-Din's Illustrated History of the World*(Oxford : Oxford University Press, 1995)에서 재현되어 있다.

대한 투르크와 몽골인들의 대응방법, 천문학과 역법에 관한 문제에 이르기까지 다양한 주제들이 다루어지고 있다. 특히 그 중의 하나에는 707년 샤왈 11일(1310년 3월 15일), 축일을 기념하기 위해 모인 몽골의 아미르들에게 울제이투 칸이 지혜와 율법과 칭기스 칸의 야사(札撒 ; 법령)를 준행할 필요성에 대해 강조하는 내용이 포함되어 있다. 터키의 킬리치 알리 파샤(Kiliç-Ali Paşa) 도서관에 아랍어 사본(no.834)이 있다. (8)『諸說詳論』(Taḥqîq al-mabâḥith). (9)『質疑와 解答』(As'ila wa ajviba) : 13세기 말 이슬람으로 개종한 몽골·투르크 유목귀족들이 종교에 대해 갖고 있던 의문과 관심에 대한 설명인데, 당시 그들 가운데는 아직 개종에 대해 회의적인 입장을 취하는 사람들도 있었기 때문이었다. 아야 소피아 도서관에 페르시아 사본(no.2180)과 에디르네 셀리미에(Edirne Selimiye) 도서관에 아랍어 사본(no.1930)이 있다.

이밖에도 현재까지 그의 작품으로 알려진 것으로는 다음과 같은 것들이 있다. (10)『寶鑑』(Tangsuq-nâma) : 가잔 칸의 시대에 '방기 수키'(Vangi-suki)라는 이름의 한 중국인의 저술을 페르시아어로 번역한 것으로, 현재 제1장이 아야 소피아 도서관(no.3596)에 보관되어 있다. 이 번역서의 첫머리에 라시드 앗 딘이 쓴 서문이 있고, 여기에는 문화사적으로 매우 중요한 내용이 담겨 있다.[25] (11)『帝王統治書』(Kitâb-i siyâsat wa tadbîr-i pâdishâhî) : 중국과 몽골의 통치술에 관한 내용이 담긴 이 책은 저자의 『오묘진리』에 언급되고 있으나, 그 사본은 현재 전해지지 않고 있다. 토간은 이 책의 이름을 『中國統治書』(Kitâb-i siyâsat wa tadbîr-i mulk-i khitâîyân)라고 했다. (12)『寄進書』(Waqf-nâma) : 라시드가 '라시드 구'에 기진한 재산 관리규정을 포함한 문서들의 모음으로, 현재 라시드의 자필 사본이 이란에 보존되어 있다.[26] (13)『書翰集』(Mukâtabât) ; 라시드가 자신의 자식들과 고관들에게 국사에 관

---

25) *Tibb-i ahl-i Khitâ*라는 제목으로 M. Minovî에 의해 테헤란에서 1971년에 영인본이 출간되었다.

26) I. Afshar, "The Autograph Copy of Rashíd-ad-Dîn's Vaqfnâmeh", *Central Asiatic Journal*, no. 14(1970), pp.5~13.

한 문제에 대해 충고와 권고를 담은 53통의 편지로 이루어진 것으로, 이미 출간되고 번역까지 나온 바 있으나, 현재는 이것이 라시드 앗 딘 자신의 글이 아니라는 설득력 있는 주장이 제기된 바 있다.[27)]

II. 『집사』저술의 동기와 자료

이처럼 라시드 앗 딘은 생전에 수많은 저술들을 집필했지만, 그 가운데서도 가장 대표적인 저작은 물론 『집사』이다. 『집사』는 모두 3부로 구성되어 있으며, 거기에 다루어지고 있는 내용의 대강은 라시드 앗 딘이 적은 「서문」에 소개되어 있는데, 이를 정리해 보면 다음과 같다.

제1부 (일명 『가잔 사』)
　　제1권
　　　　제1편 오구즈족
　　　　제2편 현재 '몽골'이라 불리는 투르크족들
　　　　제3편 (현재도 '몽골'이라 불리지 않는) 투르크족들
　　　　제4편 몽골족
　　제2권
　　　　제1편 칭기스 칸의 조상들
　　　　제2편 칭기스 칸과 계승자들

---

27) Muḥammad Shafiʿ가 1947년 파키스탄의 라호르에서 인쇄본을 출간했고(*Mukâtibât-i rashîdî*, Lahore : Pub. for the Univ. of the Panjab, 1947), 러시아에서는 A. I. Falina에 의해 *Perepiska : Rashîd ad-Dîn*(Moscow : Izd-vo "Nauka", 1971)이라는 제목으로 역주본이 출간된 바 있다. 이 서한의 신빙성 문제에 대해서는 A. H. Morton, "The Letters of Rashîd ad-Dîn : Îlkhânid Fact or Timurid Fiction?", *The Mongol Empire and Its Legacy*(ed. R. Amitai-Preiss & D. O. Morgan, Leiden : Brill, 1999), pp.155~199를 참조하시오.

제2부
　제1권 울제이투 칸 기
　제2권
　　제1편 아담 이후 사도와 칼리프들의 역사 및
　　　지구상 각 종족들의 역사
　　제2편 본서 완성 이후 전개될 역사
제3부 (『諸域圖志』(*Suwar al-aqâlîm*)와 『諸國道路志』(*Masâlik al-mamâlik*))

이상의 목차가 말해 주듯이 『집사』는 14세기 초두까지의 몽골 제국사를 필두로 세계 각 민족의 역사와 각 지역의 지리를 서술한 부분으로 이루어져 있다. 이 가운데 가장 마지막에 집필되었을 것으로 추정되는 제3부는 현재 어디에서도 그 사본을 찾아볼 수 없는 실정이고, 제2부 제1권 「울제이투 칸 기」 역시 일찍이 토간 교수가 이란의 마쉬하드(Mashhad)에서 한 사본을 보았다고 했으나 지금은 그 소재를 알 수 없는 상태이다. 따라서 『집사』 가운데 현존하는 부분은 제1부 전체와 제2부의 제2권뿐인 셈이나, 『집사』의 일부를 구성했을 것으로 보이는 『오족보』(*Shu'ab-i panjgâne*)라는 것이 1927년 토간에 의해 이스탄불의 톱카프 도서관에서 발견되었다.[28] 『오족보』는 아랍, 유태, 몽골, 프랑크, 중국 등 5개 민족의 계보를 일목요연하게 정리한 것이다.

이 가운데 역사서로서 가장 높은 가치를 지니고 있는 것은 『집사』의 제1부이며 『가잔 사』라는 이름으로도 알려져 있다. 라시드 앗 딘은 이를 두 권으로 나누어, 제1권은 투르크·몽골계 각 부족들의 역사를 기록한 「부족지」로, 제2권은 칭기스 칸의 조상들로부터 시작하여 가잔 칸에 이르기까지의 「몽골 제국사」로 구성했다. 그러나 양적으로 볼 때 후자가 전자에 비해 비교가 되지 않을 정도로 많기 때문에, 전체적인 분량의 균형이나 내용의 정합성을 기준

---

28) Togan, "The Composition of the History of the Mongols", p.68.

으로 하여 제1부의 내용을 다음과 같은 방식으로 구분하는 것이 일반적이다.

제1권 투르크·몽골 부족지
제2권 칭기스 칸과 그 선조들의 역사
제3권 칭기스 칸의 후계자들
제4권 일 칸국의 역사[29]

그렇다면 라시드 앗 딘은 어떻게 해서 『집사』를 저술하게 된 것이며, 규모나 내용에서 과거 이슬람 권은 물론 다른 문명권에서도 유례를 찾아보기 힘들 정도로 방대한 역사서의 집필에 필요한 자료들은 도대체 어떻게 수집할 수 있었던 것일까? 사실 라시드 앗 딘 자신이 처음부터 이러한 역사서를 집필할 의도를 가졌던 것은 아니었다. 처음에 라시드 앗 딘에게 역사서의 저술을 권유했던 사람은 가잔 칸이었고, 가잔은 그가 신임하던 재상 라시드에게 세계사가 아니라 몽골 제국사의 집필을 위촉했을 뿐이었다. 그가 이러한 지시를 내린 데는 나름대로 절실한 이유가 있었다.

가잔이 즉위하던 1295년은 칭기스 칸이 몽골을 통일한 지 90년의 세월이 흐른 뒤였고, 그의 증조부 훌레구가 서아시아에 원정하여 일 칸국의 기초를 놓은 것도 반 세기 전의 일이었다. 처음에 원정대를 지휘하며 그곳에 왔던 몽골의 지휘관들은 대부분 이미 타계했고, 그 후예들은 서아시아의 무슬림들 위에 군림하며 조상들이 피땀으로 일구어 놓은 과실을 향유하면서 자신들의 뿌리조차 잊어 가고 있는 상황이었다. 이에 대하여 라시드 앗 딘은 다음과 같이 쓰고 있다.

현재 아무도 그러한 일들을 알지도 탐구하지도 않고, 세월이 흘러 아미르의 자

---

29) Boyle, *The Successors of Genghis Khan*, p.9.

손인 젊은이와 신세대들은 조상의 이름과 계보 그리고 지나간 시대에 있었던 정황과 그러한 정황이 일어나게 된 연유에 대해 소홀하고 무지한 상태로 있기 때문이다. 어떻게 각 종족의 대인들의 일족과 후손이 자기 조상이 겪었던 상황과 그 계보와 이름에 대하여 무지하고 무관심할 수 있단 말인가.[30]

가잔 칸은 몽골 귀족들이 서로 반목하면서 군주에 대해 곧잘 반란을 일으키는 것도 따지고 보면 이처럼 역사에 대한 무지와 자신들의 계보조차 알지 못하는 몽골 정체성의 상실에 한 원인이 있다고 보았다. 숙부 바이두를 권좌에서 몰아내고 칸위에 오른 가잔은 그들에게 몽골 제국이 어떠한 과정을 통해 탄생되었는가를 분명히 알려주고, 조상들의 뿌리가 그들에게 어떻게 연결되고 있는가를 다시 한번 인식시킴으로써, 이들 몽골 유목부족민들의 분권적 경향을 억제하고 자신을 중심으로 통합을 이룰 필요가 있다고 느꼈던 것이다. 따라서 가잔 칸이 "몽골 지배가 출현하던 시기에 생긴 기이한 정황들과 중대한 사건과 사실들이 날이 지나고 달과 해가 흘러도 지워지거나 잊혀지지 않고, 은폐의 베일 속에 숨겨져 있지 않도록 하라!"[31]고 지시한 것이고, 처음에는 세계 각 민족의 역사를 포괄하는 것이 아니라 몽골 제국사에만 한정되었던 것이다.

그러나 1304년 5월 17일 가잔 칸이 사망할 때까지도 그가 지시한 역사서는 완성되지 못했다. 라시드 앗 딘은 새로 즉위한 울제이투 칸에게 그때까지 집필된 초고를 보여줄 수밖에 없었는데, 가잔의 친동생이었던 신임 군주는 기왕에 기획된 부분은 그대로 완성하여 원래 발의자의 이름을 따서 『가잔사』라고 명명하고, 거기에 덧붙여 자신의 치세 이후에 벌어진 일들과 세계 각 민족의 역사를 찬술하여 제2부로 삼고, 나아가 각 지역의 지리적 특징을

---

30) 『집사』 톱카프 사본 8r.
31) 같은 곳.

서술하여 제3부를 만들라고 지시했던 것이다. 라시드 앗 딘에 의하면 울제이투는 그에게 이렇게 말했다고 한다.

지금까지 어느 시대에도 세계 전역의 모든 사람들과 갖가지 계층의 인류에 대한 정황과 설명을 기록한 사서는 집필되지 않았다. 또한 이곳에도 다른 지방과 도시들에 관한 책은 아무 것도 없으며, 과거의 제왕들에 대해서 아무도 탐구한 적이 없었다. 이 시대에는—알라께 또 그로부터 찬미를!—지상의 여러 지방과 경역들이 칭기스 칸 일족의 칙령을 받들고 있고, 키타이, 마친, 인도, 카시미르, 티벳, 위구르와 여타 투르크 종족들, 아랍, 프랑크 등과 같은 각종 종교와 민족에 속한 현자와 점성가와 학자와 역사가들이 하늘 같은 위용을 지닌 어전에 무리지어 모여 있다. 그들은 각각 자기 족속들의 역사와 설화와 신앙에 관한 글들을 갖고 있으며, 그 가운데 일부에 대해서는 상세하게 알고 있다. 천하를 장식하는 〔나의〕 의견은 이러하다. 즉, 그 역사와 설화의 자세한 내용에서 그 의미가 완벽한 綱要를 짐의 이름으로 완성하고 그것을 〔「諸域圖志」〕와 「諸國道路志」를 포함하여 모두 두 部로 집필하라. 그래서 그것을 상술한 사서의 속편으로 만든다면, 유례가 없는 그같은 책의 집성은 각종 역사서들의 결집이 되리라. 〔지금이〕 좋은 기회일 뿐더러 그같은 기념물은 어느 시대의 제왕도 갖지 못했던 것이기 때문에, 지체없이 그 집필을 완성시켜 〔나의〕 이름과 명예가 영속되도록 하라."[32]

『가잔 사』의 확대 편찬을 지시한 울제이투는 몽골족의 역사적 뿌리와 조상들의 위대한 업적을 잊어서는 안된다는 가잔 칸의 생각에서 한 발 더 나아가, 전세계의 모든 민족과 지역을 포괄하는 세계제국의 경영자로서 그에 합당한 세계사의 편찬이 필요하다고 생각했던 것이며, 이렇게 해서 '연대기의 집성' 즉 『집사』가 탄생하게 된 것이다. 물론 이처럼 방대한 역사서의 편찬에

---

32) 『집사』 톱카프 사본, 4r.

는 당연히 필요한 자료의 확보가 전제되어야 한다. 그렇다면 라시드 앗 딘은 어떠한 자료를 근거로, 당시 몽골인들조차 기억하지 못했다고 하는 과거의 역사를 복원할 수 있었으며, 또 세계 각 민족의 역사는 어떻게 집필할 수 있었던 것일까? 그것은 크게 두 가지로 집약될 수 있는데, 문헌자료와 탐문조사가 그것이다.

그는 먼저 사서 편찬에 관한 가잔 칸의 칙명을 지적하면서 이렇게 적고 있다. "〔가잔 칸은〕 풍성한 寶庫 안에 보존되어 있는 몽골 및 몽골과 비슷한 다른 투르크인들의 기원과 계보를 기록한 사서들과 그들에 관한 일화들〔을 적은〕 篇篇들, 그리고 폐하의 아미르와 근신들이 보존하고 있는 것들을 …… 개정과 수정과 세심한 검토·확인을 거쳐서 진실된 언어로 정비·정리하라고 했다."[33] 여기서 그가 언급한 '보고 안에 보존된' 사서들과 단편들이 구체적으로 무엇을 가리키는지는 단언하기 어렵다. 그러나 이러한 문헌자료들 가운데 라시드 앗 딘이 『金冊』(Altân Daftar)이라는 문건을 거명한 점은 특기할 만하다. 현재 아무런 사본도 전해지지 않고 있기 때문에 그 내용을 확인할 수는 없으나, 이 문건은 "칸들의 財庫 안에 항상 대아미르들에 의해 보존되어"[34] 있었던 것으로 보아 왕실의 秘記였음이 분명하다. 또한 그는 〔군주의〕 寶庫에 보존되어 있는 문건들 가운데 "시대 시대마다 몽골의 문자와 언어로 된 그들의 신빙성 있는 사서는 정비되고 정리되지 않은 채 불완전한 篇篇"이 있고, "이방인과 전문가들은 열람할 수 없도록 은폐되고 차단되어, 어느 누구에게도 열람할 수 있는 기회가 주어지지 않았다"고 했다. 그렇다면 그가 언급한 『금책』은 '몽골의 문자와 언어'로 되어 있었고, 수미일관한 하나의 책자가 아니라 '불완전한 편편', 즉 여러 단편들로 구성되어 있었음을 추측할 수 있다. 즉, 가잔 칸은 라시드 앗 딘이 몽골 제국사를 찬술함에 있어서 몽골

---

33) 『집사』 톱카프 사본, 7v∼8r.
34) 『집사』 톱카프 사본, 38r.

지배층 가운데 극히 일부를 제외하고는 열람할 수 없었던 일종의 극비 문건인『금책』을 활용하라고 한 것이다.

그런데 흥미로운 사실은 원 조정에도 이와 유사한 문헌이 보관되어 있었다는 점이다. 즉, 1287년 초 翰林承旨 살만(撒里蠻)이 쿠빌라이에게 "國史院에서 칭기스 칸(太祖)을 비롯하여 역대 군주들의 실록을 찬수했는데, 청컨대 위구르 문자로 번역하여 보고케 한 뒤에 찬술하여 확정하는 것이 어떻겠습니까?"라고 보고한 내용이 보인다.[35] 그리고 1288년 2월에 그가『祖宗實錄』을 지어서 보고하니 쿠빌라이가 이를 들은 뒤 우구데이, 톨루이, 구육, 뭉케에 관한 기록에 대해서 각기 수정 여부를 지시했다.[36] 여기서 소위『실록』은 몽골어로는『톱치얀』(脫卜赤顔, tobchiyan)이라고도 불리는데, 후일 문종 2년 규장각에서『經世大典』을 편찬할 때 한림국사원에 보존되어 있는『톱치얀』을 자료로 활용하여 칭기스 칸 이래의 사적을 기록하자는 제의에 대해, 일부 몽골의 대신들은 "『톱치얀』에 기록된 일들은 祕禁의 것으로, 외부인으로 하여금 옮겨 쓰게 해서는 안된다"고 하며 강력한 항의를 제기했다.[37] 또한 이『톱치얀』은 '金書', 즉 금색 잉크로 기록되어 있었던 사실도 확인된다.[38] 이렇게 볼 때 일 칸국의『금책』과 원조의『톱치얀』은 칭기스 칸과 그의 선조 및 후계자들의 사적을 기록한 문서이며, 황금색 잉크로 쓰여졌고 외부인들에게는 공개되지 않던 일종의 극비 자료였다는 점에서 일치하고 있다.

라시드 앗 딘은『집사』집필시 몽골어 자료를 광범위하게 활용할 수밖에 없었을 터인데, 혹자는『집사』자체가 처음에는 몽골어로 쓰여졌을 것이라고

---

35) 『元史』卷14 「世祖本紀·十一」, p.294.
36) 『元史』卷15 「世祖本紀·十二」, p.308.
37) 『元史』卷35 「文宗·四」, p.784.
38) 『元史』권21 「成宗·四」, p.457.
39) Togan, "The Composition of the History of the Mongols", p.60~72 ; Morgan, "Rašîd ad-dîn and Ğazân Khan", L'Iran face à la domination mongole(ed. D. Aigle, Teheran : Institut Français de recherche en Iran, 1997), pp.179~188.

주장한 적도 있지만 그랬을 가능성은 희박한 것으로 보인다.[39] 『집사』 여러 곳에 나오는 몽골어에 대한 설명들은 라시드 앗 딘이 결코 몽골어에 능통한 사람이 아니었음을 암시하고 있다. 따라서 누군가 몽골어 문헌의 내용을 정리하여 라시드 앗 딘에게 알려주었을 것으로 보이는데, 여기서 주목되는 인물이 볼라드 칭상(Bôlâd Chingsang ; '칭상'은 丞相을 옮긴 말)이다. 두르벤족 출신으로 원나라 조정에서 樞密副使라는 고위직에 있던 그는 쿠빌라이의 명을 받고 1283년 봄 중국을 출발하여 1285년 후반 일 칸국의 궁정에 도착했다. 그때부터 1313년 4월 26일 사망할 때까지 그는 일 칸을 위해 정치적 문제나 재정 개혁에 대해 자문을 아끼지 않았다. 몽골어로 쓰여진 『금책』의 내용을 해석하고 전해 주는 역할은 바로 그의 몫이었던 것으로 보인다. 한 학자가 그를 일러 '문화의 브로커'(cultural broker)라고 부른 까닭도 여기에 있다.[40] 뿐만 아니라 "투르크 종족들의 계보와 그들의 역사에 관해서, 특히 몽골에 관한 지식에서, 그를 능가할 사람은 이 세상 어디에도 없다"[41]는 라시드 앗 딘의 평가가 말해 주듯이, 몽골의 각 부족과 그 역사에 관한 그의 지식은 『집사』 「부족지」를 집필하는 데 매우 긴요했음이 틀림없다.

그러나 라시드 앗 딘이 참고한 『금책』이 구체적으로 어떤 내용을 담고 있었는지에 대해서는 다시 한번 생각해 볼 필요가 있다. 그 까닭은 『집사』에서 이 책에 대해 언급한 것이 단 3차례밖에 없는데, 그것은 모두 칭기스 칸의 선조들에 관한 서술에 국한되고 있기 때문이다. 따라서 『금책』이 칭기스 칸의 조상들에 관한 내용을 포함하고 있었음은 의심할 수 없지만, 칭기스 칸이나 그 계승자들의 사적에 관한 내용까지 기재되어 있었는가 하는 점은 의심스럽다. 『집사』 「칭기스 칸 기」에 기록된 내용이 그것과 독립적으로 찬술된 『몽골 비사』, 『원사』 「태조본기」, 『성무친정록』 등에 보이는 것과 매우 흡사하기

---

40) T. T. Allsen, "Biography of a Cultural Broker, Bolad Ch'eng-Hsiang in China and Iran", *Oxford Studies in Islamic Art*, vol. 12(1996), pp.7~22.

41) 『집사』 톱카프 사본, 8r.

때문에, 학자들은 이들이 모두 어떤 동일한 '원자료'에 근거해서 만들어진 것이 아닐까 하는 추측을 하고 있으나, 아울러 우리가 잊어서는 안될 점은 이들 기록 사이에 유사성 못지 않게 차이점들도 보인다는 사실이다. 그렇다면 이러한 차이는 이들의 편찬을 위해 활용된 '원자료'가 달랐기 때문일까, 아니면 동일한 '원자료'를 옮기고 정리하는 과정에서 다만 편찬자들의 해석이 다르거나 새로운 정보를 활용했기 때문에 생기게 된 것일까? 이 점에 대해서는 아직 확실한 결론을 내리기 어려운 상태이다.

그러나 한 가지 우리가 단언할 수 있는 사실은 라시드 앗 딘이 『집사』를 집필할 때 소위 『금책』이외에 다른 문헌자료들도 활용했다는 점이다. 예를 들어 칭기스 칸의 등장부터 뭉케의 즉위에 이르는 시기를 서술하면서 그는 페르시아의 역사가 주베이니가 쓴 『세계정복자사』(Tā'rīkh-i Jahān-gushāī)에 크게 의존하고 있다. 특히 몽골 군의 서아시아 및 러시아 원정에 관해서『집사』가 동아시아의 다른 기록에 비해 풍부한 내용을 전하고 있는 것은 바로 주베이니의 글을 이용했기 때문이며, 단어 하나 하나를 거의 그대로 베끼다시피 한 곳도 적지 않다.[42] 그렇지만 주베이니의 글도 뭉케 즉위 초년으로 끝나고 있기 때문에 라시드 앗 딘이 그 뒷 시기를 서술할 때는 아무런 도움이 되지 못했을 것이다. 『원사』에 의하면 1290년 말이 되어서야 『정종실록』과 『태종실록』이 완성되어 쿠빌라이에게 헌정되었으며 『세조실록』은 1304년에 완성되었다. 『헌종실록』에 관한 언급은 보이지 않는다. 따라서 시기적으로 라시드 앗 딘이 『세조실록』을 참고할 수 없었음은 분명하다.

그럼에도 불구하고 라시드 앗 딘은 뭉케와 쿠빌라이는 물론 그가 집필한 당시 통치자였던 테무르(성종)에 대해서도 독립된 장을 설정하여 서술하고 있다. 이러한 부분은 그가 '탐문'에 의해 보충했던 것으로 보인다. 그는 사서

---

42) Boyle, ˝Juvaynī and Rashīd ad-Dīn as Sources on the History of the Mongols˝, *Historians of the Middle East*(London, 1962), pp.133~137(*The Mongol World Empire* 再收).

편찬과 관련하여 가잔 칸이 기존의 문헌들에는 "간략하게만 기록되어 상세하게 서술되지 않은 것들은 키타이와 인도와 위구르와 킵착과 여타 종족의 학자와 현자들, 그리고 지고한 폐하의 어전에 있는 각계 각층의 사람들 중 귀인들, 특히 이란과 투란의 兵權을 갖고 있는 존귀한 아미르이자 지상의 왕국들의 경영자인 볼라드 칭상에게 탐문하라고 하셨다"고 하였는데, 이 점도 그것을 입증한다.[43] 뿐만 아니라 원과 일 칸국 사이에는 사신의 왕래가 빈번했기 때문에, 쿠빌라이의 조정에서 온 몽골 고관들을 통해서 원조의 사정에 관해 상당한 정보를 확보했을 것으로 보인다.

『금책』 혹은 어떤 미지의 '원자료'가 근간이 된 「칭기스 칸 기」가 연대기적 서술체제를 갖추고 있는 반면, 우구데이 · 구육 · 뭉케의 치세에 대해서는 그러한 특징이 점차로 엷어지다가, 쿠빌라이와 테무르에 관해서는 연대기적 성격이 거의 사라지고 '일화' 중심으로 구성된 것도 바로 라시드 앗 딘이 활용했던 자료의 성격과 무관하지 않을 것이다. 뿐만 아니라 『원사』 「세조기」에는 많은 지면이 할애되어 있는 내용들이 완전히 누락된 것이라든가, 반대로 전혀 언급도 되지 않았던 사건이나 인물이 특기되고 있는 것도 그러하다. 즉, '탐문'의 대상이 된 구술자들이 대부분 몽골계 귀족들이었기 때문에 그들의 독특한 관점이 반영될 수밖에 없었던 것으로 보인다. 『원사』에는 중국 안에서 벌어진 사건이나 한인 관료들에 관한 서술이 많은데 『집사』에는 그런 것에 대한 언급이 거의 없는 것도 이러한 연유 때문이었을 것이다.

한편 라시드 앗 딘은 『집사』 제2부 세계민족사를 집필할 때 민담과 구전뿐만 아니라, 각 민족들 고유의 문헌자료들을 이용하기도 했다. 예를 들어 「프랑크 사」의 내용은 서구 각국에 대한 총괄적인 소개와, 그리스도 탄생 이후부터 집필 당시까지의 중요한 사건들에 대한 연대기적 기술로 이루어져 있는데, 그 주된 자료는 트로포 출신의 마르틴(Maritn of Troppau, 일명

---

43) 『집사』 톱카프 사본, 7v~8r.

Martinus Polonus)이 13세기에 저술한 글로 추정되고 있다.[44] 또한 「중국사」
의 경우에도 전설상의 인물인 盤古와 三皇五帝에서부터 시작하여 중국 역
대 왕조의 군주들 이름과 치세 및 사건들에 관한 간략한 서술들이 포함되어
있는데, 그 자료는 당시 일 칸국 조정에 머물던 중국인 학자 두 사람이 갖고
있던 서적이었다고 한다.[45] 물론 그 내용 자체는 매우 소략하여 사료적인 가
치가 높다고 말하기는 어려우나, 서구나 중국의 역사에 대한 통사적인 서술
이 다른 지역에서 최초로 이루어졌다는 점에서 더 큰 의의가 있다고 할 수
있다.[46]

    13세기 중반 서아시아를 정복한 몽골 유목민들은 반세기에 걸쳐 풍요한
문명세계의 지배자로 군림하면서 서서히 자신들의 정체성을 상실해 갔다.
자기가 속한 부족의 선조들이 누구인지 또 그들이 어떤 고난을 겪으며 대제
국의 건설이라는 위업을 달성했는지를 망각하게 된 것이다. 몽골인으로 하
여금 초원과 농경사회의 주인으로 군림하게 했던 단합력은 사라져 버리고,
목전의 이해에만 급급하여 군주의 권위를 무시하고 약탈과 내란을 일삼게
된 것이다. 1295년 즉위한 가잔 칸으로서는 이러한 현실에 직면하여 군사제
도를 개선하는 한편, 도량형의 통일과 세제 개혁을 통해 재정을 정돈함으로
써 중앙집권화를 추진하지 않으면 안되는 상황이었다. 당시 그의 재상이었
던 라시드 앗 딘은 가잔의 의지를 받들어 총체적인 개혁을 추진 집행했던 장
본인이었다. 가잔 칸이 그에게 몽골 제국사의 집필을 명령한 것도 바로 이런
맥락에서 이해되어야 할 것이다. 역사서의 편찬을 지시한 것은 결코 그가 호
학의 군주였기 때문만은 아니며, 반목을 거듭하는 몽골 귀족들에게 선조들

---

44) Morgan, *The Mongols*(London : Basil, 1986), pp.189~192.

45) 本田實信, 「ラシード・ウッディーンの『中國史』」, 『モンゴル時代史研究』, pp.387~404 ; K. Jahn, "Some
    Ideas of Rashîd ad-Dîn on Chinese Culture," *Central Asiatic Journal*, vol. 9(1970), pp.134~147.

46) Boyle, "Rashîd ad-Dîn and the Franks", Central Asiatic Journal, vol. 14(1970), pp.62~67(*The
    Mongol World Empire* 再收).

이 합심하여 제국을 일구어 낸 과정을 명백히 보여줌으로써 그들에게 역사 의식을 고취하고 이를 통해 일종의 의식개혁을 이루기 위함이었다.

따라서 라시드 앗 딘이 쓰려고 했던 것이 당초부터 '세계사'는 아니었다. 그러나 가잔의 뒤를 이은 울제이투가 이를 더욱 확대시킨 것이었고, 이것은 몽골인들이 '세계제국'을 운영하고 있다는 자부심이 있었기 때문이었다. 유라시아 대륙 전역을 망라하는 대제국을 건설한 몽골인들은 폭넓은 문화 교류를 통해 협소한 지역적 · 문화적 공간을 뛰어넘는 넓은 세계관을 소유하게 되었다. 다양한 민족과 종교의 대표, 사신, 학자, 상인들이 모여들었고, 그들이 제공할 수 있는 정보는 과거와는 비교도 안될 만큼 풍부한 것이었다. 바로 이러한 여건이 『집사』라는 세계사의 출현을 가능케 한 것이었고, 그것은 역으로 몽골 제국의 세계성을 반증하는 것이기도 하다.

III. 「부족지」의 내용과 기왕의 연구 및 사본

『집사』 제1부인 몽골 제국사의 제1권 제목은 원문이 「투르크 종족들의 홍기에 관한 역사와 그들이 여러 부족으로 갈라지게 된 상황에 대한 설명 · 각 부족 조상들의 정황에 대한 전반적인 서술」로 되어 있지만, 편의상 학자들은 이를 줄여서 「부족지」라고 부른다. 「부족지」는 배치상으로도 『집사』의 첫머리에 나올 뿐만 아니라 집필 시기 면에서도 다른 부분들에 비해 가장 먼저 집필된 것으로 보인다. 그 까닭은 앞에서 설명했던 『집사』 편찬의 동기와 밀접한 관련을 맺고 있다. 즉, 1300년 전후한 시기에 일 칸국의 몽골 귀족들이 자기 선조들의 이름이나 업적조차 모르는 경우가 허다했기 때문에, 우선 몽골 제국의 건설 과정에 참여한 부족들로는 어떤 부족이 있고 그 수령들은 누구이며 어떤 활동을 했는지를 밝혀 둘 필요가 있었던 것이다. 각 부족의 중요 인물이 나열될 때 말미에 그들의 후손 가운데 당시 생존한 사람의 이름들이 첨부되고 있는 것도 바로 그 때문이었다.

　나아가 「부족지」는 제2권에서 본격적으로 서술되는 몽골 제국사에 등장하는 수많은 사람들의 이름과 약력을 소속 부족에 따라 미리 정리해 둠으로써 독자들의 용이한 이해를 도모하고 있다. 비유해서 말하자면 장편소설에 등장하는 사람들의 이름과 약력을 정리하여 책머리에 간단히 적어 놓는 것과 비슷한 발상이라고 할 수 있다. 이렇게 볼 때 「부족지」는 『집사』라는 전체적인 구조물의 주춧돌에 해당되는 셈이라고도 할 수 있으니, 『집사』 자체의 이해를 위해서 혹은 더 나아가 몽골 제국사를 파악하기 위해서도 필수적인 내용이라고 할 수 있다.

　라시드 앗 딘은 「부족지」의 집필을 위해서 역시 문헌기록과 탐문자료에 기초한 정보들을 활용했다. "이 대부분의 지파에 대해 최근까지 누가 일목요연하게 기록한 것도 없었고 그에 관한 정확한 계보도 존재하지 않았다. 특히 오랜 시간이 흘렀기 때문에 그러하다. 그러나 각 종족의 믿을 만한 사람들 가운데 담화가나 구전인이 진술한 것을 기초로 [여기에] 서술했고 또 일부 그들의 서적에서 취하기도 했다"[47]는 그 자신의 말이 이를 입증한다.

　「부족지」의 내용은 유목집단의 구성에 따라 다음과 같이 크게 4편으로 나뉘어져 있다.

제1편　오구즈족
제2편　몽골이라 불리게 된 투르크족
제3편　투르크족
제4편　원래부터 몽골이라 불리던 종족

　이러한 분류는 우선 노아의 증손자인 전설상의 인물 오구즈가 이슬람으로

<hr>

47) 『집사』 톱카프 사본, 8v.

개종할 때 그와 행동을 같이 했던 집단인가 그렇지 않은 집단인가를 기준으로 분류한 것이다. 그래서 오구즈의 후손들로 이루어진 24지파, 그리고 오구즈와 연합했던 형제와 사촌들의 후예인 부족들에 관한 설명이 제1편을 이루고 있다. 오구즈와 연합하지 않은 사람들의 후예가 뒤이어 나오는 세 집단인데, 이 가운데 앞의 두 집단은 원래 '투르크'라는 명칭으로 불렸으나 몽골 제국의 흥기 이후 '몽골'이라는 칭호로 스스로를 불렀느냐의 여부를 기준으로 나눈 것이며, 마지막 네 번째가 처음부터 '몽골'이라는 이름으로 불렸던 집단이라는 것이다.

그런데 라시드 앗 딘에 의하면 이들 네 집단은 모두 아불제 칸(Abûlje Khân)의 아들인 딥 야쿠이(Dîb Yâqûî)의 후손이라고 한다. 아불제 칸은 『성경』과 『코란』에 나오는 노아에 해당되고, 딥 야쿠이는 야벳에 해당된다. 따라서 「부족지」에 보이는 종족 관념은 기본적으로 노아의 아들 셈이 아랍·유태 민족의 조상이 되었고, 함이 흑인들의 조상이 되었으며, 야벳이 투르크인의 조상이 되었다는 서아시아 주민들의 전통적인 이해방식을 그대로 수용하고 있다고 할 수 있다. 일반적으로 우리가 투르크인으로 분류하는 오구즈 종족을 비롯한 기타 투르크족은 물론, '몽골'이라는 이름으로 불리는 종족들 — 원래부터 그런 이름으로 불리던 집단과 후일 몽골이라는 이름을 취하게 된 집단 — 도 원래는 "투르크족에 속하는 한 종족에 불과"[48]했기 때문에 이들 역시 광의의 투르크족에 속하는 것으로 본 것이다.

라시드 앗 딘은 이러한 전통적인 종족 관념에 몽골인들의 독자적인 조상 설화를 접목시켰다. 즉, 처음부터 '몽골'이라는 이름으로 불렸던 네 번째 집단은 적국의 공격에서 살아 남아 에르게네 쿤(Ergene Qûn)으로 숨어 들어가 살게 된 네쿠즈(Nekûz)와 키얀(Kîyân)이라는 두 사람의 후손들이며, 이들 중에서 전설적인 족모 알란 코아(Âlân Qôâ)가 빛을 받아 출생한 사람들의 후

---

48) 『집사』 톱카프 사본, 9v.

예가 '니르운(Nîr'ûn) 몽골'이고 그렇지 않은 다른 사람들이 '두릴리킨(Durilikîn) 몽골'이라는 것이다. '니르운'은 '허리'를 뜻하는 말로서 알란 코아가 남편 없이 그녀의 '순수한 허리'에서 아이들을 낳았기 때문에 붙여진 이름이고, '두릴리킨'은 '평민'을 뜻한다. '니르운 몽골'은 다시 칭기스 칸의 직접적인 조상들이 속한 '하르운'(Har'ûn) 집단과 그렇지 않은 '일반 니르운'으로 구분되었다. 라시드 앗 딘은 이러한 방식으로 유목민 전체를 칭기스 칸 일가를 핵으로 하는 동심원적 구조 속에 포함시킴으로써 각 집단의 자기 위치와 집단들 간의 상호관계를 파악할 수 있도록 한 것이다.

라시드 앗 딘은 위의 네 집단 및 거기에 속한 여러 지파들을 차례로 서술하면서, 각 부족에서 배출된 중요한 인물들이 누구이고 그 후손들은 누구인지를 밝히고 있다. 이들 가운데 대다수는 칭기스 칸 일족이 제국을 건설하는 과정에 동참한 공신들이지만, 그에게 적대하며 싸웠던 인물들도 열거되어 있다. 라시드 앗 딘은 이처럼 중요 인물들의 계보를 밝히는 동시에 그들이 구체적으로 어떠한 활동을 했는지에 대해서 일화를 들어 가며 설명하는 방식을 취했다. 「부족지」에 소개된 일화 가운데 일부는 제2권에 보다 상세히 서술되는 경우도 있는데, 다양한 내용으로 이루어진 일화들은 몽골 제국의 흥기를 밝히는 중요한 사료일 뿐만 아니라, 초원 유목민들의 생활과 관습 그리고 부족사회의 특징을 이해하는 데 많은 시사점을 주고 있다.

「부족지」가 지니는 이러한 중요성 때문에 이에 대한 학자들의 연구는 일찍부터 시작되었다. 1858년 러시아의 베레진은 3종의 사본을 비교하면서 「부족지」를 번역하고 교감본을 출간했다.[49] 그러나 그의 번역에는 적지 않은 오류가 발견되어, 1세기가 지난 뒤 소련 학자들이 공동 연구를 추진하여 「부족

---

49) I. N. Berezin, *Sbornik Letopisei. Istoriia Mongolov. Vvedenie : O Turetskikh i Mongol'skikh plemenakh*(번역은 *Trudy Vostochnago Otdeleniia Imperatorskago Arkheologicheskago Obshchestva*, no. 5, Sanktpeterburg, 1858에 실렸고, 교감본 텍스트는 같은 저널, no. 7, Sanktpeterburg, 1861에 발표).

지」의 역주를 출간했고, 곧 여러 사본들을 대조하여 만든 페르시아어 교감본을 내놓기에 이르렀다.[50] 이 러시아어 번역본은 「부족지」뿐만 아니라 『집사』 제1부에 해당하는 『가잔 사』에 대한 최초의 완역으로 학계에 공헌한 바가 지대했으며, 많은 연구자들에게 이 중요한 역사서를 보다 용이하게 이용할 수 있게 해 주었다. 중국에서 이 번역본을 다시 중국어로 옮겨 출간한 것도 이러한 학문적 가치를 인식했기 때문이었다.[51]

이란의 학자들이 페르시아어 고전인 『집사』에 대해 관심을 보인 것은 당연한 일이라고 할 수 있다. 카리미는 『가잔 사』 전체를 활자본으로 출간하여 내용을 일별하는 데는 적지 않은 도움을 주었지만,[52] 사본의 정밀한 비교가 없고 고유명사의 표기에 오류가 많아 이용시 주의가 요망된다. 그러나 근자에 들어와 로샨이 양질의 사본을 저본으로 삼고 다른 여러 사본들을 비교한 교감본을 출판하여 『집사』 연구의 수준을 한 차원 높여 주었다. 로샨의 교감본은 모두 4권으로 출판되었는데, 1, 2권은 교감 텍스트, 제3권은 여러 사본·간본들 사이의 同異對照 및 투르크·몽골 어휘 설명, 제4권은 색인으로 이루어져 있다.[53] 그런데 최근 미국 하버드 대학의 쌕스턴 교수에 의해 『가잔 사』 전체가 영어로 번역·출간되어 보다 많은 독자들이 손쉽게 이 고전을 접할 수 있게 되었다.[54] 유려하면서도 정확한 그의 번역은 페르시아 문학의 전문가다운 면모를 유감없이 과시하고 있다. 몽골 사 연구에 오랜 전통을 자랑하는 일본에서는 아직 『가잔 사』 혹은 그 일부인 「부족지」의 번역은 나오지 않

50) *Rashid-ad-din. Sbornik Letopisei*, tom 1, kniga 1(L. A. Khetagurov & A. A. Semenov ; Moskva : Izd. AN SSSR, 1952) ; *Dzhâmi' at-tavârîkh*, tom 1, chast' 1(A. A. Romaskevich, A. A. Khetagurov, A. A. Ali-zade ; Moskva : Izd. Nauka, 1965).

51) 『史集』(余大鈞·周建奇 譯 ; 第1卷 1·2分册, 第2卷 ; 北京 : 商務印書館, 1983~85).

52) Bahman Karîmî, *Jami' al-tavârîkh*(Tehran, 1959).

53) Muḥammad Rawshan & Muṣṭafa Mûsavî, *Jâmi' al-tavârîkh*, 4 vols.

54) W. M. Thackston tr. & annotated, *Jami'u't-tawarikh. Compendium of Chronicles*(3 parts ; Harvard University, 1998).

았으나, 「부족지」내용에 대한 정밀한 검토를 기초로 몽골 제국의 부족 구조를 밝히는 연구 업적이 발표되었다.[55]

기왕의 이러한 역주와 연구에 힘입어 『집사』에 대한 우리의 문헌학적 이해는 상당한 수준에 이르렀다고 말할 수 있다. 그럼에도 불구하고 여전히 인명이나 지명의 독음이 잘못되거나 文意가 잘못 이해되는 부분도 적지 않은 것이 사실이다. 예를 들어 러시아 번역본이 지닌 선구적인 공헌은 마땅히 인정되어야겠지만 명백한 오역과 잘못된 주석들이 도처에서 발견되고 있다. 또한 쌕스턴 교수의 번역이 탁월함은 누구도 부인하기 어렵지만, 그가 저본으로 삼은 카리미 인쇄본 자체의 문제점에 기인한 오류, 몽골 사 방면의 비전문가로서 범한 실수 등이 눈에 띈다. 따라서 본 역자는 「부족지」나아가 『가잔 사』를 정확하게 옮기기 위해서는 무엇보다도 좋은 사본의 선택, 몽골-투르크 어휘에 대한 지식, 그리고 몽골 제국사 전반에 대한 깊은 이해가 선행되어야 한다고 생각한다.

현재 「부족지」를 포함한 『가잔 사』의 사본은 여러 종류가 알려져 있다. 이들 가운데 가장 이른 시기에 필사되고 또 가장 완정된 형태를 갖추고 있다고 인정되는 것이 바로 (A) 이스탄불의 톱카프 도서관에 소장된 사본이다. 'Revan Köşkü 1518'이라는 번호가 매겨진 이 사본은 아부 사이드 칸 치세인 1317년 바그다드에서 라시드 앗 딘 생전에 필사된 것이다. 이 밖에도 (B) 타슈켄트 사본(우즈베키스탄 공화국 東方寫本部 no. 1620 ; 필사연도 불명), (C) 이스탄불 톱카프 도서관 소장 사본(Hazine 1653 ; 1314년 필사. 하피지 아브루〔Hâfiz-i Abrû〕가 찬술한 『歷史精要』〔Zubdat al-tavârîkh〕 속에 삽입), (D) 이스탄불 톱카프 도서관 소장 사본(Hazine 1654 ; 1317년 필사), (E) 파리 사본(국립도서관 Supplément persan 1113 ; 결락이 많은 것이 흠이지만 필사연도를 1313년까지 올려 잡는 학자도 있다.[56]), (F) 런던 사본(대영박물관 Add. 16688 ; 일 칸

55) 志茂碩敏, 『モンゴル帝國史研究序說』(東京 : 東京大學出版會, 1995).

국의 「아바카 칸 기」와 「가잔 칸 기」의 일부만 남아 있으며, 아부 사이드 칸 치세 후기에 필사된 것으로 추정[57]) 등이 있다. 이 가운데 역자는 A·C·D 사본과 B사본의 「부족지」 부분을 마이크로 필름으로 소장하고 있는데, 본서를 번역할 때는 A사본을 저본으로 삼되 B사본을 대조하였고, 필사상 문제가 있는 부분은 러시아 교감본도 참조하였다.

역자는 「부족지」를 번역함에 있어 기존의 번역과 간본도 널리 참조하였다. 일단 원문의 번역이 끝난 부분을 러시아 번역본과 대조함으로써 역자의 잘못된 해석을 고칠 수 있는 경우도 많았다. 반대로 러시아 번역본이 범한 적지 않은 오류도 발견할 수 있었는데, 특히 투르크–몽골어에서 나온 특수한 어휘나 이름을 인식하지 못했기 때문에 저질러진 것들이 많았다. 또한 A본에 방점이 분명치 않아 이해가 용이하지 않은 경우에는 로샨의 간본이 큰 도움이 되었다. 마지막으로 쌕스턴 교수의 영역본은 역자가 「부족지」 전편에 대한 번역과 주석을 마친 뒤 출간되었으나, 뒤늦게나마 그것을 입수하여 애매했던 부분에 대해 보정할 수 있었던 것도 큰 행운이었다는 점을 밝혀 둔다.

---

56) 志茂碩敏, 「『Târîkh-i Ghâzânî』と『集史』「モンゴル史」」, 『ペルシア語古寫本史料精査によるモンゴル帝國の諸王家に關する總合的研究』(平成7年度科學研究費補助金研究成果報告書, 1996), p.6.

57) 같은 글, p.7.

라시드 앗 딘의 집사 **1**

부족지

〔『집사』전체의〕서문

자비롭고 인자로운 알라의 이름으로!¹⁾

일화를 기록한 책의 目次와 사건을 기술한 글의 總目은 성스러운 창조주께
드리는 찬미와 축복일 뿐이고, 口傳을 담은 책의 제목과 傳承을 적은 펜의
기록은 마지막 예언자의 聖墓²⁾와 올바로 인도된 칼리프들³⁾과 〔그분의〕동료
와 門徒에 대한 송축과 기도일 뿐이다. "너의 주, 권능의 주, 저희들이 짐작
하는 것에서 〔초월하신〕주께 찬미를! 또한 사도들에게 평안을! 만유의 주
알라께 찬미를!"⁴⁾

이제 이 서론을 쓰고 서문을 적는 목적은 다음과 같다. 〔뒤에 나오는〕獻辭
(khuṭba)⁵⁾에서 자세히 설명하겠지만, 세계 정복의 군주 칭기스 칸(Chînggîz
Khân)과 그의 위대한 조상과 유명한 일족(ûrûǧ)⁶⁾과 후손들의 역사에 대한

---

1) 이 책의 처음부터 두 페이지 뒤 "술탄 무함마드 후다반데 칸"이라는 말이 나오는 부분까지는 A·B본에 모
   두 缺落되어 있다. 따라서 본 譯者는 이 부분의 번역에 러시아의 校訂本(大英博物館 Add. 7628본과 테헤
   란本에 근거)을 底本으로 삼고, Topkapı Sarayi의 사본 Bağdat 282와 Roshan의 刊本을 참고로 했다.
2) 원문에는 '마지막 예언자'가 아니라 '예언자들의 印章'이라는 표현이 사용되었다. 이는 곧 수많은 예언자
   들 가운데 마지막 종지부를 찍은 예언자를 뜻하는 것이니, 무함마드를 지칭한다. 그의 '성묘'는 아라비아
   반도의 메디나(Medina)에 있으며, 원문에는 '정결한 정원'이라고 표현되어 있다.
3) 네 명의 '정통 칼리프'(khulafâ'-i râshidîn)—아부 바크르, 우쓰만, 우마르, 알리—를 지칭한다.
4) 『코란』 37장 180~182절.
5) 금요 예배시 모스크에서 군주의 이름을 공개적으로 밝히는 것을 khuṭba라 하듯이, 여기서도 본서의 집필
   을 명령한 군주의 이름을 밝히고 그의 덕성을 찬양하는 부분, 즉 『獻辭』를 khuṭba라고 부르고 있다.
6) ûrûǧ은 원래 동일한 친족집단을 지칭하는 몽골어이며, 당시에는 '일족, 친족, 자손' 등의 의미로 사용되
   었다. 여기서는 다른 친족 용어들과 구분하기 위해 이 단어를 일관되게 '一族'으로 옮겼다. 물론 『集史』에
   서 사용된 다양한 친족·종족 용어들에 엄격한 차이를 두는 것은 곤란하지만, 필요할 경우 이 용어들의 용
   례를 확인할 수 있도록 譯語를 구별할 필요는 있을 것이다. 따라서 qawm은 '種族', qabîle는 '部族',
   'ashîre는 '氏族', ṭaîfe는 '族屬'으로 번역했다. 그러나 이러한 譯語가 갖는 문자적인 의미의 차이보다는
   문맥 속에서 그 의미를 파악하는 것이 더 유용할 것이다. 따라서 설령 씨족('ashîre)으로 번역된 경우라도
   문맥에 따라 部族 혹은 種族으로 이해되어야 할 경우도 생길 것이다. 이외에 sha be는 어느 특정한 집단

설명으로 이루어진 이 「축복의 書冊」⁷⁾의 초고는 일찍이 술탄 사이드 가잔 칸 (Sulṭân Sa îd Ğâzân Khân)⁸⁾—알라께서 그의 무덤에 빛을 비추시기를!—의 칙령에 따라 여기저기 흩어져 있는 여러 글과 문서들 그리고 다양한 책자와 사본을 기초로 해서 집필되고 만들어졌으며, 다리우스(Dârâ)와 아르다반 (Ardavân)과 아프리둔(Afrîdûn)과 아누시르반(Anûshîrvân)⁹⁾의 시대가 선망하고 질투할 정도[로 번영했던] 그의 치세에 [이미] 그 초고의 일부가 整寫된 상태였다. 그런데 그 책의 서두가 완성되기도 전에, 또 그 글의 서술이 채 시작되기도 전인 [回曆] 704년 샤왈(Shawwâl)월 11일¹⁰⁾에, 낙원의 성문인 카즈빈(Qazwîn)¹¹⁾ 부근에서 정의를 베풀던 그 제왕의 영혼의 솔개는, "오! 안식하고 깨우친 영혼이여! 너의 주님께 돌아오라! 기뻐하며 기쁘게 하며"¹²⁾라는 외침에 대해 "제가 여기 있습니다!"라고 대답하며 飛翔하여, 고귀한 육신의 껍질을 벗고 드높은 천국의 殿室과 천상의 지고한 영광 위에, "권능의 왕이 계신 진리의 자리에"¹³⁾ 보금자리를 틀었던 것이다.

그의 가치는 세상의 가치보다 높았기 때문에,

드높고 성스러운 주님이 그의 거처가 되었노라.

매순간 千百의 축복이 흐르도다.

의 분파를 의미하므로 '支派'로 옮겼고, 특정인과 동일한 혈족집단을 지칭하는 이란어의 khwîshân은 '親族'으로 옮겼다.

7) 라시드 앗 딘은 本書『集史』를 '祝福의 書冊'(kitâb-i mubârak) 혹은 '祝福의 史書'(târîkh-i mubârak)라고도 부르고 있는데, 카안의 칙명에 의해서 작성된 것이기 때문에 그렇게 부른 것이다.

8) 일 칸국의 7대 군주이며 재위는 1295~1304년이다.

9) 이들은 모두 페르시아에서 전설상 혹은 역사적으로 善政을 베푼 것으로 유명한 왕들의 이름이다.

10) 이 날은 1305년 5월 7일에 해당되는데, 704년은 703년의 誤記이다. 가잔 칸은 실제로 703년 샤왈 (Shawwâl)월 11일(1304년 5월 17일)에 사망했다. Cf. K. Jahn, *Geschichte Ĝâzân-Ḫâns*, p.159.

11) 테헤란에서 서북쪽으로 130km에 위치한 도시. 가잔 칸은 카즈빈 시 동쪽에 있는 Pîshkile에서 33세의 나이로 사망했다.

12) 『코란』89장 27~28절.

13) 『코란』54장 55절.

주님으로부터 그의 영혼으로.

그런데 그로부터[14] 5~6년 전 그가 다시 한번 후계자를 확인시켜 주셨던 날, 카툰(khâtûn)[15]들과 아미르(amîr)[16]들과 여러 대신과 귀족이 참석한 가운데 그는 완벽하고 유려하며 현명하고 자애로운 遺旨를 내리신 적이 있었다. 그는 꿰뚫는 생각과 올바른 판단에 근거하여 유창한 말과 명쾌한 문장으로 그것을 기록하라고 지시하고, 진리들 중에서 가장 확실한 진리인 그것을 하나도 남김없이 준수하라고 모든 사람들을 열심히 독려하셨다. 그 遺旨에 따라 술탄 무함마드 후다반데 칸(Sulṭân Muḥammad Khudâbande Khân)[17] [3r] 「1v」[18]—[그의] 시대의 통합이 계속 승리할 수 있도록, 또한 펼쳐진 깃발이 만물 위에 그 그림자를 드리울 수 있도록 하소서!—즉, 행운을 지닌 이 지복의 군주께서 후계자로서 제왕 보좌의 상속자이자 세상을 지배하는 인장과 왕관의 소유자가 되었다.

그는 [가잔 칸의] 위대한 형제이자 가장 위대한 술탄이시고, 가장 크신 카안,[19] 이슬람의 제왕, 인류의 주인, 가장 정의로운 일 칸(îl khân),[20] 완벽한

---

14) 즉, 그가 사망하기 전.

15) 칸 혹은 카안의 부인.

16) '지도자, 지휘관, 수령, 사령관' 등을 의미하는 아랍어인데, 당시에는 몽골어의 noyan과 거의 유사한 의미로 사용되었다.

17) 일 칸국의 8대 군주인 울제이투 칸(Öljeitü Khan : 재위 1304~16). 가잔 칸의 동생이었던 울제이투 칸의 원래 이름은 Kharbande였으나, 그 뜻이 '나귀몰이꾼'이기 때문에 즉위와 함께 Khudâbande 즉 '신의 노예'로 바꿔 불렀다. *The Cambridge History of Iran*, vol. 5 (J. A. Boyle ed., Cambridge : Cambridge University Press, 1968), p.398 참조.

18) A·B본은 여기서부터 시작된다.

19) A·B본 모두 khân과 qân을 구분하여 사용하였으며, 後者를 보다 上位의 槪念으로 이해하고 있다. qân은 때로 qâân으로 표기되는 경우도 있다. khân은 몽골어의 qan을, qân 혹은 qâân은 몽골어의 qaǧan/qa'an을 옮긴 것이기 때문에, 본서에서는 각각 '칸'과 '카안'으로 음을 옮겼다. 여기서 라시드 앗 딘이 가잔 칸의 계승자이자 아우인 울제이투 칸을 '카안'이라고 한 것은 일종의 讚辭로 사용한 것이지, 일 칸국의 군주들이 공식적으로 '카안'을 칭한 것은 결코 아니다.

세계의 수호자, 막강한 경역들의 관리자, 축복의 결집자, 護敎의 전쟁터를 누비는 용맹한 기사, 정의를 펴는 나라들을 지배하는 군주, 칙령의 규정들을 草案하신 분, 각 지방 정복의 기초를 세우신 분, 세계 정복의 울타리의 중심, 별들이 합치하는 지점의 기축, 창조와 혁신의 유용함의 정화, 온갖 만물의 요체, 평화와 보호의 융단을 펼치는 분, 이슬람과 신앙의 기초를 공고케 하는 분, 예언자의 율법의 조목들을 현창하는 분, 무스타파 [무함마드]의 신앙의 규범들에 생명을 주는 분, 영원한 은총의 명징한 샘물, 지엄하신 주님의 축복의 초승달이 뜨는 곳, 주님의 가호의 눈길이 머무는 곳, 창조주의 은총과 도우심으로 지정되신 분, 護敎의 군주이시며 신령한 은총의 그림자, 칭기스 칸의 왕국이 출현하게 된 목적이고, 무슬림 공동체의 분란을 막기 위한 언약이요, 천사와 같은 성품을 지니신 관용 많으신 분이시다.

詩
그 막강한 운명, 예정하는 숙명,
그 하늘 같은 고매함, 천사 같은 명철함이여!
그의 왕국의 산천에서 나온 것이
올라가 별과 하늘과 星霧가 되었도다!

土星은 天秤座에 그의 궁전의 견고한 기둥을 세우고, 無垢한 木星은 지상의 왕국들을 기록한 帳簿를 그의 장엄한 이름으로 묶으며, 火星은 그의 사악한 적을 쫓아 싸우기 위해 복수의 칼집에서 예리한 長刀를 뽑아들고, 세상을 비추는 太陽은 빛나는 자신의 얼굴을 세상을 장식하는 지혜의 빛으로 단장하며, 찬란한 金星은 잔치의 음악을 위하여 고운 선율로 그의 竪琴을 연주하고, 無謬의 水星은 세세한 것에 이르기까지 그의 官衙를 완벽하게 준비하며, 달은 달무리를 허리에 두르고 그의 찬양할 만한 품성에 관한 좋은 소식을 온 세상 사방으로 보낸다.

詩

왕국은 그로 인해 빛났고 종교는 그로 인해 강해졌도다.

보좌는 그로 인해 고귀해졌고 행복은 그로 인해 젊어졌도다.

〔그런데 가잔 칸의 사망을 알리는〕 사신들의 도착과 전령의 보고가 있은
뒤, 그는 신의 도움으로 위용에 찬 측근의 병사들을 승리의 군대의 막사요
불퇴의 군대의 거처인 후라산(Khurâsân)[21] 지방으로부터 왕국의 보좌가 있
는 지점이자 국가의 깃발이 휘날리는 장소인 이라크(Irâq)와 아제르바이잔
(Adharbayjân)을 향하여 출발하도록 명령했다.[22]

詩

행복은 앞에, 성공은 그 뒤에,

순결은 가슴에, 승리는 옆에.

그는 제왕다운 한없는 자애와 군주다운 넘치는 애정에서 종들의 걱정을
덜어 주기 위하여, 그 중간에도 사신들을 순간 순간 연이어 보내셔서 옥체의
출발과 근위들의 도착을 알리심으로써, 상처받은 마음에 자비의 약을 발라
주시고, 기쁨을 주는 도움을 모두에게 보이셨으며, 애정에 찬 후원을 더해
주셨다. 〔사람들은〕 무리지어 편안한 마음으로 도착을 기다리며 환영의 의식
을 준비했다. 그는 〔신하들에게〕 축복받은 제왕의 〔발에〕 입맞추고 어전에
머리를 조아리는[23] 영광을 허락했다. 상술한 해의 줄히자(Dhû al-Ḥijja)月 첫

---

20) 주지하듯이 서아시아 지역을 지배한 몽골 정권을 '일 칸국'이라고 부르는데, 몽골어에서 il은 '복속'을 의
   미하며 따라서 il khân은 〔대칸에게〕 복속한 칸을 뜻한다.

21) 이란의 동북부 지방에 대한 총칭으로, 그는 가잔 칸으로부터 일 칸국의 동방령에 대한 통치권을 위임받
   았었다.

22) 당시 일 칸국의 수도는 아제르바이잔 지방에 있는 타브리즈(Tabriz)였다.

날 월요일[24]에 그는 '이슬람의 도시' 우잔(Ûjân)[25] 지구에 있는 거대한 오르두[26]에 도착했다.

詩
권좌의 하늘에 왔도다, 영광과 축복을 받으며,
그 제왕의 그늘이, 그 군주의 태양이.

카툰들과 왕자들이 집결하여 지고한 폐하를 모시는 영광에 동참했고, 보이지 않는 장막 뒤에서는 축복의 宣唱이 소리를 높였다.

오! 운명이여, 기쁜 소식이여! 왕국의 하늘에서 다시
율법의 태양이 장엄한 지평선 위에 이르렀노라!
폭정의 허망함이 이슬람을 질투했지만
세계를 평정한 제왕의 정의가 증거를 드러냈노라!
세상과 종교와 왕국과 불의와 반란에

---

23) tekeshmîshî라는 말은 〔禮物을 바치며〕 叩頭의 禮를 갖추는 것'을 의미하는데, 여기서는 '조아리다'로 번역했다. 『集史』에서는 투르크·몽골어에서 나온 단어에 -mîshî라는 투르크어 명사형 어미를 붙여서 만든 표현들을 다수 사용하고 있다. 이에 대해서는 本田實信의「モンゴル·トルコ語起源の術語」, 『モンゴル 時代史研究』(東京 : 東京大學出版會, 1991)를 참조하시오.

24) 앞에서 지적했듯이 여기서 '상술한 해'는 703년이 되어야 하고, 이 날짜는 그럴 경우 1304년 7월 5일이 된다.

25) 타브리즈에서 서쪽으로 Miyane로 가는 도중 8farsakh(약 60km) 되는 지점에 위치해 있다. 이에 대해서는 Bartol'd, *Istoriko-geograficheskii obzor, Sochineniia*, vol. 7(Moscow : Izd. "Nauka", 1971), p.210 참조. 이 도시는 가잔 칸에 의해 '이슬람의 도시'(Shahr-i Islâm)로 불렀다.

26) A·B의 원문은 be-ôrdû-i mu'azzam이다. 露譯本에서는 이를 '거대한 오르두와 함께'라고 번역했다. 『秘史』에서 ordo는 '宮, 宮室'로 旁譯되었고, 『元史』에는 '行宮'으로 표현되기도 했다. 즉, ordo/ordu는 원래 고정된 건물로 된 宮闕이 아니라, 이동이 가능한 유목 군주의 帳幕을 가리킨다. 따라서 '거대한 오르두와 함께' 왔다는 번역도 가능하기는 하지만, Ûjân에는 가잔 칸이 3년에 걸쳐 건설한 金絲로 된 거대한 帳殿이 있었기 때문에(*Cambridge History of Iran*, vol. 5, p.391), 신임 칸이 그곳에 있던 가잔 칸의 오르두(行宮)에 도착한 것으로 보는 것이 더 나을 듯하다.

〔각각〕 기둥과 가호와 벗과 파멸과 소멸이 임했도다!

시들었던 축복의 장미원이 새로워졌노라,

정의의 물이 생육시켰기에.

그는 며칠 동안 모든 중대사를 살피고 국가의 사무를 숙고함에 있어 엄정함과 신중함으로 했으며, 거기에 세심함과 조심스러움을 더했다. 그리고 나서 가장 축복받은 시기와 가장 상서로운 시간인 703년 줄히자月 중순 월요일[27] 여명에 대쿠릴타이(*qûrîltâî-yi buzurg*)[28]를 열었다.

詩

제왕의 길조와 행복의 星辰으로,

만족스런 행운과 넘치는 지복으로,

잠시드(Jamshîd)[29] 같은 왕께서 보좌에 앉았노라.

그의 앞에 있는 인간과 요정들이 허리띠를 차고

앉거나 서서 그를 보좌하며 열을 지었도다.

경험 많은 아미르들과 축복받은 왕들.

하늘은 자신의 운행을 그의 칙령에 맡겼고,

세상도 자신의 사무를 그의 인장에 위임했노라.

세상이 창조되고 아담의 후손이 출현한 태초 이래, 어느 시대에도 이같이 위대한 군주가 왕좌에 오른 적이 없었던 것은 확실하다. 〔3v〕「2r」대부분의 제왕들은 피에 물든 칼과 성채를 부수는 철퇴로 세상의 왕국들을 정복한다.

---

27) 1304년 7월 19일.

28) 몽골어로는 yeke qurilta. 『秘史』에는 quriltay라는 말은 나오지 않고, quril-('모으다')의 파생어인 qurilta라는 단어만 보인다. 그러나 이슬람측 사료에서는 qurilta 대신 quriltay라는 말이 사용되었다.

29) 고대 페르시아에서 善政을 편 전설적인 군주.

또 어떤 사람들은 계승의 방법으로 [다른 사람들을] 복종케 하려고 했지만, 그것도 분쟁과 반발이 없이는 성취될 수 없었다. 특히 전승이나 목격을 통해 모두가 알고 확인할 수 있듯이, 몽골(Moğûl)의 시대에는 [군주의 치세가] 바뀔 때마다 온갖 분란과 분쟁이 함께 일어났다. 혼란의 불길 속에서 서슬이 퍼런 칼은 얼마나 많은 피를 땅 위에 흘리게 했으며, 얼마나 많은 머리를 바람에 날려 보냈는가. 약탈의 장터가 흥하고 각종의 상품은 빛을 잃었으며, 당대의 귀족들과 존경받는 사람들의 수많은 재산이 살육과 약탈로 인해 빼앗기고 파괴되었으니, 그런 다음에야 비로소 [새로운] 군주의 즉위도 가능했던 것이다. 그러나 오랜 동안 국사의 근간은 흔들리게 되었고, 매일같이 벌어지는 사건은 혼란과 분열을 낳았으며, 평안했던 지역도 안정을 찾지 못했다.

통치의 순서가 그의 장엄한 축복의 시대와 위엄에 찬 시기에 이르렀을 때, 영원한 은총의 선례를 만드시고 끝없는 축복의 시작을 그리시는 신께서는 축복받은 그 전각의 기초 청사진을 실물로 옮기시고, 장엄하고 빛나는 그 아치의 단들을 완성하셨다. [그래서] 재앙의 흙 속에서 고집 센 야생마가 일어나지 못하고 칼의 안개 속에서 날 선 복수의 손이 핏방울을 땅 위에 흘리지 못하도록 함으로써, 왕국들의 넓은 강토는 진실되고 완벽한 법령에 근거하여 국왕 폐하의 수중에서 갖가지 위험에서 벗어난 평안한 상태로 강화되고 정비되었다. 진주를 뿌리는 듯한(dur-fishân) 펜은 번쩍이는(dirafshân)[30] 칼날의 원한에 대하여 이러한 시구들을 이 시대의 페이지 위에 썼다.

詩
오! 정의를 펴는 자여, 그대의 선정의 시대에는
[아무도] 칼집에서 칼을 뽑아내지 못했도다.

---

30) 페르시아어에서는 '진주를 뿌리는'과 '번쩍이는'을 뜻하는 단어의 철자가 동일하나 발음만 약간의 차이가 난다.

그대의 통치로 인해 세상은 심판의 그날까지
그대를 위한 송시에 나올 단어를 빼면 '칼'은 나오지 않으리.

이 분명한 증거와 확실한 징표들은 군주 폐하가 신의 가호와 은총으로 점지되고 특별히 선택되었으며 그 근거가 매우 확고하다는 사실을 분명히 알려준다. 이 시대의 가장 뛰어난 지식인 가운데 하나이자 당대의 가장 탁월한 달변가요 뛰어난 예찬가인 어떤 분이 "칭호들은 하늘에서 내려온다"[31]는 말을 생각하면서, 〔폐하의〕 축복 받은 이름의 글자의 의미에 대해 숙고하고 고상하신 폐하를 찬양하여 그 〔글자의〕 뜻의 요체를 이러한 시로 표현했다.

지난밤 '샤 하르반데'(Shâh Kharbande)라는 이름에 대해
한동안 생각을 했노라.
이 이름에 무슨 뜻이 없는가,
읽는 사람이 그것을 모르는 것이 아닌가 하고.
이렇게 망연해 있는데 귓가에 들렸노라.
"오! 행복의 군주를 위한 祈願者여!
이 말의 글자에 뜻이 담겨 있노라.
국왕에게 매우 아름다운.
줌말(Jummal) 계산 방식[32]으로 이어 보라.
'샤 하르반데'의 문자를 하나씩 하나씩.
그러면 그 뜻이 무엇인지 알리라.
'창조주의 특별한 그림자'임을.
저것은 아홉 글자요, 이것은 열다섯 글자이니

---

31) 원문은 아랍어.
32) 이는 소위 abjad라고 불리는 계산법으로, 아랍 문자들 각각에 특정한 숫자를 부여한 뒤(예를 들어 a는 1, b는 2, j는 3, d는 4), 각 문자들의 수치값을 더하는 방식이다.

연결하면 둘 다 같도다.[33]
너는 말하리, 아홉 개로 이루어진 그 이름이
열다섯 개의 진주를 머금은 조개라고.
아니면 이 지고한 이름은
조물주의 창고 문에 붙인 부적이라고."
이 이름의 비밀을 내가 알았을 때,
혼란한 마음은 평정을 얻었노라.
뜻을 깨닫고 말했도다,
"샤 하르반데여, 영원히 번영하시라!
그의 통치와 위엄의 태양이여,
창공에서 끝없이 빛나라!"

간단히 말해, 기쁨의 예식을 마치고 열락의 융단을 걷은 뒤, 그는 자신의 형제인 술탄 사이드 가잔 칸—알라께서 그의 무덤에 빛을 비추시기를!—의 법령(yâsâq)과 규범(yôsûn)과 관례(âdât)와 관습(rusûm)[34]을 탐색하고, 그가 내렸던 칙령들의 구체적인 내용을 탐구했다. 그는 형에 대한 매우 깊은 사랑과 충만한 감사와 인정을 품고 상황을 공정하게 파악하여, 그 〔형〕의 모든 아미르와 대신들을 예전의 관례와 과거의 지위에 따라 중요시되고 존경받도록 했다. 직위와 직무가 그들 각자에게 지정되고 위임되었으며, 왕국들의 사무와 강역들의 업무도 똑같은 방식과 기준에 의해 통용되고 확인되어, 모두에

---

33) Shâh Kharbande라는 이름은 Sh, A, H, Kh, R, B, N, D, H의 9字로 되어 있고, 이 문자들의 수치를 합하면 1167이 된다. 또한 '창조주의 특별한 그림자'는 페르시아어로 sâye-i khâṣṣ-i âfarînande이며, 이는 S, A, Y, H, Kh, A, Ṣ, A, F, R, Y, N, N, D, H의 15字로 구성되어 있고, 이 문자들의 수치를 합해도 역시 1167이 된다. 다시 말해 울제이투 칸의 이름인 Shâh Kharbande가 '창조주의 특별한 그림자'를 상징한다는 것이다.

34) 露譯本에서는 rusûm을 '세금의 징수'로 번역하였는데, 여기서는 다른 항목들과 어울리는 보다 일반적인 뜻인 '관습'(rasm)의 복수형으로 보는 것이 더 좋을 것이다.

게 그같이 훌륭한 조치를 취한 것이 완벽하다는 확신을 갖도록 했다.

詩

나라의 일이 이후로 질서를 갖추게 되니

달 같은 미녀들의 머리카락에서가 아니면 아무도 흐트러짐을 찾지 못하리.

그래서 폐하께서 초고로 혹은 정사된 상태로 되어 있던 이 사서의 여러 부분들을 살펴보시고, 제왕다운 완벽한 지성과 현명함, 넘치는 지식과 통찰력으로 그것을 대폭 개정하고 정비하셨다. 또한 이 모든 것들이 제왕의 시대와 축복의 치세에 정사되었기 때문에 먼저 「4v」 그것을 그의 축복받은 이름으로 〔4r〕하고, 책의 서두를 나라의 중심인 폐하의 칭호에 대한 언급으로 장식해야 마땅했다. 〔그러나〕 그는 놀라운 품성과 타고난 심성으로 인하여 그것을 허락지 않으면서, 〔이 책을〕 술탄 사이드 가잔 칸—알라께서 그의 무덤에 빛을 비추시기를!—의 이름으로 완성하고 마찬가지로 헌사도 그의 칭호에 대한 언급으로 마감하라고 명령하셨다. 〔따라서 이 책은〕 천하가 복종하는 그의 명령에 따라 바로 그러한 방식으로 엮어지게 된 것이다.

이슬람의 제왕—알라께서 그의 통치를 영원케 하소서!—은 지고한 지혜로 항상 각종의 지식을 탐구하고 역사와 담론의 학문을 연구하기 때문에, 그의 축복의 나날들을 대부분 여러 덕목과 완벽함을 추구하기 위하여 보낸다. 그는 이 사서를 검토하고 수정하신 뒤에 이렇게 말씀하셨다. "지금까지 어느 시대에도 세계 전역의 모든 사람들과 갖가지 계층의 인류에 대한 정황과 설명을 기록한 사서는 집필되지 않았다. 또한 이곳에도 다른 지방과 도시들에 관한 책은 아무 것도 없으며, 과거의 제왕들에 대해서 아무도 탐구한 적이 없었다. 이 시대에는—알라께 또 그로부터 찬미를!—지상의 여러 지방과 경역들이 칭기스 칸 일족의 칙령을 받들고 있고, 키타이(Khitâî), 마친(Mâchîn),[35] 인도(Hind), 카시미르(Kashmîr), 티벳(Tibet), 위구르와 여타 투르크 종족들, 아랍('Arab), 프랑크(Afranj) 등과 같은 각종 종교와 민족에 속한 현자와 점성가와 학자와 역사가들이 하늘 같은 위용을 지닌 어전에 무리지어 모여 있다. 그들은 각각 자기 족속들의 역사와 설화와 신앙에 관한 글들을 갖고 있으며, 그 가운데 일부에 대해서는 상세하게 알고 있다. 천하를 장식하는 [나의] 의견은 이러하다. 즉, 그 역사와 설화의 자세한 내용에서 그 의미가 완벽한 綱要를 짐의 이름으로 완성하고, 그것을 「諸域圖志」(*Suwar al-aqâlîm*)[36]와 「諸國道路志」(*Masâlik al-mamâlik*)를 포함하여 모두 두 部(mujallad)로 집필하라. 그래서 그것을 상술한 사서의 속편(dhayl)으로 만든다면, 유례가 없는 그같은 책의 집성은 각종 역사서들의 결집이 되리라. [지금이] 좋은 기회일 뿐더러 그같은 기념물은 어느 시대의 제왕도 갖지 못했던 것이기 때문에, 지체없이 그 집필을 완성시켜 [나의] 이름과 명예가 영속되도록 하라."

[이같은] 명령에 따라 전술한 족속들에 속한 덕망 있고 훌륭한 사람들에게 탐문하고 과거의 서적들에 기록된 내용을 수집하여, 여러 경역의 보편적인 역사에 관한 또 다른 한 部(mujalladî)를 집필했다. 또한 그것의 보충으로 「諸域圖志」와 「諸國道路志」에 관한 다른 한 部를 만들어 이 축복의 사서의 속편으로 삼고, 책 전체를 『集史』(*Jâmi' al-tavârîkh*)라고 이름했다. 篇·章·節과 그 구분에 대한 설명은 이 序篇에 뒤이어 서술될 목차에 나올 것이다.

어떠한 역사가라도 자신이 쓰고 서술하는 사실과 일화들을 [모두] 직접 자신의 눈으로 목도하지 않았다는 것은 분명한 사실이다. 또 그들 중에는 사실과 사건을 서술하면서—역사란 그런 것들에 대한 이야기를 서술하는 것이

---

35) '키타이'는 北中國을, '마친'은 南中國을 지칭하며, 마친은 '친-마친'(Chîn wa Mâchîn)으로 표현되기도 한다. 이에 관해서는 A : 13v의 譯註를 참조하시오. 오늘날 '키타이'는 흔히 중국 전체를 일컫는 용어로 사용되지만, 몽골 시대의 이같은 특수한 의미를 고려하여 그대로 '키타이'라고 옮기기로 한다.

36) *suwar al-aqâlîm*이라는 구절은 A본에는 빠져 있지만 B본에는 나와 있다.

다—비록 직접 듣지는 않았지만 口傳人의 傳承(naql)에 따라 쓰고 말하는 사람도 있다.

전승에는 두 가지 종류가 있다. 하나는 '연속적인 것'(mutawâtir)[37]인데, 이는 지식의 요건이며 의심의 여지가 있을 수 없는 것이다. 오래 전에 살았던 예언자와 제왕과 유명한 인물들이나, 메카와 카이로와 먼 곳에 있는 다른 유명한 지방들처럼 멀리 떨어진 곳의 도시들을 우리가 보지 못했음에도 불구하고, 그 존재에 대해 아무런 의심도 하지 않고 아는 것도 이같은 연속적인 전승에 의한 것이다. 모든 율법과 종교의 기반도 연속적인 전승 위에 서 있다. 이러한 연속적인 전승은 어떤 경우에는 모든 사람들의 신뢰를 얻지만, 어떤 경우에는 특별한 족속에만 한정되기도 한다.

두 번째 종류의 전승은 연속적인 전달이 아니기 때문에 '고립된 것'(âhâd)[38]이라고 부르는 것이다. 그것은 진실인지 거짓인지 확실치 않고 견해 차이와 논란의 대상이 된다. 사람들이 말하는 대부분의 이야기와 일화들은 이처럼 연속적인 전승에 의한 것이 아니다. 어제 일어난 일조차 그 사건에 참여했던 사람이 말해도 결코 그대로 기억하지 못한다는 사실을 우리는 경험을 통해서 잘 알고 있다. 아마 그것을 다시 반복해서 말하게 되는 모임이 있을 때마다 그의 해석과 표현이 달라지고 바뀌는 일이 생길 것이다. 이로 인해 율법에 관해 극히 신중을 기함에도 불구하고 많은 견해 차이가 생겨났고, 지금까지 사도 [무함마드]의 [언행을 담은] 傳承(hadîth)들 가운데 일부도 그것을 전한 口傳人에 관한 평가가 엇갈려 의심스러운 것으로 여겨지고 있다. 과거의 이맘(imâm)[39]들이 많은 탐구를 하고 그 일부를 다시 선별하여 그것을 '믿

---

37) 이는 사건을 직접 체험·목격한 사람이 직접 전한 이야기를 가감하지 않고 그대로 다시 전하는 방식의 전승을 의미한다.
38) 이는 연속적인 전달처럼 직접적인 체험자의 이야기가 계속해서 전해지는 방식이 아니라, 어떤 사람이 독자적으로 이야기를 전달하는 것을 의미한다.
39) 일반적으로 종교 지도자를 가리키며, 여기서는 이슬람의 法學者나 神學者를 지칭한다.

을 만한 것(ṣaḥiḥ)'이라고 부른다. 나머지는 未定과 未決의 영역에 머물러 있다. 율법의 문제에 관해 이맘들이 보인 대부분의 견해차는 이렇게 해서 생겨난 것이다. 그렇지만 그같은 견해 차이를 부정해서는 안될 것이다. 왜냐하면 그것을 부정하는 사람은 종교에 혼란이 초래되기 때문이다.

따라서 이처럼 〔4v〕「5r」 다양한 종족과 장구한 세월에 걸친 역사는 완전히 확인할 수 없고, 또 그에 관해서 전해졌거나 전해지고 있는 이야기들이 서로 일치되지 않는다는[40] 사실은 분명해진다. 누구나 분명히 연속적인 전승을 통해 자신에게 전해지거나 자신이 들은 그대로 이야기를 하지만, 담화자가 자의적으로 과장하고 축소하여 이야기를 하는 경우도 매우 많다. 설사 완전한 거짓말을 하지는 않는다 하더라도 설명 가운데 사건의 실상에 위배되는 과장과 강조를 어느 정도 삽입시킨다. 신이 정한 규범(sunnat)들은 상술한 이러한 조건들에 따라 행해지고 또 인간의 심성이 이같은 특징을 지녔기 때문에, 이와 다른 방식으로 진술해 보겠다고 희망하는 인간이 있다면 그는 몽상가나 거짓말쟁이일 수밖에 없다.

그렇기 때문에 만약 역사가가 진실되고 이론의 여지가 없는 것만을 쓰려고 생각한다면 결코 어떤 일화도 제시할 수 없을 것이다. 왜냐하면 그가 제시하는 것은 어느 것이나 그것을 목격한 한 무리의 대인들로부터, 혹은 다른 사람들의 진술을 통해서, 아니면 과거의 책들을 탐구해서 얻어낸 이야기일 것이기 때문이다. 그 무엇이건 앞에서 설명한 대로 상충의 영역이 될 것이다. 만약 이러한 이유로 집필하거나 이야기하는 것을 포기하고, 그럼으로써 '사람들이 비판하고 불만스러워하지 않았으면!' 하는 희망을 품는다면, 분명히 세상에서 벌어진 사건과 사실과 일화들 모두는 폐기되고, 대다수의 사람들은 〔역사의〕 효용성을 상실하고 말 것이다. 따라서 역사가의 의무는 각 종족과 족속들의 일화와 사실을, 그들 자신의 서책 속에 기록되어 있고 입을

---

40) B본에는 muttafiq ʻallayhi nah라고 되어 있으나, A본에는 nah라는 단어가 빠져 있다.

통해 전해지거나 서술된 방식대로, 그들 사이에 통용되는 유명한 책자들이나 덕망 있는 명사들의 입을 통해서 [얻은 것들을] 진술하고 집필하는 것이다. "책임은 [원래의] 화자에게!"[41]

상술한 바와 같이 각종 사람과 여러 족속은 자신들의 신념에 따라 사건을 이야기하고 역사를 진술하며, 분명히 다른 사람들의 신념보다 그것을 더 우수한 것으로 알고 있고 그 진실됨을 과신하고 있다. 따라서 인류의 집단들이 모든 문제에 일치된 견해를 보인다는 것은 불가능하다. 이 점은 모두에게 분명하고 확실하다. 역사가가 다양한 종족들에 관해 진술해야 할 때, 그의 말속에는 의심할 나위 없이 상충되는 부분이 드러나며, 일부 지역과 이야기 속의 사람들도 서로 일치하지 않을 것이다. 그러나 그것에 대한 선악과 포폄을 그[역사가]에게 돌려서는 안될 것이다. 왜냐하면 그는 말해진 대로 그들의 표현과 사실들을 서술할 뿐, 상술했듯이 진실을 탐구하는 것은 필연적으로 또 근원적으로 불가능하기 때문이다.

대다수 사람들이 합의한 것처럼 연속적인 전승이 신뢰할 만하고 납득할 만하며, [특히] 무슬림들의 연속적인 전승은 다른 무엇보다도 신뢰할 만하지만, 그것을 여러 가지 일화들의 근거로 삼을 수는 없다. 따라서 각 족속에게서 연속적으로 전달되고 구술된 것은 모두 존중할 수밖에 없다. 왜냐하면 연속적인 전승이란 내가 말했듯이 대중들에게 혹은 특정한 족속에게 신뢰되는 것이고, 연속적이 아닌 방식으로 진술되는 것은 진실일 수도 거짓일 수도 있기 때문이다. 역사가의 의무는 [앞에서] 지적한 것처럼, 신뢰할 만하고 명망 있는 사람의 입을 통해서 나온 것, 그리고 통용되는 믿을 만한 서적들 안에 진술된 것을 기록해야 한다는 것이다. 만약 자기 생각대로 그 안에 써서 넣는다면 그것은 필시 무의미하고 부정확한 것이 될 수밖에 없을 것이다.

이러한 내용의 글을 쓰는 목적은 다음과 같다. 이 보잘것없는 사람이 『집

---

41) 원문은 아랍어.

사』라는 이 책을 저술하라는 지시를 받아, 각 족속이 갖고 있는 유명한 서적 안에 묘사되어 있는 것, 또 각 종족에게서 연속적인 전승을 통해 잘 알려진 것, 그리고 신망 있는 식자들과 현자들이 자기의 신념에 따라 서술한 것, 바로 그같은 자료들에 기초하여 여하한 개변이나 교체나 유추를 가하지 않고 모두를 글로 옮겼다는 것을 밝히기 위함이다. 필자의 이해 부족이나 전승인들에 대한 부주의로 그 중 일부가 누락되었을 가능성도 있다. 게다가 전력을 다하여 일화들을 탐색하려고 했지만, 이 점에서도 별다른 성과를 거둘 수 없었다. 왜냐하면 주지하듯이 그러한 작업을 수행하기 위해서는 탁월한 소질을 소유하고 또 여러 학문에 두루 통달해야 하지만, 그러한 것들이 내게는 없기 때문이다.

뿐만 아니라 시간도 충분하고 내가 젊고 여유가 있는 나이라면 어떻게든 더 훌륭하게 할 수 있었겠지만, 노년에 들어선 뒤에야 비로소 이 작업을 하도록 임무를 부여받았다. 나아가 폐하께서는 여러 노복들 가운데 이 무능한 종을 신하의 반열에 들게 하여 〔국가의〕大事를 처리하는 일을 위임하셨는데, 비록 그처럼 중요한 일을 할 만한 재주도 없고 또 지혜와 지능이 부족함에도 불구하고, 칙령에 복종하여 그 일을 수행하는 것이 마땅했기 때문에 힘이 닿는 한 노력할 필요가 있었다. 그런데 그 일에도 지능이 충분하지 않은 내가 〔이제〕 그에 못지 않은 중대사라고 할 수 있는 역사를 집성하는 일을 어떻게 또 감당할 수 있겠는가?

「5v」 상술한 이유와 〔5r〕 변명들에 근거하여, 이 책을 살펴보실 수많은 대인들께서 관용을 베풀어 주실 것을 바라며, 오류와 결점이 눈에 띄고 실수와 잘못이 생겨난다고 해도 널리 용서해 주시리라 믿는다. 또한 필요하고 적절하다고 생각되는 수정과 첨가를 말씀해 주시고, 〔이 일을〕 담당한 이 무능한 사람의 사과를 받아들여 주시기를 바란다. 비록 이교도이고 우상숭배자인 일부 종족들의 역사가 납득할 수 없는 그들의 허망한 생각이요, 잘못된 일화들이긴 하지만, 〔상술한〕 이러한 이유에서 그것들을 근거로 제시하여 혜안을 지닌 분들에게 참고가 되도록 했다. 이슬람과 [참된] 신앙을 믿는 사람들이 그것을 살펴봄으로써, 오류를 범하고 있는 각종의 사악한 신앙에 대해 지식을 얻어서 그러한 것들을 멀리하고, "신앙의 빛과 인도자의 은총에 대해 감사를! 모든 축복과 기적의 뒤에는 주님이 있노라!"고 하는 기도를 올릴 수 있도록 했다. "지고하신 알라! 그는 우리의 호소를 받으시는 분이시라. 그에게 신뢰와 신임을!"[42]

나라의 종인 [내가] 자신의 결점에 대해, 또 자신과 다른 역사가들을 위한 변명에 대해 이같은 말들을 이 책 『集史』의 「序言」(dîbâche)에 쓴 뒤, 그것을 폐하의 어전에 헌상했다. [폐하께서는 그것을] 살펴보시고 자비의 은사[43]를 베푸시며 이렇게 말씀하셨다. "이전에 어느 누가 서술하고 집필한 것일지라도 거기에는 과장과 축소가 있을 수 있다. 네가 언급했듯이 그들은 용서받을 것이며, 분명히 너도 용서받을 수 있으리라. 칭기스 칸의 시대부터 지금까지 모든 사건들과 [종족의] 지파들에 대한 설명—그것이야말로 모두가 바라던 바이고 우리에게 매우 유익한 것이다—은 모두 정확하고 진실되며 어느 누구도 반박할 수 없다. 이와 같은 것은 누구도 쓴 적이 없고 기록한 적도 없다. 그같은 사건과 일화와 각각의 세부 사항들에 대해서 잘 알고 있는 사람들이라면 모두 이에 동의할 것이며 이의를 제기하지 못할 것이다. 이 역사서보다 더 정확하고 진실되며 더 분명한 것은 이제껏 아무도 쓰지 못했노라."

이슬람의 제왕 폐하—알라께서 그의 통치를 영원케 하소서!—께서 이토록 기뻐하셨기 때문에, 나는 지고한 신께 감사를 드렸다. 비록 모든 방면에서 나 자신의 부족함을 알고 있었지만, 폐하께서 그렇게 기뻐하시고 가납하시며 자애로써 받아 주시니 어떠한 감사로 보답할 수 있겠는가. 지고한 창조주께서는 종을 위로하시는 이 군주에게 자비의 그림자를 드리우사, 그의 통치와 왕좌의 위대함을 영원케 하소서! 예언자와 그의 가족을 위하여!

---

42) 원문은 아랍어.

목차

『集史』라는 이름의 이 축복의 서책은 三部(mujallad)로 편성되어 있다.

제 1 부

현재 이슬람의 제왕인 울제이투 술탄(Ôljâîtû Sulṭân)—알라께서 그의 통치를 영원케 하소서!—께서 그의 형제인 술탄 사이드 가잔 칸—알라께서 그의 무덤에 빛을 비추시기를!—의 이름으로 완성토록 한 것이며, 두 卷(bâb)으로 구성되어 있다.

제 1 권

투르크 종족들의 출현에 관한 일화, 그들이 여러 부족으로 분파된 사정에 관한 자세한 서술, 각 종족의 조상들의 정황에 대한 총괄적인 설명. 序論(dîbâche)과 네 篇(faṣl)으로 구성되어 있다. 〔5v〕「6r」

序論 : 〔현재〕 알려진 바에 근거하여 투르크인들의 거주지의 경역과 그 종족들에서 나온 각 지파의 명칭에 대한 상세한 설명.

상술한 종족들의 정황에 대한 설명으로 이루어진 諸篇

제1편 : 예언자 노아(Nûḥ)의 아들인 야벳(Yâfeth)이라는 이름을 지닌 아불제 칸(Abûlje Khân)의 손자, 즉 오구즈(Ôǧûz)에게 속한 종족 및 그와 연합했던 숙부들로부터 생겨난 종족들에 관한 일화와 그의 지파에 관한 설명.

제2편 : 오늘날은 몽골이라고 부르지만 옛날에는 각각 특정한 명칭이 있었고 또한 수령과 아미르가 있었던 투르크 종족들에 관한 설명.

제3편 : 각자 독자적으로 군주와 지도자가 있었지만 상술한 諸篇에서 설명한 종족들과는 친족 관계가 없는 투르크 종족들에 관한 설명.

제4편 : 옛날에 몽골이라는 명칭을 갖고 있던 투르크 종족들에 관한 설명.
두 章(qism)으로 되어 있는데, 제1장은 두릴리킨 몽골(Moğûl-i
Durilikîn)이고, 제2장은 니르운 몽골(Moğûl-i nîr'ûn)[44]이다.

제 2 권

몽골과 투르크 등 종족들의 군주들의 本紀(dâstân)로 모두 두 篇으로 구성
되어 있다.

제1편 : 칭기스 칸의 조상들의 本으로, 그들의 친족의 정황에 관한 일화도
그 속에 포함되어 있으며, 모두 10개의 紀로 되어 있다.

〔1〕 도분 바얀(Dôbûn Bâyân)과 알란 코아(Alân Qôâ) 紀.

〔2〕 알란 코아와 三子紀.

〔3〕 알란 코아의 아들 보돈차르 카안(Bôdonchar Qân) 紀.

〔4〕 보돈차르의 아들 두툼 메넨(Dûtûm Menen) 紀.

〔5〕 두툼 메넨의 아들 카이두 칸(Qâîdû Khân) 紀.

〔6〕 카이두 칸의 아들 바이 싱코르(Bâî Singqôr) 紀.[45]

〔7〕 바이 싱코르의 아들 툼비나 칸(Tûmbîna Khân) 紀.

〔8〕 툼비나 칸의 아들 카불 칸(Qâbûl Khân) 紀.

〔9〕 카불 칸의 아들 바르탄 바하두르(Bartân Bahâdur) 紀.

〔10〕 바르탄 바하두르의 아들 이수게이 바하두르(Yîsûgâî Bahâdur)[46] 紀.

---

43) 원문은 sîyûrğamîshî. 이는 '恩賜하다'를 의미하는 몽골어 soyurğa-에서 파생된 말이다.

44) 여기서 A본은 nîrûn, B본은 nîr'ûn이라고 표기하였지만, 「部族志」에서 nîr'ûn으로 표기되는 경우가 더
많다. 또한 이 말은 몽골어의 niru'un/niruğun을 옮긴 것이기 때문에 앞으로는 nîr'ûn('니르운')으로 옮
기기로 한다. 두릴리킨과 니르운의 의미에 대해서는 A본 8v에 나오는 주석 참조.

45) 露譯本에는 "두툼 메넨의 아들 카이두 칸(Qâîdû Khân) 紀"라는 말이 빠져 있고, 곧바로 "두툼 메넨의 아
들 바이 싱코르(Bâî Singqôr) 紀"로 되어 있다.

46) A본에서는 Yîsûgâ로 표기되었으나 뒤에서는 다시 Yîsûgâî로 표기되고 있다.

제2편 : 칭기스 칸과 그의 유명한 일족, 그 가운데 일부는 각 시대의 카안이 되었고 일부는 지정된 울루스(ulûs)⁴⁷⁾의 군주였던 사람들에 대한 열전이다. 또한 여기에는 그들과 동시대인이었던 세계 각지의 군주들에 대해서, 현재의 군주가 다스리고 있는 오늘에 이르기까지의 간략한 일화들이 포함되어 있다. (6r)⁴⁸⁾

[1] 칭기스 칸 紀 : 이수게이 바하두르(Yîsûgâî Bahâdur)의 아들. 享年 72세, 在位 23년.

[2] 우구데이 카안(Ôgötâî Qân) 紀 : 칭기스 칸의 셋째 아들이자 그의 계승자. 향년 …⁴⁹⁾세, 재위 13년.

[3] 주치 칸(Jôchî Khân)과 현재까지 그의 일족에 대한 紀 : 칭기스 칸의 큰 아들. 향년 40세, 재위 …년.

[4] 차가타이 칸(Chaĝatâî Khân) 紀 : 칭기스 칸의 둘째 아들. 현재에 이르기까지 그의 일족에 관한 설명. 향년 …세, 재위 …년.

[5] 톨루이 칸(Tôlûî Khân) 紀 : 칭기스 칸의 넷째 아들. 그의 목지의 상속자들과 가족들에 관한 설명. 향년 …세, 재위 …년.

[6] 구육 칸(Kîûk Khân) 紀 : 우구데이 카안의 큰 아들이며 아버지가 죽은 뒤 카안이 됨. 향년 …세, 재위 …년.

[7] 뭉케 카안(Môngkâ Qân) 紀 : 톨루이 칸의 큰 아들이며 구육 칸 사후 카안이 됨. 향년 …세, 재위 8년.

[8] 쿠빌라이 카안(Qûbîlâî Qân) 紀 : 톨루이 칸의 둘째 아들. 뭉케 카안⁵⁰⁾

---

47) ulus는 당시 몽골어에서는 원래 '부족민, 부족'을 뜻했다. 그러나 칭기스 칸 통일 후 그의 일족들이 제국 내부 여러 곳에 分封되었고, 그들의 지배하에 있던 각 領域들도 ulus라고 불렸다. 따라서 킵착 칸국 (ulûs-i Jôchî), 일 칸국(ulûs-i Hûlâgû), 차가타이 칸국(ulûs-i Chaĝâtâî)과 같이 규모가 큰 것도 있지만, 이보다 작은 여러 諸王들의 영지도 ulus라고 불렸다.

48) B본은 여기서부터 A본의 6r-7v에 해당되는 부분이 缺落되어 있다.

49) A 原缺. 이하 '……'은 모두 이 사본에 缺落된 것을 나타낸다.

50) A사본은 여기서 Mungkû Qân이라고 표기하고 있다.

사후, 그의 형제인 아릭 부케(Arîǧ Bôkâ)의 〔혼란〕 시기 이후에 카안이 됨. 향년 83세, 재위 35년.

〔9〕 티무르 카안(Tîmûr Qân) 紀 : 쿠빌라이 카안의 손자. 지금 당대의 카안이다. 현재 그의 연세는 …이고, 즉위한 뒤부터 지금까지 …년이 지났다.

〔10〕 훌레구 칸(Hûlâgû Khân) 紀 : 톨루이 칸의 둘째[51] 아들로서 이란 땅의 군주가 되었다. 향년 48세, 재위 10년.[52]

〔11〕 아바카 칸(Abâqâ Khân) 紀 : 훌레구 칸의 큰 아들. 아버지 사후 군주가 됨. 향년 …세, 재위 18년.[53]

〔12〕 테구데르 아흐마드(Tegûdâr Aḥmad) 紀 : 훌레구 칸의 아들. 아바카 칸 사후 군주가 됨. 향년 …, 재위 2년.[54]

〔13〕 아르군 칸(Arǧûn Khân) 紀 : 아바카 칸의 큰 아들. 아흐마드 사후 군주가 됨. 향년 …세, 재위 7년.[55]

〔14〕 게이하투 칸(Gaykhâtû Khân) 紀 : 아바카 칸의 아들. 아르군 사후 군주가 됨. 향년 …세, 재위 3년 9개월.[56]

〔15〕 술탄 사이드 가잔 칸 紀 : 아르군 칸의 큰 아들. 게이하투 칸 사후 군주가 됨. 향년 33세 6개월, 재위 8년 9개월.[57]

〔16〕 울제이투 술탄 紀 : 이슬람의 제왕의 축복받은 즉위—그의 통치가 영원하기를!—에 대한 설명. 현재 그의 연세는 …세. 그의 치세가 영원까지 지속되기를!

---

51) 그러나 그는 톨루이의 셋째 아들이다.
52) 그는 1253년 10월 서아시아 원정을 출발하여 1255년 아무다리야를 건넜다. 1265년 2월에 사망했다.
53) 그의 재위는 1265～1282년이었다.
54) 그의 재위는 1282～1284년이었다.
55) 그의 재위는 1284～1291년이었다.
56) 그의 재위는 1291년 7월부터 1295년 3월까지였다.
57) 그의 재위는 1295년 10월부터 1304년 5월까지였다.

제 2 부[58]

이슬람의 제왕이신 울제이투 술탄—알라께서 그의 통치를 영원케 하기를!—께서 편찬을 지시하셔서 그의 지엄한 이름으로 썼으며, 두 卷으로 구성되어 있다.

제 1 권

이슬람의 술탄 〔즉 울제이투〕의 탄생부터 이 책이 제본된 회력 7··년[59] ···월, 〔그의〕 연세가 ···인 지금에 이르기까지 그의 역사에 대한 설명.

제 2 권

이것은 두 篇(qism)[60]으로 나뉘어져 있다. 〔6v〕

제1편 : 이것은 두 章(faṣl)으로 구성되어 있다.

　　제1장 : 아담—그에게 평안이 있기를!—의 시대부터 회력 7··년[61] ···월인 현재에 이르기까지 모든 사도와 칼리프와 군주들과 기타 각계층 사람들의 역사를 요약의 방식을 통해 정리한 綱要.

　　제2장 : 지구상에서 거주 가능한 지역에 살고 있는 여러 종족의 개별적인 역사에 대하여 그 다양한 내용을 다룬 상세한 서술. 비록 이 상세한 역사 가운데 일부는 前章에서 간략하게 다루어졌지만, 대부분은 그 간략한 역사 속에 삽입되지 않았고, 또 거기서 〔찾아서〕 알려고 해도 확인할 수 없는 것들이다. 또 다른 일부분은 과거 이 지방에 살았던 제왕들과 역사가들이 확보하지 못했고 그 정황에

---

58) 이 부분이 라시드 앗 딘이 「總序」의 '序文'에서 밝혔듯이 세계 각 민족사를 다루고 있다.

59) 사본에는 '700'이라는 숫자만 기록되어 있고 나머지가 빠져 있다.

60) 라시드는 자신의 저술의 篇目을 mujallad(部), bâb(卷), faṣl(篇), qism(章), dâstân(紀)로 차례로 구분하였는데, 여기서는 bâb 다음에 qism을 두고 그 아래 faṣl을 두어 순서가 바뀌었다. 역자는 통일성을 기하기 위해 原語에 관계치 않고 卷·篇·章의 순서로 번역했다.

61) 露譯本에는 '704년'이라고 했지만, A·B 어디에도 그런 기록을 찾을 수 없다.

대해서도 알지 못했던 역사이다. 이 지복의 시대에 술탄 폐하의 지시에 따라, 각 종족의 책자들을 이용하고 각 족속의 식자들을 초치하여, 힘 닿는 데까지 탐구하여 집필했다. 그것을 이러한 구분과 체례에 따라 집필한 역사이다.

제2편 : 이 〔제2〕부가 완성되고 제본이 된 회력 7··년 …월부터 끝이 없을 현 치세가 계속될 때까지, 이슬람의 제왕—지고하신 알라께서 그의 통치를 영원케 하소서!—의 축복 받은 역사에 대한 설명. 〔지금도〕 폐하의 종이며 〔앞으로도〕 그러할 역사가들이 이것을 써서 이 제2부의 속편으로 삼을 것이다. 알라께서 허락하신다면!

제 3 부[62]

조사와 확인이 가능한 한 여러 강역의 모습과 여러 나라의 도로와 거리에 대한 설명. 이 나라들에 관해서 지금까지 알려져 있고 그 설명이 서적들에 기재되어 묘사된 것들, 또한 이 지복의 치세에 인도와 친-마친〔즉 중국〕과 프랑크(Farang) 및 기타 〔지역〕의 현자와 식자들이 서적에 기록한 것들, 이런 내용들을 확인한 뒤에 그 모두를 이 제3부에 간략하게 혹은 상세하게 기재했다.

---

62) 이 부분이 라시드 앗 딘이 말한 「諸域圖志」와 「諸國道路志」에 해당된다.

[제1부의] 서언[1]

비할 데 없는 조물주의 한없는 은총에 대해 넘치는 축복과 찬양과 감사를! 그 분은 "있으라!" 하여 있게 하신 만물의 창조주이니, 그의 영광이 높아지고, 그의 은사가 두루 미치도다. 성스러운 사도이자 지엄한 성전이요 예언자들의 우두머리이자 모든 성자와 순결자의 어른이신 무함마드 무스타파, 그리고 그의 순결한 가족과 후손, 히즈라에 동참한 분들(muhâjirân)과 그 조력자들(anṣâr), 그의 추종자와 동료들에게 한없는 기도와 끝없는 축복이 있기를!

지엄하신 본체의 장엄함과 영원하신 특징의 위대함이 어떠한지, 그것을 말로 표현하여 설명하고 글로 옮겨 서술하기에 이 무능하고 허약한 작자인 종은 얼마나 부적합한 존재인가? 달(月)에서 물고기에 이르기까지, 하늘에서 땅에 이르기까지, 위와 아래의 세상 모든 피조물, 말하는 것과 말하지 못하는 것, 생물과 무생물들, 이 모든 것들은 처음에 또 마지막에, 은밀히 혹은 명백히, 자신의 창조주와 양육자에게 찬양과 감사를 말하고 그의 유일함과 무비함을 확인하며 증언한다.

詩
모두가 자기 나름의 입으로
언제나 신을 찬미하도다.
인간은 이성의 언어로,
동물은 순박의 입으로.

---

1) A본과 B본에는 여기서부터 뒤에 나오는 『가잔 史』 찬술의 동기를 설명하는 부분 전까지는 모두 缺落되어 있다. 따라서 이 부분의 번역은 러시아 校勘本을 참고로 했다.

초목의 찬미는 생장임을 알라.
광물의 선언은 무엇인가, 존재하는 것이라.
그리하여 모든 만물 속에 그의 징표가 있고,
그의 유일성을 증거하도다.[2]

신성한 지엄의 아름다움을 사랑하는 사람들과 [신과의] 긴밀한 합일의 생
명수를 그리는 사람들—즉, 길을 찾는 나그네나 고난의 사막을 가는 방랑자
—의 처지는 마치 목마른 사람과 비슷해서, 꿈이나 생시나 언제나 물을 갈구
하지만, 한 번도 그의 갈증을 풀어 줄 한 모금의 감로수를 맛보지 못하고, 결
코 자신이 찾는 것을 찾지 못한다. 그 목마른 사람이 유프라테스와 나일의
깨끗함과 타스님(Tasnîm)과 살사빌(Salsabîl)[3]의 부드러움에 대해 무엇을 알
겠는가. 또한 오만('Omân)의 바다와 끝없는 대양에 들어간다는 것이 어떠한
지를 누가 알겠는가? 이와 마찬가지로 [신을] 갈구하고 [신에] 매료된 그러
한 사람들 하나하나가 가능한 또 응당한 방법으로 조물주를 찬미하는 기도
와 주님의 은총에 감사하는 의무에서 어찌 벗어날 수 있겠는가?

詩
한 덩어리 비계를 놓고 당신의 지으심을 어찌 알겠으며,
한 조각 고기를 두고 당신에 대한 고마움을 어찌 말하겠나이까.
어떤 지혜도 당신의 무한한 정상에 이를 수 없으며,
어떤 생각도 당신의 완벽한 끝에 다다를 수 없으리.
완벽의 정상에는 어떤 이도 가지 못하니,
당신 말고 당신의 완벽함에 도달한 사람이 누구인가요.

---

2) 이 마지막 두 구절은 아랍어로 되어 있다.
3) 타스님과 살사빌은 천국에 있다는 샘물의 이름이다.

이러하기 때문에 무능함을 고백하고 부족함을 인정하는 것은 그 분에 대한 최고의 감사와 최상의 찬미가 될 것이다. 만물의 사표이고 피조물의 요체〔인 무함마드〕—그에게 가장 귀한 경배와 완전한 축복을!—께서 승천(mi`râj)하시던 밤에, 두 세계〔=이승과 저승〕를 지나〔신으로부터〕兩弓〔의 거리에 있는〕지점에 이르러〔자신의〕무능함을 고백하며 말하기를, "당신이 당신 스스로를 찬양하는 정도로 저는 당신을 찬양할 줄 모르나이다"[4]라고 했다. 이러한 뜻을 투스(Tûs) 출신의 피르도시(Firdawsî)[5]는 이렇게 읊었다.

세상에 있는 높은 것과 낮은 것이〔전부〕당신이에요.
당신이 무엇인지 모르겠어요, 무엇이건 당신이기에.

그렇지만 속박하지 않는 자비와 상처 주지 않는 은총을 지니신 그는 자신의 대부분의 기질과 품성을 나타낼 수 있는 표상을 만들어, 사랑하는 수피들에게는 자신의 장엄한 아름다움을—"나의 징표를 그들에게 보여주리라, 세상 안에서 그리고 그들의 영혼 속에서"[6]〔라는 구절처럼〕—보여준다. 그는 세상 사람들에게 자비와 사랑의 문을 열어 주고, 귀하고 천한 각종 인간들에게 온갖 선물로 가득 찬 탁자를 내놓아, 누구라도 능력이 닿는 대로 나누어 갖도록 하기 때문에, 모두가 끝없는 은혜의 넘침 안에 동참자와 동반자가 될 것이다.

---

4) 원문은 아랍어.
5) 피르도시는 이란 동북부의 도시 Tûs에서 출생했으며, 『帝王史記』(Shâh-nâme)라는 불후의 작품을 남겼다. Firdawsî는 그의 藝名에 불과하고 본명은 알려져 있지 않으며, 그의 生年도 불명이지만 沒年은 1020~25년 경으로 추정된다.
6) 『코란』 41장 53절.

詩

당신의 은혜로 인해 어떠한 종도 절망하지 않았나이다.

당신의 받아 주심으로 영원한 행복만이 있나이다.

당신의 은총이 어떤 티끌에라도 한 순간만 닿으면

그 티끌은 천 개의 태양보다 더 낫지 않겠나이까.

신의 은밀한 진리들 가운데 어떤 것은 어느 누구의 상상과 인식으로도 미칠 수 없다. 또한 여러 현자와 식자들이 이해하고 아는 것이 있다고 하더라도 그것을 일반 대중과 무지한 사람들에게 설명하면, 어떤 사람은 재능이 부족한 까닭으로 또 어떤 사람은 견해가 다르거나 종교와 종파의 신조를 내세워 받아들이기를 거부한다. 그래서 그들은 그 진리를 받아들이지 못하고 반대를 앞세우게 되는 것이다. 따라서 그러한 비밀들의 자취가 분명히 나타나서 세상 사람들이 그것을 눈으로 보고 어느 누구도 부인할 수 없게 됨으로써, 경배해야 할 대상을 인식케 하고 그 분의 능력과 다른 특질들을 알게 하여 믿음 안으로 들어오도록 하는 것이 신의 뜻이다. 그러한 사람들은 대중들과 비슷하게 하고 그들과 가까이 지내면서, 선량한 행동과 신실한 미덕을 통해서 영원한 생명과 한없는 영광을 얻게 되고, 그들에 관한 이야기가 온 땅과 온 시대에 회자되는 것이다. 예를 들어 이브라힘 할릴(Ibrâhîm Khalîl)[7]—알라께서 그에게 축복과 평안을 주시기를!—은 자신의 가족과 친척들이 이교도이며 우상숭배자였음에도 불구하고 신의 유일성을 믿고 숭배하게 되었고, 주님의 품성과 조물주의 특질을 부여받았다. 이미 널리 알려져 있고 또 일화집과 사서에 언급된 것과 같이, 그가 지녔던 위대한 품성과 특질들 가운데 하나는 관대하고 자비로운 마음이었다.

―――
7) 『舊約聖經』의 Abraham.

詩

네 손 안에 있는 것이라고 해서 깔보지 말라,

너의 손 안에 있던 것이 너를 손 안에 넣게 될 것이기에.

그는 자리에 식탁을 차려 놓고 어느 나그네나 투숙인에게도 무상으로 음식을 내주었다. 그가 신을 닮은 성품과 사랑과 자비와 신실함을 지녔기 때문에 그의 칭호는 '알라의 벗'(Khalîl Allâh)이 되었다. 책자들에 씌어 있듯이 〔신께서는〕 세상 사람에게 그의 신앙의 신실함을 입증하고 확인케 하기 위해 그를 시련에 부치셨다. 그리고 그에게 계시를 내려 눈동자처럼 사랑하는 자식 이스마일(Ismâʿîl)―그에게 평안이 있기를!―을 신을 위해 희생하라고 명령했다. 이브라힘―자비로우신 분께서 그에게 축복을!―은 즉시 지고한 신의 명령에 복종하여, 그 명령을 수행하기 위해 급하게 이스마일을 불러 말하기를 "오, 내 아들아! 나는 꿈에서 너를 희생으로 바치는 것을 보았다. 이제 너는 어떻게 생각하느냐?"[8]라고 했다. 그는 대답하여 말하기를 "기꺼이! 오, 아버지여! 당신이 명령받은 대로 하소서. 알라께서 바라신다면 저는 감내하는 자가 되겠나이다"[9]라고 했다.

이스마일이 복종하는 것을 본 이브라힘―그에게 평안이 있기를!―은 극도의 신실함으로 자기 사랑하는 아들의 손과 발을 묶고 옆구리와 얼굴을 땅에 대고 엎드리게 했다. 그는 자신의 종교를 위해 그를 희생양으로 하기 위해 날이 선 칼을 자기 영혼의 안식처〔인 아들〕의 목 위에 대었다. 전하는 바에 의하면, 그가 아무리 칼로 목을 베려 해도 칼이 튕겨져 나와 벨 수가 없었다고 한다. 명령에 순종하는 이브라힘―알라의 축복이 그에게 있기를!―은 이렇게 의무를 수행함으로써, 그가 80살을 넘긴 뒤에 자식이 하나도 없을 때

---

8) 『코란』 37장 102절.
9) 『코란』 37장 102절.

영광의 신께서 그에게 허락하셨던 자식을 진리의 길을 위해 〔희생하기를〕 거부하지 않을 정도로 그의 믿음이 신실하고 의도가 진실하다는 것을 지고한 신께서 다시 한번 피조물들에게 보여주었다. 그러고 나서 그는 평안의 지브라일(Jibra îl)[10]—알라께서 그에게 축복을!—을 이스마일—그에게 평안이 있기를!—을 대신하여 희생될 양과 함께 그의 죽음을 막기 위해 이브라힘에게 보내어, "오! 이브라힘이여! 너는 벌써 너의 꿈을 이루었노라! 나는 선을 행하는 사람들에게 보상을 하도다"[11]라고 선포했다. 지고한 신께서 이브라힘—그에게 평안이 있기를!—을 무슨 의미로 시험하신 것인지, 또 이 이야기가 어떠한 지고한 의도와 지혜를 담고 있는지 그 의미에 대한 주석은 여러 가지 방식으로 나왔고 많은 설명도 제시되었다. 그러나 가장 합리적이고 진실에 가까운 해석은 〔이브라힘〕 할릴—알라의 축복이 있기를!—의 관용과 신실과 품성이 신—영광과 높임을 받으소서!—에게 아무리 눈부시고 진실한 것으로 비친다고 해도, 〔신은〕 그가 보상을 받기에 마땅하게 그것을 실행에 옮기기를 바란다는 것이리라.

예언자 〔무함마드〕에 관한 전승들 가운데 "행위는 그 의도에 달려 있다"[12]는 것이 있는데, 그 뜻인즉 행위의 온전함은 그 의도에 의해 결정된다는 것이다. 그렇지 않고 의도가 행위와 합치되지 않으면 결실이 맺어지지 않으며, 사람은 보상을 받을 권리를 얻지 못한다. 어떠한 선과 악도 행하지 않는 사람에 대해 보상이나 응징을 명령하는 것은 무익할 수 있으며, 동기나 이유가 없는 명령은 결코 정의롭고 현명한 지시라고 할 수 없을 것이다. 〔이는 다음과 같은〕 영광된 『코란』의 구절에 의해서도 확인된다. "노력하는 것을 제외하고는 인간은 아무 것도 얻을 수 없도다!"[13] 그래서 종은 자신의 신실한 의

---

10) 즉, 天使 가브리엘.
11) 『코란』 37장 104~105절.
12) 원문은 아랍어.
13) 『코란』 53장 39절.

도를 실천에 옮겨, "알라께서는 그들이 행한 것을 최상으로 보상하시며 은혜 가운데 더해 주실 것이라"[14]는 구절에 따라 지고한 신의 충만한 사랑과 넘치는 은총을 받고, 〔신께서는〕 "그에게 두 배로 몇 배로 더해 주시리라"[15]는 것처럼 그에게 그 보상을 미치게 한다.

이러한 까닭으로 지고한 신은 이브라힘—그에게 평안이 있기를!—이 동시대의 모든 사람들 가운데서 신의 유일성을 믿는 신도가 되어 칭송받을 만한 품성을 갖추게 되기를, 또한 자신의 신실함을 관용을 통해 실천에 옮겨, 그에 대한 보상과 축복으로 한 자식의 대가로 여러 부족과 지파가 그의 자손과 뿌리로부터 나타나게 하기를 원하셨던 것이다. "진실로 나는 이브라힘의 자손에게 경전과 지혜를 주었고 장엄한 왕국을 그들에게 주었노라!"[16]는 말씀대로, 수천의 예언자와 성자와 술탄과 국왕들이 그의 씨에서 생겨나게 함으로써 신을 숭배함과 창조주를 닮음이 무한한 보상의 원인이며, 그 점에 관해서는 하등의 의심이 있을 수 없고, 그 축복을 받기 위해 힘써 노력하되 소홀히 하거나 게을리 해서는 안된다는 점을 세상 사람들에게 알리려 했다.

이브라힘 할릴—그에게 평안이 있기를!—은 자기 자식들에게 유언하기를, 자손과 부족의 계보를 세세손손 잘 정리하고 수호하여 그들의 계통이 불순한 것과 섞이지 않고 정결하게 유지될 수 있도록, 다른 종족들이 연합하여 그들 속에 섞이지 않도록 할 것이며, 후손들은 각기 자기 조상을 자세히 알고 있어야 한다고 말했다. 그들은 지금까지 이 점을 준수해 왔기 때문에, '알라의 벗'—알라께서 그에게 축복을!—의 자식들의 출생과 세대의 시초부터 지금까지 근 4천 년 동안 여러 종교와 민족의 예언자와 국왕과 귀족들이 모두 그의 후손에서 나왔고 또 부활의 날까지 그러하리라는 사실은 경험과 지식의 소유자들이 분명히 인식하고 있는 바이다.

---

14) 『코란』 24장 38절.
15) 『코란』 2장 245절.
16) 『코란』 4장 54절.

그러한 가문 전체의 등불이자 그 종족의 하늘의 태양이요, 예언자들의 책의 제목이자 성자들의 목걸이의 중심, 만물의 으뜸이자 최고, 만상의 요체요 정수, 예언자들의 인장이며 사도들의 최고는 바로 알라의 사도 무함마드— 그와 그의 일족에게 축복과 평안이 있기를!—이다. 왜냐하면 지고한 영광의 창조주께서 그를 모든 피조물에게 보냈고, 세상 사람들로 하여금 그의 종교를 추종케 하리라는 약속을 그에게 하셨기 때문이다. 만약 장구한 세월이 흐르는 도중 어느 한 시기에 이슬람 신도들 사이에 窒位나 분쟁이 일어나거나, 혹은 오래된 율법의 올바른 길 즉 正道에서 벗어나 응당 훈계와 징계를 내려야 할 정도가 되면, 그들을 나태함의 꿈에서 깨어나게 하고 자만의 몽롱함에서 각성케 하며 무슬림의 일이 새로운 기운을 차리고 율법의 시장이 새로운 빛과 번영을 얻어서 이슬람의 기초가 견고하게 됨으로써, 지나간 시대에 여러 종족들의 선망과 질투〔의 대상〕이 될 정도로 만드는 것, 바로 이것이 영원한 신의 명령과 희망이었다.

장엄한 주님의 도우심과 영원한 분의 은총은 다음과 같은 것들을 예정하셨다. 이슬람 신도를 징계하는 일은 종교의 적인 우상숭배자들이 아니라 신의 유일성을 믿고 주님을 인지하는 족속의 손으로 이루어져야 하고, 궁극적으로 종교의 사무들을 강화하고 바로잡는 것도 그같은 막강한 종족들의 힘에 의해서 되어야 하며, 천성적으로 유일신에 대한 신앙을 갖는 그들을 이슬람으로 귀의케 해야 하는 것이다. 그래서 그들은 일반 대중에게 신성한 명령과 금령에 따르고 복종토록 하고, 자신은 율법의 명령에 헌신하고 그 계율과 의무의 실현을 위해 노력하며, 그들의 확고함과 당당함으로 어떠한 우상숭배자도 이슬람을 경멸할 수 없도록 하는 것이다. 또한 동쪽에서 서쪽까지 모두 거짓 없는 무슬림들이 되고, 예언자의 경이는 장구한 시간이 지나도 망각 속에 지워지지 않도록 하며, 아무리 세월이 흘러도 그 기초가 더욱 강해지고 기반과 뿌리는 더 다져질 뿐, 세상의 소멸과 시간의 종말이 올 때까지 언제나 그 축복의 행성이 정점을 향해 올라가 그 민족의 승리를 위한 도움이 순간마다 더해지도록 하는 것이다.

이같은 주장을 확인하고 그 의미를 검증함에 있어 결정적이고 명백한 증거는 다음과 같다. 무슬림 세계를 받쳐 주던 기둥들이 재앙의 충격으로 동요되고, 시대가 가져온 재앙으로 정연한 질서가 사라져 버린 뒤, 세계의 군주인 칭기스 칸—지고한 신께서는 세상을 창조한 태초 이래 어떤 시대에도 그렇게 엄격하고 위압적이며 용맹하고 위엄 있고 장엄하며 막강한 군주를 창조한 적이 없었고, 수천의 눈을 가진 하늘조차도 그처럼 온 세상을 정복하고 모두를 명령하에 둔 지엄의 군주를 이제껏 보지 못했다.—의 자손들로 이루어진 빛나는 일족과 그의 후손들로부터 수많은 위대한 군주가 등장하여 그 각각이 여러 지방을 정복하고 무수한 도시와 지역을 지배하에 들어오게 했다. 동에서 서, 북에서 남에 이르기까지 지상의 여러 나라들의 강역이 그들 왕국의 정원과 권력의 손아귀 안에 있고, 그들의 막강한 칙령은 마치 바람처럼 바다와 사막 온 사방으로, 모든 생명, 인간과 정령에게 미치고 있다.

회력 702년인 지금[17] 세상의 거주 지역 중에서 핵심인 이란 땅의 왕국들은 [가잔 칸이 통치하고 있다. 그는][18] 제왕의 순서, 세계의 군주라고 할 만한 위엄에 찬 왕국의 왕관, 당대의 술탄들 중의 술탄, 안전과 평안의 실체, 인류의 요체, 정의와 은총의 시혜자, 솔로몬의 왕관의 계승자, 무슬림의 깃발의 게양인, 강력한 바다의 진주, 지복의 하늘의 태양, 신성한 명령의 화신, 무한한 은총의 원천, 번영하는 왕국들의 군주, 진리를 찾는 길을 나선 여행자, 태양과 같은 얼굴의 잠시드, 드높은 土土의 카간(khâqân), 가장 공정한 제왕, 가장 완벽한 군왕, 인류를 보호하는 왕자, 이슬람의 제왕, 신의 그림자, 알라의 종교의 수호자이다. 그는 칭기스 칸의 후손들 가운데 하나이며, 지상과

---

17) 西紀 1302년 8월 26일~1303년 8월 15일에 해당되는데, 이 부분이 가잔 칸이 사망한 회력 703년 이전에 이미 집필된 것임을 말해 준다.

18) 이 부분의 문장은 애매하고 복잡한 구성으로 되어 있다. 이 단락을 앞의 단락과 연결한 露譯本의 해석은 납득하기 어렵다.

시대의 술탄들 가운데 위대한 군주이고, 완벽하고 드높은 지식과 지혜와 명철, 풍부한 이지와 이해와 판단력, 넘치는 위용과 장엄과 엄격함, 뛰어난 용맹과 기예와 명석함, 정의와 공정함의 명성, 풍부한 은총과 은사를 갖추었다. 그는 국가를 운영하는 탁월한 능력과 나라의 사무를 다루는 능숙한 기술로 규범과 법령을 정돈하고 낡은 법률들을 수정하여 유명한 군주들의 선망과 강력한 군왕들의 질투[의 대상]이다. 그는 세상의 반항하는 자들과 자만하는 자들의 목을 복속의 올가미에 잡아넣고 모두를 명령에 순종하게 만들었다. 어려움을 해결하는 순수한 지성과 왕국을 다스리는 명석한 판단으로 인해 지식과 지혜의 여러 문제와 논점들 가운데 어느 하나도 의심의 베일 속에 가려진 채 있을 수 없고, 그의 완벽한 유창과 달변에는 가장 고귀하고 위대한 현자와 학자들도 문답할 힘을 잃는다. 예의범절과 각종의 기예에 관한 지식에 있어서 그는 당대에서 독보적인 존재이자 세상의 우두머리이다.

詩
이지로써 이해하는 것이 불가능한 어려움에 대해,
그의 꿰뚫는 정신은 증거와 함께 하나씩 대답한다.
그가 원한다면 밤중에 사람들에게 이적으로 길을 보여주고,
원한다면 빛나는 마음으로 베일을 걷어 올린다.

그는 평민 대중과 각 계층의 사람들을 위한 선정의 규례를 정비하고 자비와 사랑의 건물을 세우는 데 모든 존엄한 노력과 지고의 의지를 바쳤고, 갖가지 선행을 베풀고 번영의 수단들을 모으는 데 많은 시간을 소비했다. 무함마드—그에게 가장 고귀한 축복과 가장 완전한 축하가 있기를!—가 행한 이적의 영향을 받아, 평온함을 지닌 가슴의 순결한 빛으로 그는 이슬람 종교를 선택했다. 그리고 유일 신앙을 가진 일부 몽골인과 우상을 숭배하는 다른 종족들과 신을 믿지 않는 위구르나 기타 사람들로 이루어진 자신의 군대를

모두 함께 무슬림으로 개종시켰다. 그는 이브라힘 할릴처럼 이교도들의 무리에서 벗어나고자 했고, 자기 손으로 모든 우상들을 부수어 이교와 배교의 길을 완전히 막아 버렸다. 그리고 "오! 나의 백성들이여! 알라의 부름받은 사람에게 답하고 그를 믿으라!"[19]라는 명령에 따라 나라 안의 여러 지역과 도시에 있는 우상을 부수고 우상의 전당들을 허물었으며, 그 대신 모스크를 짓도록 지시했다. 종교에서 경멸되고 이단적(bid'at)인 것은 무엇이건 모두 폐기하고 제거하라고 명령했고, 매순간 이슬람의 깃발을 높이 올리고 제도의 정비와 종교의 강화 및 율법의 규범의 현창을 위하여 새로운 칙령을 연속해서 반포하고 있으며, 세상 사람들이 목도하고 있듯이 무슬림들을 더욱 더 존엄스럽게 만들고 있다.

詩
종교의 시장은 활기로 가득하고, 나라의 사무는 틀이 잡혔다.
세상의 군주 가잔 칸이 예언자의 종교를 받아들였기에.
순수한 율법의 아름다움에 새로운 기초를 세우고
배교와 이교와 이단의 폐습을 완전히 없애 버렸도다.

이 서언을 통해서, 칭기스 칸과 그의 조상과 후손에게 위엄의 도구들을 갖추어 주고 왕국의 문을 열어 주어 그 가문의 발전과 일족의 성공이 배가되도록 명령함으로써 이슬람 종교가 강화되고 율법의 계명들이 실행되도록 예정하신 것이 바로 신—영광과 존귀를 받으시기를!—의 희망이라는 사실이 확인되고 설명되었다. 왜냐하면 신의 유일성을 믿는 하나의 배(腹)에서 여러 종족과 족속이 갈라져 나와 독립된 개체들이 되었기 때문이다.

---

19) 『코란』 46장 31절.

詩

헤아리고 셀 수 없을 정도로 많고,

설명하고 표현할 수 없게 넓도다.

그 유명한 종족과 위대한 족속의 요체는 세계를 정복한 군주 칭기스 칸이었고, 그의 일족과 후손들 가운데 요체는 세상의 보호자 술탄 마흐무드 가잔—그의 나라를 영원케 하고 그의 왕국을 영속케 하소서!—이니, 세상의 술탄들과 인류의 왕자들이 〔그를 향해〕 복속의 귀걸이를 걸고 복종의 외투를 어깨에 걸쳤다. 따라서 이제 지고한 신의 은총의 자취가 그들 가운데 어떤 양상으로 나타났는지를 서술하고, 그렇게 된 역사와 그 족속들이 어떻게 분파되었는지를 설명할 필요가 있다. 알라께서 허락하신다면!

〔7r〕『가잔 사』(*Târîkh-i Ğâzânî*)라고 명명된 이 책을 찬술하게 된 동기[20]

드물게 일어나는 기이한 정황과 놀라운 사건들을 입수하고 정리하여 그것을 글로 적고 책에 기록하는 것이 역사라는 사실은 지혜로운 분들과 분별 있는 분들에게는 널리 알려져 있다. 현자들은 그러한 사건의 시작(ibtidâ')을 '時點'(târîkh)이라고 부르며, 그것을 통해 시기의 범위와 정도를 알게 되고, 그것에 따라 각 민족과 국가의 시작도 역사적으로 정해지게 되는 것이다. 그렇다면 칭기스 칸의 통치의 시작보다 더 중요해서 그것을 따로 '시점'으로 정할 만한 사건과 사실이 있겠는가. 그는 꿰뚫는 판단력과 올바른 책략과 완벽한 현명함과 넘치는 엄정함으로 짧은 시간에 세상의 많은 국가들을 정복했

---

20) 露校本에서는 이 제목을 일반 문장의 일부로 포함시켰다. 그러나 여기서는 A본의 體例에 따라 題目으로 삼았다.

고, 파라오(Fir'aûn)와 같은 성품과 자학크(Dhaḥḥâk)[21]와 같은 성질을 지닌, 각기 "나 말고는 아무것도 없다!"[22]는 식의 극도로 거만한 반도들의 무리를 쳤다. 그는 〔그들을〕 응징하고 소멸시켜 세상을 한 방향으로, 여러 마음을 하나의 의견으로 〔만들었고〕, 왕국들의 중심에서 잔폭한 강압자의 손아귀와 겁 없는 무뢰들의 학정을 깨끗이 제거하여, 명망 높은 일족과 위대한 후손들에게 그것을 영구히 물려주었다. 하늘의 축복이 그들과 영원무궁한 약조를 맺은 것이다.

각 시대의 좋고 나쁜 중요한 사건들을 묘사하여 뒤에 올 명석한 후손들에게 귀감이 되게 하고, 지나간 시대의 정황들이 다가올 시대에 알려지도록 하며, 그렇게 함으로써 유명한 군주나 강력한 국왕들에 관한 설명이 시대의 페이지 위에 영원히 남도록 하는 것이 바로 현자와 학자들의 관례이다. 왜냐하면 사건과 사실들은 시간의 경과와 시대의 흐름 속에 지워지고 사라져 버리기 때문이다.

세월의 흐름은 오래 계속되어
늘 손(手)에서 말(話)을 낚아채 가는구나.

이를 보여주는 확실한 증거는 술탄 마흐무드 가즈나비(Sulṭân Maḥmûd Ğaznavî)[23]가 누렸던 그 광대한 왕국, 광범한 위용, 풍부한 은사, 무한한 물자, 무수한 재물, 수많은 보물, 행운의 儀仗, 현세의 향락에도 불구하고, 운수리(Unṣurî)[24]나 피르도시(Firdawsî)나 우트비(Utbî)[25]와 같은 사람들의 언급

---

21) 고대 페르시아의 전설적인 폭군.
22) 『코란』 28장 38절에 나오는 파라오의 말을 참조하시오.
23) 아프가니스탄과 동부 이란을 근거로 하던 가즈나 朝(962~1186)의 세력을 정점에 올려놓은 군주. 독실한 무슬림으로 인도의 Somnath로 원정하여 힌두 寺院을 파괴하기도 했다. 또한 그의 치세(998~1030)에 문화도 크게 융성하여 Firdawsî와 같은 시인이나 Birûnî와 같은 학자들이 그의 후원을 받고 활동했다.

이 없었다면 그의 명성과 미담은 영구히 남아 있지 않았을 것이라는 점이다.

詩

운율에 묶여 세상에 남으리라,

마흐무드 가즈나비의 미덕의 자취는.

이 점에서 담화가와 역사가야말로 가장 뛰어난 홍보자임을 알 수 있다.

옛날부터 투르크(Türk)라는 이름으로 불리던 한 종족이 있었고, 그들은 제이훈(Jayḥûn)과 세이훈(Sayḥûn)²⁶⁾ 강의 처음부터 동방 경계의 끝까지, 킵착 초원(Dasht-i Qipchâq)²⁷⁾의 끝에서 주르체(Jûrche)²⁸⁾와 키타이 지방의 경계에까지 이르는 길이와 폭으로 된 지역을 거처로 삼고 살고 있다. 그들은 그 지방에 있는 산과 계곡과 초원에 거주해 왔으며, 촌락과 도시를 고향으로 삼고 정주해서 사는 데는 익숙지 않았다. 그들은 이란 땅의 왕국에서 멀리 떨어져 있었기 때문에 과거의 사서들에는 그들의 정황에 대해 자세한 설명이 없다. 물론 몇몇 책들에 단편적인 언급이 나오기는 하지만, 그들에 관한 일화와 자취와 정황의 진실이 어떠했는지에 대해 상세하고 충분하게 기억하

---

24) 'Abd al-Qâsim Ḥasan b. Aḥmad ʿUnṣurî(1039년 사망). 발흐 출신으로 가즈나 朝의 술탄 마흐무드를 따라 대부분의 원정에 참여했고 그에게 많은 獻詩(qasîda)를 바쳤다.

25) Abû Naṣr Muḥammad al-Utbî(1035/6년 사망). 가즈나 朝의 술탄 마흐무드 휘하에 있던 宮廷史家이며, 그 시대의 역사를 기록한 Kitâb al-Yamînî를 저술하기도 했다.

26) 즉, 아랄 해로 흘러드는 중앙아시아의 兩大 河川 아무다리야와 시르다리야.

27) 흑해와 카스피 해 북부의 초원 지역에는 옛부터 여러 유목민들이 살았다. 그리스 시대의 Scythai인의 뒤를 이어 Sarmat인, 그리고 Hun족과 Avar족, 뒤이어 Khazar와 Bulǧar와 Pecheneg 등이 살았다. 그러나 몽골의 침입이 있기 직전에는 Qipchaq인들이 살았기 때문에 이슬람권에서는 그 지역을 '킵착 인들의 초원'(Dasht-i Qipchâq)이라고 불렀다.

28) 이는 Jurchen(女眞)을 나타낸 말로서, 당시 몽골인들은 Jürched(Jürche 혹은 Jürchen의 복수형)라고 불렀다.

는 식자들을 찾을 수 없었다. 비록 투르크와 몽골의 모든 종족과 지파들이 서로 비슷하고 언어도 모두 하나의 뿌리에서 나왔지만, 몽골은 투르크인 가운데 [독자적인] 한 종류이고 [이 책의] 각자 고유한 부분에서 개별적인 설명을 통해 알 수 있듯이 그들 사이에는 차이점도 매우 많다. 그들에 관한 역사와 일화들이 이 지방에 올바르게 전해지지 않는 이유도 역시 이러한 차이점 때문이다.

세상의 통치와 지배의 순서가 칭기스 칸과 그의 유명한 일족 및 위대한 후손들에게 이르러, 친-마친, 키타이, 인도, 河中地方(Mâwarâ' an-Nahr)[29], 투르키스탄[30], 시리아(Shâm), 룸, 아스(Âs)[31], [7v] 러시아(Ûrûs), 체르케스(Cherkes)[32], 킵착, 켈레르(Kelâr)[33], 바쉬기르드(Bâshǧird)[34] 등 모두 합해서 동쪽에서 서쪽까지 북쪽에서 남쪽까지 지상의 거주지역에 있는 왕국들 전부

---

29) Mâwarâ' an-Nahr는 아랍어로 '[아무다리야] 강 너머[의 지역]'이라는 뜻으로, 서구인들의 Transoxiana('Oxus 강 너머[의 지역]')와 같은 표현이다. 카라 키타이(西遼)는 사마르칸드를 점령한 뒤 그곳에 '河中府'를 두었다. Cf. Wittfogel, *Liao*, pp.665~666. 물론 이 행정단위가 Mâwarâ' an-Nahr 전체를 포괄한 것은 아니었지만, '河中'이 아무다리야와 시르다리야 兩河 사이의 지역이라는 語義를 지니고 있고 Mâwarâ' an-Nahr이 이 두 강 유역의 문명 지역을 가리키는 말로 사용되어 왔기 때문에, Mâwarâ' an-Nahr를 '河中地域'으로 번역해도 큰 무리는 없을 것이다. Cf. Barthold, *Turkestan down to the Mongol Invasion* (4th ed., Philadelphia : Porcupine, 1977), p.64.

30) 라시드는 '투르키스탄'이라는 말을 대체로 河中地方과 병칭하여 사용하고 있으며, 그 내용은 대체로 天山南北의 투르크인들이 거주하던 지역을 가리키는 것으로 이해해도 무방할 것이다.

31) 코카서스 북부 지방에 거주하던 이란계 민족 Alan인을 지칭한다. 『秘史』에서는 Asud(As의 복수형)로 불렸고, 『元史』에는 阿速 혹은 阿思 등으로 표기되었다. 이에 대해서는 Bretschneider, *Medieval Researches from Eastern Asiatic Sources*(new edition, London : Routledge & Kegan Paul, 1937), vol. 2, pp.84~90 참조.

32) 코카서스 서북쪽의 흑해와 아조브 해 연안의 초원·산지 및 그곳에 거주하는 주민. 『元史』 권63 「地理志·六」(p.1570)의 撒耳柯思.

33) 『元史』 권121 「速不台傳」(p.2978)에는 怯憐으로 표기. Pelliot에 의하면 kerel은 헝가리 국왕의 칭호인 kiraly를 옮긴 말이다. Cf. *Notes sur l'histoire de la Horde d'Or* (Paris : Adrien-Maisonneuve, 1949), pp.141~143.

34) Bashkirt, Bashkurt 등으로도 쓰인다. 『秘史』의 Bajiǧid. 우랄 산맥의 남부와 동부 지방 및 거기에 사는 주민을 지칭하며, 구소련에서 바쉬키르 공화국을 구성했다.

를 귀부(⑪)시키고 복속케 했다. 과거에 그 시대의 대인과 학자들 가운데 일부는 세계의 정복자요 성채의 함락자이며 칙령의 선포자인 칭기스 칸과 그의 일족에 관한 정황에 대하여, 또 몽골의 왕자들과 아미르들에 관한 사정과 신앙에 대하여, 그 통치의 내용과 사항에 대해 잘 알지 못했고 그 사건의 장엄함과 거대함에 대한 지식이 부족했기 때문에 때로는 상반되는 주장을 하기도 했다. 그러나 시대 시대마다 몽골의 문자와 언어로 된 그들의 신빙성 있는 사서는 정비되고 정리되지 않은 채 불완전한 篇篇으로 〔군주의〕 寶庫에 보존되어 있었고, 이방인과 전문가들은 열람할 수 없도록 은폐되고 차단되어 있었다. 어느 누구에게도 그것을 열람할 수 있는 기회가 주어지지 않았다.

이란 땅을 통치하는 보좌와 왕관이 세상의 모든 왕들에게 선망의 대상인 이슬람의 제왕이요 축복의 존재이신 술탄 마흐무드 가잔 칸—그의 왕국이 영원하기를!—에게 이르게 된 지금, 그는 드높은 명철과 축복 받은 心眼으로 그 〔자료들〕을 정리하고 정비할 것을 생각하시고 가장 고귀한 명령으로 이렇게 지시하셨다. 일 칸국의 종이고 주님의 은총의 도움에 의지하는 자이며 이 작품의 저자, 즉 라시드 타빕 하마다니(Rashîd Ṭabîb Hamadânî)[35]라는 별명을 지닌 파들 알라 이븐 아불 헤이르(Faḍl Allâh b. Abû al-Khayr)—알라께서 그의 일을 좋게 하시고 그의 명성이 떨어지지 않도록 보호하소서!—로 하여금 풍성한 寶庫 안에 보존되어 있는 몽골 및 몽골과 비슷한 다른 투르크인들의 기원과 계보를 기록한 사서들과 그들에 관한 일화들〔을 적은〕篇篇들, 그리고 폐하의 아미르와 근신들이 보존하고 있는 것들—지금까지 어느 누구도 그 모든 것을 손에 넣은 적이 없었고, 어느 누구에게도 그것을 정리하여 편찬하라는 축복 받은 임무가 맡겨진 적도 없었으며, 모든 역사가들조차 상황의 진실을 알지 못한 채 대중들의 입을 통해서 전해지는 것을 자기 취향에 따라 그 일부만을 이야기했기 때문에, 그것의 진실성과 타당함을 어

---

35) 즉, '하마단 출신의 醫師 라시드'.

느 누구도 알지 못하고 확인할 수도 없었던 것—을 개정과 수정과 세심한 검토·확인을 거쳐서 진실된 언어로 정비·정리하고, 지금까지 베일 속에 가려져 있던 사실과 자취 가운데 순결하고 고귀한 마음을 지닌 신부[즉 역사의 진실]의 베일을 벗겨 그 자태를 보여주라고 하셨다.

또한 그 책 속에 간략하게만 기록되어 상세하게 서술되지 않은 것들은 키타이와 인도와 위구르와 킵착과 여타 종족의 학자와 현자들, 그리고 지고한 폐하의 어전에 있는 각계 각층의 사람들 중 귀인들, 특히 이란과 투란 (Tûrân)³⁶⁾의 兵權을 갖고 있는 존귀한 아미르이자 지상의 왕국들의 경영자인 볼라드 칭상(Bôlâd Chîngsâng)³⁷⁾—그의 존귀함이 영원하기를!—에게 탐문하라고 하셨다. [8r]「6v」 각종의 기예와 투르크 종족들의 계보와 그들의 역사에 관해서, 특히 몽골에 관한 지식에서, 이 세상 어디에서도 그를 능가할 사람은 없다.

[이렇게 해서] 특수한 용어로 기록된 사서들을 이용하여 [편찬하되] 처음부터 끝까지 귀족과 평민이 알고 이해할 수 있도록 하고, 몽골 지배가 출현하던 시기에 생긴 기이한 정황들과 중대한 사건과 사실들이 날이 지나고 달과 해가 흘러도 지워지거나 잊혀지지 않고, 은폐의 베일 속에 숨겨져 있지 않도록 하라고 하셨다. 왜냐하면 현재 아무도 그러한 일들을 알지도 탐구하지도 않고, 세월이 흘러 아미르의 자손인 젊은이와 신세대들은 조상의 이름과 계보 그리고 지나간 시대에 있었던 정황과 그러한 정황이 일어나게 된 연유에 대해 소홀하고 무지한 상태로 있기 때문이다. 어떻게 각 종족의 대인들의 일족과 후손이 자기 조상이 겪었던 상황과 그 계보와 이름에 대하여 무지

---

36) '이란과 투란'은 이슬람권의 문헌에 흔히 사용되는 표현으로, 아무다리야를 상징적인 경계로 그 남쪽을 정주 이란인들이 사는 지역(이란), 그 북쪽을 유목 투르크인들이 사는 지역(투란)으로 구분했다.

37) 그는 Bôlâd Âqâ라고도 불렸으며, 두르벤 종족 출신으로 쿠빌라이에 의해 일 칸국으로 파견된 인물이다. 가잔 칸의 재정 개혁을 도왔으며, 라시드 앗 딘이 『집사』를 편찬할 때 중요한 도움을 준 인물로 알려져 있다. 본서 A : 49v의 내용 참조.

하고 무관심할 수 있단 말인가.

특히 지고한 신께서는 [칭기스 칸의 일족에게] 갖가지 은총을 부여하여 막중한 일의 성취에 동참자가 되도록 하였으며, 복종치 않는 세상을 통어하는 고삐를 그들의 의지의 손에 쥐여 주었다. 그래서 어느 시대의 어떠한 막강한 군주들과 강폭한 왕들도 그 지배 아래 두지 못했던 나라들, 그 역사에 대해서 결코 들은 바 없고 그 종족들의 학문에 대해서도 알려진 바 없던 멀고 가까운 나라들로 하여금 그들의 칙령을 받들게 하셨다. 칭기스 칸의 일족에게 이같은 축복과 행운을 주셨기 때문에, 지존의 폐하를 모시며 [그로부터] 떨어질 수 없는 한 부분을 이루고 있는 학자와 현자와 사가들이 그러한 의미를 해명하고 설명하는 것이 가능하고 용이해진 것인데, 어떻게 그러한 일을 소홀히 하고 미루어서 아무나 무지한 이야기와 미숙한 내용을 말하고 기록하게 내버려둘 수 있겠는가?

여하튼 조상의 아름다운 이름을 되살리고 선조들의 언행에 대한 기억을 새롭게 하는 것은 주님의 도우심과 조물주의 가호에 의해 구별되고 특별히 선택된 후손과 가상한 자손들의 노력이 없이는 불가능하다.

詩
아버지의 이름은 자식들로 인해 생명을 얻고
아버지의 뜻은 자식들로 인해 영원을 얻으리.

이같이 중요한 명령을 받아서 수행하라는 제왕의 칙명—언제나 사방으로 퍼져 순종을 얻기를!—을 받았을 때, 이 보잘것없는 종은 이를 따르고 복종할 수밖에 없었다. 마음은 몽골의 역사와 그들의 전승과 일화에 관한 지식을 얻으려는 열정으로 가득 찼다. [칙명의] 수행과 관련하여 많은 노력과 헌신을 바쳤으며, 보고에 보존된 채 정리되지 않은 부분들의 내용을 살펴 읽고 확인한 뒤에 그것을 정리하고 분류했다. 또한 폐하를 모시고 있는 나라의 현자들, 각종의 학자와 사가들로부터 청취하여 입수한 것들을 모두 거기에 첨가시켰다. 그것을 다양한 〔사람들이〕 용이하게 이해할 수 있도록 평이한 문체를 사용하여 篇을 나누어 집필했다. 알라께서 뜻하시어 폐하께서 그것을 따뜻한 눈으로 받아 주셔서, 이 종이 두 세상〔＝이승과 저승〕의 축복을 얻고 모든 희망과 평안을 획득하는 방편이 되었으면 할 뿐이다. 알라께서 허락하신다면!

제1권

부족지

투르크 종족들의 흥기에 관한 역사와 그들이 여러 부족으로 갈라지게 된 상황에 대한 설명. 각 부족 조상들의 정황에 대한 전반적인 서술. 이 〔제1〕권은 서론(dībâche)과 4개의 篇(faṣl)으로 구성되어 있다.

서론

[8v]「7r」무엇보다도 먼저 알아야 할 사실은 세상의 여러 지역에는 각기 도시민(shahrneshîn)과 유목민(şahrâneshîn)[1]이 별도로 존재했고 [지금도] 존재한다는 것이다. 특히 초목지가 있고 목초가 풍부하며 정주지에서 멀리 떨어진 지역에는 유목민이 매우 많다. 예를 들어 이란과 아랍 지방에서와 같이 황야가 목초로 가득하고 물이 없는 땅은 낙타에게 적합하다. 왜냐하면 그들은 목초를 많이 뜯어먹는 대신 물은 적게 마시기 때문이다. 그러한 까닭에 헤아릴 수 없을 정도로 많은 아랍의 부족과 씨족이 마그리브의 초입[2]에서부터 인도양 해변의 끝에 이르기까지 모든 초원과 사막에 자리를 잡았다.

마찬가지로 옛날부터 오늘날에 이르기까지 '투르크'라고 불렸고 또 [지금도] 그렇게 불리고 있는 종족들은 다음과 같은 지역의 황야와 산지와 삼림에 살고 있다. [즉] 킵착 초원(Dasht-i Qipchâq), 러시아(Rûs), 체르케스,[3] 바쉬기르드, 탈라스(Talâs),[4] 사이람(Şayram),[5] 이비르-시비르(Îbîr Sîbîr),[6] 볼라

---

1) şahrâneshîn은 문자상의 엄밀한 의미에서 황야나 사막의 거주자를 가리키는 말이지만, 일반적으로 무슬림 사서에서 정주민과 대비되는 유목민을 지칭할 때 이러한 표현이 사용된다.

2) Maǧrib는 Mashriq('동쪽')와 반대되는 '서쪽', 즉 서부 이슬람권을 의미한다. 보통 대서양에 연한 모로코에서 시작하여 알제리·튀니지·이집트 등지가 여기에 속하며, 혹자는 스페인의 안달루스 지방을 포함시키기도 한다. Ibn Khaldûn과 같이 이집트를 제외시키는 사람도 있다. 따라서 여기서 '마그리브의 초입'이란 대서양 연안의 모로코부터를 의미하는 셈이며, 그곳에는 Berber 유목민들이 살았기 때문에 이렇게 서술한 것이다.

3) A : Chârkâz ; B : Cherkes.

4) 河名이자 동시에 탈라스 하반에 위치한 도시 이름(Tarâz라고도 불림)이다. 현재 카자흐스탄의 Dzhambul(구소련의 Aulie-Ata) 부근이다.

5) 현재 시르다리야의 지류인 Aris 河 연변에 위치한 촌락의 이름으로, 중세 무슬림 저술에는 Isfîjâb이라는 이름으로 알려졌다. 카자흐스탄의 Chimkent에서 동쪽으로 12km 정도에 위치. Cf. Barthold, *Turkestan*, pp.175~176. 중국 新疆의 쿠차 부근에 있는 사이람과 혼동해서는 안된다.

6) B : Îbîr wa Sîbîr. al-'Umarî의 글에는 Sibir wa Ibir(Umari/Lech, *Weltreich*, p.142) ; 『元史』 권132 「玉哇失傳」(p.3209)에는 '亦必兒失必兒之地'로 표기되어 있다. 라시드는 A : 29v에서 앙카라 강을 경계로 키르기즈 지방의 동북쪽에 이비르-시비르 지방이 있다고 보았다(cf. Bathold, *Turkestan*, p.392). 劉迎勝은 문헌상에 나타나는 '이비르-시비르'의 용례와 위치 등을 상론한 뒤, 이미 『隋書』 『鐵勒傳』에 鐵勒部의 일

르(Bôlâr),[7] 앙쿠라(Anqura) 강[8], 투르키스탄(Turkistân)과 위구리스탄 (Uîĝûristân)[9]이라는 이름으로 알려진 지방의 변경, 쿡 에르디쉬(Kûk Erdîsh) 와 에르디쉬(Erdîsh)[10]와 같이 나이만(Nâîmân) 종족들에게 속한 강들, 카라 코룸(Qarâqôrum)[11], 알타이 산지, 오르콘(Ôrĝân) 강, 키르키즈(Qîrqîz) 지 방, 켐 켐치우트(Kem Kemchîût)에,[12] 몽골리아(Moĝûlistân)[13]라는 이름으로

<hr />

파인 '蘇拔 · 也末'에서 그 최초의 기록을 찾고, 이들의 거주지는 오브(Ob') 河 중하류 지역이라는 결론을 내렸다. 그의 『西北民族史與察合台汗國史研究』(南京, 1994), pp.231~251 참조. 한편 O.Pritsak은 오늘날 Siberia의 어원이 된 Sîbîr라는 말이 '鮮卑'(Säbir)에서 나왔다고 보면서, 匈奴 대신 몽골 고원을 차지한 그 들이 3세기 경 다시 서쪽으로 이주하여 Ob'와 Irtish 강 근처에 거주하게 되었다고 주장한 바 있다. 그의 "From the Säbirs to the Hungarians"(*Hungaro-Turcica, Studies in Honour of Julius Németh*, Budapest, 1976 ; O.Pritsak, *Studies in Medieval Eurasian History* 再收), p.28 참조.

7) 볼가 강 유역의 Bulĝar인을 지칭. 『元史』 권121 「速不台傳」(p.2979)에 '拔都征欽察 · 兀魯思 · 阿 [速] · 孛烈 兒諸部'라는 문구가 보이는데, 여기서 孛烈兒는 Bolar와 동일인이다. 『元史』 권63 「地理志 · 六」(p.1570)에 는 不里阿耳로 표기되어 있다. 『秘史』에도 Bolar로 되어 있다. Cf. P. Pelliot, *Horde d'Or*, 124ff.

8) 바이칼 호 서북방에서 예니세이 강으로 들어가는 강의 이름. 『元史』 권63 「地理志 · 六」(p.1574)의 昻可剌 河. 라시드는 뒤에서 Anqûra Mûrân이라고도 표기했다.

9) 라시드는 여기서 위구리스탄이라는 말을 하미와 투르판 및 그 북방의 산간 지역을 총칭하는 의미로 사용 했다. 그러나 그는 A : 28r에서 유목 위구르인들의 근거지가 있던 항가이 산지를 가리키는 것으로도 사용 했다.

10) 알타이 산지에서 발원하여 서북방으로 흐르는 Irtish 강을 지칭. 중세 무슬림 작가인 Mas'ûdî는 Kimäk인 들이 거주하는 곳에 Black Irtish와 White Irtish가 흘러 카스피 해로 들어간다고 했다(Minorsky, *Ḥudûd al-'Âlam, The Regions of the World*, London : Luzac, 1937, pp.215~216). Pelliot은 오늘날 이르티쉬 상류의 두 지류인 Qara Irtish와 Ku Irtish가운데 Ku Irtish가 Kök Irtish―그러나 Ku는 qara에 서 나온 것이 아니라 몽골어의 qo'a('하얀, 창백한')에서 나온 것으로 봄―에 해당될 것으로 추측했다. 그의 *Campagnes*, pp.302~304 참조.

11) 이는 물론 몽골 제국의 수도가 있었던 오르콘 하반의 和林을 지칭한다. 카라코룸에 관한 중요한 역사지 리학적 연구로는 H. Cordier, *Situation de Ho-lin en Tartarie*(Leide : Brill, 1893) ; S. V. Kiselev et al., *Drevnemongol'skie goroda*(Moskva : Izd. "Nauka", 1965) ; 陳得芝, 「元嶺北行省建置考」(上 · 中 · 下)(『元史及北方民族史研究集刊』, 9[1985], 11[1987], 12-13期[1989]) ; 李玠奭, 「元代의 카라코룸, 그 興 起와 盛衰」(『몽골학』, 한국몽골학회, 1996), pp.27~68 등을 참조하시오.

12) 예니세이 강을 지칭. Kem은 『元史』 「地理志」에 謙河로 되어 있고, Kem Kemchîût는 『元史』에 謙謙州 · 欠 欠州, 長春眞人의 『西遊錄』에는 儉儉州로 표기되어 있다(王國維 編, 『蒙古史料四種』, 臺北 : 正中書局, 1962, pp.366~367). E.Bretschneider는 지금도 그곳의 주민들이 예니세이를 Kem('강'을 의미)이라고 부르는데, 本流를 Ulu Kem('큰 강')이라고 하고 支流를 Kemchik('작은 강')이라 부르며, 이 支流의 강

알려지고 케레이트(Kerâît) 종족에게 속해 있는[14] 많은 夏營地(yâîlâq)와 冬營地(qishlâq), 즉 오난(Ônan), 켈루렌(Kelûrân), 달란 발주스(Ṭâlân Bâljûs),[15] 부르칸 칼둔(Bûrqân Qâldûn),[16] 쿠케 나우르(Kûkâ Nâûûr),[17] 부유르 나우르(Bûîr Nâûûr),[18] 카르캅(Qârqâb),[19] 쿠인(Kûîîn),[20] 에르게네 쿤(Ergene Qûn),[21] 칼리르(Qalîr),[22] 셀렝게(Selînge), 바르쿠진 투쿰(Barqûjîn Tûkûm),[23] 칼랄진 엘레트(Qalâljîn Elet),[24] 그리고 키타이(Khitâî)의 防壁

어귀에 Kemkemdjik라는 곳이 있다고 했다. 그의 *Mediaeval Researches*, vol. 1, pp.101~102 참조.

13) 당시 페르시아인들은 몽골리아 초원을 '모굴리스탄'이라 불렀다. 그러나 14세기 후반 몽고 제국이 붕괴된 뒤, 16세기의 Mîrzâ Muḥammad Ḥaydar가 저술한 *Târîkh-i Rashîdî*의 예에서 보듯이 후일 무슬림 측 사서들에서 이 용어는 천산 북방의 초원 지역을 가리키는 의미로 바뀌었다. Cf. D. Ross tr., *A History of the Moghuls of Central Asia*(1895 ; London : Curzon, 1972), pp.360~367.

14) 뒤에 나열되는 지명들 가운데 '케레이트 종족에게 속해 있는' 지역이 어디까지인지는 문맥상으로 파악이 불가능하다.

15) B : Ṭâlât Bâljûs. 이 지명의 여러 용례에 대해서는 F.W.Cleaves의 "The Historicity of the Baljuna Covenant", *Harvard Journal of Asiatic Studies*, vol. 18, no.3~4(1955), pp.357~421 참조. 이곳은 칭기스 칸과 자무카가 전투를 벌였던 곳으로 유명하지만 그 정확한 지점에 대해서는 諸說이 분분하다(村上正二, 『モンゴル秘史』[東京 : 岩波, 1970~1976], 권1, pp.277~278). Perlee는 오난 강 유역의 東經 111도, 北緯 49도 지점으로 추정하고 있다(「元朝秘史に現われる地·水名を探る」, 小澤重男의 『元朝秘史全釋』, 全3卷, 東京 : 風間書房, 1984~1986, 下, p.590).

16) 현재 몽골의 수도인 울란바투르 동북방에 있는 헨테이 산맥(혹은 그 일부)을 지칭하는 것으로 보인다. 칭기스 칸이 이곳에 묻혔다고 알려져 있는데, 이를 둘러싼 복잡한 논의에 대해서는 Pelliot, *Notes on Marco Polo*(Paris : Imprimerie nationale, 1959~1963), vol. 1, 330ff를 참조하시오.

17) 이 지명은 『元史』의 顆顆腦兒, 즉 Köke Na'ur('푸른 호수')임이 분명하다. 이는 케룰렌 강 상류의 셍구르(Senggür) 川 근처에 위치했던 것으로 보인다. Cf. Pelliot, *Notes on Marco Polo*, vol. 2, pp.325~326.

18) 몽골 공화국 東端의 Dornod 아이막에 위치한 호수.

19) A : Qârqât. 露譯本에서는 이것이 북몽골의 Khara-Khaba 村에 해당될지도 모른다고 했다.

20) 露譯本에서는 이것이 톨라 강 右岸으로 유입되는 Kuin Gol에 해당될 것으로 추측했다. 또한 Kûîîn은 타타르 부의 한 지파의 이름이기도 하지만, Kûîîn Tâtâr는 몽골어의 Hoi-yin Tatar('삼림의 타타르')를 옮긴 것이 아닌가 추측되기 때문에, 소유격 어미가 붙은 Hoi-yin을 지명인 Kûîîn과 동일시하기는 어려워 보인다.

21) A : Ezgene ; B : Ezgene Qûn. 이것은 몽골족의 조상들의 원주지인 Ergene Qûn의 誤寫임이 분명하다. 이는 아무르 강 상류의 Argun 강 유역을 지칭하는 것으로 보인다. qun은 몽골어로 '협곡, 절벽'을 의미한다. A : 30v의 설명을 참조.

22) 露譯本에서는 이를 Khailar 강으로 추정했다.

(sadd-i Khitâî)에 연접한 웅구(Ôngûh)[25] 등지에 그들의 모든 부족과 지파가 살았고 또 지금도 관례에 따라 [그곳에] 살고 있다.

그들은 무력과 용맹과 지배와 정복을 통해서 친(Chîn), 인도, 카시미르, 이란, 룸, 시리아, 이집트(Miṣr)와 같은 지방에 흩어져 [살게] 되었고, 지구상의 대부분의 지역을 그 지배하에 두게 되었다. 그같은 종족들은 시간이 흐르면서 수많은 지파로 나뉘어졌고, 시대마다 한 지파가 갈라져 여러 지파가 되었으며, 그 각각은 어떤 이유나 계기에 의해 특정한 명칭을 갖게 되었다. 마치

---

23) 『秘史』의 Barğujin Töküm. 지금도 지도에서 바이칼 호의 동쪽으로 유입되는 Bargujin 강을 찾을 수 있다. töküm은 몽골어로 '盆地'를 뜻한다.

24) 『秘史』 208 · 214절의 Qara Qaljid Eled, 『元史』(p.11)의 哈闌眞沙陀와 『親征錄』(p.127, p.97)의 合闌眞沙陀 · 合闌只之野. 여기서 eled는 '砂漠'을 의미함을 알 수 있다(Doerfer, *Türkische und mongolische Elemente im Neupersischen*, Wiesbaden : Franz Steiner, 1963~1975, vol. 1, p.142). 王國維는 『親征錄』에 나오는 合闌眞沙陀 · 合闌只之野 · 闕亦壇 · 阿闌塞가 서로 가까이 위치했던 것으로 보면서, 阿闌塞는 臨潢府 慶州의 北邊, 즉 현재 烏珠穆沁(Üjümüchin) 右翼旗의 남쪽에 위치한 烏蘭嶺에 해당되는 지역으로 '塞'는 金代의 外堡임을 나타내는 것으로 이해했다(王國維本, pp.85~86). 칼랄진 엘레트는 그 북변에 위치한 사막지대를 가리킨다. 그러나 Perlee는 이곳이 興安嶺에서 발원하여 부유르 호로 유입되는 칼카(Qalqa) 강과 눔룩(Nömrög) 강의 합류점 아래에 있는 것으로 추정했다(小澤重男 譯, 「地 · 水名を探る」, 『元朝秘史全釋』, 下, p.592).

25) B : Ôtgûh. A 역시 Ôtgûh로 보인다. 그러나 A본 32v와 122v의 표기는 Ôngûh와 Ôtgûh가 모두 가능하다. 라시드 앗 딘은 이것을 다음과 같이 설명하고 있다. "쿵그라트[가 머무는] 지점은 이스칸다르(Iskandar)의 성벽과 같이 키타이 나라와 몽골 지방 사이를 따라 뻗어 있는 웅구(ôngû)의 지경—아브지아(abjîa)라고 부르는 곳—에 있으며, [쿵그라트는] 그곳에 머물고 있다."(A : 32v). 우선 필자가 이를 Ôngûh로 보는 이유는 다음과 같다. (1) 金代 북중국의 界壕 주변에 살던 웅구트(Öngüt)족의 이름은 당시 漢文 資料에는 雍古 · 汪古 · 旺古 · 瓮古 · 王孤 등으로 표기되어 모두 Öngö 혹은 Üngü라는 음을 나타내고 있고, Öngüt는 Öngü의 복수형일 뿐이다. (2) 元代 웅구트 부 출신의 마르코(Marko)는 예루살렘으로 성지 순례를 떠났다가 네스토리우스 교단의 총주교로부터 "Katî와 Ông 敎區의 metropolitan"에 임명된 바 있는데(후일 그 자신이 교단의 총주교로 선출되었다), 여기서 Katî가 물론 Cathay(중국)를 가리킨다는 것은 쉽게 짐작할 수 있으며, Ông 역시 Onggu를 지칭하는 것이며 Katî에 연접한 장성 연변의 내몽골 지역을 가리키는 것으로 보이기 때문이다. Cf. W. Budge, *The Monks of Kûblâi Khân Emperor of China*(London : The Religious Tract Society, 1928), p.148. (3) 투르크어에서 ün(g)-은 '파다, 구멍을 내다'라는 의미를 지니는데, 본 역자는 'üngü가 동사를 명사로 만드는 접미사 -ü가 붙어 만들어졌으며, 이것은 당시 투르크어를 사용하던 웅구트인들이 金朝가 변경에 땅을 파서 만든 '界壕'를 두고 불렀던 명칭이 아닌가 추측한다.

오늘날 오구즈(Ôǧûz)족이 그 종족 전체로서는 투르크만(Turkmân)이라 불리지만, 킵착(Qipchâq), 칼라치(Qalach), 캉글리(Qanqlî), 카를룩(Qârlûq) 및 또 거기에서 나온 다른 지파들로 나뉘어져 있는 것과 같다. 잘라이르(Jalâir)·타타르(Tâtâr)·오이라트(Ôîrât)·메르키트(Merkît) 등과 같이 오늘날 '몽골'이라는 이름으로 알려진 종족들, 케레이트·나이만·웅구트(Ôngût) 등과 같이 몽골과 비슷하고 각기 군주를 갖고 있던 또 다른 일부 종족, 쿵그라트(Qunqûrât)[26)] 코룰라스(Qôrulâs)·이키레스(Îkîrâs)·일지긴(Îljîgîn)·우량카트(Ûrîângqat)·킬키누트(Kilkinût) 등과 같이 옛날부터 지금까지 그 이름으로 알려졌으며 두릴리킨 몽골(Moǧûl-i Dürilikîn)[27)]이라고 불리고 있는 종족, 그리고 뒤에서 그 종족과 지파들에 대해서 설명하게 될 귀족 몽골(Moǧûl-i khâṣṣ)[28)]인 니르운(Nîr'ûn)[29)] 종족들. 비록 이들은 외모와 언어와 방언이 서

---

26) 『集史』에는 Qunqûrât보다 Qunqrât라는 표기가 더 일반적이다.

27) 라시드 앗 딘은 에르게네 쿤에서 나온 몽골인들이 Moǧûl-i Dürilikîn과 Moǧûl-i Nîr'ûn이라는 두 부류로 나뉘었다고 했다. 후자는 알란 코아가 남편이 사거한 뒤 출산한 세 아들의 후손들을 가리키고, 전자는 이를 제외한 '평민 몽골'(Moǧûl-i 'âm)이라고 설명했다(A : 29v-30r). DRLKIN이라는 말의 語義에 대해서는 아직 명쾌한 설명이 없고, Dürlükin, Darlekin 등으로 音寫되어 왔다. 여기서 -kin/gin은 Qatakin, Noyakin, Iljigin 등에서 보이듯이 族名을 나타내는 接尾辭임에는 의심의 여지가 없다. Doerfer는 이 말의 어원을 확인할 수 없다고 하면서 "?dürlükin, ?Volksmasse" 정도로 추측했다(Elemente, vol. 1, p.327). 최근 劉迎勝은 DRL라는 것이 몽골어의 derele-(枕)를 가리키는 것이고 Derelekin은 '沿着山嶺'하며 사는(즉, 興安嶺을 '베고' 사는) 종족을 가리키는 것이라는 亦隣眞(Irinchin)의 주장을 소개하며 자신도 이를 받아들인 바 있다. Cf. 「中國北方民族與蒙古族族源」, 『內蒙古大學學報』 1979年 3～4期, pp.1-32 ; 劉迎勝, 『察合台汗國史研究』, pp.15～16. 그러나 이 설명은 derle-라는 동사 뒤에 -kin을 첨가하는 무리를 범했을 뿐만 아니라 라시드 앗 딘이 제시한 뜻과도 전혀 무관하다. 필자는 DRLKIN이 dürili(g)kin을 나타낸 것이라는 가설을 제시하고자 한다. düri는 『秘史』 224절에 düri-yin kü'ün('白身人')이라는 표현에서 보이듯이 '平民'을 의미했다. 그러나 현대 몽골어에서는 '형태, 모양, 면모, 모델' 등의 뜻을 갖고 있으며, 다만 düri morin('평범한 말')에서 옛 뜻을 보존하고 있을 뿐이다(Kowalevsky, pp.1935～36). 여기에 -lig이라는 명사형 접미사와 족명을 나타내는 접미사 -kin이 부가된 것이다. -lig은 어떤 것이 많은 모양을 나타낼 때 사용되는 접미사이다(cf. N. Poppe, Grammar of the Written Mongolian, Wiesbaden : Harrassowitz, 1954, p.42). 따라서 dürili(g)kin은 '평민들 족속'의 뜻이 되며, 이는 라시드 앗 딘의 설명처럼 Moǧûl-i 'âm, 즉 '평민 몽골'의 의미와도 정확히 일치한다.

28) Moǧûl-i khâṣṣ는 Moǧûl-i 'âm에 대응되는 표현이기 때문에 '귀족 몽골'로 옮겼다.

로 비슷하긴 하지만 각 지방의 물과 공기의 특징과 성질이 다르기 때문에, 이 투르크족에 속하는 각 종족에게 외모와 방언상의 차이가 조금씩 나타나게 되었다.

이 대부분의 지파에 대해 최근까지 누군가가 일목요연하게 기록한 것이 없었고 그에 관한 정확한 계보도 존재하지 않았다. 특히 오랜 시간이 흘렀기 때문에 그러하다. 그러나 각 종족의 믿을 만한 사람들 가운데 담화가나 구전인이 진술한 것을 기초로 [여기에] 서술했고 또 일부 그들의 서적에서 취하기도 했다. 오늘날 서로 밀접한 관계를 갖고 있고 또 그 이름이 널리 알려진 투르크의 여러 지파들에 대해서는 다음과 같은 방식으로 간략하게 기록했다.

유목민 투르크 종족들의 명단

이들은 모두 아불제 칸(Abûlje Khân)의 아들, 즉 딥 야쿠이(Dîb Yâqûî)[30]의 네 아들에게서 나온 후손이다. [아불제 칸은] 예언자 노아—그에게 평안이 있기를!—의 아들로 [노아는] 그를 북방과 동북방과 서북방으로 보냈다.

---

29) 이 단어는 「部族志」에만 25회 사용되고 있는데 A본은 물론 특히 B본에서는 nîrûn보다는 nîr'ûn이라는 표기로 많이 나온다. 이는 『秘史』의 nir'uu(n)에 상응하는 말로서 '니르운'이라고 옮기는 것이 옳을 것이다. 라시드 앗 딘은 nîr'ûn이라는 말의 뜻은 '허리'(şulh)이고 알란 코아가 빛을 받아 출산했기 때문에 '순결한 허리'(şulh-i ţâhir)를 가리키는 것이라고 하였는데(A : 37r), 『비사』에서도 '脊梁, 嶺脊, 脊' 등으로 對譯되어 있다.

30) 라시드 앗 딘은 뒤(A 10r)에서 Dîb의 의미를 "寶座의 지점과 官職의 자리"라고 했고 Yâqûî는 "종족 연맹의 수령"이라고 설명했다. Z. V. Togan은 Yâqûî가 Oghûz-nâme에 Yavqu, Yavquy, Yavgu 등으로 표기되며 고대 투르크 사회에서 qaġan 다음으로 고위 관칭호였던 yabğu(한문 자료의 葉護)를 나타낸다고 보았는데, 이는 타당한 견해로 보인다. 아울러 그는 Dîb이라는 단어가 힌두어의 diva('신, 군주')에서 나온 것으로 보고 있다. Cf. Togan, Oğuz Destani(Istanbul : Ahmet Sait Matbaasi, 1972) pp.81~82. 趙信이 투항한 뒤 漢이 그를 翕侯(yabğu)로 봉했다는 『史記』「匈奴傳」의 기사, 翕侯가 烏孫의 高官名이었다는 『史記』「大宛傳」의 기사, 月氏가 박트리아 지방을 점령한 뒤 그곳에 '五翕侯'를 두었다는 『漢書』「西域傳」의 기사들은 yabğu가 이미 月氏·匈奴·烏孫 등의 유목민들 사이에서 사용되었던 매우 오래된 官稱號였음을 보여준다. Cf. 韓儒林, 「突厥官號」, 『穹廬集』(上海 : 人民出版社, 1982), p.319.

〔그의 네 아들은〕 카라 칸(Qarâ Khân), 오르 칸(Ôr Khân), 쿠르 칸(Kür Khân), 쿠즈 칸(Küz Khân)이다. 오구즈(Ôğûz)[31]라는 이름을 지닌 카라 칸의 아들이 신에게 귀의하고 그의 친족들의 일부가 그와 연합했기 때문에 〔종족은〕 두 부분으로 나뉘어졌다. 이 집단에 대한 설명은 〔뒤에서〕 나올 것이며 〔독자들도〕 알게 될 것이다. 〔9r〕「7v」

제1부분

전술한 카라 칸의 아들 오구즈 및 그와 합류한 일부 형제들과 사촌들에게 속한 지파.

〔①〕 뒤에서 설명할 오구즈의 지파 : 그에게 6명의 아들이 있었는데 그 각각은 〔다시〕 4명의 아들을 두었고, 오구즈는 그들에게 군대의 우익과 좌익을 다음과 같은 방식으로 할당했다.

右翼

쿤 칸(Kûn Khân)	아이 칸(Âi Khân)	율두즈 칸(Yûldûz Khân)[32]
카이(Qâyî)	야지르(Yâzir)	아브샤르(Avshar)
바야트(Bâyât)	두카르(Dûkar)	키직(Qizîq)

---

31) Ôğuz는 여기서 인명으로 쓰였지만 이것이 종족명임은 주지하는 바이다. 학자들은 이 말이 고대 투르크어에서 '화살'을 의미하는 oq의 복수형으로 보고 있다. Cf. O. Pritsak, "Stammesnamen und Titulaturen der altaischen Völker", *Ural-altaische Jahrbücher*, vol. 24, no.1~4 (1952), p.59 : P. Golden, *An Introduction to the History of the Turkic Peoples*(Wiesbaden : Otto Harrassowitz, 1992), pp.203~204. 635년 西突厥의 沙鉢羅咥利失可汗(Ishbara Tirish Qağan)이 "나라를 十部로 나누고 每部를 一人으로 하여금 統領케 하여 十設(shad)이라고 불렀다. 設들에게 箭을 하나씩 내려주니 十箭(On Oq)이라고 칭하게 된 것이다"라는 『舊唐書』「西突厥傳」의 기록에서 보이듯이 화살은 투르크인들의 씨족 단위를 상징했다.

32) 투르크어에서 kün은 '日', ay는 '月', yulduz는 '星'을 의미한다.

알카르 에블리(Alqar Aûlî)   두르다르가(Dûrdarğa)   빅딜리(Bîgdilî)[33]

카라 에블리(Qarâ Aûlî)   야파를리(Yâpârlî)   카르킨(Qârqîn)

左翼

쿡 칸(Kûk Khân)	탁 칸(Ṭâq Khân)	딩기즈 칸(Dînggîz Khân)[34]
바얀두르(Bâyandur)	살루르(Sâlûr)	익디르(Îgdir)
비치네(Bîchine)	에이무르(Aîmûr)	북두즈(Bûgdûz)
차울두르(Châûldûr)	알라윤툴리(Alâyûntulî)[35]	이베(Yîve)
치브니(Chîbnî)	우루키르(Ûrkîr)[36]	키닉(Qinîq)[37]

〔②〕 오구즈와 연합했던 형제들과 사촌들 : 위구르(Ûîğûr), 캉글리 (Qângqlî), 킵착(Qipchâq), 카를룩(Qârlûq), 칼라치(Qalach), 아가체리 (Âğâcherî)

제2부분

오구즈의 숙부인 오르 칸, 쿠즈 칸, 쿠르 칸 및 오구즈와 연합하지 않았던 그들의 형제와 자식들의 지파들은 두 부분으로 나뉜다. 그 하나는 기원이 오래되어 자세히 알려진 바 없고, 다른 하나는 자세히 알려져 있다.

〔①〕 오랜 시간이 흘렀기 때문에 그 지파의 기원이 자세히 알려지지 않은

---

33) A : Bîgdîn.
34) 투르크어에서 kök은 '天', taq는 '山', dinggiz는 '海'를 뜻한다.
35) A : Alâbûntulî.
36) A · B : Ûrkîz.
37) B : Qiniq.

종족.[38]

첫 번째 부분 : 오늘날에는 '몽골'이라고 불리는 그들의 원래 이름은 몽골이 아니었다. 왜냐하면 이 말은 그들[이 출현한] 뒤에 만들어졌기 때문이다. 이 종족에 속하는 지파들이 많아져서 그 각각이 특정한 이름을 갖게 되었다. [9v]「8r」

잘라이르(Jalâîr), 수니트(Sûnît), 타타르(Tâtâr), 메르키트(Merkît), 쿠를라우트(Kûrlût),[39] 툴라스(Tûlâs), 투마트(Tûmât), 불가친(Bûlğâchîn), 케레무친(Keremûchîn), 우라수트(Ûrâsût), 탐갈릭(Tamğâlîq),[40] 타르구트(Tarğût), 오이라트(Ôîrât), 바르구트(Barğût), 코리(Qôrî), 텔렝구트(Telengût), 케스테미(Kestemî), 우량카트(Ûrîânqa),[41] 쿠리칸(Qûriqân), 사카이트(Saqâît).

두 번째 부분 : 유목민이었던 이 종족들 역시 새롭게 몽골이라는 이름으로 불리게 된 앞서 언급한 종족들과 마찬가지로 되었다. 이 종족의 무리는 숫자도 많고 부족도 헤아릴 수 없이 많았다. 이 부족과 그 지파들 가운데 일부 이름이 알려진 것에 대해서는 뒤에서 더 자세히 설명할 것이다.

케레이트(Kerâît), 나이만(Nâîmân), 옹구트(Ôngût),

탕구트(Tangqût), 베크린(Bekrîn), 키르키즈(Qîrqîz).

[②] 에르게네 쿤(Ergene Qûn)으로 들어간 두 사람[42]에서 지파의 기원이

---

38) 이하 각 씨족·부족들의 이름에 대해서는 각 개별 종족에 관한 부분의 譯註에서 자세히 다루기로 한다.

39) 라시드 앗 딘은 뒤에서 이를 Kûrlâût라고 표기했다.

40) 이 종족은 본편에서 설명이 빠져 있다. tamğa는 '烙印, 印章'을 뜻하며 tamğaliq은 '낙인이 찍힌(동물), 인장을 지닌(사람)'을 의미한다.

41) A본에는 Ûyânqa로 잘못 표기되어 있어 B본을 따랐는데, 뒤에서는 복수형 '우량카트'로 표기되기 때문에, 종족명의 통일을 기하기 위해 우량카트로 적었다. 다. 뒤에 에르게네 쿤에서 나온 몽골 종족 가운데도 우량카트라는 족명이 있는데, 라시드 앗 딘은 원래 투르크인이었던 우량카트족을 '森林우량카트'(Ûrîângqat-i bîshe)라고 부르고 있다.

42) 몽골인들이 인근 부족의 공격을 받아 거의 절멸하고 살아 남은 Nekûz와 Kîyân이라는 두 사람이 에르게네 쿤으로 도망간 일화에 대해서는 A : 30r-30v의 내용을 참조하시오.

시작된 것으로 알려진 종족들.

그 일족의 숫자가 번식과 출산으로 많아져 몽골이라는 명칭이 그들의 집단명이 되었고, 그들과 외모가 비슷한 다른 종족들도 그렇게 불린다. '몽골'이라는 말이 등장하기 시작한 것은 그들의 시대부터였다. 이 몽골은 투르크족에 속하는 한 종족에 불과했으나, 신의 은총이 그들과 함께 하였기 때문에 근 400년 만에 수많은 지파가 그들에게서 나오게 되었고, 다른 종족들보다 수가 더 많아졌다. 그들의 권위 때문에 이 지방에 사는 다른 사람들도 그 이름으로 알려지게 되었는데, 이는 마치 몽골이라는 이름으로 불리는 대부분의 투르크인이 과거 타타르가 강력했을 때는 모두 타타르라고 불렸던 것과 마찬가지이다. 아직도 그들은 아랍과 인도와 키타이에서 타타르라는 이름으로 널리 알려져 있다. 이 원래의 몽골인들(Moğûlân-i aşlî)은 점차 두 부분으로 나뉘어지게 되었다.

첫 번째 부분〔=두릴리킨 몽골〕: 에르게네 쿤에 있던 원래의 몽골 종족에서 생겨 나왔으며, 각각 특수한 명칭과 별명이 있고 거기서 밖으로 나온 지파.

네쿠즈(Nekûz)[43], 우량카트(Ûrîângqat), 아룰라트(Arulât), 킬키누트(Kilkinût), 쿤친(Qûnchîn)[44], 우신(Ûshîn)[45], 술두스(Sûldûs), 일두르킨(Îldûrkîn), 오로나우트(Ôronâûût)[46], 콩코탄(Qôngqotân), 쿵그라트(Qungqrât), 이키레스(Îkîrâs), 올쿠누트(Ôlqûnut), 코룰라스(Qôrûlâs), 일지긴(Îljigîn), 쿵글리우트(Qûnglîût), 바야우트(Bâyâût), 게니기트(Gînigît)[47].

---

43) 이 집단에 대한 설명은 本篇에서 찾을 수 없다.

44) A : Nûnchîn : B : Qûnchîn. 그러나 A본에도 뒤에서(35r) Qûnchîn으로 표기되어 있다. 이 종족에 대한 설명도 本篇에 빠져 있다.

45) 뒤에서는 Hûshîn으로도 표기된다.

46) A · B본 모두 Ôrotâûût로 표기되어 있으나, Ôronâûût의 誤寫임이 분명하다.

47) A본에는 마지막 두 족명이 빠진 채 모두 16개의 명단만 기록되어 있으나, B본에는 두 개가 더 있기 때문에 여기에 추가했다. 露譯本에서는 마지막 족명을 Kînkit로 읽었으나, 이것은 『비사』에 나오는 Geniges에 상응하는 것으로 보아 Gînigît로 읽는 것이 옳을 것이다. 『비사』 120절에는 '올쿠누드〔족〕의 킹기야다이(Kinggiyadai)'라는 인물이 보이고 이것이 Kinggiyad라는 족명의 존재를 추측케 하지만, 이것은 라시

두 번째 부분〔=니르운 몽골〕: 도분 바얀(Dôbûn Bâyân)의 처 알란 코아 (Âlân Qôâ)[48]가 남편이 죽은 뒤 출산한 세 아들로부터 갈라져 나온 종족. 도분 바얀은 앞서 언급한 원래의 몽골인에 속했고, 알란 코아는 코룰라스에 속했다.[49] 이 종족은 다시 두 부분으로 나뉘어진다. 〔10r〕「8v」

■ 일반 니르운(Nîr'ûn-i muṭlaq) : 16개의 종족.[50]

카타킨(Qataqîn), 살지우트(Sâljîût), 타이치우트(Tâîchîût), 하르티간 (Hartigân)[51]과 시지우트(Sîjîût), 네쿠즈(Nekûz)라고도 불리는 치나스 (Chînas), 노야킨(Nôyâqîn)과 우루우트(Ûrût)와 망쿠트(Manqût), 두르벤 (Dûrbân), 바아린(Bârîn), 바룰라스(Barûlâs), 하다르킨(Hadarkîn),[52] 주리야 트(Jûrîyât), 부다트(Bû'dât), 두클라트(Dûqlât), 베수트(Bîsût),[53] 수켄(Sûkân), 킹키야트(Qîngqîyât).

■ 하르운(Har'ûn)[54] : 키야트(Qîyât)라고도 부르며 두 부분으로 나뉜다.

드 앗 딘이 '일반 니루운' 집단에 속하는 것으로 분류한 Qîngqîyat와 상응하는 것으로 보인다.

48) 『集史』 제2권에서 이 두 사람에 관해 자세히 나오기 때문에 여기서는 설명을 생략한다.

49) 『集史』에 의하면, 코룰라스는 에르게네 쿤에서 나온 '원래의 몽골인'으로 분류되고 있다. 그런데 『秘史』가 도분 메르겐의 上代를 Börte Chino'a와 Ǧo'ai Maral에서부터 서술하고 있는 데 비해, 『集史』에서는 그의 조상에 대해 언급하지 않고 다만 '원래의 몽골인에 속했다고 기억된다'고만 했다. 그가 도분 메르겐의 선조들을 언급하지 않은 것은 그가 알면서도 기록하지 않았다기보다는 이에 관한 아무런 정보가 없었기 때문이라고 보는 것이 타당할 것이다. 이런 점에서 『秘史』의 첫머리에 나오는 祖上說話는 Börte Chino'a와 Ǧo'ai Maral에서 도분 메르겐에 이르는 부분과 알란 코아에서 칭기스 칸에 이르는 부분, 즉 두 개의 독립된 族祖說話가 결합한 것이며, 전자는 몽골족 전체의 族祖說話인 반면 후자는 칭기스 칸 일족의 祖上說話라고 한 村上正二의 주장은 경청할 만하다. Cf. 村上正二, 「モンゴル部族の族祖傳承」1・2 (『史學雜誌』73-7, 1964, pp.1~34 ; 73-8, 1964, pp.36~64).

50) A・B본에는 16개의 집단이 잘 구별되도록 필사되어 있으며, 여기서는 그것을 콤마로 구분했다.

51) 뒤에서는 Artigân이라고도 표기된다.

52) 뒤에서는 Adarkîn이라고도 표기된다.

53) B : Îs'ût는 誤記.

54) A・B본 모두 HR'WN이라 표기되어 있지만, 다른 사본에는 nîr'ûn으로 되어 있다. 러시아 학자들이 출판한 교감본에도 이를 har'ûn으로 명기하였으나 이상하게 露譯本에서는 아무런 설명 없이 이를 nîr'ûn으로 읽었다. 아마 har'ûn을 nîr'ûn의 誤記로 생각한 듯하다. 현재까지 har'ûn이라는 단어에 대해서는 先уч들의 아무런 설명이 없지만, 필자는 이 말이 '순수한, 정결한, 청결한'을 의미하는 ariğun/ari'un(O.

일반 키야트(Qîyât-i muţlaq) : 유르킨(Yûrkîn), 칭시우트(Chîngshîût),[55] 키야트 이사르(Qîyât Îsâr).

보르지킨 키야트(Qîyât-i Bôrjiqîn), 즉 '회색 눈'.[56] 칭기스 칸의 아버지로부터 시작된 지파들. 칭기스 칸과 그의 아버지의 일족이 이에 속한다.

각각 특별한 명칭을 갖고 있던 투르크 종족의 이름, 그들로부터 나와서 모두 중요한 부족이 된 몽골 종족과 많은 지파들을 열거했기 때문에, 이제는 현재 알려져 있는 각 종족과 부족의 이야기를 명단에 배열된 순서대로 하나씩 서술하겠다. 그 내용은 다음과 같이 4편으로 되어 있다.

Kovalevskii, *Dictionnaire mongol-russe-francais*, Kasan : Impr. de l'Universite, 1844~1849, vol. 1, p.144 ; Ia. Tsevel, *Mongol bichgiin khelnii Zui*, Ulaanbaatar, 1964~1967, p.52)과 같은 것으로, 'hariğun/ariğun 〉 'hari'un 〉 har'ûn으로 바뀐 것으로 추정한다. 『秘史』에서 이 말은 ariğ(un)으로 나온다(Ariğ Usun). 의미상으로도 칭기스 칸이 속하는 키야트 집단에 대해 '순수한'의 의미를 지닌 이름을 붙인 것은 적절한 것으로 보이며, 이는 마땅히 har'ûn으로 읽어야 할 것이다.

55) A · B 모두 Chîngshîût로 표기되어 있으나 이것이 『비사』의 Changshi'ud와 동일함은 두말할 필요도 없다.

56) 12~13세기 몽골의 氏族·部族名은 그 先祖의 이름에서 유래하는 경우가 많으나, Bôrjiqîn은 그렇지 않은 경우이다. 라시드 앗 딘은 이 말의 뜻이 ashhal chashm이라고 하였는데, 이는 '회색 눈' 혹은 '청색 눈'을 모두 뜻할 수 있다(露譯本에서는 '청색 눈'〔sineoki〕이라고 했다). 그는 그 연유를 다음과 같이 설명했다. 몽골인들 사이에 전해오는 이야기에 의하면, 알란 코아가 회임할 때 빛이 사람의 모양을 하고 그녀의 천막에 들어왔다가 나가면서 장차 자기를 닮아서 회색(혹은 청색) 눈과 黃色의 피부를 한 후손이 나올 것이라고 말했는데, 정말 칭기스 칸의 부친인 이수게이와 그의 자식들은 그런 모습으로 태어났고 그런 연유로 그들을 Bôrjiqîn이라 불렀다는 것이다(A : 58r). Doerfer는 Bôrjiqîn을 '회색 눈'이라고 한 라시드 앗 딘의 설명과 관련하여 여러 학자들이 그 어원을 boro('회색')에서 찾으려 한 것은 타당하지 못한 것으로 보았다. 대신 그는 borjin('Wildente', '야생 거위')을 어원으로 본 P. Poucha의 견해가 타당하다고 주장했다(Doerfer, *Elemente*, vol. 1, pp.221~224). 그러나 '야생 거위'(borjin)가 칭기스 일족의 族名이 된 배경에 대한 납득할 만한 설명이 없는 한, 라시드 앗 딘의 설명을 간단히 folk etymology로 치부해서는 곤란할 것이다.

제 1 편

오구즈족

오구즈의 종족들, 그의 손자에게서 비롯된 전술한 24개 지파,
그와 연합했던 일부 형제·사촌들, 또 그들로부터 생겨난 위구르,
킵착, 캉글리, 카를룩, 칼라치와 같은 종족에 관해서,
그들의 현자들이 진술하고 그것과 일치되는 방식으로 서술된 역사.

무슬림의 역사서들과 이스라엘 민족의 『토라』(Tûrât)[1]에 언급되어 있듯이 예언자 노아—그에게 평안이 있기를!—는 지상을 남쪽에서 북쪽에 이르기까지 세 부분으로 나누었다. 첫 번째 부분은 자기 아들 가운데 수단(Sûdân) 인의 조상이 된 함(Hâm)에게 주었고, 중간 부분은 아랍인과 페르시아인의 조상이 된 셈(Sâm)에게 주었으며, 세 번째 부분은 투르크인의 조상이 된 야벳(Yâfeth)에게 주었다. 그는 야벳을 동쪽으로 보냈다. 몽골인과 투르크인도 이와 똑같은 이야기를 하고 있지만, 투르크인은 야벳을 아불제 칸[2]이라고 부른다. 그들은 이 아불제 칸이 노아의 아들인지 아니면 손자인지는 잘 알지 못하지만, [아불제 칸이] 그의 후손이며 그와 가까운 시대에 살았다는 점에 대해서는 일치한다. 모든 몽골인과 투르크인 및 유목민들은 그의 후손인데, 이에 대한 설명은 다음과 같다.

아불제 칸은 유목민이었다. 그의 하영지는 거대하고 높은 산들인 우르탁(Ûrtâq)과 쿠르탁(Kurtâq)[3]에 있었고, 그 지역에는 이난치(Înânch)[4]라는 이름의 도시가 하나 있었다. 그의 동영지도 그곳에 있는 부르순(Bûrsûn), 카키얀(Qâqiyân), 카라코룸(Qâraqorum)—혹은 Qarâqorum이라고도 부른다—이라는 이름을 지닌 곳에 있었는데, 탈라스(Talâs)와 카리 사이람(Qârî Ṣayram)이라는 도시는 그 근처에 있다.[5] 카리 사이람은 크고 오래된 도시[6]

---

1) 소위 『모세 五經』(Torah)을 지칭하며, 투르크·몽골계 언어에서 '祖法, 原則, 規範' 등을 의미하는 törü, töre 등은 모두 여기에서 연원했다.

2) A·B본에는 모두 Bûlje Khân으로 되어 있으나, 앞에서 나온 Abûlje Khân과 동일인임이 분명하기 때문에, '아불제 칸'으로 통일해서 사용한다.

3) B : Kuztâq.

4) inanch는 '믿음, 믿을 만한'의 뜻으로, 고대 투르크 및 그 후대에까지 官稱號로 자주 사용되었다. 따라서 Înânch라는 도시는 그런 칭호를 지닌 사람이 거주하던 곳이라서 그런 이름으로 불린 것이 아닐까 추측해 볼 수 있다(K. Jahn, Die Geschichte der Oğuzen des Rašîd ad-Dîn, Wien : Hermann Böhlaus Nachf., 1969, p.17).

5) 라시드 앗 딘의 설명으로 보아 아불제 칸의 동영지와 하영지는 서로 멀리 떨어지지 않았고, 여름에는 고도가 높은 산으로 올라가고 겨울에는 아래로 내려왔던 것으로 보인다. 하영지 근처에 탈라스와 카리 사이

인데, 그곳을 본 사람들은 그 시작부터 끝까지가 하루 거리이고 40개의 성문이 있다고 말한다. 현재는 무슬림 투르크인이 그곳에 자리잡고 있고 카이두(Qâîdû)에게 속해 있으며,[7] 코니치(Qônichî)[8]의 울루스와 그의 자식들이 살고 있는 곳과 가깝다.

이 아불제 칸에게는 아들이 하나 있었는데 그의 이름은 딥 야쿠이였다. '딥'은 '寶座의 지점'[9]과 '官職의 자리'를 뜻하며, '야쿠이'는 '종족 연맹의

람이 있다고 한 것으로 보아, 하영지는 추(Chu) 河나 탈라스 河 유역, 혹은 발하시 호 이남의 七河 流域(Semirechie)이 아니었을까 추측되며, 따라서 하영지 역시 그 근처에 있는 천산 산맥의 西端에 위치했을 것으로 보인다. 이렇게 볼 때 Ûrtâq과 Kurtâq(taq은 '산'을 뜻한다)을 천산 산맥의 西部 支脈인 Alatau와 Qaratau(tau 역시 '산'을 뜻한다)에 각각 比定해 보면 어떨까 생각한다. Kurtâq은 B본에서 Kuztâq으로 표기되어 있고, 露譯本의 註釋者들은 우르탁과 쿠르탁을 시르다리야 右岸에 있는 Qaratau 산맥에서 찾으려고 하였는데, 필자의 견해와 크게 다르지 않다. 그러나 Bûrsûn을 사마르칸드 근처에 있던 Bursân과 같은 것으로 보는 것(Bursân에 대해서는 Barthold, *Turkestan*, p.122 참조)은 받아들이기 힘들다. 왜냐하면 아불제 칸의 하영지가 있는 곳과 사마르칸드는 상당히 떨어져 있기 때문이다. 아울러 여기서 카라코룸이 오르혼 하반에 위치한 몽골 제국의 수도를 지칭하는 것이 아님은 의심할 나위가 없으며 同名異地라고 해야 할 것이다. 어쨌든 아불제 칸이라는 인물이 설화적이라는 점을 생각하면, 이들 地名의 구체성에 지나치게 집착하는 것 자체가 어색할 수도 있다.

6) qârî는 '옛, 오래된'을 뜻하며, 위치는 오늘날의 사이람 근처였을 것이다.

7) 카이두는 우구데이의 손자. 뭉케가 사망한 뒤 벌어진 쿠빌라이와 아릭 부케 사이의 內戰에서 후자를 지원했으며, 1264년 아릭 부케가 투항한 뒤 쿠빌라이와의 대치를 계속했다. 그는 Ili·Chu·Talas 등지를 근거로 유목 세력을 규합하고 1269년에는 탈라스 하반에서 주치·차가타이·우구데이 후손들의 세 울루스의 盟主로 선출되기도 했다. 元朝는 카이두가 사망(1301)한 뒤인 1303년에 그의 아들 Chapar를 투항시킬 수 있었다. 『가잔 史』의 편찬은 700/1300~1301년에 내려진 가잔 칸의 칙명에 의한 것이었고(I. P. Petrushevskii, "Rashid-ad-Din i ego istoricheskii trud", *Sbornik letopisei*, tom 1, kniga 1, Moscow : Izd. AN SSSR, 1952, pp.26~27) 카이두는 1301년에 사망했기 때문에, 라시드 앗 딘이 카리 사이람이라는 도시가 '카이두에게 속해 있다'고 현재형을 사용한 것으로 보아, 그가 이 부분을 1301년 이전에 집필했음을 알 수 있다.

8) Qônichî('양치기'라는 뜻)는 Jöchi의 長子, Orda의 長子, Sartaqtai의 長子이다. 마르코 폴로는 Concira고 옮기고 있다. 그는 祖父 오르다의 울루스를 지배했으며, 그가 죽은 뒤 그의 長子인 Bayan이 계승했다. 라시드 앗 딘은 오르다의 울루스는 시르다리야 북방의 남부 카자흐스탄 초원에 위치해 있었기 때문에 카이두의 울루스와 인접했고, 두 울루스 사이에서는 전쟁이 자주 일어났다고 기록했다. Cf. Boyle tr., *Successors*, p.24, pp.100~103. Pelliot(*Notes on Marco Polo*, vol. 1, p.404)는 Qônichî가 1300년 경에 사망한 것으로 보았다. 露譯本의 Qûnjî, 中譯本의 寬徹(Könchek)은 잘못된 讀音이다. 또한 『元史』 권 107 「宗室世系表」에 朮赤의 아들 寧肅王 脫脫(Toqto)의 아들 虜王 寬徹도 Qônichî와는 다른 인물이다.

수령'을 뜻한다.[10] 이 아들은 용맹함과 군주의 자질 면에서 아버지보다 뛰어났고, 네 명의 아들을 두었는데 이름은 카라 칸, 오르 칸, 쿠즈 칸, 쿠르 칸이었다. 종족들은 모두 이교도였다.

카라 칸이 아버지의 후계자가 되었다. 그에게 아들이 하나 태어났는데 사흘 낮밤 동안 어머니의 젖을 빨지 않았다. 그래서 「9r」 어머니는 울부짖으며 [10v] 기도를 드렸다. 하룻밤은 꿈에서 그 갓난아이가 "나의 어머니여! 만약 당신이 주님을 믿고 주님을 사랑하는 사람이 된다면 내가 당신의 젖을 먹겠습니다'라고 말하는 것을 보았다. 그 부인은 남편과 종족 전부가 이교도였기 때문에, 만약 자신이 주님을 믿는다는 사실을 공표한다면 자기를 아이와 함께 죽일지도 모른다고 두려워하여, 은밀하게 주님께 믿음을 고백하고 진정으로 신을 사랑하는 마음으로 영광과 찬미를 올렸다. 그러자 그 갓난아이가 어머니의 젖가슴을 잡고 젖을 빨기 시작했다.

한 살이 되자 그는 매우 단정하고 수려한 용모를 갖추었고, [신이] 그를 인도한다는 징표가 외모에서 역연하게 드러났다. 그의 아버지는 이같은 자질을 그에게서 발견하고는 "우리 종족에서 이러한 모습과 용모를 가진 아이는 일찍이 태어난 적이 없었다. 이 아이는 같은 또래 가운데서도 뛰어나고 존경받는 인물이 되어 완벽의 단계에 이를 것이다'라고 말했다. 그에게 이름을 지어 주기 위하여 그들[=종족민]과 상의하였는데, 한 살짜리인 그 아이가 소리를 내어 "나의 이름을 오구즈라고 지으세요'라고 말했다. 거기 있던 사람들은 그것을 보고 매우 놀랐고, 지고한 신이 인도하신다는 징표가 된 이 말로 인하여 그에게 오구즈라는 이름을 지어 주었다.[11]

---

9) A·B본에는 모두 mawẓ'-i baḥt('논쟁의 지점')이라고 되어 있는데 의미가 통하지 않으며, 露譯本이나 Roshan처럼 mawẓ'-i takht('보좌의 지점')의 誤寫로 보는 것이 옳을 듯하다.

10) '딥 야쿠이'의 의미에 대해서는 A : 8v의 주석 참조.

11) 라시드 앗 딘은 오구즈의 출생·활동·후손들에 관해 『集史』 제2부에서 매우 상세하게 설명했다. Jahn의 *Die Geschichte der Oğuzen des Rašīd ad-Dīn*과 Togan의 *Oğuz Destani*는 그 부분의 번역과 주석이다.

그가 장성하자, 아버지 카라 칸은 그를 자기 질녀들 가운데서 비할 데 없이 수려하고 어여쁜 쿠즈 칸의 딸과 맺어 주었다. 오구즈는 은밀히 그 딸에게 말하기를 "만약 네가 주님을 믿고 주님을 사랑하는 사람이 된다면, 나도 너를 사랑할 것이며 너를 가까이 할 것이다"라고 했다. 그녀는 이를 매우 이상하게 여기며 그의 충고를 받아들이지 않고, "너의 아버지에게 말해서 너를 파멸시키도록 하겠다"라고 말했다. 이런 연유로 오구즈는 그녀를 총애하지 않았다. 그의 아버지는 그가 [그녀를] 사랑하지 않는 것을 보자 또 다른 동생인 쿠르 칸의 딸을 맺어 주었다. 그녀를 오구즈에게 주자 그는 그녀에게도 똑같은 말을 했다. [그러나 그] 딸도 이를 받아들이지 않고 주님께 믿음을 바치지 않았기 때문에 오구즈는 그녀에게도 사랑을 주지 않았고 그녀에게 가지도 않았다.

카라 칸은 오구즈가 그 딸에 대해서도 애정을 갖지 않고 두 부인 어느 누구에게도 가지 않는 것을 보고는, 그에 대한 깊은 사랑에서 다른 동생인 오르 칸의 딸을 다시 그에게 정해 주었다. 그런데 아직 그녀가 시집 오기 전, 하루는 오구즈가 사냥에서 돌아오다가 강가에서 옷을 빨고 있는 여자 종들을 바라보고 있는 오르 칸의 딸을 보았다. 오구즈는 그녀에게 다가가 은밀히 말했다. "내가 두 숙부의 딸들을 취했지만 그들에 대해 애정을 갖지 않고 말도 하지 않는다는 것을 아는가? 그 이유는 내가 그들이 하늘의 주님에게 믿음을 바치고 사랑하기를 원했지만 내 말을 듣지 않고 거절했기 때문이다. 이제 너를 나에게 정해 주었는데, 만약 네가 신의 유일무이함을 고백하고 또 그에게 믿음을 바치며 그를 사랑한다면, 나도 너를 맞이하고 사랑할 것이다." 그 딸은 이에 대해 "나는 비록 주님을 알지 못하지만, 당신의 말과 지시를 어기지 않고 당신의 명령에 순종하겠습니다"라고 대답했다. 오구즈는 "그것이 바로 내가 바라던 바이다. 너에게 명령하노니 주님께 믿음을 바치고 그를 사랑하라!"라고 말했다. 그러자 그녀는 "당신의 말을 받아들이겠습니다"라고 하면서 믿음을 바치고 신을 사랑하게 되었다.

그 뒤 오구즈는 그녀를 맞이하고 사랑하여 항상 그녀에게만 갔고 다른 부
인들은 가까이 하지 않았다. 그는 신을 믿고 기도했기 때문에 이교도였던 아
버지나 숙부들과 접촉하기를 원치 않았다. 그래서 항상 그들로부터 떨어지
려 했고 거리를 두곤 하였으며, 그들과 떨어져 사냥을 가서는 항상 아랍어로
신의 이름인 '알라'를 소리내어 말했지만, 아무도 그 말이 무슨 뜻인지 알지
못했다. 그는 항상 고운 목소리로 '알라!'라고 말했고, 종족민은 그가 그저
귀에 듣기 좋고 즐기는 놀이로서 이 말을 하다가 그만 버릇이 되어 버린 것
이라고 생각했다.

하루는 카라 칸이 며느리들을 위해 연회를 베풀고 그들을 위로해 주면서
물었다. "먼저 온 두 며느리는 다른 며느리보다 더 어여쁜데 내 아들이 그녀
를 더 사랑하고 그녀에게 가고 또 가까이 지내면서 먼저 온 며느리들에게는
애정을 보이지 않는 까닭이 무엇인가?" 그 두 며느리는 남편에게 불만을 가
졌고 질투심이 극에 달했기 때문에, 이 기회를 이용하여 남편에 대해 고자질
하여[12] 말하기를, "그는 다른 종교를 선택하여 하늘과 땅의 신을 믿고 사랑하
는 사람이 되었습니다. 그리고 우리에게도 자기와 같이 하도록 원했으나 우
리가 거부하고 그의 말을 듣지 「9v」 않았더니, 그로 〔11r〕 인해 우리를 싫어
하게 된 것입니다. 가장 늦게 시집온 저 며느리는 신에게 믿음을 바쳐 그에
게 동조했고, 그래서 그는 그녀를 사랑하고 우리를 미워하는 것입니다"라고
하였다.

그때 오구즈는 누케르(nûker)[13]들과 몇몇 친구들을 데리고 사냥을 나가 있
었다. 카라 칸은 형제·조카들과 친족 및 아미르들을 불러모아 "내 아들 오구

---

12) 라시드 앗 딘은 aîĝâqî kardan이라는 표현을 사용했다. L. Budagov(*Sravnitel'nyi slovar' turetsko-
   tatarskikh narechiii*, St. Peterburg : Tipografiia imperatorskoi AN, 1869~1871, vol. 1, p.198)는
   aîĝaq의 뜻을 '증인, 고발자'라고 설명하였는데, 이는 투르크어에서 '말하다'를 뜻하는 ay-에서 나온 것
   으로 보인다. 따라서 aîĝâqî kardan은 '고하다, 고발하다, 증언하다'를 뜻한다.
13) nûker는 '벗, 심복'을 뜻하는 몽골어 nökör에서 나온 것이나, 이란을 비롯한 이슬람 권에서도 광범위하
   게 사용되었다. 본 역서에서는 '누케르'로 그대로 옮겼다.

즈가 어려서부터 행운과 자질의 탁월함을 보여, 나는 그를 온 마음으로 사랑했다. 〔그런데〕 지금은 그가 나쁜 일을 저지르고 우리의 신앙을 저버렸으니, 그를 살려 둘 수 없다"고 말했다. 거기에 모인 모든 사람들이 이 말에 분노하여 모두 그를 죽이자고 결의했다. 오구즈와 마음을 같이했던 부인이 이러한 상황을 알아차리고 신뢰하던 이웃의 한 부인을 즉시 오구즈에게로 보내어 이 사실을 알리게 했다. 오구즈는 전투할 준비를 하여 모든 누케르와 친구들에게 소식을 전하고 자기에게 오도록 해서 사냥터에서 그들과 합세했다. 그의 아버지와 숙부와 친족도 그를 공격하기 위해 진을 쳤고, 양측은 전열을 정비하고 전투에 들어갔다. 카라 칸은 칼에 맞아 그 상처로 인하여 죽었다. 오구즈의 숙부와 종족들 가운데 많은 무리가 그의 편이 되었기 때문에, 거의 75년 동안 전쟁을 하며 울루스와 군대를 놓고 서로 다투었다.[14]

결국 오구즈가 승리를 거두었고 탈라스와 사이람에서 부하라(Bukhârâ)까지를 자신의 영토로 장악하여 〔이 지방이 모두〕 그에게 복속하게 되었다. 숙부와 형제들과 조카들 가운데 그와 연합하지 않았던 사람들은 동쪽 지방에 자리를 잡았다. 그들 사이에서는 모든 몽골인이 그들의 후손이라는 이야기가 전해지고 있다. 그 당시 그들은 모두 이교도였지만, 시간이 지나면서 그들도 일족과 함께 신도가 되었다. 그 나라가 오구즈에게 복속하게 되고 그가 그곳의 군주권을 확고히 장악하게 되자, 황금의 장막을 치고 거대한 연회를 열어 친족과 아미르들을 치하하고 모든 군대를 위로했다. 그는 자신과 연합했던 종족과 숙부들에게 '위구르'라는 명칭을 부여해 주었는데, 그 뜻은 투르크어로 '연합하다, 도움을 주다'이다.[15] 위구르 종족 모두는 그들의 후손이다. 그리고 다른 한 종족에게 '캉글리'라는 이름을 주었고, 킵착·칼라치·아가체리와 같은 종족도 오구즈와 연합하여 그의 일족과 섞이게 된 집단의 후

---

14) tamâjâmîshî mikardand. tamâjâmîshî는 몽골어에서 '싸우다'라는 뜻을 가진 temeche-의 파생어이다.
15) 다음 註釋을 참조.

손들이다. 각각의 이름이 지어지게 된 연유는 다음과 같다.〔11v〕「10r」

위구르[16)]

오구즈와 그의 아버지·숙부들 사이에 신앙 문제로 대립이 일어나 전쟁이 시작되었을 때, 오구즈의 일부 친족들은 그와 연합하여 한편이 되고 그에게 도움을 주었다. 또 다른 일부는 그의 아버지·숙부·형제들의 편이 되었다. 그와 연합하고 도움을 준 족속에게 오구즈는 '위구르'라는 이름을 지어 주었는데, 이 명칭은 투르크어이고 페르시아어로는 '우리와 연합하여 돕고 함께 했다'는 뜻을 지녔다. 이 집단은 항상 오구즈와 함께 있었다. 그가 다른 나라들

---

16) G.Németh를 비롯한 학자들은 Uyğur의 어원을 '따르다'·'순응하다'는 뜻을 지닌 ud-에서 찾고 있고, 이는 라시드 앗 딘의 설명과 부합한다고 볼 수 있지만, P. Golden과 같이 d〉y의 변화에 대해 회의적인 입장을 보이는 학자도 있다. Cf. Golden, *Introduction*, p.155. 중국측 기록 가운데 이미 『魏書』권103 「高車傳」에서 高車의 一支로 袁紇(Oğur)이 언급되었고, 唐代의 자료에는 鐵勒의 一支로 韋紇(Uyğur)의 字面이 나타난다. 이 집단은 韋紇·回紇 등으로 표기되다가 788년에는 回鶻로 表記가 정착되었다. Cf. 馮家昇 等 編著, 『維吾爾族史料簡編』上冊(北京, 1958), pp.2~8. 한편 元代 高昌(투르판)의 위구르인들 사이에서는 『집사』와는 다른 祖上 說話가 전해지고 있었다. 『元史』권122 「巴而朮阿而忒的斤傳」에는 그 族祖인 Bögü Qağan('巫王')에 대하여 "一夕 有神光降于樹 在兩河之間 人卽其所而候之 樹內生瘿 若懷姙狀 自是光常見 越九月又十日而樹瘿裂 得嬰兒者五 土人收養之 其最稚者曰不〔古〕可汗"이라는 구절이 보인다. 이와 동일한 내용의 설화가 『道園學古錄』권26에 있는 虞集의 「高昌王世勳碑」에도 기록되어 있고, 마르코 폴로도 Iuguristan(위구리스탄) 지방에 대해 설명하면서 그곳 왕의 조상이 樹液으로 만들어진 일종의 '버섯'(fungus)에서 생겨났다는 이야기를 전하고 있다(김호동 역, 『동방견문록』, 사계절, 2000, p.176). 반면 이와 유사하면서도 약간 내용을 달리하는 Bögü 說話가 Juvaynî에 의해 기록되었다. 셀렝게와 톨라 兩河 사이에 두 그루의 나무가 있었고, 이 나무 사이에서 하나의 土丘가 생겨나 매일 하늘에서 下降하는 빛을 받아 커져 갔다. 마침내 여인이 출산할 때처럼 土丘의 문이 열렸고 그 안에 천막 모양의 방이 5개 있었는데, 그 안에 男兒가 하나씩 들어 있었고 그 중 하나가 Bûqû Tegin이었다는 내용이다(Juvaynî, *Genghis Khan, The History of the World-Conqueror*, J. A. Boyle tr., new edition, Manchester : Manchester University Press, 1997, pp.55~61). 岡田英弘은 元代 웅구트 族과 元 崩壞後 서몽골에 속한 Choros 部에도 이와 유사한 始祖 說話가 있음을 지적하면서, 840년 유목 위구르 제국이 붕괴된 뒤 南下하여 陰山 山脈 부근으로 이주한 것이 웅구트가 되었고, 西走하여 투르판으로 이주한 것이 高昌回鶻를 세웠으며, 초로스 部 역시 위구르의 一支인 나이만 部에서 기원한 것이라고 추정했다. 그의 「ドルベ·ンオイラトの起源」(『史學雜誌』, 83-6, 1974), pp.20~24를 참조하시오.

을 정복하려고 출정할 때, 데르벤드(Derbend) 지방[17]을 거쳐 그들을 돌려보내 그곳에 머물게 했고, 자신이 다시 귀환할 때까지 그 지방을 방어하도록 했다. 위구르 종족 모두가 이 집단에서 나왔다.

캉글리[18]

오구즈가 자기 아버지·숙부·형제·조카들과 전투를 벌이고 여러 지방을 약탈하고 공격하던 바로 그때, 그의 친족들 가운데 그와 연합하여 합세했던 종족 집단 가운데 하나이다. 다른 사람들이 노략물(ôljâî)과 약탈물을 가축 위에 싣고 있을 때, 이 종족은 자기 나름의 기지를 발휘하여 수레를 만들어서 자기네 노략물과 약탈물과 재물을 그 위에 실었다. 이런 연유로 그 종족에게 ['수레'라는 뜻을 지닌] '캉글리'라는 이름이 붙여지게 되었다. 캉글리인의 모든 지파는 그들로부터 비롯되었다. 알라께서 가장 잘 아신다!

킵착[19]

오구즈[20]가 이트바락(Îtbarâq) 종족[21]과 전투를 벌여 패배를 당하고 두 강 사

---

17) 이곳은 『集史』 제2부 「오구즈의 역사」에 Derbend-i Khazar, 즉 '하자르[지방]의 데르벤드'라고 되어 있다. 카스피 해 西岸 다게스탄 지방에 위치해 있으며, 폭 2~3km의 좁은 협곡을 따라 길이 나 있어, 사산 조나 그 후의 시대에는 코카서스 이북 유목민들의 남침을 막기 위해 關門을 닫기도 했다. Bartol'd, "Derbent"(*Sochinenie*, vol. 3, Moskva : Izd. "Nauka", 1965, pp.419~430) 참조.

18) Qângqlî라는 말이 투르크어의 '수레'·'마차'를 뜻하는 qangli에서 나왔다는 것은 충분히 수긍할 만하다. 江上波夫는 穹廬·穹閭 등이 고대 유목민이 이동시 家屋을 싣는 데 사용하는 수레, 즉 qangli를 옮긴 말이지만, 수레 위에 家屋이 부착되어 있었기 때문에 중국측 자료에는 穹廬·穹閭라는 말로서 天幕을 지칭하는 것으로 사용되게 되었다고 보았다. Cf. 「匈奴の住居」(『ユウラシア古代北方文化』, 東京 : 山川出版社, 1948, pp.39~79 所收). 물론 한문 사료에 나오는 투르크계 족명인 高車도 qangli의 뜻을 한자로 옮긴 것이다.

19) Qipchaq은 한문 자료에는 欽察, 『秘史』에는 Qibcha'ud로 표기되었고, 러시아에서는 Polovtsy로, 비잔

이에 있는 섬에 머물러 있을 때, 전투에서 남편을 잃은 한 임신부가 한가운데가 빈 커다란 나무 속으로 들어가 아이를 낳았다. 이 이야기를 들은 오구즈는 그녀를 측은하게 여겨 "이 부인에게는 남편이 없으니, 내가 이 아이를 아들로 삼을 것이다"라고 말했다. [그 아이는] 오구즈의 아들과 같이 되었고 그에게 '킵착'이라는 이름을 붙여 주었는데, 이는 '카북'(qabûq)에서 나온 말로, 투르크어로는 '가운데가 빈 나무'를 뜻한다.[22] 모든 [킵착인들은] 그 아이의 후손이다. 17년이 지난 뒤 오구즈는 이트바락 종족을 패배시키고 이란 땅으로 와 여러 나라를 정복했다. 여러 해가 흐른 뒤 그는 자기 고장으로 돌아갔는데, 이트바락 사람들이 다시 반란을 일으켰다는 소식이 전해지자 킵

틴과 서유럽에서는 Komaroi·Comani라는 이름으로 불려졌다. Cf. Minorsky, *Ḥudûd al-'Âlam*., pp.315~317.

20) B본에서는 '킵착'이라는 제목은 빠져 있고 그에 관한 설명 부분도 지워져 있어 모두 보이지 않는다.

21) 「오구즈의 역사」에는 Îtbarâq과 Qîlbarâq이 혼용되고 있다. it와 baraq은 모두 '개(狗)'를 가리키는 투르크어이다. 다만 baraq은 '털이 긴 개'를 지칭하며(『秘史』 78절의 baruğ), qil은 '(말 같은 동물의) 털'을 의미한다. Cf. G. Clauson, *An Etymological Dictionary of Pre-Thirteenth Century Turkish*, Oxford : Oxford University Press, 1972, pp.34, 360, 614. Pelliot은 baraq을 '다분히 전설적인 성격을 지닌 털이 긴 개'라고 하였으나(*Notes on Marco Polo*, vol. 1, p.75), 타타르 部에 대한 부분에서도 나오듯이 이것은 당시 몽골리아에 실제로 있던 개이다. 따라서 Îtbarâq과 Qîlbarâq은 모두 '긴 털을 지닌 개'를 의미하는 셈이다. 1240년대에 몽골리아를 다녀온 카르피니(Plano de Carpini)는 카라코룸에 있던 러시아인들로부터 이 종족에 관한 이야기를 들었는데, 여자는 사람의 모습으로 태어나지만 남자들은 모두 개의 모양으로 태어나며, 몽골 군이 그들을 정벌하러 갔다가 거친 저항에 부딪쳐 실패하고 돌아왔다고 한다. Cf. C. Dawson, *Mission to Asia*(1955 ; Toronto : University of Toronto Press, 1980) p.23. 한편 彭大雅의 『黑韃事略』(王國維本, pp.517~518)에도 이와 비슷한 종족에 대한 기록이 보인다. 그는 몽골의 동북방에 那海益律〈子〉〔干〕, 즉 Noqai Irgen이 있으며, 이에 대해 '즉 狗國이다. 남자의 얼굴은 주먹(拳塊)과 같은 모습이고 젖(가슴)에는 털이 나 있다. 달리면 가히 뛰는 말을 따를 정도이다. 여자는 秀麗하다. 타타르인들이 그들을 공격했으나 이기지 못했다.'라는 설명을 덧붙였다. Cf. *Meng-ta pei-lu und Hei-ta Shih-lüeh*(Wiesbaden : Otto Harrassowitz, 1980), pp.215~216.

22) qabuq/qobuq은 '(속이) 빈'의 뜻을 지니고 있어, 라시드 앗 딘이 제시한 '가운데가 썩은 나무'라는 語義 자체는 크게 틀리지 않는다고 볼 수 있다(Clauson, *Etymological Dictionary*, p.583, "kovuk"). 다만 Qibchaq이라는 족명이 이 말에서 나왔다는 그의 주장에 대해서는 대부분의 학자들이 회의적인 견해를 표명했다. Qipchaq/Comani/Polovtsi의 어원에 관한 諸說에 대해서는 Golden, *Introduction*, pp.270~272를 참조하시오.

착 일족을 보내 이트바락 지방과 야약(Yâyâq)[23] 〔지방〕 사이에 주둔하게 함
으로써 자신이 그들의 반란에 대해 마음을 놓을 수 있게 했다. 그때부터 킵
착 사람들의 하영지와 동영지는 아직까지 그 지역에 있다.

카를룩[24]

전하는 바에 의하면, 오구즈가 가르지스탄(Ğarjistân)[25]과 구르(Ğûr) 지방에
서[26] 자신의 옛 목지로 돌아오던 도중 어떤 커다란 산에 이르렀는데 많은 눈
이 내리기 시작했다고 한다. 이 눈보라로 인해 몇몇 가구가 그에게서 뒤처졌

---

23) 露譯本에는 이 부분의 번역이 누락되어 있다. A본에 나오는 이 단어의 字形으로 보아 Nâîmân으로 읽는
   것이 마땅하겠지만, 만약 그럴 경우 나이만은 알타이 부근에 살았기 때문에 킵착의 주둔지는 알타이 以
   西의 초원을 모두 포함하게 된다. 다른 일부 사본들의 표기로 보아 이는 Yâyâq(즉, 우랄 강)으로 읽는 것
   이 옳을 듯하며, 그럴 경우 우랄 강 이서의 킵착 초원에 한정되기 때문에 의미가 자연스럽게 통하게 된
   다. 따라서 A본의 Nâîmân은 Yâyâq의 誤寫로 보는 것이 타당할 것이다. 라시드 앗 딘은 다른 곳에서 킵
   착이 오구즈의 명령을 받고 원정한 지역이 Atil(즉 볼가 강)과 Yaman Su였다고 기록하고 있다(Togan,
   Oğuz Destani, pp.49, 95~96). 우랄 강은 『秘史』에 Jayağ으로 표기되어 있고, al-Umarî의 글에는
   Yâyiq으로 되어 있다(K. Lech tr., *Das mongolische Weltreich*, Wiesbaden : Otto Harrassowitz, 1968,
   p.142).
24) 이 종족은 한문 자료에 葛邏祿·歌邏祿 등으로 표기되었다. 고대 투르크 비문에는 Üch Qarluq, 즉 '三姓
   카를룩'으로 되어 있는데, 『新唐書』권217·下「葛邏祿傳」의 誤落(혹 誤刺, 즉 Bulaq), 熾俟(혹 婆匐, 즉
   Chigil), 踏實力의 '三族'으로 이루어졌다는 기사도 이와 일치한다. '카를룩'이라는 말의 어원을 투르크어
   의 qar('雪')와 접미사 -luq의 결합에서 찾는 라시드 앗 딘의 설명은 타당한 것으로 보인다. 8세기 중반경
   이들은 서로는 시르다리야 중류역에서 동으로는 알타이에 이르고, 북으로는 발하시 호와 남으로는 천산
   산맥을 경계로 하는 지역에 분포되어 있었는데, 전게 『新唐書』에서 '北庭의 西北, 金山의 西, 僕固振水를
   넘어 多恒嶺을 포함한다.'는 기사는 이를 입증한다. 9세기 중반 위구르 제국이 붕괴된 뒤 이들은 천산 지
   역을 중심으로 Qarakhan이라는 독립 왕국을 건설하기에 이르렀다. Cf. O. Pritsak, 'Von den Karluk zu
   den Karachaniden", *Zeitschrift der Deutschen Morgenländischen Gesellschaft*, no. 101(1951),
   pp.270~300(*Studies in Medieval Eurasian History*, London : Variorum Reprint, 1981 再收).
25) 「오구즈의 역사」에 "Ğazna, Zâbul, Kâbul에 이르기까지 Ğûr와 Ğarjistân을 모두 정복했다"(Jahn,
   Oğuzen, p.22)라고 하였듯이, Ğûr는 아프가니스탄의 Herat와 Hellmand 溪谷 사이의 산간 지역을 가
   리키고, Ğarjistân은 Murgab 강 상류 지역을 가리킨다.
26) B본에는 카를룩에 대한 설명이 한 줄만 빼고 모두 지워져 있다.

다. 어느 누구도 뒤처져서는 안된다는 법령(yâsâq)이 있었기 때문에 오구즈는 불쾌해하며 "어떻게 눈 때문에 뒤처진단 말인가?"라고 말했다. 뒤처진 그 몇몇 가구를 '카를룩'이라고 이름하였는데, 즉 '눈(雪)의 주인'(khodâvând-i barf)[이라는 뜻]이다. 카를룩 종족 모두는 바로 이 집단에서 나온 것이다.

칼라치[27]

전하는 바에 의하면, 오구즈가 이스파한(Iṣfahân)을 정복한 뒤 돌아오려고 할 때, 도중에 한 부인이 아이를 낳았는데 먹은 것이 없어서 젖이 나오지 않아 아이가 굶주려 있었다. 그런 까닭으로 그녀의 남편이 뒤에 처졌다. 재칼 한 마리가 꿩을 잡았는데 그 남자가 몽둥이를 던져서 재칼로부터 꿩을 빼앗아 부인에게 식량으로 주었다. 그녀는 다시 젖이 나와 아이에게 젖을 배불리 먹였다. 그는 며칠이 지나서야 군대에 당도했다. 법령에 따라 누구든지 어떤 이유로든 뒤처지는 것[28]이 허용되지 않았기 때문에 오구즈는 화가 나서 "칼!(Qâl) 아치!(Ach)", 즉 "남아라! 굶주린 자여!"라고 말했다. 그런 연유로 그의 일족을 '칼라치'라고 부르게 되었다. 完!

---

27) Qalach 혹은 Halach는 10세기 이슬람측 사료에 처음으로 언급되기 이전부터 이란·아프간 및 아무다리야 북방에 걸쳐 살았고, 지금도 이라크·이란·아프간 등지에 분포하고 있다. 이처럼 뒤처진 집단이라는 의미에서 族名의 어원을 찾는 說話는 라시드 앗 딘 이전에 이미 Maḥmûd Kâshǧarî에서도 보인다. 다만 거기서는 오구즈 전설이 아니라 알렉산더 설화의 일부로 등장한다는 점과, ach를 '굶다, 배고프다'의 의미가 아니라 vocative particle로 보았다는 점이 다르다. Cf. Maḥmûd Kâshǧarî, *Compendium of the Turkic Dialects*(R. Dankoff tr., Harvard University, 1982~1985), vol. 2, p.363. 칼라치족에 관한 다양한 설화·자료와 그 역사적 변천 과정에 대해서는 *Islam Ansiklopedisi*, vol. 5에 F.Köprülü가 집필한 "Halaç" 項(pp.109~116)을 참조하시오.

28) 칼라치에 대한 부분도 B본에는 마지막 두 줄만이 보이고 나머지는 지워져 있다.

아가체리[29]

[30]이 이름은 옛날에는 존재하지 않았다. 오구즈의 종족들이 이쪽 [이란] 지방으로 왔을 때, 일부 족속은 그 목지가 삼림 지구에 있었기 때문에 '아가치 에리(Âǧach îrî)'라는 이름으로 불렸으니 '삼림의 사람'이란 뜻이다. 몽골 종족 가운데 그 목지가 삼림과 가까운 곳에 있는 사람들을 [12r] '호이인 이르겐'(Hôîîn Irgân), 즉 '삼림 종족'이라고 부르는 것과 비슷하다.[31] 完![10v]

오구즈와 함께 했고 그와 연합했던 투르크인은 이상에서 언급한 종족들이다. 비록 처음에는 연합했던 종족 전부에게 위구르라는 이름을 붙여 주었지만, 그 뒤에는 전술한 이유로 인해 그들 가운데 몇몇 종족이 각각 별도의 이름으로 구별되었다. 위구르라는 이름은 그 나머지에 대하여 적용되었고, 그들은 이 이름으로 유명해졌다.

또한 오구즈의 자식들로부터 24개의 지파가 출현하였는데, 「명단」에서 기술한 것처럼 각각 별도의 명칭을 갖게 되었다. [현재] 세상에 있는 모든 투르크만 사람들은 전술한 이 종족의 후손이고 오구즈의 24개 지파의 자손이다. 투르크만이라는 이름은 옛날에는 존재하지 않았다. 투르크인의 외모를 지닌 유목민 종족 모두를 '일반 투르크'(Turk-i muṭlaq)라고 칭했고, 각 족속에게는 특별한 명칭이 정해져 있었다. 오구즈의 종족들이 자기 고장을 떠나 河中

---

29) 투르크어에서 aǧach는 '나무'를, är는 '사람'을 가리키며 -i는 再歸所有形 語尾이기 때문에, 이 종족의 명칭을 '삼림의 사람'이라는 뜻에서 찾은 라시드 앗 딘의 설명은 타당한 셈이다. 5세기 중반 앗틸라 지배하의 훈(Hun)족에 대해 기록을 남긴 동로마의 Priscus가 훈족의 一支라고 했던 Acatziri가 바로 이 아가체리라는 사실은 이미 밝혀진 바이다. 다만 이들의 근거지에 대해서는 諸說이 분분한데, 이에 관해서는 J. Marquart, *Osteuropäische und ostasiatische Streifzüge*(Leipzig : Dieterich'sche Verlagsbuchhandlung, 1903), pp.40~43 ; E. A. Thompson, *A History of Attila and the Huns*(Oxford : Claredon Press, 1948), pp.95~97 등을 참고하시오.
30) B본에는 '아가체리'라는 제목이 지워져 있다.
31) Hôîîn Irgân은 『秘史』의 hoi-yin irgen('森林民')에 해당되며 ke'er-ün irgen('草原民')과 대비되는 개념이다.

114 부족지

地方과 이란 땅으로 와 그 지방에서 출산하고 번식하게 되자, 물과 공기의 영향으로 그들의 외모가 점차 타직(Tâzhîk)[32]인과 비슷하게 변해 갔다. [그러나 그들은] 온전한 [의미의] 타직이 아니었기 때문에 타직 종족들은 그들을 '투르크만', 즉 '투르크와 비슷한 [사람]'이라 부른 것이다.[33] 그런 연유로 이 이름은 오구즈 종족의 지파들 전부에 대해서 적용되었고 그것으로 널리 알려지게 되었다.

오구즈의 자손들이 이룬 24개의 지파 가운데 반은 군대의 우익에 속했고 다른 반은 좌익에 속했다. 오늘날 이 종족과 지파에 속한 각각은 자신의 기원과 지파가 어떠한지, 즉 어떠한 종족에서 나왔는지를 알고 있다. 이에 대한 설명은 다음과 같다. 오구즈에게는 6명의 아들이 있었는데, 그 이름을 순서대로 나열하면 쿤, 아이, 율두즈, 쿡, 탁, 딩기즈이다. 그들의 역사[에 관한 설명]에서 나오듯이, 또 내가 자세히 써서 뒤에 이 축복의 사서의 부록(dhayl)으로 덧붙이겠지만, 오구즈는 이란, 투란, 시리아, 이집트, 룸, 프랑크 및 다른 모든 지방을 정복했다. 모두를 정복한 뒤 자신의 목지가 있는 우르탁과 쿠르탁으로 돌아갔는데, 그는 거기에 도착하자 많은 사람을 모으고 매우 장려한 황금의 천막을 치고 거대한 연회를 열었다. 그 연회에서 900마리의 암말과 9만 마리의 숫양을 도살했다고 한다. 그리고 부인, 자식, 아미르,

---

32) 여기서 '타직'은 중앙아시아에 거주하는 이란계 종족이라는 의미로 사용되고 있다. 이 명칭의 기원에 대해서 마흐무드 카쉬가리는 『투르크 語 辭典』에서 '異邦人', 즉 비투르크인을 의미하는 tat라는 말에서 나왔다고 했다. 그러나 아랍계 부족인 Tay가 중앙아시아 주민들에 의해 아랍인의 汎稱으로 사용되다가 그 발음이 Tazik으로 바뀌고 그 의미도 이란계 무슬림들을 지칭하게 되었다고 보는 견해가 보편적이다. Cf. Bartold, "Tadzhiki : Istoricheskii ocherk"(*Sochinenie*, II-1, pp.452~468).

33) 이미 마흐무드 카쉬가리도 투르크만을 Türk + mânand(이란어에서 '비슷한'의 의미)로 설명하였는데, 언어학적으로는 성립하기 힘들지만 그들이 상당히 이란化한 것은 사실이었다. '투르크만'이라는 표현은 10세기 Maqdisî의 글에서 처음 보이기 시작한 뒤, 카를룩이나 오구즈 부족들에게도 적용되었다. Pelliot, *Notes on Marco Polo*, p.864 참조. Pritsak은 Türkmän에 대해서 Türk에 -män이라는 集團形 接尾辭가 붙은 형태, 즉 '투르크인들'이라는 의미라고 설명했다. 그의 "The Decline of the Empire of the Oghuz Yabghu"(*The Annals of the Ukrainian Academy of Arts and Sciences in the U.S.II.*, New York, 1952 : *Studies in Medieval Eurasian History*에 再收) 참조.

군대의 지휘관들을 참석케 하고 모두를 위로했다. 특히 각 지방을 정복할 때 아버지와 함께 있으면서 온 힘을 기울였고 칼을 휘둘렀던 상술한 6명의 아들에게는 각별한 애정과 특별한 위로를 내려주었다.

며칠 뒤 이 아들들은 함께 사냥을 나갔다가 황금의 활 하나와 황금의 화살 세 개를 갖고 돌아왔다. 그것을 아버지에게 가지고 가서 "우리가 어떻게 나눌까요?" 하고 물었더니, 그는 황금의 활을 큰 〔세〕 아들에게 주고 세 개의 화살을 밑의 세 아들에게 주었다. 그리고 "활을 받은 아들들에게서 생겨난 종족은 '부죽'(bûzûq)이라는 이름으로 부르도록 하라"고 했는데, '부죽'의 뜻은 조각을 낸다는 것이니, 이는 〔하나의〕 활을 나누어 주기 위해서는 조각을 낼 수밖에 없었기 때문에 그것이 그들의 명칭이 된 것이다.[34] 이 세 아들과 그 일족에게 우익의 군대가 속하게 된 것이다. 또한 〔세〕 화살을 나누어 준 아들들에게서 나온 종족에게는 우축(ûchûq)이라는 칭호를 주었는데, 그 어원은 '우츠 옥'(ûch ôq) 즉 '세 개의 화살'이다. 그는 좌익의 군대를 이 세 아들과 그 후손이 통할하라고 지시하고, "이후로 그들의 후손은 이 칭호로 불리도록 하고, 누구나 〔자기가〕 어느 翼의 군대에서 나왔는지를 알도록 하라. 또한 우익이 더 높기 때문에[35] 군주의 지위〔를 나타내는〕 활을 그들에게 준 것이고, 좌익에 속한 사람들에게는 使臣(ilchî)의 지위〔를 나타내는〕 화살을 준 것이다"라고 했다. 우익과 좌익에게 속한 모든 목지를 이런 식으로 정해 주고, "제왕의 자리와 그 후계자의 지위는 부죽 종족에서 나오게 하라. 만약 내가 죽은 뒤

---

34) 투르크어에서 bûzûq은 '망가진, 폐허가 된, 파괴된'의 뜻을 갖고 있으나, Clauson은 라시드 앗 딘의 설명을 folk etymology로 보았다(*Etymological Dictionary*, p.390).

35) 투르크인들이 右便을 左便보다 더 높게 생각했다는 라시드 앗 딘의 이 기사는 사실과 부합된다. 고대 투르크인들은 東向을 했으며, 方位를 말할 때는 東→南→西→北의 순서로 하는 것이 일반적이었다. 右를 左보다 더 높게 여겼다는 것은 薛延陀의 眞珠可汗이 자기 嫡子를 右方에, 庶子를 左方에 파견하여 예하 부족들을 관리케 했다는 기사를 통해서도 확인할 수 있다(『資治通鑑』卷198, 貞觀 十九年 秋九月條). 투르크인들뿐 아니라 몽골인들에게도 右便(bara'un)이 左便(je'ün)보다 더 上位인 것은 『集史』「部族志」(A 33v)나 『비사』(234·278절)의 기록을 통해서도 확인된다. 원대에는 中央 官制에서 右丞相·右丞이 左丞相·左丞보다 더 지위가 높았다.

큰 아들인 쿤이 살아 있다면 그로 하여금 〔계승토록〕 하라. 그렇지 않다면 둘째 아들인 아이로 하여금 〔계승토록〕 하라"고 명령했다.

오구즈가 죽은 뒤 그의 유언에 따라 쿤 칸이 왕좌에 앉아 70년간 통치했다. 그의 아버지에게는 장관이 한 명 있었는데 그의 이름은 양기켄트 (Yângîkent)[36] 출신의 아르킬 호자(Arqîl Khwâja)[37]로서 쿤 칸의 자문이자 재상이었다. 하루는 그가 쿤 칸에게 말하기를 "오구즈는 위대한 군주였습니다. 지상의 나라들을 정복하고 재물과 가축을 셀 수도 없이 소유하였습니다. 「11r」 그 모두를 자식인 당신들에게 〔12v〕 넘겨주었습니다. 당신들 각각에게는 신의 은총으로 네 명의 복된 아들이 태어났습니다. 후일 이 아이들이 재산과 나라를 두고 반목과 분쟁을 하지 않도록 하자면, 그 방책으로 별도의 직위 (manşab)와 〔이동하는〕 길(râh)과 이름(nâm)과 별칭(laqab)을 정해 주고 그 각각에게 표지(nishsân)와 낙인(tamğâ)[38]을 부여하여, 명령서와 재물과 가축에게 그 표지와 낙인을 붙여서 서로 다투지 않게 해야 할 것입니다. 그래서 그들의 자식과 후손이 각자 자기의 이름과 별칭과 〔이동하는〕 길을 소유함으로써 그들의 행운과 명성이 지속되도록 해야 할 것입니다"라고 했다.

쿤 칸은 이 말에 기뻐했고, 양기켄트 출신의 아르킬 호자는 그 일을 처리하기에 몰두했다. 6명의 아들에게 부죽과 우죽이라는 명칭을 정해 주고 군대의 우익과 좌익을 그들에게 할당해 준 뒤, 그들의 자식 각각에게 이름과 별

---

36) Yângîkent는 '新都市'를 의미한다. Carpini의 글에 보이는 Iankint 혹은 Iankinc, 혹은 『親征錄』(p.191) 의 養吉干이 이에 해당된다. 위치는 시르다리야 하류에 있는 Jankent 遺址에 해당된다(Barthold, *Turkestan*, p.178).

37) A·B 원문은 모두 ar yângî kent arqîl khwâja로 되어 있으나, yângî kent는 도시의 이름이기 때문에 첫 단어인 ar는 az로 읽어야 할 것이다. 그러나 露譯本에서는 이것을 도시의 이름으로 생각지 않았기 때문에, Eriangi-Kent Irkyl-khoja라고 옮겨 이 전체를 人名으로 오해했다.

38) tamğâ는 고대 투르크어에서 '部族標識, 말 등의 가축에 찍는 烙印, 印章' 등을 의미했고, 몽골 시대에도 그런 뜻으로 계속 사용되었다. 그러나 몽골 제국 성립 이후에는 여기에 새로운 의미가 첨가되어 商品에 대해 부과하는 稅金을 가리키기도 했다. Cf. 本田實信,「タムガ(TAMГA)稅に就いて」(『和田博士古稀記念 東洋史論叢』, 東京, 1960), pp.833~847.

칭과 낙인과 표지를 새로이 정해 주었다. 그리고 이 24개 지파에게 각기 하나씩의 동물을 지정하여 그들의 옹콘(ônqôn)[39]으로 삼도록 했다. 이 말의 어원은 '이낙'(înâq)에서 나온 것인데, '이낙'은 '이낙 볼순!'(înâq bolsun), 즉 '축복이 있기를!'이라고 말하는 데 쓰이는 것처럼 투르크어로 '축복'(mubârakî)을 뜻한다.[40] 관습에 의하면 한 종족의 옹콘이 무엇이든간에 神託에 의해 거기에 축복이 깃들어 있기 때문에, 그것을 해치지도 괴롭히지도 않으며 그 고기를 먹지도 않는다. 지금에 이르기까지 그같은 관습이 지켜져, 그 종족들 모두 자신의 옹콘을 알고 있다.

그는 이와 동시에, 연회를 열고 음식을 나누어 줄 때 고기의 어떤 부위를 어떤 지파에게 할당할지도 정했다. 그래서 어느 지방 어느 장소에 있든지 연회할 때는 각각의 몫이 분명해서 음식을 먹는 것으로 인해 다투지 않도록 했다. [뒤에서] 상세하게 기록하였듯이 이 24명의 아들의 이름은 원래 그들의 이름이었지만, 각 족속과 지파의 명칭으로 알려지게 되었고 그 지파의 표지('alam)가 되었다. 각각에게 지정된 낙인과 옹콘과 고기 부위는 그 이름 아래에 기록하여 이해하기 쉽도록 했다. 알라께서 가장 잘 아시는도다!

명칭 : 오구즈의 6명의 아들들—셋은 부죽이라 부르고 셋은 우죽이라고 부르는—의 이름과 양기켄트의 아르킬 호자가 그들에게 지정해 준 낙인과 옹콘 동물과 고기 부위는 다음과 같다.[41]

---

39) onggon(pl. onggod)은 가죽·금속·버터 등 다양한 소재로 사람이나 동물의 형상을 만들어 천막에 걸어 두는 守護靈을 상징한다. 이미 Carpini, Rubruck, Marco Polo 등이 이에 관한 기록을 남겼다. 이에 관해서는 W.Heissig, *The Religion of Mongolia*(tr. by G. Samuel, Berkeley : University of California Press, 1980), pp.12~16 ; Doerfer, *Elemente*, vol. 1, pp.179~181 등을 참조하시오.

40) inaq은 '친한 친구, 믿을 만한 사람, (왕의) 총애를 받는 사람' 등을 뜻하지만(Clauson, *Etymological Dictionary*, p.182), 이 말이 onggon의 어원이 되었다고 보기는 어렵다.

41) 오구즈의 자손 24명에서 시작된 집단의 이름, 낙인, 옹콘, 고기 부위 등은 Abû al-Ğâzî Bahâdur의 *Shajara-i Tarâkima*와 Yazichi Oghlu의 *Tavârîkh-i Âl-i Selchûk*에도 나와 있으며, 이에 대해서는 Z.V.Togan의 연구가 있다. 그의 *Oğuz Destani*, pp.50~52와 해당 주석을 참조하시오. Cf. Jahn, *Die*

부죽 종족

군대의 우익에 속하고 큰 아들 세 명에게 속했으며, 각기 네 명의 아들을 두어 12명이다.

여러 아들 가운데 첫째 아들인 쿤 칸의 네 아들

첫째 : 카이. 〔그 뜻은〕 '굳건함'.

　　　　낙인, 옹콘, 고기 부위.[42]

둘째 : 바야트. '축복과 은총이 가득함'.

　　　　낙인, 옹콘, 고기 부위.

셋째 : 알카르 에블리. '어디를 가나 성공함'.

　　　　낙인, 옹콘, 고기 부위.

넷째 : 카라 에블리. '검은 천막'.

　　　　낙인, 옹콘, 고기 부위. 〔13r〕「11v」

둘째 아들인 아이 칸의 네 아들

첫째 : 야지르. '많은 지방이 그의 편이 됨'.

　　　　낙인, 옹콘, 고기 부위.

Geschichte der Oğuzen, pp.45~47. 여기에 기록된 24명의 이름에 대해 라시드 앗 딘은 그 뜻을 달고 있지만 몇몇 예외를 제외하고는 대부분 folk etymology에 근거한 것으로서 신빙성이 희박하다. 각 명칭에 대한 언어학적 분석은 필자의 능력을 넘는 것이기 때문에 여기서는 다루지 않겠다. 한편 A·B본에는 각 지파의 낙인·옹콘·고기 부위에 대한 설명이 모두 빠져 있기 때문에 본 역주는 그대로 따랐다. 레닌그라드 동방학연구소 D 66(Berezin本의 底本), 露校本·露譯本, Karîmî本에는 그 부분이 보충되어 있으니 참고하시오. 또한 Maḥmûd Kâshğarî의 *Dîvân luğât al-Turk*(『투르크어 사전』)에도 오구즈족에 속하는 22개 지파의 명칭과 낙인이 기재되어 있다. Cf. Dankoff tr., *Compendium of the Turkic Dialects*, part 1, pp.101~102.

42) A·B본에는 모두 '낙인'·'옹콘'·'고기 부위'라는 단어만 표기되어 있을 뿐 그 구체적인 내용은 기재되어 있지 않기 때문에, 본 역서도 그대로 따랐다. 다만 그 내용을 알고자 하는 사람은 Berezin本을 참고로 보충한 露校本·露譯本을 참고하시오. 또한 Maḥmûd Kâshğarî도 22개 집단의 낙인을 기록했으니 참조하시오.

둘째 : 두카르. '집회하러 옴'.

　　　낙인, 옹콘, 고기 부위.

셋째 : 두르두르가. '나라를 정복하고 정비함[43]'.

　　　낙인, 옹콘, 고기 부위.

넷째 : 야파를리. '……'.[44]

　　　낙인, 옹콘, 고기 부위.

셋째 아들 율두즈 칸의 네 아들

첫째 : 아브샤르. '기민하고 사냥에 탐닉함'.

　　　낙인, 옹콘, 고기 부위.

둘째 : 키직. '강건하고 법령을 엄수함'.

　　　낙인, 옹콘, 고기 부위.

셋째 : 빅딜리. '귀족의 말과 비슷함'.

　　　낙인, 옹콘, 고기 부위.

넷째 : 카르킨. '많은 음식과 포식'.

　　　낙인, 옹콘, 고기 부위.

우축 종족

군대의 좌익에 속했고 작은 아들 세 명에 속했으며, 각기 네 명의 아들을 두어 12명이다.

　넷째 아들 쿡 칸의 네 아들

　첫째 : 바얀두르. '항상 은총이 가득한 땅'.

___
43) 원문은 yâsâmîshî kardan.
44) 원문 결락.

낙인, 옹콘, 고기 부위.

둘째 : 비치네. '열심히 노력함'.

　　　　낙인, 옹콘, 고기 부위.

셋째 : 차울두르. '순결하고 명망이 높음'.

　　　　낙인, 옹콘, 고기 부위.

넷째 : 치브니. '어디에서 적을 보든 즉시 전투를 함'.

　　　　낙인, 옹콘, 고기 부위.

다섯째 아들 탁 칸의 네 아들

첫째 : 살루르. '어디를 가나 칼과 몽둥이를 휘두름'.

　　　　낙인, 옹콘, 고기 부위.

둘째 : 에이무르. '한없이 착하고 부유함'.

　　　　낙인, 옹콘, 고기 부위.

셋째 : 알라윤튤리. '그의 가축들이 잘 됨'.

　　　　낙인, 옹콘, 고기 부위.

넷째 : 우르키르. '언제나 착하고 덕을 베푸는 일을 함'.

　　　　낙인, 옹콘, 고기 부위.

여섯째 아들 딩기즈 칸의 네 아들

첫째 : 익디르. '선량함과 위대함과 용맹함'.

　　　　낙인, 옹콘, 고기 부위.

둘째 : 북두즈. '누구에게나 잘 봉사하고 모심'.

　　　　낙인, 옹콘, 고기 부위.

셋째 : 이베. '누구보다도 더 높은 단계에 있음'.

　　　　낙인, 옹콘, 고기 부위.

넷째 : 키닉. '어디에 있든 고귀하게 됨'.

낙인, 옹콘, 고기 부위.

신께서 가장 잘 아시는도다!

이들에 관한 이야기와 역사는 순서대로 이 축복의 사서의 속편에서 별도로 서술될 것이기 때문에 여기서는 상술하지 않겠다. 이 종족들은 이미 설명한 것처럼 유일신을 믿는 집단이었다. 존귀한 신께서는 우리의 예언자 즉 무함마드 무스타파—그에게 신의 축복과 평안이 있기를!—의 시대에 그들이 무슬림이 되기를 바라셨고, 결국 그렇게 되었다. 오구즈와 그의 아들 이후 오랜 동안 그 종족으로부터 많은 군주들이 나왔고, 각 시대마다 전술한 24개의 지파로부터 강력한 군주가 출현하였으며, 군주의 자리는 오랜 기간 동안 그의 가문에서 떠나지 않았다. 오랜 동안 군주의 지위는 살루르의 지파에 있었지만, 그 뒤에는 ……[45]의 지파와 다른 지파들에서도 강력한 군주가 나왔다. 그들 각각에 대한 이야기는 이 역사서의 속편이 될 「오구즈의 역사」에 나올 것이다.

그들의 통치와 지배는 이 이란 땅에도 미쳤다. 이 지방에는 오구즈의 일족 출신으로 매우 위대하고 강력하며 유명한 군주와 아미르들이 있다. 그러나 자신이 오구즈의 후손이라는 것은 알지 못한다. 반면 투르크만 집단은 어떤 군주나 아미르가 이 종족 가운데 어떤 지파에서 나왔는지를 분명히 알고 있다. 셀죽 국가의 술탄들과 그 선조들은 강력한 군주였고 이란과 투란 땅에서 거의 400년 동안 통치하였으며, 멀리 이집트 지방에서 키타이의 경계에 이

---

45) 원문 결락.

46) Mâchîn은 Mahacina('큰 중국')에서 나왔고, 무슬림 자료에서 Chîn wa Mâchîn은 일반적으로 '북중국' (Khitây)에 대비되는 '남중국'의 뜻으로 사용되었다. Nangîâs는 역시 남중국을 가리키는 Nangkiya('南家')에 몽골어 복수형 어미 -s가 첨가된 것이며, Manzî는 '蠻子'를 옮긴 말이다. 중국의 여러 명칭에 대해서는 Pelliot, *Notes on Marco Polo*, vol. 1, pp.264~278 ; "L'origine du nom de 'Chine'" (*Toung-pao*, no.13, 1912), pp.727~742 등을 참조하시오.

르기까지 모두가 그들의 명령을 받았는데, 그들은 키닉 지파 출신이었다. 그들에 관한 역사도 역시 이 책의 속편으로 첨부된 「오구즈의 역사」에서 간략하게 서술될 것이다.

또한 위구르족 역시 이 투르크 집단에서 나왔고, 거주지가 몽골 지방의 경계와 가까우며, 이 역사서에서 그들이 오구즈의 사촌들에게서 나왔다는 사실을 설명했는데, 그들 역시 나름대로의 역사를 갖고 있기 때문에 그 일부를 이 책의 속편에서 서술하겠다. 마찬가지로 키타이와 카라 키타이(Qarâ Khitâî)의 종족들, 친과 마친—몽골인들은 낭기야스(Nangîâs)라고 부르고 키타이 사람들은 만지(Manzî)라고 부른다[46]—. 주르체인에 관한 역사, 그리고 투르키스탄과 하중 지방의 지배자였던 카라 키타이의 구르 칸(Gûr Khân)[47] 들의 역사, 술탄 무함마드 호레즘 샤(Sultân Muhammad Khwârezm Shâh)와 그의 아들 잘랄 앗 딘(Jalâl ad-Dîn) 및 그들의 종족, 이들 모두는 칭기스 칸과 그의 일족의 시대에 패배하고 몰락해 버렸으며 나머지는 그들의 명령에 복종하게 되었기 때문에, 그들에 관한 몇몇 이야기와 사건들은 이 역사서에 속하므로 적절한 곳에서 설명될 것이다.

앞에서 언급한 종족들에 관한 이야기 가운데 별도로 기록된 역사서가 있지만, 과거에 이 나라에 전해지지 않다가 이제 그것을 알게 되었기 때문에 다시 이 역사서에 첨가하고자 한다. [그러나 이 본편의] 서술 속에 그것들을 일일이 설명하면 복잡해지고 이해하기도 어려워질 것이기 때문에, 여기서는 [따로] 기술하지 않고 이 축복의 사서의 속편에서 [그것에 관해] 별도로 기록했다.[14r]「12v」[48]

---

47) '구르 칸'이란 '四海의 君主'라는 뜻으로, 카라 키타이(西遼)의 군주들이 취했던 칭호이다. 이에 대해서는 K. Menges, "Der Titel Kûr Khân der Qara-Qytaj"(*Ural-Altaische Jahrbücher*, Band 24, Heft 3~4, 1952, pp.84~88)를 참조하시오.
48) B본은 마지막에 '끝!'이라는 말을 첨가했다.

제 2 편

몽골화된 투르크족

오늘날 몽골이라고 불리는 투르크 종족들에 관한 설명

오래 전에 이들 각각의 종족은 저나름의 별칭과 이름을 갖고 있었고, 독자적인 지도자와 아미르를 갖고 있었다. 그리고 이 篇에서 상세히 설명하겠지만 잘라이르·오이라트·타타르와 다른 종족들처럼 그 각각에서부터 지파와 부족이 다시 갈라졌다. 그들의 목지와 거처는 정해져 있었고, 그들의 외모와 언어는 몽골의 외모와 언어와 흡사했다. 그때는 몽골의 지파가 투르크에 속하는 한 종족이었지만, 지금은 그들의 성공과 막강함과 용맹함으로 인하여 다른 종족들도 모두 이 이름으로 불리게 되었다. 전술한 종족들에 대한 이야기는 다음과 같다. 신께서 도움을 주시기를!〔14r〕

잘라이르 종족[1)

이 지파, 그리고 「칭기스 칸 紀」에서 언급할 것을 제외한 이 종족에 관한 몇 가지 일화. 이 종족은 옛부터 [그 수효가] 많았다. 이들의 각 지파에는 아미르와 지도자가 있었고, 칭기스 칸의 시대에 그리고 오늘날에도 여전히 그들 출신의 많은 아미르들이 투란과 이란에 있었고 또 [지금도] 있다. 그들 가운데 일부의 거처는 오난(Ônan) 지역에 있었다.[2)] 전하는 바에 의하면, 옛날에 키타이 군대가 그들을 절멸시켜서 극소수만이 도주할 수 있었다. 그들이 도망치다가 두툼 메넨(Dûtûm Menen)[3)]의 妻인 모놀룬(Mônôlûn)[4)]을 죽여 버렸는데, 이것은 그녀에 관한 일화에서 설명될 것이다. 잘라이르의 다른 종족들은 그들에게 "무엇 때문에 이처럼 옳지 못한 행동을 했느냐?"고 힐문했다. 그런 까닭으로 그들 중 일부를 죽였고, 다른 일부는 두툼 메넨의 둘째 아들인 카이두 칸(Qâîdû Khân)[5)]과 그의 자식과 친족의 포로와 노비가 되었으며,

---

1) 잘라이르 部에 대한 최초의 문헌상의 언급은 遼代에 들어와서부터 보이기 시작했다. 『遼史』 卷70 「屬國表」에 太平元年(1021) 七月에 "阻卜扎剌部來貢"이라고 했고, 卷46 「百官志·二」에는 北面屬國官條의 阻卜國大王府 휘하에 '阻卜扎剌部節度使司'라는 말이 보인다. 阻卜은 遼朝에서 몽골어를 말하는 북방의 諸部族을 지칭하던 말이었고, 宋朝에서는 이를 韃靼이라는 호칭으로 불렀음은 주지하는 바이며, '잘라이르' (Jalayir)는 『元史』에 札剌, 扎剌, 札剌兒, 扎剌兒, 札剌爾, 押剌伊而, 札剌亦兒 등 다양한 字面으로 표기되고 있어 扎剌이 잘라이르를 지칭함은 의심의 여지가 없다. 『親征錄』에는 札剌兒로 나와 있다. 『집사』 「부족지」 잘라이르 部의 첫 부분은 劉迎勝의 중국어 역주가 있다. Cf. 皮路思(=劉迎勝), 〈史集·部族志·札剌亦兒傳〉研究」, 『蒙古史研究』 제4집, pp.1~10.

2) 『元史』 권119 「木華黎傳」(p.2929)에 '木華黎 札剌兒氏 世居阿難水東'이라는 기사도 잘라이르 部의 牧地가 오난 강 근처에 있었음을 뒷받침해 준다. 그러나 라시드 앗 딘은 뒤에서 잘라이르가 모두 70 kûrân(=küriyen)을 이루며 케룰렌 강가에 살고 있었다고 썼다(A 48r~48v).

3) 『秘史』의 Menen Tudun, 『元史』의 哶撚篤敦(Menen Tudun). tudun(한문 사료의 吐屯)은 고대 투르크인들 사이에 흔히 보였으며, 카간의 명령을 받고 예하 부족에 파견되어 監察의 직무를 수행하던 官稱號였다. Cf. 韓儒林, 「突厥官號考釋」, 『穹廬集』, pp.322~323.

4) Mônôlûn은 『秘史』에 Nomolun, 『元史』에 莫拏倫으로 표기되어 있다.

5) 라시드 앗 딘은 카이두가 두툼 메넨의 둘째 아들이라고 하였지만, 『秘史』는 그가 메넨 투둔의 장남 Qachi Külüg의 아들이라고 했고, 『元史』 역시 그가 메넨 투둔의 長孫이라고 했다. 그렇다면 그는 칭기스 칸의 6대조가 되는 셈이다. 『元史』 권1 「太祖本紀」에 의하면 그는 칭기스 칸의 선조들 가운데 처음으로 君主를 칭한 인물이었고, 라시드 앗 딘이 그를 khân이라고 부른 것도 이 때문일 것이다.

[그들은] 상속물(mîrâth)로서 대대로 전해져 칭기스 칸에게까지 이르렀던 것
이다.[6] 그런 연유로 그 종족은 그의 '세습 노비'(ôtögû boğôl)였다.[7] 장차 설
명하듯이 그들 가운데 다수가 그와 그의 일족의 시대에 아미르가 되고 중요
하고 존경받는 사람이 되었다.

전하는 바에 의하면 그들의 목지는 옛날에[8] 카라코룸이었다. 그들은 위구
르의 군주인 쿠르 칸(Kûr Khân)의 수낙타에게 기름(rawğan)을 발라 주는 의
무를 지니고 있었고,[9] 그런 까닭에 그들의 이름을 '얄라가'(yalâğa)[10]라고 했

---

6) 라시드의 서술만으로는 行惡한 잘라이르 부민들을 죽인 것이 누구인지 분명치 않다. 잘라이르 部와 모놀
룬 一家와의 충돌에 관한 라시드 앗 딘의 묘사는『元史』1권「太祖本紀」(pp.2~3)에 기재된 내용과 디테
일에서 약간의 차이를 보인다.『元史』에는 다음과 같이 기술되어 있다. 잘라이르(押剌伊而) 부의 어린 아
이들이 모놀룬의 목지로 들어와 땅을 파고 풀뿌리를 캐어 먹자, 성질이 剛急한 모놀룬이 수레를 몰아 아
이들을 살상했다. 이를 듣고 분노한 잘라이르 부민들이 모놀룬의 말떼를 몰고 가 버리자, 그녀의 여섯 아
들들이 경솔히 추격하다가 모두 죽음을 당했다. 당시 바르구(八剌忽) 부에 가 있던 나친(納眞)이 후일 돌
아와 복수를 하고, 모놀룬의 長孫인 카이두(海都)가 성장하여 군주가 되었다고 한다.
7) 이 단어는 일찍이 Berezin이 ungû boğôl로 읽고 이를 unağa · boğol('노비의 자식')로 해석한 이래
B.Ia.Vladimirtsov를 비롯한 많은 학자들의 오해를 낳았다. Cf. *Obsbchestvennyi stroi
Mongolov : mongol'skii kochevoi feodalizm*(Leningrad : Izd. AN SSSR, 1934), p.64 ; 주채혁 역,『몽골
사회제도사』(대한교과서주식회사, 1990), pp.105~106. 이를 ötögü로 읽어야 한다는 지적을 처음으로
한 사람은 Pelliot였다(*Histoire des Campagnes de Genghis Khan*, Leiden : Brill, 1951, pp.85~86).
『秘史』에는 ötögü(pl. ötögüs)라는 말이 자주 보이나, 모두 '오래된, 옛, 수령' 등의 뜻으로 사용되었을
뿐 boğôl과 함께 쓰이지는 않았다. 대신『秘史』(180절)에는 bosoğa-yin bo'ol('門限의奴婢') 혹은
e'üden-ü emchü bo'ol('門의梯己奴婢')과 같은 표현이 보인다. 村上正二는 이것을 모두 씨족 전체의 공
유물이 아닌 個人的 所有의 '私的' 世襲 奴婢를 지칭하는 것으로 보았다. Cf.「元朝秘史に現はれたる
emchüについて」(『和田博士還曆記念東洋史論叢』, 東京, 1951). 라시드 앗 딘이 잘라이르 部에 대하여 카
이두 이래 칭기스 칸에 이르기까지 '상속물로서 대대로'(be-mîrâth az-pedar be-pedar)라고 표현한 것
도 그같은 '私的' 소유의 관념을 반영한다고 볼 수 있다. 그러나 元代에는 ötögü boğôl이라는 말이 비하
적인 의미의 '노비'가 아니라 칭기스 칸을 도와 국가의 創業을 돕고 대대로 그 一家를 위해 봉사하는 世臣
으로 '元勳'의 의미로 이해되었다. Cf. Doerfer, *Elemente*, vol. 1, pp.160~162 ; 亦隣眞,「關于十一一十三
世紀的字斡勒」, (『元史論叢』제3집, 北京, 1986), pp.23~30.
8) 원문은 qadîmân, 즉 '옛날에'를 뜻하는데, 露譯本에서는 이를 qîmâ라고 보고 地名으로 오해했다.
9) 원문에 사용된 표현은 rawğan dâdan이다. rawğan은 'oil, butter, fat'를 의미하고 dâdan이라는 동사와
합쳐져 'to annoint with oil, to pour out oil'을 뜻한다. 현재까지 낙타에게 '기름을 발라 준다'는 것이
어떠한 행위인지에 대해 아무런 설명도 없으나, 역자는 마르코 폴로의『동방견문록』에서 이 의문에 해답

다. 이 잘라이르 종족에는 10개의 커다란 지파가 있으며, 그들은 각각 별도로 〔숫자가〕 많은 종족이 되었는데 다음과 같다.

차트(Chât),[11] 토쿠라운(Tôqurâ'ûn),[12] 캉사우트(Qangsâût), 쿠마우트(Kûmâ'ût),[13] 우야트(Ûîât),[14] 닐칸(Nîlqân), 쿠르킨(Kûrkîn), 돌랑키트(Tôlângqît),[15] 투리(Tûrî),

---

을 주는 흥미로운 구절을 발견했다. 즉, 아르메니아 지방에 대해 설명하면서 "조르지아인들과의 경계에 있는 한 샘에서는 백 척의 배에 한꺼번에 실을 정도로 엄청난 양의 기름이 뿜어져 나오지만 식용으로는 좋지 않다. 그러나 불이 잘 붙고, 가려움병이나 옴이 붙은 낙타에게 발라 주면 좋다"라는 구절이 보이는데, 『집사』에서 수낙타에게 '기름을 발라 준다'는 것은 바로 낙타의 피부병에 효험이 있는 기름을 발라 주는 행위로 이해할 수 있을 것이다. Cf. A. C. Moule & P. Pelliot, *Marco Polo : The Description of the World*(London : Routledge, 1938), p.97.

10) 원문에는 ?LAĞE로 표기. 露譯本에서는 이를 BLAĞE로 읽었으나 본 역자는 劉迎勝처럼 YLAĞE로 읽는 것이 타당하다고 생각한다. 그러나 劉는 이 말이 '핥다'라는 뜻을 지닌 투르크어 yalğa-에 몽골어 복수형 어미 -ir가 붙어 '핥다, 받들다, 아첨하다'는 의미를 지닌 yalğair가 되었고, 이것이 다시 yalyir〉yalair로 변하여 '잘라이르'의 족명이 되었다고 추측했다(그의 전개 논문, p.4). 그러나 몽골어에서 -ir라는 복수형 어미가 확인되지 않을 뿐 아니라 동사 어간에 복수형 어미를 붙이는 것도 부적합하며, '핥다'에서 '받들다'의 의미를 찾는 것 역시 비약이다. 역자는 yalağa라는 말이 '핥다, 애무하다'를 뜻하는 yalğa-/yala-(cf. Clauson, *Dictionary*, p.926)에 동사를 명사형으로 만드는 접미사 -ğa가 첨가되어(예 : bil-gä, ö-gä) '핥는 사람, 애무하는 사람'을 뜻한다고 본다. 그러나 yalağa가 어떻게 해서 yalayir/jalayir로 바뀌었는지는 분명치 않다. 다만 앞의 주석에서 설명한 것과 관련하여 'yalağa'는 '(기름을) 발라 주는 사람'을 뜻하는 것으로 이해할 수 있을 듯하다.

11) 『元史』권124 「忙哥撒兒傳」(p.3054)에 '忙哥撒兒 察哈札刺兒氏'라고 되어 있는데, 여기서 察哈은 chağan('흰')의 복수형 chağat/cha'at를 나타낸 것이며『集史』의 Chât와 동일한 것이다. 무칼리 國王을 비롯한 蒙元帝國의 勳臣·高官들을 다수 배출한 名族이고, 잘라이르 부 가운데서 최대의 지파를 구성했다.

12) 『秘史』120절에는 칭기스 칸이 자무카와 결별한 뒤 잘라이르 部에 속하는 Qachi'un Toqura'un, Qarağai Toqura'un, Qaraldai Toqura'un 삼형제가 그에게 합류했다는 기사가 있고, 그들을 가리켜 '이들 토쿠라운'(ede Toqura'un)이라고 부르고 있는 것으로 보아, 이들 형제가 속한 지파가『集史』의 Tôqurâ'ûn임이 분명하다.

13) B : Kûmsâût. 劉迎勝은 이를 Kûmsâût로 읽어야 한다고 보았다.

14) 그러나 이 지파는 A 15r과 B 13r에서는 Ûrîât로 표기되어 있다.

15) 『親征錄』(p.37)은 칭기스 칸과 자무카 사이에 벌어진 十三翼의 戰鬪가 끝난 뒤 얼마 지나지 않아 "擺只·魯鈔罕(鈔魯罕이 되어야 옳다)二人 率朶郎吉札剌兒部"하여 칭기스 칸에게로 왔다고 하였는데, 여기서 그가 인솔하고 온 朶郎吉札剌兒部는 잘라이르 部의 Tôlângqît 支派임이 분명하다. Pelliot는 擺只鈔魯罕이 실은 二人이 아니라 주치 차우르칸(Jöchi Cha'urqan)이라는 한 사람의 人名이며 주치 다르말라(Jöchi

싱쿠트(Shingqût).

잘라이르 종족 전체에서 칭기스 칸의 시대에 가장 유명하고 가장 지위가
높았던 사람은 무칼리 구양(Mûqalî Gûyâng)[16]이었다. 차트 종족 출신이었고
칭기스 칸의 좌익 군대 전체를 그가 지휘했다. 그의 자손들도 '구양'이라는
칭호로 불렸는데, 그 뜻은 키타이 말로 '위대한 칸'이다. 칭기스 칸이 그를 카
라운 지둔(Qarâûn Jîdûn)[17]이라 불리는 곳에 군대와 함께 주둔케 했을 때 키
타이 사람들이 이러한 칭호를 그에게 붙여 준 것이다.[18] 그의 아들 보골 구양
(Bôğôl Gûyâng)[19]은 우구데이 카안(Ûgötâî Qân)의 시대에 아버지의 후계자
였는데, 이 칭호는 칭기스 칸이 그에게 준 것이다. 한툰 노얀(Hantûn
Nôyân)[20]은 쿠빌라이 카안의 시대에 대아미르[21]였다. [쿠빌라이 카안은] 그

Darmala)의 형제라고 보았다. Cf. Pelliot, *Campagnes*, p.164.

16) Gûyâng은 國王'을 옮긴 말이다. 무칼리는 1170년에 출생하여 1223년 사망했고, 그에 관해서는 『元史』
권119 「木華黎傳」; I. de Rachewiltz et al. ed. *In the Service of the Khan : Eminent Personalities of
the Early Mongol-Yuan period (1200~1300)* (Wiesbaden : Harrassowitz, 1993), pp.3~8 등을 참
조하시오.

17) 『秘史』의 Qara'un Jidun, 『親征錄』(p.127)의 哈剌溫只敦山, 『元史』(p.11, p.2919)의 哈剌渾山·哈老溫으
로서 모두 興安嶺을 지칭한다. 露譯本에서 이를 Qara Nidun으로 읽고 Uliyasutai와 Alai 중간에 위치한
지점으로 본 것은 잘못이다.

18) 반면 무칼리가 Gûyâng(國王)으로 불리게 된 경위에 대해서 『秘史』(206절)에서는 칭기스 칸이 1206년
쿠릴타이에서 무칼리에게 國王'의 칭호를 부여하고 興安嶺(Qara'un Jidun)을 따라 주둔한(derelekün)
左翼 萬戶를 관할토록 명령했다고 했고, 『元史』 「木華黎傳」(p.2932)에서는 丁丑(1217)年 八月에 칭기스
칸이 그를 太師·國王·都行省承制行事에 封하고 誓券·黃金印을 下賜하면서 '子孫傳國 世世不絶'토록 했
다고 기록하고 있다.

19) 『元史』 권119의 孛魯(1197~1228). 무칼리 一家의 國王位 世襲에 관해서는 蕭啓慶의 「元代四大蒙古家
族」, pp.141~230 참조.

20) 중국측 자료에는 安童으로 나오고, 무칼리의 四世孫으로 1245년에 출생하여 1293년 사망했다. 그의 행
적에 관한 자세한 내용은 『元史』 권126의 「安童傳」(pp.3081~84) ; 元明善, 「丞相東平忠憲王碑」, 『國朝文
類』, 권24 ; *In the Service of the Khan*, pp.9~12 참조.

21) 『集史』에는 관칭명 뒤에 buzurg를 붙이는 경우가 많다. 志茂碩敏(『『Târîkh-i Ghâzânî』と『集史』「モンゴル
史」」, 『ペルシア語古寫本史料精査によるモンゴル帝國の諸王家に關する總合的研究』, 東洋文庫, 1996,

를 자신의 아들인 노무간(Nômûğân)[22]과 함께 카이두에게로 원정을 보냈는데, 그는 왕자들 사이의 분쟁으로 인해 잡혀서 카이두에게 넘겨졌다. 얼마 지난 뒤 그를 풀어 주었는데 이는 뒤에서 설명할 것이다.[23] 이 지방[24]에는 그들의 종족 출신으로 자우쿠르(Jâûqûr) 千戶長과 그의 형제인 오목(Ômôq)이 있었다.[25]

칭기스 칸의 시대에는 주치 타르말라(Jôchî Tarmala)와 그의 형제 주치 차우르가이(Jôchî Châûrqâî)[26]가 있었다. 그들로 「13r」인해 〔14v〕 칭기스 칸과 타이치우트(Tâîchi'ût) 사이에 전투가 벌어졌는데, 그 이유는 뒤에서 설명될 것이다.[27] 앞에서 말한 주치 타르말라에게는 쿠툭투(Qûtûqtû),[28] 쿠툭다르(Qûtûqdâr),[29] 쿤두카이(Qûnduqâî), 일루게(Îlügâ), 에를렌(Erlen)이라는 5명

---

pp.10~11)은 이것이 단순히 '커다란'을 뜻하는 형용사가 아니라 '칭기스 칸, 칭기스 칸 一門, 왕족'을 의미하는 名詞로 사용된 것이라고 주장하고 있다.

22) 『元史』의 北平王 那木罕으로 쿠빌라이의 넷째 아들.

23) 이것은 1276년 한툰이 皇子 노무간을 따라 出鎭하여 일리하 유역의 알말릭(Almaliq, 阿力麻里)에 주둔하고 있을 때 諸王 시리기(Shirigi, 昔里吉) 등이 주도하여 노무간과 한툰을 脅執한 뒤, 한툰을 카이두에게 捕送한 사건을 말한다. Cf. Boyle tr., Successors, pp.266~267 ; 『元史』 권9 「世祖紀‧六」(p.191).

24) 『集史』에서는 '이곳'(înjâ), '이 지방'(în vilâyat), '이쪽'(în jânib) 등의 표현으로 일 칸국을 지칭하는 경우가 많다.

25) 그는 무칼리의 일족으로 일 칸국의 아바카 칸(Abaqa Khan : 재위1265~1281) 휘하에서 千戶長을 지냈다. 아바카 사후 아르군(Arğun)과 아흐마드(Ahmad) 사이의 계승 분쟁에서 전자를 옹호하다가 아흐마드에 의해 타브리즈에 투옥되었으나, 후일 아르군이 즉위한 뒤 풀려났다.

26) 이들에 대해서는 앞의 주15를 참조하시오.

27) 『秘史』 128절에 의하면, 자무카의 동생 Taichar가 Sa'ari Ke'er에서 유목하던 칭기스 칸 휘하의 Jôchi Darmala의 말떼를 약탈해 가자, 주치 다르말라가 그를 추격하여 사살한 사건이 발생했고, 이로 인해 칭기스 칸과 자무카 사이에 Dalan Baljud에서 十三翼의 전투가 벌어지게 되었다. 앞에서 언급했듯이 『親征錄』에는 전투가 끝난 뒤 칭기스 칸과 합류한 돌랑키트 지파의 搠只鈔魯罕(Jôchi Cha'urqan)이라는 인물이 보인다. 또한 『集史』 「칭기스 칸 紀」에도 그 때 Dûlângqî의 수령(sarvar) Jôchî Châûrqa'라는 인물이 합류한 것으로 기록되어 있는데, 露譯本에서는 이를 Châûrqan으로 새겼다. 劉迎勝은 Pelliot의 견해에 반대하며, 주치 차우르카이는 Jât 지파에 속하며 칭기스 칸 일가의 世僕이었고, 주치 차우르칸은 十三翼의 전투 이후에 그에게 복속한 돌랑키트 지파의 인물이라고 하여, 양인을 다른 인물이라고 주장했다(「札剌亦兒傳」, pp.6~7).

28) A‧B본 모두 Tûqtû라고 표기했으나 뒤에서 Qûtûqtû라고 한 것에 따랐다.

의 아들이 있었다.

쿠툭투의 자식들 가운데는 알라두(Âladû) 〔휘하의〕 萬戶(tûmân)에서 千戶 長을 하던 울쿤(Ulqûn)이 있었다.[30]

쿠툭다르의 자식들은 차가타이 일족의 휘하에 있었는데, 바락(Barâq)[31]이 그의 자식들 가운데 불라우다르(Bûlâûdar)라는 사람을 아바카 칸(Abâqâ Khân)에게 사신으로 보내 駿馬들[32]을 요청했다. 〔그 뒤〕 아바카 칸은 바락이 〔공격하러〕 온다는 소식을 듣자 그를 체포하라고 명령하고, 그에게 "너는 간 계를 부려서 왔고 거짓말을 했다"고 말했다. 그는 "소인은 파견될 때 거기서 이러한 결정이나 계획에 대해 아무런 이야기도 듣지 못했습니다"라고 탄원 했다. 〔아바카 칸은〕 그를 타브리즈의 감옥에 가두라고 명령을 내렸고, 그는 거기서 죽었다.[33] 그의 자식들로는 딜린치(Dîlinchî)라는 자가 있는데 질레 (Jîle) 휘하에 있다.

쿤두카이의 아들 코르치 부군(Qôrchî Bûǧûn)[34]은 가르지스탄의 監官 (shahna)이었고,[35] 부군의 아들은 티무르 부카(Tîmûr Bûqâ)인데 코르치

---

29) A · B본 모두 Qûdûrûdar라고 표기했으나 역시 뒤에 나오는 표기에 따랐다.

30) Âladû는 타타르 部 출신으로, 가잔 칸이 즉위한 뒤 Badǧis 지방의 '후라산 카라우나스(Qarâûnas) 萬戶' 의 수령에 임명된 인물이다. Ulqûn(혹은 Hulqûn)은 Îlgâî(= Îlûgâ) Nôyân의 조카로서 처음에는 차가 타이 칸국의 바락 칸 휘하에 있다가 아바카 칸과의 전투에서 패배한 뒤 2千騎를 데리고 아바카 칸에게 투항하여 알라두 만호 휘하에서 千戶長을 지낸 인물이다. 이들에 대해서는 志茂碩敏의 『序說』, pp.57~60, pp.353~354 참조.

31) 차가타이 칸국의 군주. 재위는 1266~1271년.

32) 원문은 asbân-i tôbchâq, 즉 톱착馬. 『秘史』 274절에 Chormaǧan Qorchi가 중동 지방을 장악한 뒤 그곳 에서 '목이 길고 다리가 높은 tobicha'ud'를 보냈다고 했는데, tobicha'ud(tobchaq의 복수)에는 '西馬 每', 즉 '西方의 말들'이라는 對譯이 붙어 있다.

33) 露譯本에서는 namânad라는 말을 '그곳에 남았다'라고 옮겼으나 오히려 '죽었다'로 해야 옳을 것이다. namânad라는 표현은 『集史』의 다른 곳에서도 그런 뜻으로 사용되었고, '남았다'라고 할 때는 bemânad 라고 했다.

34) qôrchî는 인명이 아니라 관칭호이며, 『元史』「塔察兒傳」에 '火兒赤者佩鞬侍左右者也'라고 하였듯이 箭筒 士를 지칭한다.

35) shahna는 daruǧachi나 basqaq과 유사한 기능을 수행하는 관직명을 가리키는 이란어로서 정복 지역을

(qôrchî)로서 하르반데(Kharbande) 王子[36] 휘하에 있다.

일루게이 노얀(Îlügâî Nôyân)[37]은 대아미르였고 훌레구 칸과 함께 이곳으로 왔으며 명성이 높았다. 그에게는 10명의 아들이 있었다. 첫째 아들 타간(Ṭaǧân)은 몽골리아[38] 지방에 머물렀고 이곳에 오지 않았다. 이 타간에게 두 아들이 있었는데 이 나라로 왔다. 코니치(Qônichî)와 우룸(Ûrûm)이다. 둘째 아들은 식투르 노얀(Shîktûr Nôyân)이고 그의 아들 가운데 첫째는 칭투(Chîngtû), 둘째는 칠레(Chîle), 셋째는 치투(Chîtû), 넷째는 힌두(Hindû), 다섯째는 테게네(Tegene), 여섯째는 우쿠나(Ûqûnâ)이다. 셋째 아들 토간(Ṭôǧân)은 줌쿠르(Jûmqur)[39]와 함께[40] 있었으며, [그에게는] 쿠텐(Kôten)과 쿤첵(Kônchek) 두 아들이 있었다. 쿤첵의 아들은 아부 바크르(Abû Bakr)라는 이름으로 천호장이며, 후라산에서 하르반데 왕자 휘하에 있다. [일루게이 노얀의] 넷째 아들은 낭키야다이(Nangqîâdâî)[41]이며 그의 아들 이트쿤(Îtqûn)은 킹슈(Kîngshû)[42]와 함께[43] 있었다. 다섯째 아들은 토쿠(Ṭôqû)[44]이

관할하는 행정관을 지칭한다.

36) 울제이투 칸을 가리키며, 라시드 앗 딘이 이 부분을 집필할 당시 그는 아직 칸위에 오르기 전이었고 후라산 지방에 주둔하고 있었다.

37) 위에서는 Îlügâ라고 했으나 여기서는 A · B본 모두 Îlügâî로 표기했다.

38) 원문에는 '모굴리스탄'.

39) 훌레구 칸의 次子. 훌레구가 西征時 그를 長兄인 뭉케 카안에게 위탁했다. 뭉케가 죽은 뒤 쿠빌라이와 아릭 부케 사이에 분쟁이 일어났을 때 그는 몽골리아에 있었기 때문에 아릭 부케를 돕게 되었다. 후일 아릭 부케와의 연합에 반대한 父 훌레구의 소환을 받아 중동으로 가는 도중에 사망했다. Cf. Roshan의 인쇄본, pp.965~966.

40) 원문은 Ṭôǧân bâ-Jûmqur be ham. 露譯本에서는 이를 오해하여 Tugan-Baju-Makarbakham로 읽고 하나의 인명으로 보았다.

41) 몽골인들은 남자의 경우 -tai/dai, -tei/dei, 여자의 경우 -jin/chin으로 끝나는 이름을 짓는 관습이 있었다. 보통 그 사람이 속한 씨족·부족의 이름 뒤에 이러한 語尾를 첨가하는 경우가 일반적이지만, 그렇지 않은 경우도 발견된다. 중국인이 아니었음에도 불구하고 남중국을 지칭하는 Nangqîâ('南家')를 사용한 Nangqîâdâî가 그 한 예이다. 族名을 사용하여 男女의 이름을 짓는 관습에 대해서는 라시드 앗 딘도 뒤에서(A : 17r) 설명하고 있다. 露譯本에서 이를 Tenkiadai라고 읽은 것은 잘못이다.

42) 훌레구의 아들인 줌쿠르의 次子.

고 그의 아들은 후세인(Ḥusayn)이다. 여섯째 아들은 악다시(Aqdâsh)인데 11살 때에 베르케(Berke)와의 전투에서 죽었다. 일곱째 아들은 잘라이르타이(Jalâîrtâî)[45]이며 그의 아들 카라 부카(Qarâ Bûqâ)는 이리(Îrî)[46] 왕자를 모시고 있다. 여덟째 아들은[47] 토간 부카(Ṭoğân Bûqâ)이며 그의 자식들로는 잘라이르타이(Jalâîrtâî), 이글라우(Îğlâûû), 질란치(Jîlânchî)가 있다. 아홉째 아들은 우룩투(Ûruqtû)로서 아바카 칸의 시쿠르치(shikûrchî)[48]였다. 룸에서의 전투에서 토쿠(Ṭôqû)와 함께 죽었다.[49] 그의 아들 이크발(Iqbâl)은 게이하투(Gaykhâtû)[50]를 모셨는데, 이슬람의 제왕 [가잔 칸]은 그의 죄를 밝힌 뒤 처형시켰다. 열 번째 아들 악크 부카(Aq Bûqâ)[51]는 게이하투의 시대에 대아미르였는데 바이두(Bâîdû)가 그를 죽였다.[52] 그의 아들로는 후세인 쿠레겐(Ḥusayn Kûregân)[53]과 무사일(Mûsâîl)과 우둔치(Ûdûnchî)가 있다. 이 열 명

---

43) 이 역시 원문은 Îtqûn ba-Kîngshû be ham인데, 露譯本에서는 이 전체를 人名으로 생각했다.

44) 『集史』 「게이하투 칸 紀」와 『五族譜』 「게이하투 칸 表」에는 Ṭôğû로 표기되어 있다.

45) 차가타이 칸국의 바락 칸 휘하의 아미르로서, 후라산 침공을 지휘했던 인물(Roshan, pp.1974~75).

46) A·B 모두 點이 찍혀 있지 않아 Îrî 혹은 Bîrî로 읽는 것이 가능하다. 志茂碩敏(「序說」, p.158, p.227)은 『集史』 아랍어 역본에 기초하여 Îrî로 읽고 게이하투의 아들이라고 했다. 그러나 「게이하투 칸 紀」에는 Îrî라는 아들은 없고 Îrânshâh라는 인물만 보인다(Roshan, p.1189).

47) A본에는 '여덟째 아들'이라는 말이 누락되어 있다.

48) Berezin, Doerfer 등 대부분의 학자들은 이를 몽골어의 shikür(傘蓋)에서 나온 것이며 『元史』의 速克兒赤＝掌繖人과 동일한 것으로 보았다(Doerfer, Elemente, vol. 1, pp.357~358). 그러나 露譯本의 註釋者들은 이 말이 투르크어 '칼집에서 칼을 빼다'라는 뜻의 shuğur-에서 나온 것으로 보고 '帶劍侍從'의 의미로 해석했다.

49) 1277년 맘룩 朝의 Baibars의 공격을 받아 룸에서 Ṭôqû와 Ûruqtû 형제는 사망했다(Roshan, pp.1101~02).

50) 아바카의 아들이며 일 칸국의 5대 칸. 재위는 1291~1295년. 露譯本에서는 그의 이름을 Kinjatu라고 하였는데 이는 잘못이다.

51) B : Âq Bûqâ.

52) 바이두는 훌레구의 손자이며 게이하투 칸과는 사촌간이다. 그는 1295년 반란을 일으켜 게이하투를 살해하고 즉위하였으며, 이 때 게이하투 휘하의 대아미르였던 악크 부카 역시 살해되었다. 이에 관해서는 志茂碩敏, 『序說』, pp.164~166 참조.

53) kûregân은 몽고어로 '駙馬'를 의미하는 güregen을 옮긴 것이며, 후세인은 아르군의 딸이자 울제이투의 妹인 울지타이(Ôljitâî)를 妻로 맞아들였다. 잘라이르 部는 칭기스 칸 일가의 '世襲奴婢'(ötögü boğol)였

의 자식들 가운데 식투르와 토간(Tôgân)과 토간 부카는 모두 한 어머니에게서 출생했고, 그녀의 이름은 무겔룬(Môgelûn)[54]이다.

잘라이르 부의 다른 수령으로는 카단(Qadân)이라는 인물이 있는데 칭기스 칸을 모셨었다. 일루게(Îlûge)라는 이름의 아들이 하나 있었다.[55] [칭기스 칸은] 이 일루게를 군대와 함께 자기 아들 우구데이 카안에게 주었는데, 그 이유는 [우구데이의] 유년기에 그의 아타벡(atâbeg)[56]이 되어 아버지와 같은 역할을 했었기 때문이다. 그는 우구데이 칸의 시대에 중요하고 위엄 있는 지도자요 군대의 아미르였다. 사람들이 하는 이야기에 의하면, 아미르 아르군(Arġûn)의 아버지가 굶주리고 힘들었을 때, 소의 다리 하나를 받고 아미르 아르군을 일루게의 아버지 카단에게 팔았다고 한다. [카단이] 자기 아들 하나를 宿衛(kâbtâûl)[57]로 우구데이 카안에게 주었을 때, 아미르 아르군을 그 아들에게 누케르로 주어 그의 종복이 되게 했다. 그는 민첩하고 유능했으며 언변도 좋고 총명하였기 때문에 빨리 출세하여 동료들을 능가해 버렸다. 이 이야기는 오이라트에 관한 부분에서 나올 것이다. 카이두가 아바카 칸에게 다니쉬만드(Dânishmand)[58]라는 이름의 사신을 보냈었는데 일루게 노얀의

기 때문에 아무리 높은 지위에 올라도 婚姻關係를 맺을 수 없었다. 蒙元帝國에서 최대의 根脚이라 해도 과언이 아닌 무할리 一家에서 한 사람도 칭기스 칸 一家와 혼인을 맺은 일이 없는 것도 이 때문이었다. 따라서 악크 부카의 아들 후세인이 이러한 관행을 뛰어넘어 駙馬가 된 것은 일 칸국 말기 일루게 一家의 세력의 정도를 추측케 하며, 이를 바탕으로 후일 잘라이르 朝가 성립된 배경을 이해할 수 있다. Cf. 志茂碩敏, 『序說』, pp.330~332.

54) 露譯本에서는 Mûklûn으로 옮겼지만, 이는 Möge+lün으로 보인다. Möge라는 이름은 당시의 몽골인 사이에서 보이며, -lun/-lün은 Altalun이나 Temülün의 경우에 보듯이 여성 이름 뒤에 자주 보이는 접미사이다.

55) Qadân에 대해서는 다른 사료에서 언급이 없으나, 그의 아들 Îlûge는 『秘史』 202절 千戶長의 명단 가운데 5번째의 Ilügei와 동일 인물이다.

56) atâbeg은 셀죽 시대 이후에 사료상에 나타나는 官稱號로서 연소한 王子를 교육하고 보호하는 직무를 수행했으니 王博에 해당한다. 이에 대해서는 Doerfer, Elemente, vol. 2, pp.7~8 참조.

57) 몽골어의 kebte'ül을 옮긴 말이다.

58) 원래는 '有識, 有識者'를 의미하는 페르시아어. 원대 이슬람 종교인들을 지칭한 答失蠻은 이 말을 옮긴 것

아들이었다.

일루게에게는 형제가 하나 있었고 그보다 어렸다. 그의 이름은 일치데이 (Îlchîdâî)[59]였는데 형의 첩과 통정했다. 일루게는 그를 죽이려고 했지만, 그는 도망쳐 우구데이 카안에게로 갔다. 〔그러나 카안이〕 그를 원했기 때문에 일루게는 그를 카안에게 주었다. 우구데이 카안은 이 일치데이로 하여금 시기 쿠투쿠(Shîgî Qûtûqû)[60]와 함께 〔자기〕 시중을 들게 하여, 그는 그〔=카안〕의 의자를 들고 시기 쿠투쿠와 함께 오르두로 가곤 했다. 〔거기서〕 예절과 관습과 기예를 배워서 점차 중요한 아미르가 되었다. 그는 뭉케(Möngkû) 카안이 칸위에 즉위할 때 〔그를 추대하려는 사람들에게 항의하기를〕 "당신들은 모두 결의하여 이렇게 말했었소. '우구데이 카안의 자손들이 한덩어리의 고기가 되어, 만약 풀밭 속에 넣어 두면 소가 그 풀을 먹지 않고, 만약 기름에 넣어 두면 개도 그 기름을 쳐다보지 않을 때까지,[61] 「15r」「13v」 우리는 그를 〔즉, 우구데이의 자손을〕 카안으로 받아들이자. 다른 사람은 보위에 앉을 수 없다.'라고 하였는데, 어째서 오늘 당신들은 〔그 결의를〕 어기는가?"라고 말했다. 쿠빌라이 카안이 이 말에 답하며 반대하여 말하기를 "약조는 그러했

―――
이다.

59) 『秘史』 226절에 칭기스 칸을 호위하는 1천 명의 侍衛를 지휘한 수령으로 'Ilügei의 일족(uruǧ)'인 Alchidai라는 인물이 있는데, 그가 Îlchîdâî와 동일 인물이 아닌가 생각된다. 그는 우구데이의 侍衛도 지휘했다(『秘史』 278절). 『元史』 권3 「憲宗本紀」(p.45)의 뭉케 즉위 후 처형된 按只帶도 같은 사람일 것이다. 「우구데이 칸 紀」에 그는 우구데이의 義兄弟(kûkeldâsh)로 나와 있다. kûkeldâsh는 투르크어의 köngül('가슴, 마음, 생각')에서 나온 말로 '젖을 나눈 벗' 혹은 '친구, 동지, 의형제' 등을 의미한다 (A : 147r ; Boyle tr., Successors, pp.66, 211, 264). 이 말의 다양한 용례에 대해서는 R. R. Arat, Vekayi : Babur'un Hâtiratı, vol. 2(Ankara, 1946), pp.622~624를 참조하시오. 그러나 그는 구육이 1247년 중동 원정차 보낸 野里知吉帶(『集史』의 Îljîgitâî)와는 다른 인물로 보인다.

60) 『秘史』에는 Shigi(ken) Qutuqu로 나오고, 『親征錄』・『元史』에는 忽都虎・忽魯虎・胡土虎 등으로 다양하게 표기되었다. 그의 활동에 대해서는 본서 「타타르 傳」(A : 18r)와 In the Service of the Khan, pp.75~94를 참조하시오.

61) 이 구절은 '우구데이의 후손들 가운데 아무 데도 쓸모없는 사람이 나올 때까지'를 뜻한다. 『秘史』 255절에도 이와 동일한 구절이 보인다.

다. 그러나 약조와 말과 옛날의 법령(yâsâ)은 너희들이 먼저 어겼다. 전에 칭기스 칸이 명령하기를 '만약 나의 친족 가운데 누군가 법령을 어겼을 때 모든 형과 아우들의 합의와 상의가 없다면 그를 해쳐서는 안된다'고 했다. [그런데] 너희는 왜 알탈루칸(Altâlûqân)[62]을 죽였는가? 또한 [전에] 우구데이 카안이 '시레문(Shîrâmûn)[63]이 군주가 되어야 한다'고 말했는데, 왜 너희는 구육 칸(Güyûk Khân)을 지지하여 [그를] 군주로 추대했는가?'라고 말했다. 이 말을 들은 일치데이는 "그런 이유라면 당신들이 정당하다"라고 대답했다. 이 이야기는 적절한 자리에서 자세히 서술될 것이다.

뭉케 카안의 시대에 [활동하던] 멩게세르 노얀(Mengâsâr Nôyân)[64]은 차트 종족 출신이고, 대아미르였으며, 야르구치(yârǧûchî)[65]의 長이었다. 그가 높은 지위에 오른 이유는 다음과 같다. 뭉케 카안이 자기 아버지 톨루이 칸과 함께 킵착 지방으로 군대를 이끌고 원정하여 킵착인들을 정복할 때 그는 혼신의 힘을 다해 전투에 임했다.[66] 뭉케 카안은 중요한 킵착인들을 그에게 맡겨 그들을 먼저 오르두로 데려가게 했는데, 이 일에도 그는 열심을 다했다. 또한 구육 칸의 자식들이 뭉케 카안에 적대할 생각을 했을 때, 대야르구치[67]

---

62) A : Altâ Alûqân ; B : Altâlû Nôyân. 그러나 라시드 앗 딘은 「주치 칸 紀」(Boyle tr., Successors, p.121)에서 一族과의 協議 없이 처형된 인물이 칭기스 칸의 막내딸이었다고 했다. 이 막내딸의 이름은 Altâlûn 혹은 Altâlûqân으로 표기되었다(A 33r). Altâlûn은 alta(n)와 여성 이름을 나타내는 접미사 -tun/-tün이 결합한 형태로 보이며, Altalûqan은 altalu(n)에 다시 縮小形 接尾辭 -qan/-ken을 첨가한 것으로 보인다. 따라서 露譯本에서 이를 Altâlû Nôyân이라고 읽은 것은 잘못된 것이다.

63) 우구데이의 셋째 아들 Köchü의 長子로 「元史」의 失烈門.

64) 즉, Menggeser Noyan. 「元史」권124 「忙哥撒兒傳」 참조. 그는 赤老溫惕赤(Chila'un Qaichi)의 子 搠阿(Cho'a)의 子 那海(Noqai)의 子이다.

65) '야르구치'는 몽골어의 jarǧuchi로서, 元代 자료에는 '札魯忽赤'·'斷事官'으로 옮겨졌다. 「忙哥撒兒傳」에는 그가 구육에 의해 '斷事官'에 임명되었다가 '斷事官之長'으로 승진되었다고 적혀 있다. 그는 일찍부터 톨루이 一家를 위해 봉사하면서 뭉케의 깊은 신임을 받게 되었고, 뭉케가 즉위한 뒤 反뭉케 일파를 숙청·처형함에 엄혹함을 보였다.

66) 원문은 kîjâmîshî karde-ast. kîjâmîshî는 몽골어 kichiye-('노력하다, 애쓰다')의 파생어.

67) 원문은 yârǧûchî-yi buzurg, 즉 몽골어의 yeke jarǧuchi를 옮긴 말이다.

였던 그가 엄정한 얼굴과 마음으로 그들을 세심히 추궁하여 죄 지은 자들을 처형시켰던 것이다. 또한 뭉케 카안이 낭기야스 지방으로 원정을 갔을 때 그도 카안과 함께 있었고 거기에 남았다. 그의 자식들 가운데 이 나라에는 힌두쿠르 노얀(Hindûqûr Nôyân)[68]이 있었는데, 뭉케 카안은 그에게 만호를 위임하여[69] [이곳으로] 보냈었다. [그에게는] 쿠르미시(Qûrmishî)와 일 티무르 (Îl Timûr) 및 다른 아들들이 있었다.

우야트[70] 종족 출신으로 우겔레이 코르치(Ôgelâî Qôrchî)는 훌레구 칸과 함께 와 前哨[71]가 되었다. 아룩(Ârûq)과 부카(Bûqâ)는 그의 자식들이었으며 아바카 칸을 모셨다. 아룩은 한번 사신으로 카안의 어전에 파견되어, 거기서 靑印(kök tamğâ)을 가져왔다. 이곳에서 슈순치(shûsünchî)[72]들을 모두 그에게 위임했고, 그 뒤 아바카 칸의 지시에 의해 아미르가 되었다. 부카는 처음에 掌印官(tamğâchî)이었으며 毛皮庫를 관리했다. 그리고 아흐마드 (Aḥmad)[73]와 아르군 칸(Arğûn Khân)[74]의 시대에 중요한 아미르가 되었다. 그 자세한 정황은 적절한 자리에서 서술될 것이다.[75] 그들의 친족 가운데는

---

68) 「忙哥撒兒傳」(p.3057)에는 멩게세르에게 4명의 아들이 있었다고 했는데, 그 중 萬戶長을 지냈던 長子 脫歡(Toğon)이 힌두쿠르와 동일인일지도 모르겠다. 단, 토곤에게는 자식이 없다고 되어 있지만, 훌레구의 西征時 萬戶長에 임명되어 중동으로 왔기 때문에, 元朝에서는 그의 자식들에 대한 정보가 없었기 때문이 아닌가 추측된다.

69) 원문은 tûsâmîshî farmûd. tûsâmîshî는 몽골어의 tüsi-, 즉 '위임, 위탁하다'의 파생어이다.

70) A·B본 모두 여기서는 Ûrîat로 표기하였으나 앞에서 열거된 10개 지파의 이름에는 Ûîat로 되어 있기 때문에 '우야트'로 적었다.

71) A : qûrsûl ; B : qûrî'ûl. 이것은 qara-('보다, 살피다')의 파생어인 qarâûl('前哨, 哨兵')—『秘史』의 qara'ul—을 나타낸 것으로 보인다. 상세한 용례에 대해서는 Doerfer, Elemente, vol. 1, pp.399~403을 참조하시오. 그는『五族譜』「훌레구 칸 表」(139r)에 훌레구의 우익 천호장으로 나온다.

72) 몽골어의 shüsü('糧食')의 파생어로 掌糧人을 의미한다. shüsü는 漢字로 首思로 음역되었고, 柢應이라는 역어도 사용되었다. Cf. Doerfer, Elemente, vol. 1, pp.362~364.

73) 일 칸국의 3대 군주인 Tegûdâr Aḥmad. 재위는 1281~1284년.

74) 일 칸국의 4대 군주. 재위는 1284~1291년.

75) 부카는 아바카 칸의 측근이었는데, 아바카가 죽은 뒤 아흐마드와 아르군 사이의 계승 분쟁에서 마지막에 아르군을 도와 즉위시키는 데 큰 역할을 했다. 그러나 그는 후일 반역을 도모하다가 처형되었다. Cf. 志

킵착(Qipchâq)과 킵착의 아들들인 가잔(Ĝâzân)과 에식 토글리(Eshik Tôĝlî)
와 아이네 벡(Âîne Bîk)이 있었다. 바라간(Barâĝân)과 오쿨(Ôqûl)[76]의 4개 천
호가 가잔에게 위임되어 있었다.[77]

토쿠라운 종족과 그 일족들 가운데는 타이지(Taîjî)와 그의 아들 발투
(Bâltû)가 룸에 있었는데 처형되었다.[78] 발투의 형제로 이사(Îsa)가 있다.

천호장인 아미르 바르타스(Barŧâs) 역시 잘라이르 출신이다. 칭기스 칸의
시대에 또 다른 아미르로 부르케(Bûrke)라는 자가 있었다. 그를 제베(Jebe)
와 수베테이(Sûbâtâî)와 함께 임명하여 이 나라로 보냈는데, 강 저쪽에서 사
망했다. 그의 아들 나우르치(Nâ'ûrchî)는 카안의 비틱치(bîtikchî)[79]인데, 이에
앞서 그는 테구데르(Tegûdâr)의 비틱치였다.

칭기스 칸의 시대에 그를 모시던 우익 천호장 가운데 발라 노얀(Balâ
Nôyân)[80]이 있었는데, 술탄 잘랄 앗 딘이 신드(Sind) 강을 건너 도망치자 추
격하기 위해 그를 군대와 함께 인도로 보냈다. 그러나 그를 잡지는 못했고,
인도 일부를 약탈하고 돌아와 칭기스 칸을 모셨다. 쿠빌라이 칸의 시대에 그
의 아들 중 마쿠이(Mâqûî)라는 자가 그의 지위를 맡았다. 카안으로부터 보내
온 아힌 일치(Ahin Îlchî)[81]는 그의 친족이었다. 이 나라에서는 키르만

茂碩敏, 『序說』, pp.106~107.

76) 이 두 사람의 인명은 다른 곳에서 확인되지 않는다. Roshan(p.70)은 이를 몽골어에서 우익과 중군을 의
미하는 baraĝun과 qol로 읽었으나 표기상 선뜻 받아들이기 어렵다.

77) 킵착과 우겔레이 코르치 一家가 어떠한 친족 관계인지는 불분명하다. 다만 가잔과 에식 토글리는 부카와
행동을 같이하여 아르군 추대에 공을 세웠고, 후에 부카의 반역 사건에 가담하여 처형되었다. 아이네 벡
은 게이하투 칸의 시대에 萬戶長을 지냈다(志茂碩敏, 『序說』pp.173~174).

78) 1297년 타브리즈에서 처형되었다(Roshan, p.1282).

79) '書記'를 의미한다.

80) 『元史』 권1 「太祖本紀」(p.22)에는 1224년 여름 칭기스 칸이 탈리칸(塔里寒)에 避暑할 때 잘랄 앗 딘(札闌
丁)이 도주하자 八剌을 보내어 추격케 하였지만 잡지 못했다는 기사가 있는데, 八剌이 『集史』의 Balâ임이
분명하다. 『秘史』 120절에 칭기스 칸과 합류한 Bala, 202절 천호장 명단 가운데 49번째로 언급된 Bala
Cherbi도 같은 인물로 보인다.

81) B : Âhin.

(Kirmân)의 변경에 주둔하고 있는 천호장 우간(Ûgân)과 [가잔 칸]을 모시는 노린 아크타치(Nôrîn Akhtâchî)[82]도 그의 친족이다. 그[=발라]에게는 형이 있었는데, 역시 우익의 아미르이고 그 이름은 하르카이 카사르 노얀(Harqâî Qasâr Nôyân)[83]이었다.

칭기스 칸의 좌익 천호장들 가운데 하나인 이수르(Yîsûr)[84]라는 자도 잘라이르 종족 출신이었다. 그의 자식들 가운데 쿠루트(Kûrût)[85]는 카안의 어전에 사신으로 갔다. 마찬가지로 좌익에서 하나의 천호를 관할하던 두 형제도 잘라이르 출신인데, 그 하나의 이름은 우카이 칼자(Ûqâî Qâljâ)이고 다른 하나는 카라추(Qarâchû)이다. 이미 서술한 것처럼 그들은 칭기스 칸의 오랜 종복이었고, 그의 조상 때부터 그들은 다른 아미르보다 더 많은 봉사를 했다. 오래 전부터 확고한 권리를 가졌었기 때문에 칭기스 칸은 그들을 [다른] 아미르들보다 더 높게 하려고 생각했지만, [그들은] 동의하지 [15v]「14r」 않고 말하기를 "당신 아버지 이수게이는 우리에게 양을 돌보라고 지시하였습니다"라고 했다. 이런 이유로 그들은 하나의 천호를 관할하고 군주의 양떼를 돌보았던 것이다.

아르군 칸의 유년 시절에 후라산과 마잔다란(Mâzadarân)[86]에서 그의 오르두의 아미르였던 사르탁(Sartâq)의 부친[87] 사파(Sâpâ)와 그[=사르탁]의 아들 카차르(Qâchâr)는 그들의 일족이었다. 전해지는 바에 의하면, 메르키트 종족이 기회를 포착하여 칭기스 칸의 집을 약탈했는데, 그 당시 메르키트와

---

82) akhtâchî/aqtâchî는 몽골어에서 '去勢馬'를 의미하는 aqta의 파생어로 '牧馬者, 群牧監'을 의미한다. Cf. Doerfer, *Elemente*, vol. 1, pp.117~118.

83) 『秘史』 120절에 Bala와 형제간인 Arqai Qasar, 『元史』(p.10)의 阿里海. 『秘史』 120절에 의하면 Seche Domoğ의 아들.

84) A : Bîsûr. A : 130의 천호장 명단에도 그의 이름이 나와 있는데, Jalâirtâî Yîsûr/Bîsûr로 읽는 것이 모두 가능하다.

85) A : Kûrut.

86) 이란 북부의 카스피 해 南岸 地方.

87) 몇 줄 뒤에서 라시드 자신이 썼듯이 '祖父'가 되어야 옳을 것이다.

옹 칸이 평화를 맺고 있었기 때문에 주치를 임신하고 있던 그의 부인을 옹 칸에게 보냈다. 그러나 그는 칭기스 칸의 부친과 오랜 친구였고 그를 '자식' (farzand)이라고 불렀기 때문에, 이 부인을 며느리처럼 대하여 순수함과 따뜻함으로 그녀를 돌보았다. 수령들이 그녀를 취해야 한다고 말하자, 그는 "나의 며느리이다. 불순한 눈길로 그녀를 보아서는 안된다"라고 대답했다. 칭기스 칸이 이 소식을 듣자, 그녀를 돌려받기 위해 사르탁의 조부 사파를 보냈다. 옹 칸은 그를 예우로써 대했고 그에게 그녀를 맡겼다. 그들이 칭기스 칸에게 돌아가던 도중에 주치가 출생했다. 길이 위험해서 정지하거나 강보를 준비할 여유가 없었기 때문에, 약간의 밀가루로 부드러운 반죽을 만들어 그를 그 안에 감싸고 자기 옷(dâman) 속에 안아서 그의 몸이 아프지 않도록 조심조심 데리고 왔다. 그런 까닭에 그의 이름을 '주치'라고 했는데, [이런 이름을 지어 준 것은] 그가 갑작스레 출생했기 때문이었다.[88]

무칼리 구양의 형제로 다이순(Tâîsûn)[89]이라는 사람이 좌익의 한 천호를 관할했다. 일루게이 노얀의 친족 가운데 아미르 돌라다이 바우르치(Dôlâdâî Bâûrchî)[90]가 있었는데, 우구데이 카안은 그를 천호와 함께 쿠텐(Kôtân)[91]에게 주었다. 칭기스 칸의 四大 오르두(chahâr ôrdû-i buzurg)의 監官이었고 친위 천호(hazâra-i khâṣṣ) 가운데 하나의 百戶를 관할한 울두우 코르치(Ûldûû Qôrchî)[92]도 잘라이르 부 출신이었다. 칭기스 칸이 군대를 자식들에게 줄 때

---

88) jöchi(n)를 '손님, 客'의 뜻으로 보는 여러 견해들에 대해서는 Pelliot, *Horde d'Or*, pp.10~12를 참조하시오. Ratchnevsky는 메르키트 部에 의해 약탈된 Börte가 케레이트의 옹 칸에게 위탁되었다는 라시드 앗 딘의 설명에 회의적인 입장을 표명하였으나(김호동 역, 『칭기스 칸』, 지식산업사, 1998, pp.38~39), 최근 吉田順一은 부르테를 되찾기 위해 칭기스 칸과 옹 칸과 자무카가 연합하여 메르키트를 공격했다는 『秘史』의 기사에 신빙성을 두지 않고 차라리 『集史』의 기사가 더 진실에 가까웠을 것으로 보았다. Cf. 「チムジンとオンカンの前期の關係」(『內陸亞洲歷史文化研究 : 韓儒林先生紀念文集』, 南京, 1996), pp.21~48.

89) 『元史』 권119 「木華黎傳」에는 帶孫으로 표기.

90) bâûrchî는 『秘史』의 ba'urchi이고, 『元史』 「兵志」에 '親烹飪以奉上飲食者曰博爾赤'이라고 하였듯이 料理士를 지칭한다.

91) 우구데이 카안의 次子.

한 아미르를 차가타이에게 주었는데 그의 이름은 무게(Mûgâ)였다.[93] 그의
아들 이수르(Yîsûr)는 바락의 군사령관이었고, 그를 예케 이수르(Îke Yîsûr)
라고 불렀다.[94]

수니트 종족[95]

그리고 수니트로부터 분파된 캅투룬(Qabturûn)[96]이라 불리는 종족

캅투룬 종족 출신으로 이 나라에 있는 사람은 적었다. 그러나 카안과 카이두
와 톡타이(Tôqtâî)[97]의 울루스로부터 데리고 온 몽골 노비(ğulâm)들 가운데
는 이 종족에 속하는 노비가 몇몇 있었다.

　수니트 종족 출신의 아미르들은 매우 많았다. 칭기스 칸의 시대에 초르마
군 코르치(Chôrmâğûn Qôrchî)[98]가 그러했다. 칭기스 칸이 죽은 뒤, 이란 땅
에 온 예케 제베(Îke Jebe)[99]와 수베테이(Sûbâtâî)[100]가 鐵門關(Tîmûr

---

92) 실제로 A : 128r에 제시된 百戶長의 명단에는 그의 이름이 Ûldâî Qôrchî로 표기되어 있다. B본에는 wa
　　Ûldûû를 Daûldûû로 誤記했다.

93) 『秘史』 202절의 천호장 명단에 나오는 Möge와 동일 인물이고, 『集史』에서는 차가타이에게 分與된 4개의
　　천호 가운데 하나를 지휘한 인물로 되어 있다.

94) îke는 '큰(大)'을 의미하는 몽골어의 yeke를 옮긴 말.

95) 『秘史』 47절의 Sönid로서, 카이두의 아들인 Cha'ujin Örtegei의 자식들 가운데 하나가 Sönid의 조상이
　　되었다고 한다. 『元史』에는 雪泥로 표기되어 있다(권 77, 「國俗儀禮」, p.1924).

96) '캅투룬'에 대한 언급은 이것이 유일한 것 같다. 『秘史』 47절에 Cha'ujin Örtegei의 자식들에서 생겨난
　　씨족으로 Oronar, Qonğğotan, Arulad, Sünid, Qabturğas, Geniges가 언급되어 있는 것을 생각해 볼
　　때, Qabturûn이 Qabturqas의 同名異形일지도 모르겠다. 露譯本의 中譯人들은 일부 寫本들에 QBTRQS
　　로 표기된 것들이 있기 때문에 Qabturqas로 옮겨야 한다고 주장했다.

97) A : Tôqbâ. 킵착 칸국의 8대 군주인 Toqta(재위 1291~1312)를 지칭한다.

98) 『元史』 권2 「定宗本紀」(p.39)의 搠思蠻, 『秘史』의 Chormaqan Qorchi. 그의 이름은 chorma+qan('縮小
　　形 接尾辭)의 형태로 이해할 수 있을 듯하다. chorma라는 말은 없지만 '작은 새'라는 의미를 갖는
　　chorba와 chorbaqa(n)와 같은 것이 아닐까 추측된다. 『集史』의 「타타르 傳」(A : 19r)에는 Chôrma
　　Kûregân이라는 인물도 보인다. Cf. Kowalevskii, Dictionnaire mongol-russe-francais, p.2221.

Qahalqa)[101]을 거쳐 돌아가 우구데이 카안을 모시기 위하여 가서 〔그를〕 배알[102]했을 때,[103] 〔우구데이 카안은〕 초르마군에게 4만호의 '탐마軍'(lashkar-i tammâ)을 지휘케 하여 이쪽으로 파견했다.[104] 탐마군이란 천호와 백호의 군대에 〔일정 수의 군인을〕 할당하여 차출한 뒤 어느 지방에 주둔하도록 파견한 군대를 지칭하는 것이다.[105] 천호와 만호에서 〔차출된〕 대아미르들 가운데 몇몇이 그와 함께 왔다. 비록 그 아미르들의 출신이 달라서 그들에 관한 설명이 그 〔해당〕 지파에서 나오겠지만, 이 아미르[초르마군]에 관한 정황은 하나의 독립된 이야기이기 때문에, 여기서 그에 관해 언급하는 김에 상세히 설명하기로 한다.

이 군대에 속한 한 만호장(amîr-i tûmân)이 바이주 노얀(Bâîjû Nôyân)인데,

---

99) 露譯本에서는 Îke Jebe를 'Eke와 Jebe' 두 사람으로 보았으나, 실은 위에서 Îke Yîsûr의 경우처럼 Jebe 에 대한 존칭으로 Yeke Jebe('大제베')라는 표현을 쓴 것에 불과하다.

100) A : Sûnâtâî.

101) qahalqa는 몽골어로 '關門'을 의미한다. 『秘史』247절에 居庸關을 Chabchiyal-un qa'alqa('居庸的關') 라고 불렀다. Bretschneider에 의하면 중앙아시아에는 '鐵門關'이라 불리던 곳이 두 군데 있었는데, 하 나는 아무다리야 연안의 Termedh에서 Kash로의 北上路에 三日程 되는 곳에 있었고, 다른 하나는 일리 河 유역 Almaliq 근처에 있었다. Cf. *Mediaeval Researches*, vol. 1, pp.82~84, pp.126~127. 『元史』 권1「太祖本紀」(p.21)에 칭기스 칸이 西征時 머물렀던 '鐵門關'은 전자를 지칭하며, 長春眞人의 『西遊 記』를 비롯하여 무슬림 사가들의 글에 자주 언급되는 鐵門關도 전자를 가리킨다. 그러나 露譯本에서는 여기서 언급된 鐵門關을 후자로 이해하고 있다.

102) ôljâmîshî. '배알하다'를 의미하는 몽골어 a'ulja의 파생어.

103) 이 부분의 원문은 오해의 소지를 안고 있다. 마치 칭기스 칸이 죽은 뒤에 제베와 수베테이가 이란 지방 을 원정했다가 돌아간 것처럼 서술하고 있기 때문이다. 그러나 주지하듯이 그들의 중동 원정은 칭기스 칸의 호레즘 공격 때의 일이기 때문에, 칭기스 칸이 죽은 뒤에 이란에서 돌아갔다는 것은 사실과 부합되 지 않는다. 아마 '칭기스 칸이 죽은 뒤'는 우구데이가 초르마군을 중동으로 파견한 시점을 가리키는 것 이 아닐까 생각된다.

104) 이하 라시드 앗 딘이 서술하고 있는 것처럼 초르마군이 이끌고 온 4개의 만호는 각각 초르마군(수니트 部), 바이주(코룰라스 部), 예케 이수르(잘라이르 部), 말릭 샤(所屬未詳)가 지휘했다. 이 四萬戶의 구성 과 변천에 대해서는 志茂碩敏의 자세한 연구가 있다. 그의 『序說』, 97ff 참조.

105) 탐마 軍 혹은 探馬赤軍은 그동안 학계에서 가장 논란이 심했던 주제의 하나이다. 여기서는 그 논의를 다 소개할 수 없으므로, 라시드 앗 딘이 설명하였듯이 '鎭守軍' 정도의 의미로 이해해 두기로 한다. 이 문제 와 관련된 문헌들은 楊志玖 等 編, 『元史學槪說』(天津 : 敎育出版社, 1989), pp.81~85을 참조하시오.

베수트 종족이며 제베의 친족이다. 초르마군이 사망하자 카안은 바이주를 그 자리에 임명했다. 훌레구 칸이 이 지방으로 왔을 때 바이주 노얀은 바그다드를 공략하는 데 혼신의 노력과 힘을 다 바쳤고, [그리하여] 그를 만호장으로 정해 주었다. 그가 죽은 뒤에는 그의 아들 아닥(Adâk)이 아버지의 만호를 관할했다. 아닥이 죽자 아르군 칸은 그의 만호 가운데 일부를 카바타이 부랄기(Qabâtâî Bûrâlğî)[106)]에게 위임했고, 다른 일부는 잘라이르 종족 출신으로 에식 토글리의 형인 가잔에게 위임했다. 그들[이 죽은] 뒤 게이하투 칸은 전술한 가잔의 형제 아이네 벡(Aîne Bek)에게 주었지만, 그가 수케(Sûkâ)[107)]와 한편이 되었기 때문에 이슬람의 제왕 가잔 칸은 그를 처형시키고 그 군대를 [16r][108)] 아닥의 아들 술레미시(Sûlâmîsh)에게 넘겨주었다. 그러나 그도 반란을 일으켰기 때문에 그를 처형시키고, 그의 천호를 토카차르(Tôqâchâr)[109)]에게 준 뒤 다른 [천호]들을 각 사람에게 이관시켰다.

만호장들 가운데 또 다른 아미르는 코룰라스 종족의 예케 이수르(Yâkâ Yîsûr)였다.[110)] 칭기스 칸의 시대에 대아미르였고 그와 '삼촌 관계'(naqâchûî)에 있었다.[111)] 이 지방에 왔을 때 오랜 동안 자기의 만호를 관할했고, 그 뒤

---

106) bûrâlğî는 한문 자료에 字蘭奚라고 표기되며 '잃어버린 재물'을 뜻하는 bularğu와 연관되는 말로 이해된다. 인명에 bûrâlğî가 붙은 경우 그 의미는 '주워온 아이'가 되며, 이러한 표현을 사용한 것은 아이에게 일부러 좋지 않은 뜻의 이름을 주어 災禍를 피하고자 하는 몽골인들의 관습 때문이었다. Cf. Pelliot, *Notes on Marco Polo*, vol. 1, pp.112~114.

107) A : Sûgel. 훌레구의 손자이며 가잔 칸의 숙부. 그는 1296년 가잔 칸에 대해 반란을 일으켰으나 패퇴하여 처형되었다(Roshan, pp.1263~1265).

108) B본에는 이 다음의 한 葉(A본의 16r~16v에 해당)이 빠져 있다.

109) A본에 Tôqâ Ḥasâr로 표기되어 있으나 Tôqâchâr의 誤記임이 분명하므로 고쳤다.

110) Yâkâ 역시 몽골어의 yeke를 옮긴 말로 보인다. 志茂碩敏도 지적했듯이(『序說』, pp.112~113) Yâkâ Yîsûr는 『집사』 다른 곳의 Yîsûr-i Buzurg와 동일한 인물이며, 이 인물은 「수니트 傳」에 코룰라스로 되어 있지만 「칭기스 칸 기」의 천호장 명단에는 올쿠누트로, 또 다른 곳에서는 쿵그라트로 되어 있어 혼란을 준다.

111) A본은 baqâchûî로 읽는 것도 가능하다. naqâchû는 몽골어로 '외삼촌'을 뜻하며, naqâchûî라는 말에 대해서는 Doerfer, *Elemente*, vol. 1, pp.516~517 참조.

그의 아들인 호자 노얀(Khwâja Nôyân)이 그의 지위를 담당했다. 호자 노얀의 아들들은 투나(Tûnâ)와 물라카르(Mûlâqar)이며 천호장들이었다. 투나의 아들들은 투라투 쿠레겐(Tûrâtû Kûregân)과 바룰라(Bârûlâ)[112]와 쿠룸시(Qûrumshî)였는데, 아르군 칸[이 죽은] 뒤 아미르들과 함께 반역하였기 때문에 처형되었다.

또 다른 만호장은 말릭 샤(Malik Shâh)였는데, 위구르와 카를룩과 투르크만과 카쉬가르인(Kâshğarî)과 쿠차인(Kûchâî)들로 모아서 만든 군대를 그에게 주었다. 그가 죽자 그의 아들 힌두착(Hindûchâq)에게 그의 자리를 주었다. 그는 쿰(Qum)[113]의 군주를 죄도 없이 죽였기 때문에 아미르 아르군이 그를 뭉케 카안의 칙령에 따라 투스(Tûs)[114]의 城門에서 처형시키고, 그의 재산을 칭기스 칸의 넷째 아들의 일족에게 나누어 주었다. 그의 형제인 살라르 벡(Sâlâr Bîk)을 그의 자리에 임명했다. 키트 부카 노얀(Kît Bûqâ Nôyân)이 이집트와의 전쟁에서 죽었을 때 살라르 벡은 그와 함께 있다가 도망쳐 돌아왔다. 그런 이유로 훌레구 칸은 그의 죄를 물어 처형하고 그 [휘하의] 천호들은 다른 아미르들에게 이관했다. 그 가운데 한 천호를 현재 나울다르(Nâûldâr)가 소유하고 있다.

또한 초르마군과 같이 왔던 몇몇 천호장들이 오늘날 알려져 있는데, 하나는 카라 이수데르 사리치(Qarâ Yîsûder Sârîchî)의 아버지였고 룸에서 천호장이었다. 또 하나는 알리 박시('Alî Bakhshî)의 아버지인 밍 이게미시(Mîng Îgâmîsh)인데, 위구르[인들로 구성된] 1천호를 관할했다. 또 다른 아미르는 에스케 노얀(Eske Nôyân)이었는데, 그가 죽자 그의 친족인 초르마 노얀(Chôrma Nôyân)이 그 자리를 맡아 보았다. 켈테게이(Keltegâî)와 타가이

---

112) A본은 Yârûlâ로 표기하였으나, 수케와 연합하여 반란을 일으킨 Bârûlâ가 되어야 마땅할 것이다.
113) 테헤란 남쪽 135km에 위치한 도시.
114) 몽골 침입 이전까지 번영하던 도시로, 이란 서북부 Mashhad에서 동쪽으로 23km 지점에 위치. 이란의 詩聖 Firdawsî의 고향.

(Ṭağâî)가 그의 자식들이다.

또 다른 아미르 차가타이(Chağatâî)는 코르치들의 수령이었는데[115] 아룰라트 종족 출신이고 보코르치 노얀[116]의 일족이었다. 이스마일리들(mulaḥidân)[117]이 비수로 그를 찔러 살해했다. 그의 자식들로는 돌라다이 야르구치(Dôlâdâî Yârğûchî)와 바이 티무르(Bâî Timûr)와 카라 불루간(Qarâ Bûluğân)과 사르탁타이(Sartâqtâî)가 있었다. 돌라다이의 아들은 아식 티무르(Ashîq Tîmûr)였고, 바이 티무르의 아들은 툭 티무르(Tûq Tîmûr)였으며, 상술한 카라 불루간은 천호장이며 야르구치였다. 사르탁타이는 토단(Tôdân)과 토쿠(Tôqû)가 룸에서 전쟁을 할 때 이집트인들에게 붙잡혀 그곳으로 끌려갔다.[118]

또 다른 아미르는 차가타이 쿠축(Chağatâî-yi Kûchük)[119]이었다. 그 당시 차가타이가 사망하고 그의 이름이 避諱(qôrîq)[120]되었기 때문에, 그 뒤에 그를 순타이(Sûntâî)라고 불렀다. 그가 수니트 종족 출신이기 때문이었다. 처음

---

115) 원문은 amîr-i dîgar Chağatâî buzurg-i qôrchîyân bûde. 그런데 뒤에 Chağatâî-yi Küchük이 나오는 것으로 보아, Chağatâî-yi Buzurg Qôrchî〈yân〉 전체를 하나의 이름으로 읽을 가능성도 생각해 볼 수 있다.

116) A에는 Bô ôzchîn이라고 표기되어 있으나 이는 點의 위치가 잘못된 것으로 Bôğôrchîn으로 읽어야 마땅하다. 이는 물론 칭기스 칸의 四駿 가운데 하나인 Bo'orchu/Boğorchu(博爾朮)를 지칭한다.

117) 원래는 '異端者, 異教徒'의 의미이지만, 여기서는 제7대 이맘파인 Ismâ 'îlî를 지칭한다. 흔히 hashish라는 大麻草를 이용하여 政敵을 암살했다는 소문으로 인해 '暗殺者團'(Assassins)이라는 이름으로 널리 알려지기도 했다. 이들에 대해서는 B. Lewis의 *The Assassins*(London : Weidenfeld and Nicolson, 1967) ; Pelliot, *Notes on Marco Polo*, vol. 1, pp.52~55 등을 참고하시오.

118) 토단은 술두스 부, 토쿠는 잘라이르 부에 속하는 아미르들이다. 이들은 1277년 룸에서 맘룩의 바이바르스 군대의 습격을 받아 전사했다.

119) '작은 차가타이'라는 뜻.

120) 원래 qôrîq은 투르크·몽골어에서 '둘러싸다, 보호하다, 금지하다'를 의미하는 qori-에서 나온 말로서 '禁斷地域, 禁獵地區'를 의미한다. 따라서 칭기스 칸의 무덤이 있는 Burqan Qaldun 山도 yeke qoriq이라 불렸던 것이다. '(두려움과 존경으로) 피해야 할 대상'이라는 의미에서 몽골 제국의 군주들 이름들 가운데 일부도 避諱되었고 qôrîq이라 불렸다. Cf. Pelliot, *Notes on Marco Polo*, vol. 1, pp.338~339 ; Doerfer, *Elemente*, vol. 1, pp.432~434.

에는 천호장이었다. 타가차르(Ṭaġâchâr)의 아버지인 쿠투 부카 노얀(Qûtû Bûqâ Nôyân)이 죽자 그의 자리를 순타이에게 주었다. 그의 자식들로는 ……[121]과 타가이(Ṭaġâî)가 있었다. 에멕친(Emekchîn)의 자식으로는 부랄기 (Bûrâlġî)와 타이 부카(Tâî Bûqâ)가 있었고, 부랄기의 자식으로는 지브라일 (Jibraʾîl)과 미카일(Mîkâʾîl)이 있었다. 순타이가 사망하자 그의 자리를 망구트 종족 출신으로 쿠틀룩 샤 노얀(Qutluġ Shâh Nôyân)의 숙부인 훌쿠투 코르치 (Hûlqûtû Qôrchî)에게 주었다. 아르군 칸의 시대에 〔그 자리를〕 타가차르에 게 주었고, 이슬람의 제왕인 가잔 칸은 알라두에게 위임했다.

수니트 종족 출신의 또 다른 아미르들이 많았다. 예를 들어 칭기스 칸의 시대에 아미르였던 티무르(Tîmûr)라는 이름의 인물이 있었는데, 그에게는 엘 티무르(El Tîmûr)라는 형제가 있었다. 그는 칭기스 칸의 大카툰이고 네 아 들의 어머니인 부르테 푸진(Bôrte Fûjîn)[122]의 오르두에서 바우르치였고, 친 위 천호 가운데 하나의 백호를 관할했다. 또한 그의 시대에 우익에 속하는 다른 아미르가 있었는데 그의 이름은 우겔레이 체르비(Ôgelî Cherbî)였다. 또 한 좌익에 속하는 한 〔아미르가 있었는데〕 그의 이름은 테무데르 노얀 (Temûder Nôyân)이었고 칭기스 칸의 코르치였다. 그에게 아들이 있었는데 대단히 키가 크고 명민했으며 뭉케 칸의 시대에 그의 이름—〔실은 별명〕— 은 무바락 코르치(Mubârak Qôrchî)가 되었다. 몸이 약하여 그렇게 불린 것이 다.[123] 에멕친과 부카다이 아크타치(Bûqadâî Aqtâchî)는 테무데르 노얀의 자 손·친족 출신이다. 아바카 칸 시대의 일루겐 자사울(Îlûgân Jâsâûl)[124]도 수

---

121) A본에 缺落. A본에는 이름이 하나 들어갈 만한 공백이 보인다. 레닌그라드, 파리, 런던의 사본에는 Emekchîn이라는 이름이 삽입되어 있다.

122) Fûjîn은 중국어의 ‘夫人’을 옮긴 말이다.

123) ‘무바락’이란 ‘축복’을 뜻하는 아랍어로, 그의 몸이 약했기 때문에 건강하라는 기원과 함께 그런 별명을 붙인 것 같다.

124) jâsâwûl/yâsâwûl은 몽골어에서 ‘명령’을 뜻하는 jasaq의 파생어로서 ‘명령을 전달하는 사람’, 즉 ‘副 官’의 의미로 사용되었다. 몽골 시대뿐 아니라 그 후 이슬람 권에서 널리 사용되던 관칭호였다. 이에 관

니트 종족이었다. 현재 이 정도가 알려져 있다.

타타르 종족[125]

옛날부터 그들의 이름은 세상에서 유명했고 그들로부터 수많은 지파들이 갈라져 나왔다. 이 종족 전체는 7만호였다. 그들의 거처와 목지는 종족대로 또지파대로 따로 정해져 있었는데 〔16v〕 키타이 지방의 변경에 가까웠다. 그들에게 매우 특별한 목지는 부유르 나우르[126]라고 불리는 곳이다. 그들은 대부분의 기간 동안 키타이의 군주들에게 복속했고 공납인(kharâj-gozâr)이었지만, 그들 가운데 일부가 반란을 일으킬 때마다 키타이의 군주들은 그들을 막기 위하여 군대를 배치시켜 다시 복종케 했다. 또한 〔그들은〕 서로 반목하고다투어서 오랜 세월 동안 그 종족들 사이에는 전쟁이 계속되었고 싸움이 일어났다.

전하는 바에 의하면, 과거 한때 타타르와 두르벤과 살지우트와 카타킨 등의 종족이 함께 연합하여 모두 다 어떤 하천들의 하류에 거주하게 되었다. 이것들이 합류하면 앙쿠라 무렌(Anqûra Mûrân)[127]이 되는데, 그것은 대단히커다란 강이고 〔현재〕 우수투 망쿤(Ûsûtû Mangqûn)[128]이라고 불리는 몽골의

해서는 Doerfer, *Elemente*, vol. 4, pp.166~172를 참조하시오.

125) Tatar라는 이름은 8세기 초에 제작된 고대 투르크 비문에 처음으로 나타나기 시작했고, 漢文 史料 중에는 李德裕의 『會昌一品集』에 '達怛'이라는 字面으로 처음 등장하였으며, 遼에서는 阻卜이라는 이름으로불렸다. 타타르는 9세기 중반 위구르 제국이 붕괴된 뒤 몽골 초원으로 이주하여 13세기 초 칭기스 칸에의해 절멸될 때까지 북방에서 일대 세력을 이루어, 13세기 서구인들은 제국의 건설자인 몽골인들에 대해서도 'Tatar/Tartar'라는 이름으로 부를 정도였다. 이 집단에 대해서는 王國維의 고전적인 「韃靼考」이래 많은 글들이 있기 때문에, 여기서는 詳論할 필요가 없을 것이다.

126) A의 원문은 Bûyû Nâûûr이지만, 앞에서 나온 Bûîr Nâûûr와 동일한 것으로 몽골 초원 동부의 부유르호수를 지칭함이 분명하다.

127) 이 강 근처에 키르키즈 지방이 있다는 뒤의 기사로 보아 바이칼 호 서북방에 있는 Anqara 강을 가리키는 것이 확실하다.

한 종족이 그곳에 살고 있다. 그 지역은 현재 ……[129] 속해 있다. 그 강 가까이에 캉카스(Qanqâs)[130]라는 이름의 도시가 있는데, 그곳에서 이 강과 케메르(Kemer) 강[131]이 합류하며, 그 도시는 키르키즈 지방에 속해 있다. 사람들이 말하기를 이 강은 바다가 가깝고 銀이 많은 어떤 지방으로 흐르는데, 그 지방의 이름은 '알락친 아두탄 뭉구 불레우르탄'(Alâqchîn Âdûtân Mönggû Bülâûrtân)[132]이라고 한다. 그들의 말은 모두 점박이고 몸집은 네 살박이 낙타 정도로 크며, 그들의 도구와 그릇은 모두 은으로 만들어졌다고 한다. 새들도 아주 많다. 소르카타니 베키(Sôrqaqtanî Bîkî)[133]는 쿠추구르(Kûchûgûr)[134] 종족의 퉁갈릭(Tûnggǎlîq), 카라투트(Qarâtût) 종족의 바크주

128) 몽골어의 ûsû는 '물'을 뜻하기 때문에 Ûsûtû Mangqûn은 '물가의 Mangqûn'을 뜻하지만, Mangqûn의 의미는 불확실하다. 『秘史』에는 mangqus라는 단어가 蟒로 旁譯되어 있는데, 이는 'mangqu(n)의 파생어(복수형?)로 추측된다. 몽골의 한 族名인 Mangqud도 마찬가지로 Mangqun의 복수형으로 볼 수 있을 것이다. 한편 『黑韃事略』(p.518)에는 몽골의 西南方에 斛速益律子(子는 干의 誤記), 즉 Usu Irgen이라는 종족이 있었다는 기록이 있고, 이는 水韃靼으로도 불렸다. 또한 Carpini와 Rubruck의 글에도 河名에 따라 집단의 명칭이 불리는 타타르인들이 있었는데, 그들이 Su Mongol이라 불렸다는 기록이 보인다(Mission to Asia, p.19, p.170). 혹시 Ûsûtû Mangqûn이 이러한 집단과 관련이 있는 것은 아닐까?

129) 원문 결락.

130) A본에는 어두의 q 다음에 點이 빠져 있어, 다양한 방식으로 읽을 수 있다. 그러나 『秘史』 239절에 주치가 오이라트·키르키즈 등 森林民들을 칠 때, 그에게 투항했던 집단들 가운데 Qangqas라는 族名이 보인다. 이들의 거주지가 앙카라·예니세이 등의 河 流域이었음을 생각하면, 라시드 앗 딘이 말하는 이 都市名과 Qangqas라는 族名은 연관이 있는 것으로 보인다. 村上正二(『秘史』, 卷3, pp.96~97)는 『秘史』의 Qangqas를 康居(Qanggü〈Qangǎar~Kenggür〉)의 복수형이 아닐까 추측하고 있다.

131) 露譯本에서는 이것을 Kem 河, 즉 예니세이 강으로 이해하였는데 타당한 것으로 보인다.

132) 우선 Alâqchîn Âdûtân이 '점박이 말떼를 지닌 (곳)'을 뜻함은 분명하다. 다음에 Mönggû는 '銀'을 의미하고, Bülâûrtân은 büle'ür+tan으로서 büle'ür는 『秘史』 85절에도 나오듯이 '통에 든 젖을 휘저을 때 쓰는 막대기'를 의미하며, 이는 유목민들이 자주 사용하는 중요한 생활 도구 가운데 하나이다. 따라서 Mönggû Bülâûrtân은 '銀製 불레우르를 지닌 (곳)'을 뜻하는 셈이다. 이러한 해석은 라시드 앗 딘이 바로 뒤에서 제시한 설명과도 일치한다. 따라서 이 네 단어는 그 지방의 고유한 이름을 나타낸 것이라기보다는, 物産의 특징을 묘사한 것이라고 보는 것이 옳을 것이다. 露譯本에서는 이 뜻을 알지 못했기 때문에 Alafkhin, Adutan, Mangu, Balaurnan이라는 네 개의 독립된 地名으로 읽었다.

133) A·B본 모두 Sîûrqaqtanî Bîkî라고 표기했으나 Sôrqaqtanî Bîkî로 읽는 것이 옳다. 그녀는 톨루이의 첫째 부인이다.

(Bâkjû), ...¹³⁵⁾ 종족의 뭉구르 제테(Mûnggûr Jîte)¹³⁶⁾ 등 세 아미르와 1천 명의 병사를 배(船)에 태워 그곳으로 파견했다. 그들은 많은 은을 하안으로 가져왔지만 배에 실을 수가 없었다. 〔그래서〕 그 병사들 가운데 돌아온 사람은 300명을 넘지 못했고, 남은 사람들은 숨막히는 공기와 지나친 습기로 인해 죽었지만, 세 명의 아미르들은 모두 무사히 돌아와 장수를 누릴 수 있었다.

이 종족은 단검을 잘 다루는 것으로 유명했다. 그들은 극도로 무지하여 별로 심한 말다툼 없이도 단검과 長刀로 서로 상대를 베는 것이 마치 쿠르드 (Kurd)나 슐(Shûl)¹³⁷⁾이나 프랑크(Ferenj) 사람들과 비슷하다. 현재 몽골인들 사이에 있는 법령이 당시 그들에게는 없었고, 그들의 성품에는 증오심과 분노와 질투가 가득했다. 그들의 숫자가 많기 때문에, 만약 서로 불화하지 않고 합심했다면 키타이인이나 혹은 다른 어떤 종족, 어떤 피조물이라도 그들과 대적할 수 없었을 것이다. 그들 사이에 적대와 분쟁이 일어났음에도 불구하고 그들은 과거 대부분의 시기에 많은 종족과 지방을 지배하고 우위를 장악했었다. 그들은 대단한 지위와 명성과 위엄을 지녔고, 각종 투르크인은 〔그들이〕 대단한 존귀함과 위엄을 지녔기 때문에 비록 종류와 이름이 서로 달랐을지라도 스스로를 그들의 이름으로 불렀다. 그래서 그들 모두 타타르라고 칭해지게 된 것이다.

이처럼 갖가지 서로 다른 집단들은 그들의 이름을 쓰면 자신들의 지위와 위상도 높아지리라고 생각했는데, 이것은 마치 오늘날 칭기스 칸과 그의 일족이 성공했고 또 그들이 몽골이기 때문에 잘라이르·타타르·오이라트·웅

---

134) 露校本에는 Karchûgûr라고 되어 있으나 A본에는 Kûchûgûr로 표기되어 있다. 『秘史』 158절에 나오듯이 Küchügüd(Küchügür는 단수형)는 나이만 部의 한 支派의 이름이고, 나이만의 군주 Buyiruq Khan 은 이 支派에 속했었다.

135) 원문 결락.

136) 字面에 點이 불분명하여 Jîte라고 단언하기는 어렵다.

137) 이란의 Fars 지방에 사는 종족의 명칭. Cf. *Islam Ansiklopedisi*, vol. 11, pp.582~584(Minorsky, "Şûlistan").

구트·케레이트·나이만·탕구트처럼 각자 정해진 이름과 특정한 명칭을 갖고 있던 상이한 투르크 종족들이 자기를 높이기 위하여 스스로를 몽골이라고 부르는 것과 비슷하다. 그들은 옛날에 이 이름[=몽골]을 거부했지만, 오늘날 그 자손들은 옛날부터 몽골이라는 이름으로 불렸던 것처럼 생각하고 있다. [그러나 사실은] 그렇지 않다. 왜냐하면 옛날에 몽골은 유목민 투르크 종족 가운데 한 종족에 불과했기 때문이다. 다만 그들에게 주님의 은총이 주어졌으니, 칭기스 칸과 그의 일족이 몽골의 후예였고 그들로부터 많은 지파가 번성하게 되었다. 특히 약 300년 전 알란 코아 때부터 니르운 종족 출신이라고 부르는 많은 지파들이 나타나 존경받게 되었고, 그래서 그들 모두가 몽골 종족으로 불리게 된 것이다. 그 당시 나머지 [다른] 종족들은 몽골이라 불리지 않았지만, 그들의 외형·모습·명칭·언어·풍속·관습 등이 서로 비슷했기 때문에—비록 그보다 더 옛날에는 언어와 관습에 약간의 차이가 있었다고 할지라도—오늘날 키타이, 주르체, 낭기야스, 위구르, 킵착, 투르크만, 카를룩, 칼라치 등의 종족들, 그리고 [심지어] 몽골인들 사이에서 성장한 타직인이나 포로들에 대해서도 역시 몽골이라고 부르고 있다. 이러한 사람들도 [자기를] 몽골이라고 부르는 것이 자기의 품격과 지위에 좋다고 생각하는 것이다. 이에 앞서서는 타타르의 위세와 영광 때문에 똑같은 현상이 일어났고, 이런 까닭으로 아직도 키타이 지방, 힌드와 신드(Hind wa Sind), 친과 마친, 「14v」[138] 키르키즈 지방, [17r] 켈레르, 바쉬기르드, 킵착 초원, 북방의 나라들, 아랍과 시리아와 이집트와 마그리브의 종족들 사이에서는 투르크 종족들이 모두 타타르라는 이름으로 불리고 있는 것이다.

널리 알려져 있고 각기 군대와 군주를 갖고 있는 타타르의 종족으로는 6개가 있는데 다음과 같다.[139]

---

138) B본은 여기서 다시 이어진다.

139) 고대 투르크 비문에는 '三十姓 타타르'(Otuz Tatar)가 언급되고, 한문 자료에는 '九姓(九族)韃靼'이 언급된다. 『秘史』에는 타타르에 속하는 지파로서 Ayiri'ut, Buiri'ut, Cha'an, Alchi, Duta'ut, Aluqai 등을

투툭리우트 타타르(Tûtûqlîût Tâtâr),[140] 알치 타타르(Alchî Tâtâr),[141] 차간 타타르 (Chagân Tâtâr),[142] 쿠인 타타르(Kûîîn Tâtâr),[143] 타라트 타타르(Tarât Tâtâr),[144] 바 르쿠이 타타르(Barqûî Tâtâr)

투툭리우트는 타타르 종족 가운데 가장 중요하다. 이 종족 출신이면 어떤 사람일지라도 남자면 '투툭리타이'(Tûtûqlîtâî)라고 부르고 여자면 '투툭리 진'(Tûtûqlîjîn)이라고 부르는 것이 관습이다. 또 알치 타타르 출신이라면 '알 치타이'(Alchitâî) 혹은 '알진'(Aljîn), 쿠인 출신이면 '쿤타이'(Kûntâî)[145] 혹은 '쿤진'(Kûnjîn), 타라트 출신이면 '타라타이'(Tarâtay) 혹은 '타라우진' (Tarâûjîn)이라 부른다.

이 종족들은 서로 전쟁과 불화를 많이 일으켰고 끊임없이 살육과 약탈을 하느라 바빴지만, 그들과 몽골 종족 사이에 전쟁과 적대가 생겨나면 그 문제 에 관해서는 서로 단합하여 양측 사이에 오랜 복수와 혈투를 벌이곤 했다. 그 이유는 이러하다. 몽골 집단의 칸이었던 카불 칸(Qabul Khân)[146]의 시대 에—대부분의 키야트 종족들은 그의 일족이었고, 니르운계 몽골은 그의 사 촌들이었으며, 그 전에 각기 특정한 이름을 갖고 있던 몽골의 다른 지파들은

들고 있다. 한문 사료에 보이는 타타르에 대한 상세한 고증으로는 王國維의 「韃靼考」, 『觀堂集林』(1979, 臺北 影印), 권14, pp.634~686이 있고, 타타르 諸支派의 이름에 대한 분석으로는 Pelliot, *Campagnes*, pp.2~9를 참조하시오.

140) Tûtûqlîût라는 말은 tutuq('都督')의 파생어로 '都督의 種族'을 의미하는 것으로 추측된다. 『元史』의 脫 脫里台가 이에 해당되는 것으로 보인다.

141) B : Âlchî

142) '흰 타타르'의 의미이지만, 『元史』 등에서 웅구트 部를 지칭한 白韃靼과 혼동해서는 안된다.

143) Pelliot는 Kûîtän으로 읽을 것을 제안했다. *Campagnes*, p.8.

144) Pelliot는 『遼史』 권30의 敵剌과 같은 것일 가능성을 지적했다. Ibid., p.8.

145) 라시드 앗 딘은 Sûnît 부 출신의 Sûntâî를 표기할 때에도 Sûn 다음에 ㅓ를 표기하지 않았다. 이는 -n으 로 끝나는 음절의 경우 ㅓ를 생략하고 다음 음절로 연결시켰음을 보여준다. Kûntâî도 이와 같은 경우로 보인다.

146) 칭기스 칸의 증조부. 『元史』(p.2707)의 葛不律寒.

伯叔과 祖父〔의 후손들〕의 집단이었다. 모두 친족과 친구라는 명목으로 그를 도왔고 그와 연합했으며, 격렬한 사건이 일어나면 그에게 친구와 지원자가 되어 연합했다.—카불 칸의 부인인 쿵그라트 종족 출신의 코알쿠(Qôâlqû)[147]의 형제 사인 테긴(Sâin Tegîn)이 병에 걸려 치료하기 위하여 타타르 종족의 차라칼 누두이(Charaqal Nûdûî)라는 이름의 무당(qâm)[148]을 불렀는데, 그가 와서 그〔=사인 테긴〕를 위해 굿을 했지만[149] 사인 테긴은 죽고 말았다. 〔사람들은〕 그 무당으로 하여금 〔잘못을〕 서약케 하고 집으로 돌려보냈다. 그 뒤 사인 테긴의 형제들이 가서 그 무당 차라칼을 죽였고, 그런 까닭으로 타타르 종족과 그들 사이에 원한이 생겨나게 된 것이다. 카불 칸의 아들들은 사인 테긴과 의형제·사돈 관계(andâ-qûdâî)[150]였기 때문에 그〔=사인 테긴〕의 종족을 돕는 것이 의무였고, 그런 이유로 그들과 타타르 사이에 분쟁과 적대가 발생하고 여러 차례 전투가 벌어졌다. 양쪽 모두 언제나 기회가 있으면 서로를 죽이고 약탈하곤 했고, 오랜 세월 동안 이러한 전쟁과 적대가 계속되었다.

처음에 타타르는 카불 칸의 종형제들의 집단이자 그의 일족이었던 타이치우트 종족의 군주와 지도자 가운데 하나인 함바카이 칸(Hambaqâî Khân)[151]

---

147) B : Qarâlqû.

148) 투르크어 qam에 대해서는 Clauson, *Etymological Dictionary*, p.625를 참조하시오. 『秘史』에는 무당이 bö'e(böge)로, 점쟁이는 tölgechi로 되어 있다.

149) qâmlâmîshî kard.

150) anda는 一族이 아닌 두 사람이 兄弟 關係를 맺을 때 서로를 부르는 호칭으로, 이수게이와 토오릴, 테무진과 자무카가 anda의 관계였다. quda는 姻族 혹은 그 성원을 부르는 칭호였다. 칭기스 칸의 長妻 Börte는 쿵그라트(『秘史』의 옹기라트)에 속했던, 그의 母親 Hö'elün이 속했던 올쿠누트 氏도 원래는 쿵그라트의 一支派였다. 『集史』의 이 기사는 『秘史』 64절에서 Börte의 부친인 Dei Sechen이 "우리 옹기라트 사람들은 옛부터 …… 당신들의 카안이 된 자의 …… 카툰의 자리에 함께 앉힌다"라고 한 것처럼 이미 카불 칸의 시대에도 보르지기드와 쿵그라트가 姻族 關係였음을 입증해 준다. 『國朝文類』 권23 「駙馬高唐王忠獻碑」에 의하면 칭기스 칸 일가의 姻族이 된 옹구트의 알라쿠시 일족에 속하는 鎭國이 按達忽荅이라고 불렸다고 하는데, 이 역시 anda quda를 옮긴 말이다.

151) 『秘史』의 Ambaǧai Qa'an.

을 기회를 틈타—어떤 방식으로 그랬는지에 대해서는 그들 지파에 관한 설명에서 서술될 것이다—붙잡았다. 〔뒤에서〕 설명이 나오겠지만, 키타이의 알탄 칸(Altân Khân)[152]은 카불 칸이 자신의 사신들과 누케르들을 살해했기 때문에 분노하여 그의 친족이자 그와 연합하였던 몽골 종족을 죽이려고 생각하고 있었는데, 타타르는 이러한 사실을 알고 있었을 뿐 아니라, 그〔=알탄 칸〕에게 복속하고 있었기 때문에 함바카이 카안[153]을 그에게로 보냈다. 더구나 그들 자신도 그에 대해 오랜 원한과 적의를 갖고 있었기 때문에 이같이 대담한 짓을 했던 것이다.[154] 키타이의 군주는 함바카이 카안을 나무로 만든 나귀[155]에 못박으라고 명령했다. 그는 "나를 붙잡은 것은 다른 사람들이지 네가 아니다. 나에게 이처럼 흉악한 행위를 하는 것은 적절치 못하고 올바른 방도도 아니며 당당하지 못한 일이다. 몽골 종족은 모두 나의 친족이니 앙갚음을 하기 위해 일어날 것이고, 그 때문에 너와 너의 나라는 피해를 입을 것이다"라고 말했다. 알탄 칸은 이 말을 듣지 않고 함바카이 카안을 나무로 만든 나귀에 못박아 죽이고, 발라가치(Balağachî)[156]라는 이름을 지닌 그〔=함바카이〕의 누케르에게 돌아가서 나쁜 소식을 몽골 종족에게 전해 주라고 했다. 그 뒤 쿠툴라 칸(Qûtula Khân)이 몽골 군대와 함께 키타이 군주와 전쟁을 하러 가서 그 지방을 약탈했는데, 이에 관한 이야기는 「카불 칸 紀」에 나올 것이다.

또 한번은 타타르 종족이 기회를 잡아 카불 칸의 큰 아들이자 키야트 유르킨(Qîyât Yûrkîn)[157] 종족의 조상인 오킨 바르칵(Ôkîn Barqâq)[158]을 붙잡아

---

152) 이는 문자 그대로 '黃金의 칸'을 의미하나 金國의 皇帝를 지칭한다.

153) 앞에서는 함바카이를 khân이라고 했으나 여기서는 qân이라고 쓰고 있다.

154) 『秘史』52~53절 참조.

155) 露譯本에서는, '나무로 만든 나귀'라는 표현은 투르크어에서 '결상'(skam'ia)이라는 의미를 지닌 yağach eshkek에 해당한다는 A. K. Borovkov의 지적을 인용하고 있다.

156) 『秘史』53절에 의하면 Balağachi는 베수트氏 출신이다.

157) 『秘史』49절에는 '오킨 바르칵의 아들은 Qutuqtu Yürki였다. Qutuqtu Yürki의 아들은 사차 베키와 타

알탄 칸에게로 보내서 그를 나무로 된 나귀에 못박아 죽도록 했다. 이러한 이유들 때문에 몽골 종족과 키타이의 군주 및 타타르 종족 사이에 증오와 반목은 깊어져 갔고, 〔17v〕「15r」 칭기스 칸의 시대에 이를 때까지 계속해서 전쟁을 했고, 서로 상대방을 공격하여 살육과 약탈을 해왔던 것이다. 결국 칭기스 칸과 그의 일족에 관한 부분에서 설명하듯이 그는 타타르의 모든 종족과 키타이의 군주들을 풀처럼 칼로 베어 버렸고, 모두를 자신의 종복과 포로로 만들었으며, 그 지방을 모두 장악하고 명령을 받들도록 했으니, 이는 오늘날 목도하는 바이다.

각 시대마다 몽골의 군주들이 타타르의 군주나 지도자와 치렀던 전쟁들 가운데 몇몇은 〔뒤에서〕 기록되겠지만, 그 중 하나는 다음과 같다. 타타르의 군주들 중에 마타르(Matar)라는 이름을 가진 사람이 카불 칸의 아들인 카단 바하두르(Qadân Bahâdur)[159]와 전투를 벌였다. 첫 대결에서 카단 바하두르는 그와 그의 말안장을 쳤고 그를 말과 함께 쓰러뜨렸다. 그는 비록 상처를 입었지만 그 상처 때문에 죽지는 않았고, 다만 오랫동안 고통을 받았을 뿐이었다. 그가 회복한 뒤 다시 싸우러 왔는데, 카단 바하두르는 또 한번 창으로 그의 등을 얼마나 〔강하게〕 찔렀는지 등뼈를 관통하여 그는 즉사해 버렸고 그의 군대는 유린당했다. 이 이야기는 카불 칸과 그 아들에 관한 부분에서 서술될 것이다.

또 다른 이야기는 다음과 같다. 칭기스 칸의 시대에 그는 여러 차례 타타르와 전쟁을 치렀지만, 한번은 기회를 포착하여 적을 압도하고 그들 가운데 많은 사람을 죽이고 철저하게 유린하게 되었으니, 그 정황은 다음과 같다. 무진 술투(Mûjîn Sultû)[160]를 군주로 삼고 있던 일부 타타르 종족이 키타이의

이추이다. 그들은 Yürki 氏가 되었다.'라고 되어 있다. 『秘史』는 뒤에서 Jürki(n)라고도 표기했다.
158) A · B : Ôkîn Tarqâq. 물론 이는 Okin Barqaq의 誤寫이다.
159) 『秘史』의 Qada'an Taishi.
160) 『秘史』의 Megüjin Se'ültü, 『親征錄』의 蔑兀眞笑里徒.

군주 알탄 칸에게 반란을 일으켜 전쟁을 벌였다. 키타이의 군주는 군대를 출정시키고 칭상(Chîngsâng)[161]이라는 이름의 대아미르를 지휘관으로 임명하여 그들을 정벌하러 보냈다. 그들은 [키타이 군대에] 대항할 수 없었기 때문에 혼비백산하여 후퇴하고 패배를 당했다. 칭기스 칸이 [이 소식을] 듣고 즉시 자기 주변에 있던 군대를 이끌고 출정하여 그들을 쳐서 많은 사람을 죽이고 닥치는 대로 약탈했다. 잘 알려져 있는 이야기지만 그는 이 전투에서 은으로 만든 요람과 금실로 꿰맨 담요, 그리고 기타 여러 재물들을 약탈물로 빼앗았는데, 이는 그 당시 타타르 종족들이 모든 유목민들 가운데 가장 부유하고 풍부했기 때문이다.

그 뒤 앞서 말한 무진 술투의 아들인 알락 우두르(Âlâq Ûdûr)[162]라는 사람과 그의 형제인 키르키르 타이시(Qîrqîr Tâîshî)[163]가 뒤에 「칭기스 칸 紀」에서도 서술되듯이 몽골 및 다른 종족들과 연합하여 칭기스 칸과 전투를 벌였다. 지고한 신께서 칭기스 칸에게 힘을 부여하였기 때문에 그는 카타킨, 살지우트, 타이치우트, 두르벤과 같은 종족, 케레이트의 군주 옹 칸(Ông Khân), 나이만의 군주인 타양 칸(Tâyâng Khân)과 쿠쉴룩 칸(Kûshlûk

---

161) 『秘史』 132절에는 Ongging Chingsang(王京丞相)으로 표기되어 있는데, Ongging은 실상 金朝의 國姓인 '完顔'을 옮긴 것이고, Chingsang은 물론 丞相을 나타낸 것이다. 『親征錄』(p.43)에는 '丞相完顔襄'이라고 되어 있다. 『金史』에는 그의 列傳(권94)이 있는데, 完顔襄의 타타르 遠征은 1296년의 일이고, 당시 그의 지위는 右丞相이었다. 원정의 구체적인 내용과 결과에 대해서는 Pelliot, Campagnes, pp.193~200 ; 外山軍治, 『金朝史の研究』(京都, 1979 再版), pp.480~484 등을 참조하시오.

162) B : Âlâq Ûdûr. 『元史』 권1 「太祖本紀」(p.7)와 『親征錄』(p.73)의 阿剌兀都兒(Alaq Üdür).

163) A · B 모두 Qîrqîz Tâîshî로 읽을 수도 있다. 『親征錄』(p.73)에 阿剌兀都兒와 함께 거명된 乞兒哈太石(Qirqa Tayishi)과 동일 인물로 보인다.

164) Kûshlûk은 küch('힘, 힘이 센')와 접미사 lük의 합성어인 Küchlük을 나타낸 말이다. Tayang과 Küchülük은 부자지간이다.

165) 뒤에서도 보이지만 라시드 앗 딘은 그의 이름으로 Tôqtâî Bîkî 혹은 Tôqtâ Bîkî의 둘을 혼용했다. 『秘史』의 Toqto'a Beki, 『元史』와 『親征錄』의 脫脫과 동일인. Toqto'a는 '정지시키다, 세우다'를 의미하는 toqta-에서 나온 말이다. 여기서는 '톡타이 베키'로 통일하여 사용하기로 한다. 『秘史』에서 Toğto'a Beki는 메르키트 部 가운데 Udu'id 支派의 首領으로 등장하고 있다.

Khân),[164] 메르키트의 군주인 톡타[이] 베키(Tôqtâ Bîkî),[165] 그리고 그와 적대했던 다른 모든 사람들을 패배시켰다. 이러한 종족들을 항상 돕고 지원했던 타타르의 무리들은 쇠약해졌다. 칭기스 칸은 자신과 자신의 조상들이 흘린 피와 적개심 때문에 그들을 도살하고 한 사람도 살려두지 말라고 명령했다. 심지어 부인과 아이들도 죽이고 임신한 사람도 그 배를 갈라서 완전히 절멸시켜 버리라는 칙령을 내릴 정도였다.[166] 그 까닭은 그들이 반란과 분란의 근원이었고 칭기스 칸의 근친 종족과 부족들 가운데 많은 사람이 그들로 인해 죽음을 당했기 때문이었다. 누구라도 감히 그 종족 사람을 보호하거나 은닉시킬 수 없었기 때문에, 그들 가운데 몇몇이 살아남아서 자신을 드러내고 이름을 떨칠 수조차 없게 되었다.

그러나 칭기스 칸 통치의 초기에 또는 그 뒤에 몽골이나 몽골이 아닌 종족들이 타타르의 딸들을 자기 자신이나 자기의 일족을 위해서 부인으로 취했고, 또 그들에게도 [자기 딸들을] 주었다. 칭기스 칸도 그들로부터 딸을 취했으니, 그의 부인들 가운데 이술룬(Yîsûlûn)[167]과 이수겐(Yîsûgân)[168]이 타타르 출신이었다. 칭기스 칸의 제일 큰 동생인 주치 카사르(Jôchî Qasâr)의 부인도 그들 중에서 취하였고, 많은 아미르들도 그들의 딸들과 혼인했다. 이 때문에 그들은 타타르의 아기들을 몰래 숨겼었다. 칭기스 칸은 타타르 출신 1천 명을 주치 카사르에게 주어 모두 죽이라고 했는데, 그는 중재에 나선 자기 부인을 기쁘게 하기 위해 그 가운데 500명은 죽이고 500명은 숨겨 주었

---

166) 라시드 앗 딘은 칭기스 칸이 타타르 部民을 문자 그대로 '絶滅'시키려 했다고 주장하였지만, 사실 『秘史』(154절)에서는 수레바퀴의 빗장에 키를 대 보아 그보다 작은 아이들은 죽이지 않고 노예로 삼아 분배했다고 한다.

167) 『秘史』에는 Yîsûlûn이라는 이름은 보이지 않고 Yesügen의 언니로서 칭기스 칸의 부인이 된 Yesüi가 보인다. 이들은 모두 타타르의 수령 Yeke Cheren의 딸들이었다. 『元史』 권106 「后妃表」에도 也速 皇后라는 이름으로 나오며, 그녀는 第二斡耳朶에 속한 10명의 皇后 · 妃子들의 居首로 되어 있다.

168) B : Yîsûkât. 『秘史』의 Yesügen. 『元史』 권106 「后妃表」에 也速干皇后는 第三斡耳朶에 속하는 12명의 皇后 · 妃子들의 居首로 되어 있다.

다. 〔18r〕 뒤에 칭기스 칸이 이를 알고 「15v」 주치 카사르에게 분노하여, "주치 카사르가 지은 여러 죄 가운데 하나가 바로 이것이다"라고 말했다. 그의 전기에서도 설명되듯이 그는 한두 가지 다른 죄를 더 지었다.

간단히 말해 칭기스 칸이 타타르 종족에 대해 분노하고 그들을 절멸시킨 뒤에도 소수는 나름대로의 이유로 여러 구석에 생존할 수 있었다. 은닉된 아기들은 아미르들과 그들의 타타르 출신 부인들의 오르두와 가정에서 양육되었고, 죽음을 면한 몇몇 임산부에게서도 아이들이 태어났다. 타타르족 출신으로 오늘날 생존하고 있는 사람들은 그들의 일족이다. 이들 가운데서 칭기스 칸의 시대에 그리고 그 후에 중요한 대아미르들이 출현했고 오르두를 관장하는 고관이 나왔지만, 그들에 대해서는 '세습 노비'(ôtögû bôğôl)의 신분이 적용되었다. 그 후 지금에 이르기까지 여러 오르두와 울루스에서 대아미르들이 나왔다. 뿐만 아니라 칭기스 칸의 일족이 딸을 그들에게 주기도 하고 그들로부터 딸을 취하기도 했다. 또한 그 종족 출신으로 아미르가 되지 못하고 군대에 소속되어 각 울루스에 존재하는 사람들도 많은데, 모두 자기가 타타르의 어떤 지파에서 나왔는지를 알고 있다.

칭기스 칸의 시대에 그와 그의 부인들이 양육시킨 타타르의 아기들 가운데 중요 인물과 아미르가 된 사람으로 쿠투쿠 노얀(Qûtûqû Nôyân)이 있었는데, 그는 시기 쿠투쿠(Shîgî Qûtûqû)라고도 불렸다. 그의 내력은 다음과 같다. 칭기스 칸이 타타르 종족을 노략했을 당시 그는 아직 자식을 갖지 못했고 그의 큰 부인인 부르테 우진(Bôrte Ûjîn)[169]도 아이를 갖고 싶어했다. 칭기스 칸이 문득 길가에 버려진 한 아이를 보고 그를 데려다 부르테 우진에게 보내면서, "항상 아이를 갖기 원했으니, 그를 당신 아이로 키우고 보살피시오!"라고 했다. 부인은 그를 친자식처럼 자기 품에 안고 정성을 다하여 키웠다. 사람들은 그가 장성하자 시기 쿠투쿠라고 불렀고 쿠투쿠 노얀이라고도

---

169) B : Bôrte Qûjîn. '우진'과 '푸진'은 모두 夫人을 옮긴 말이다.

불렀다. 그는 칭기스 칸을 '에체'(îche)[170] 즉 '아버지'라고 불렀고, 부르테 우진을 '베리겐 에케'(berîgân îke) [즉 '형수 어머니']라고 불렀다.[171] 부르테 우진이 죽었을 때, 그는 손으로 그녀의 무덤을 치면서 "오! 나의 좋은 어머니여!"[172]라고 소리치며 통곡했다고 한다.

　칭기스 칸이 죽은 뒤에도 그는 생존했고, 우구데이 카안은 그를 '형'(aqa)이라고 불렀다. 뭉케 카안보다 윗자리에 〔다른〕 아들들과 함께 앉곤 했다. 그는 톨루이 칸의 자식들과 소르칵타니 베키(Sorqûqtanî Bîkî)를 위해 봉사했

---

170) 이는 몽골어의 echige('아버지')를 나타낸 것이다.

171) îche는 몽골어의 echige를 옮긴 말이다. 그러나 berîgân은 '兄嫂'(bergen)를, îke는 '어머니'(eke)를 뜻하므로, 이 두 말을 붙여서 사용하면 의미가 어색해지는 것은 사실이다. 따라서 露譯本에서는 일부 寫本에 보이는 terîkân이라는 字面을 취하여 이를 몽골어에서 '머리, 시작'을 뜻하는 terigün으로 보고, terigün eke 즉 '큰 어머니'라고 해석했다. 그러나 A·B 두 사본 모두 분명히 berîgân으로 필사되어 있을 뿐 아니라, terîkân의 장모음 â를 û로 보는 것은 무리이다. 칭기스 칸이 시기 쿠투쿠를 부르테에게 '아들'로 주었다는 『集史』의 기록과는 달리, 『秘史』135절에는 칭기스 칸이 그를 모친 Hö'elün에게 주었고, 후엘룬은 그를 여섯번째 아들(즉, 칭기스 칸의 막내동생)로 여기며 길렀다고 되어 있다. 그렇다면 시키 쿠투쿠에게 칭기스 칸은 큰 형이 되고, 부르테 우진은 큰 형수가 되는 셈이다. 이러한 相違는 어느 한 쪽 기록의 오류일 수도 있겠지만, 본 역자는 두 기록 모두 타당할 수 있다는 점을 차라리 다음과 같은 두 가지 측면에서 이해할 수 있다고 생각한다. 첫째는 시기 쿠투쿠가 처했던 특별한 환경이다. 즉, 칭기스 칸이 데리고 온 시기 쿠투쿠가 자라는 과정에서 후엘룬이나 부르테가 모두 그를 자기 자식처럼 돌보았을 것이고, 따라서 특별히 누구의 아들이라는 점이 명시되지 않았기 때문에 생겨난 것으로 보인다. 따라서 부르테는 시기 쿠투쿠에 대하여 '형수'일 수도 있고 '어머니'일 수도 있었던 것이다. 둘째는 몽골인들의 독특한 친족 관념이다. 시기 쿠투쿠와 비슷한 경우를 이수게이의 집안에서 생활을 같이 했던 Mönglig에게서도 찾아볼 수 있는데, 『秘史』 68절에는 이수게이가 죽기 직전 그에게 처자식의 뒤를 부탁하면서 '네 동생(de'ü)들, 과부인 네 형수(bergen)를 보살펴 주기 바란다'고 말했다고 한다. 만약 후엘룬이 뭉릭의 '형수'라면 후엘룬의 자식들은 '동생'이 될 수가 없을 것이다. 柳元秀는 이 점을 고려하여 '동생'을 '조카'로 옮겼다 (『몽골비사』, p.50과 註 참조). 이러한 친족 호칭의 특징은 당시 몽골인들이 항렬의 구분에 엄격한 의미를 두지 않고 동생과 조카를 유사한 범주에서 파악했음을 시사한다. 또 한 가지 흥미로운 예는 뭉케 카안의 부인인 오굴카이미쉬가 훌레구나 쿠빌라이에게 형수(bârîgân)이면서도 그들을 '자식'(farzand)이라고 불렀다는 『集史』의 기록(A : 21v)이다. 이렇게 볼 때 '어머니'와 '형수'는 엄격하게 구분된 친족 개념이 아니었을 것이고, 따라서 시기 쿠투쿠가 부르테를 '형수 어머니'라고 불렀다는 『集史』의 기록을 오늘날 우리로서는 이해하기 힘들지만, 당시 몽골인들의 친족 관념으로는 충분히 가능했다고 추측할 수 있다.

172) 원문은 "Aî! şaîn eke minû!"라는 몽골어로 표현되어 있다.

고, 아릭 부케(Arîğ Bôkâ)가 반란(bulqâq)을 일으켰을 때 죽었다. 그의 자식들 가운데 하나가 카안을 모시고 있다. 그는 82살을 살았고, 심문(yârğû)을 올바르게 처리했으며, 죄인들을 많이 돕고 위로했다.[173] 그는 "두려움과 공포심에서 자백해서는 안된다"고 말했고, "겁내지 말고 진실을 말하라!"고 말하곤 했다. 그때부터 지금까지 몽골리아와 그쪽 지역에서 행해지는 심문이 그가 했던 방식과 절차의 원칙에 따라 처리되고 있다는 사실은 야르구치들 사이에 널리 알려져 있다.

그가 훌륭하게 된 이유는 매우 많은데 일부는 이미 서술했고, 진실을 말하는 사람들은 다른 두 가지 이유를 더 이야기하고 있는데 그 중 하나는 다음과 같다. 그가 15살 되던 해였는데, 칭기스 칸의 오르두들이 겨울에 이동을할 때 혹심한 추위와 눈이 몰아쳤다. 당시 베수트 종족의 구추구르 노얀(Gûchûgûr Nôyân)[174]이 오르두를 주관[175]하고 있었는데, 갑자기 한 무리의사슴이 눈밭 위로 달려갔다. 쿠투쿠는 구추구르에게 "이 사슴들을 쫓아가겠다. 눈이 너무 많아서 [사슴들이 잘] 달릴 수 없을 테니 그들을 잡겠다"고 말하자, [구추구르는] "괜찮다"고 말했다. 그는 사슴을 쫓아 달려갔다. 밤이 되어 오르두들이 정지했고 칭기스 칸이 그를 찾았지만 그는 아직 돌아오지 않았다. 칭기스 칸이 구추구르에게 사정을 묻자 그는 사슴을 쫓으러 갔다고 대답했다. [칭기스 칸은] 크게 걱정하며 "그 어린아이가 눈과 추위에 죽었을지도 모르겠다"고 하면서 수레의 막대기로 구추구르를 때렸다. 잠들 시간에 쿠투쿠가 도착했고, 칭기스 칸이 그에게 "무엇을 했느냐?"고 물으니, 그는 "30마리의 사슴떼 가운데 세 마리 이상은 도망치지 못했습니다. 나머지는 모두내가 때려잡아 눈 속에 던져 두었습니다."라고 말했다. [칭기스 칸은] 그 아이의 용감함에 크게 놀랐고, 구추구르 노얀을 한 무리의 누케르들과 함께 보

---

173) 이것은 그가 jarğuchi(斷事官)였기 때문이다. Cf. 『元史』 권98 「兵制·1」(p.2510).
174) 『秘史』(120·202절)에 의하면 Güchügür는 qonichi Degei의 동생이며 千戶長 가운데 하나였다.
175) bâshlâmîshî.

내서 그 사슴들을 「16r」 끌고 오도록 했다. 〔18v〕 그런 이유로 그는 쿠투쿠에 대해 깊은 애정을 갖게 되었다.

〔그가 훌륭하게 된〕 또 다른 이유는 다음과 같다. 이런 일이 있기 전 그가 12살 되던 해 어느 날, 칭기스 칸이 출정했기 때문에 집에는 남자들이 없었다. 그때 타이치우트 종족 출신의 한 도적이 말을 타고 지나갔는데, 5살짜리 어린아이였던 칭기스 칸의 막내 아들이 집 밖으로 뛰어나가 놀고 있었다. 그 타이치우트인이 그를 납치해 가려고 말 등에서 그를 낚아채어 그의 머리를 옆구리에 끼었다. 그의 어머니가 와서 그 도적의 한 팔을 붙잡았고 쿠투쿠도 달려가 다른 팔을 붙잡았다. 도적은 그 왕자의 머리를 조였기 때문에 어떤 방도로도 그 도적의 손에서 그를 빼낼 수 없었다. 마침 양떼를 보고 있던 한 마리의 바락개(犬)[176]가 도적을 향해 덤벼들어 왕자를 그의 손에서 빼내었다. 뒤이어 칭기스 칸이 왔고, 그 도적을 추적하러 사람을 보내서 그를 붙잡아 죽였다. 그는 쿠투쿠의 용맹한 행동과 도적과의 격투에 대해 크게 기뻐했다.

또 다른 두 명의 아기가 있었는데 서로 형제간으로, 하나는 쿨리(Qûlî)라는 이름을 가졌고 다른 하나는 카라 뭉게투 우하(Qarâ Möngetû Ûha)라는 이름으로, 투툭리우트 타타르 출신이었다. 타타르 출신이었던 칭기스 칸의 두 카툰들, 즉 이술룬과 이수겐은 그 뼈(ustukhwân)에서 나왔기 때문에 이 두 아기들에 대해 동정심을 느껴 칭기스 칸에게 〔그들을 달라고〕 청했다. 그는 그들을 주었고, 둘 다 이술룬의 오르두에서 바우르치로 일했다.

〔둘 가운데〕 나이가 더 많은 쿨리는 그때 중요하게 되었고, 칭기스 칸은 그를 신임하여 아미르로 만들었다. 그 뒤 그는 톨루이 칸의 오르두에 소속되었고 대단히 존경받게 되었다. 톨루이 칸이 죽은 뒤 톨루이의 아들인 수유게투(Sûyûgetû)[177]의 오르두와 아미르들을 지휘할 우두머리 한 명이 필요했는데,

---

176) barâq은 '털이 긴 개'. A : 11v의 前註 참조.

177) A·B 모두 Sûyûgetû로 표기되어 있다. 그러나 라시드 앗 딘은 「톨루이 칸 紀」에서 톨루이의 九子를 Sûyûgetâî라고 표기했다(A : 177v). 이 말은 '귀걸이'를 의미하는 süyige라는 말에 -tu/-tei라는 접미사

소르칵타니 베키는 자기 아들들과 아미르들과 합의하여 쿨리 노얀을 선택했다. 그가 소르칵타니 베키에게 "어째서 나를 이런 사람에게 주십니까?"라고 말하자, 그녀는 "그는 톨루이 칸의 일족이다"라고 대답했다. 그러자 그는 "나는 당신에게서 출생한 아들을 위해 봉사하고 싶습니다"라고 했다.[178] 이 이야기는, 그가 배속키로 된 톨루이 칸의 아들 수유게투 앞에서 이같이 방자한 말을 할 정도로 그의 지위가 높았다는 것을 보여준다. 그의 자식들 가운데 이 나라에는 디야르바크르(Dîyârbakr)[179]의 군사령관인 두르베이 노얀(Dôrbâî Nôyân)이 있었다. 두르베이의 아들은 부라추(Bûrâchû)[180]였고, 부라추의 아들은 천호장인 딩기즈(Dînggîz)이다.

그러나 카라 뭉게투 우하는 칭기스 칸의 시대에 그다지 명성을 얻지 못했다. 그에게 아들이 하나 있었는데 살리(Sâlî)라는 이름이었고, 뭉케 카안의 시대에 아미르이자 중요 인물이 되었다. 그 이유는 다음과 같다. 탕구트 지방에 두 개의 성채가 있었는데, 하나는 이름이 툭치(Tûkchî)이고 다른 하나는 툭신베(Tûqsinbe)였다.[181] 뭉케 카안이 직접 그 성들을 포위한 채 전투하는 것을 멀리서 관찰하고 있었다. 그때 작은 투구를 쓴 한 사람[182]이 손에 창을 들고 성벽을 향해 돌진하고, 저쪽에서는 한 사람이 칼을 들고 그를 죽이려고 쫓아오고 있었다. 그는 물러서지 않고 성벽 위로 올라가 창으로 칼을 든 사

가 붙어 '귀걸이를 한 사람'을 뜻한다. 『元史』 권107 「宗室世系表」(p.2720)에 톨루이의 十子 歲都哥는 물론 歲哥都의 誤記이며 이는 Süyigetü를 옮긴 것임이 분명하다. Boyle(Successors, p.162)이 「톨루이 칸 紀」에 나오는 그의 이름을 Sögetei로 읽은 것은 정확하다고 보기 어렵다.

178) 그는 수유게투가 소르칵타니의 소생이 아니기 때문에 이런 말을 한 것이다.

179) 현재 터키의 동부 지역.

180) A·B 원문 모두 ?ûrâchû.

181) 뭉케가 탕구트를 원정한 적은 없었다. 1257년부터 1259년 그가 사망할 때까지 뭉케는 南宋을 공격하기 위해 먼저 蜀을 경략하였는데, 혹시 이 때의 일을 말하는 것일지도 모르겠다. 그러나 入蜀 이후 뭉케의 經略 路線 근처에서 라시드 앗 딘이 말한 두 城市와 유사한 발음을 지닌 地名을 찾을 수 없다.

182) 露譯本에서는 shakhşî-yi kûtâh-khôd를 '체구가 왜소한 사람'으로 번역했는데, 여기서 khôd는 '투구(helmet)'를 의미하는 것으로 보아야 할 것이다. 왜냐하면 뒤에서도 뭉케 카안이 그 '투구'의 특징을 기억하여 그를 찾았기 때문이다.

람의 목을 찔러 넘어뜨렸다. 그 용맹함을 목격한 뭉케 카안은 매우 기뻐하며 즉시 작은 투구를 쓴 그 사람을 병사들 가운데서 찾아 자기 앞으로 데리고 오라고 지시했다. 〔그가 불려오자 카안은〕 투구를 보고 그 사람임을 알아챘다. 〔당시의〕 상황을 물어보니 그의 설명이 자신이 목격한 그대로였기 때문에, 그가 장본인임을 확실히 알게 되었다. 그에게 은사를 베풀어 아미르의 직위를 주었고, 그는 어전에서 신뢰받는(inâq) 중요한 인물이 되었다.

〔뭉케 카안은〕 이 일이 일어나기 전에 두 개의 만호군을 힌두스탄 경계로 파견하고, 쿤두즈(Qûndûz)[183]와 바글란(Baǧlân)[184], 그리고 바닥샨(Badakhshân)[185] 지역에 머물도록 지시했다. 그리고 그들을 지휘할 아미르의 직책을 뭉게두(Môngedû)라는 사람에게 부여했다. 그가 죽자 그것을 후쿠투(Hûqûtû)라는 사람에게 주었다. 그도 역시 죽자, 대신 이 살리 노얀을 두 개의 만호군의 아미르로 임명하여 보냈다. 훌레구 칸을 이란으로 임명하여 〔보냈던〕 바로 그때였다. 뭉케 카안이 살리 노얀에게 "네가 갈 지방은 힌두스탄과 후라산의 경계이고, 훌레구가 가는 지방과 접해 있다. 따라서 너도 그의 군대의 한 분견대나 마찬가지이다. 즉, 너의 임무와 군대는 그에게 위임된 것이고, 너는 그의 명령에 따라야 한다"고 말했다. 살리 노얀이 "저는 언제까지 그곳에 있습니까?"라고 묻자, "너는 영원히 그곳에 머무를 것이다"라고 그가 말했다. 살리 노얀은 군대를 힌두스탄과 「16v」 카시미르로 〔19r〕 인솔해 가 여러 지방을 정복하고 약탈했다. 훌레구 칸에게 힌두인 노예들을 다수 보냈는데, 이곳의 '王室領'(înjû)[186] 村莊에 있는 힌두인들 대부분이 그들로

---

183) A : Qundûz.

184) 쿤두즈와 바글란은 모두 힌두쿠시 산맥과 아무다리야 사이, 즉 지금의 북부 아프가니스탄 지방에 위치한 도시의 이름이다.

185) 아무다리야 상류의 산간 지역으로, 아프가니스탄 동북부와 타직 공화국 일부가 이에 속한다.

186) 『秘史』에는 inje(從嫁)로 표기되어 있으며, 그것은 여자가 혼인하여 남자의 집으로 갈 때 그녀를 따라가는 사람·가축·재산 등을 지칭하는 말이었다. 그러나 일 칸국에서는 이같은 의미가 변용되어 înjû는 '王室領' 혹은 '王室領의 民'을 의미하게 되었다. Cf. 岩村忍, 『モンゴル社會經濟史の硏究』(京都 : 京都大學人

부터 비롯되었다. 그가 죽은 뒤 그의 아들 알라두 노얀(Aladû Nôyân)[187]이 그 군대를 관할했다. 알라두의 형제들 가운데 하나가 아비시카(Abishqâ)인데 룸 지방과 그곳의 군대들을 관할하고 있다. 또 다른 형제는 천호장인 알라칸(Alakan)[188]이다. 알라두에게는 두 아들이 있었는데, 하나는 후라산에 있는 카라우나(qarâûna)[189] 군대의 아미르인 벡투트(Bektût)이고, 또 하나는 폐하를 모시고 있는 달칵(Dalqak)[190]이다.

칭기스 칸의 시대에 이술룬 카툰이 청원하기를 "쿨리 노얀과 그의 형제 뭉게투 우하가 성장하여 폐하를 모시고 신임받는 자리에 이르렀습니다. 칙령을 내리셔서 여러 곳에 있는 그들의 형과 아우 그리고 종족들을 모으게 한다면 어떨지요?"라고 했다. 명령이 내려져서 남아 있던 타타르인들이 모였고, 이들은 친족 관계가 없어도 그들 [형제]와 연합하고 그들에게 속하게 되었다. 그들이 모은 타타르인들 가운데 이 나라에는 30호가 있다. 알라두 노얀의 청원에 따라 이슬람의 제왕 가잔 칸—알라께서 그의 통치를 영원케 하소서!—의 칙령이 내려져, 옛 천호가 다시 만들어져 그의 휘하에 있다.

이술룬과 이수겐[191]에 관해 다음과 같은 일화가 전해진다. 둘 다 칭기스 칸의 카툰이었는데 그들에게는 쿠투쿠트(Qûtûqût)라는 이름의 형제가 있었다. 그는 대아미르였고 칭기스 칸 군대의 좌익의 한 천호를 관할했다. 이 나라에

文科學硏究所, 1968), pp.150~152 ; 本田實信, 『モンゴル時代史硏究』, p.247.

187) A본에는 l 위에 fatḥa(단모음 a를 표시)가 있다.

188) A본에는 k 위에 fatḥa(단모음 a를 표시)가 있다.

189) qarauna(복수형 qaraunas)의 어원에 대해서는 논란이 있으나, 필자는 이 말이 qara('검은')에서 파생된 것이고, 검은 반점이나 검은 빛이 도는 나무 혹은 새를 지칭하는 qarağuna/qara'una와 동일한 말일 것으로 본 Pelliot(Notes, pp.183~196)의 견해에 동의한다. 15~6세기에 중앙아시아의 모굴 유목민들은 Qaraunas라는 말을 '雜種'이라는 비하적인 의미로 사용했다(E. D. Ross tr., A History of the Moghuls of Central Asia, London : Curzon Press, 1895, pp.76~77, p.148 참조). Qaraunas 군대의 기원에 관해서는 J.Aubin, "L'ethongénèse des Qaraunas", Turcica, 1(1969), pp.65~94 ; 志茂碩敏, 『序說』, pp.36~96이 자세하다.

190) B본에는 d 위에 fatḥa(단모음 a를 표시)가 있다.

191) B : Yîsûgât.

164 부족지

있는 초르마 쿠레겐(Chôrma Küregân), 그리고 게이하투의 어머니이자 아바카 칸의 첫째 카툰인 녹단(Nôqdân)은 이 쿠투쿠트의 조카들이었다. 칭기스 칸에게는 타타르 종족 출신의 첩이 하나 있었는데 이름은 알려지지 않았고, 그의 작은 아들인 차간(Chağân)[192]이 그녀에게서 출생했지만 젊어서 죽었다.

차간 타타르 종족 출신으로 이 나라에는 케레이(Kerâî)와 그의 형제인 돌라다이(Dôlâdâî), 그의 형제들인 무함마드(Muḥammad)와 한단(Khandân), 그리고 그들의 자식들이 있다. 쿠르 부카 바하두르(Kûr Bûqâ Bahâdur)는 하르타비르트(Khartabirt)[193]와 말라티야(Malâṭiya)[194] [지방]의 변경과 군대를 관할하고 있는데, 그 역시 이 종족 출신이다.

쿠인 타타르 종족 출신인 삼카르 노얀(Samqâr Nôyân)은 훌레구 칸의 아크타치[=牧馬者]였고, 아바카 칸의 시대에 지위가 높고 중요한 아미르가 되었다. 토간(Tôğân), 물라이(Mûlâî), 쿤타이(Kûntay) — 부카 코르치(Bûqâ Qôrchî)의 아버지—는 이 종족 출신이었다.

타라트 타타르 종족 출신으로 이 나라에서 존경받고 유명한 사람으로는 아무도 알려진 이가 없다. 분명히 병사들 가운데는 많겠지만 중요하고 유명한 사람이 없기 때문에 조사해 보지 않았다.

알치 타타르 종족 출신으로 기록해야 할 만큼 이 나라에서 중요하고 유명한 사람은 하나도 없다. 그러나 주치 칸의 울루스에서 주치 칸의 아들인 바투의 첫째 부인 보락친(Bôrâqchîn)이 알치 타타르 출신이었다. 또 그 울루스의 군주인 토다이 뭉케(Tôdâî Mönkû)의 부인 투라 쿠틀룩(Tûra Qûtlûq) 역시 이 종족 출신이었다. 또한 이트카라(Îtqarâ)는 바투의 대아미르였는데 역시 이 종족 출신이었고, 그 울루스의 군주였던 뭉케 티무르(Möngkû Tîmûr)

---

192) A본에는 Ûrâchağân이라고 표기되었지만, B본에서는 Ûrâ라는 글자 위에 삭제 표시가 보인다. 여기서는 B본을 따랐다.

193) A : kharbîrt.

194) B : Malağiya. 露譯本에서 지적했듯이 하르타비르트와 말라티야는 아르메니아 지방에 있는 地名.

의 대아미르였던 벡 티무르(Bîk Timûr) 역시 이 종족 출신이었다.

어떤 종족에서 나왔는지 계보가 알려지지 않은 타타르 출신 아미르들 가운데 이순투 아크타치(Yîsûntû Aqtâchî)[195]가 있었는데 칭기스 칸의 4케식[196][에 속하는] 아크타치들의 아미르였다. 또한 칭기스 칸의 친위 천호 가운데 백호 하나를 그가 관할했고, 부르테 우진의 대오르두에 소속되어 있었다. 그에게 아들이 하나 있었는데 그의 이름은 벡다시(Bîkdâsh)였고, 쿠빌라이 카안이 그를 훌레구 칸에게 사신으로 보냈다.

타타르 종족에 속하는 몇몇 아미르와 카툰과 중요 인물들 및 그들에 관한 이야기를, 어떤 사람으로부터 들은 것이든 혹은 어떤 책을 통해 알게 된 것이든, [이제부터] 하나씩 기록하도록 하겠다.

전해지는 바에 따르면, 알치 타타르 출신의 코리다이 타티르(Qôrîdâî Tâtîr)와 쿠무스 시창(Kûmûs Sîchâng)이 합력해서 케레이트의 군주 사릭 칸(Sârîq Khân)과 전투를 하게 되었다고 한다. 코리다이 타티르가 선봉(pîshravî)에 서자 쿠무스 시창이 그에게 말하기를 "네가 선봉에 서서 가지만 사실 카라울(qarâûûl)[197]과 야사울(yâsâûûl)[198]을 배치하고 적절히 경계 조치를 취하는 데 [장차] 잘못을 범할 것이다. 내가 선봉에 서서 가는 것이 좋겠다"라고 했다. [이에 대해] 코리다이 타티르는 "네가 고관(khalaf)의 자제라고 해서 옛날 조상들의 방식과 습관을 마음대로 바꾸려 하는데, 그렇다면 너 혼자 가서 약탈하고 무엇이든 네 마음대로 하는 것이 더 낫겠다"라고 하면서

---

195) 『집사』「칭기스 칸 紀」의 千戸長 名單에는 그의 이름이 Yîsûn To'a로 표기되어 있다(A본, 128r). 『秘史』에 箭筒士의 수령으로 젤메의 아들인 Yesünte'e라는 인물이 있는데, 그는 Yîsûntû와는 다른 사람이다.

196) keshig은 몽골어로 '은총'을 뜻하는데, 칭기스 칸의 親兵들은 keshig 혹은 keshigten이라고 불렸다. 이들은 kebte'üd(宿衛), turqa'ud(侍衛), qorchi(箭筒士)로 구성되어 있었으며, 이들이 모두 4個組로 편성되어 각각 3일씩 교대로 근무했다. '4케식'(chahâr kezîk)이란 이 4個組를 가리키는 것이다. 칭기스 칸의 親兵의 숫자는 처음에는 宿衛 80명, 侍衛 70명, 箭筒士 400명뿐이었으나, 1206년 몽골 통일 후에는 宿衛 1000명, 侍衛 8000명, 箭筒士 1000명으로 모두 1만 명을 헤아리게 되었다.

197) '前哨'를 의미. 이에 대한 설명은 앞의 A : 15r의 주석을 참조하시오.

198) 군주를 侍從하면서 그의 명령(yasa)을 전달·집행하는 일종의 副官과 같은 직책을 말한다.

자기 군대와 함께 돌아가 버렸다. 쿠무스 시창도 "네가 없으면 나는 [19v] 「17r」 공격을 할 수 없다"고 대답하고는 군대를 이끌고 갔다.

[이때] 사릭 칸은 이동하여 오고 있었다. [쿠무스 시창의 군대는] 그를 세 차례에 걸쳐 공격했고, 그를 약탈하기 위해 군대를 무리지어 편성해서 추격해 갔다. 결국 쿠무스 시창은 300명의 기병과 함께 그를 쫓아갔고, 사릭 칸의 군사들은 "이 적군이 후위[199]도 없이 오고 있다"고 자기들끼리 생각했다. 그래서 그들을 향해 용감하게 공격했고, 쿠무스 시창을 군대에서 분리시켜 포로로 잡았다. 사릭 칸이 그에게 "어디로 가던 길이냐?"고 묻자, 그는 "부르칸 (Bûrqân)[200]의 뒤쪽에 좋은 [나무] 가지들이 자란다는 말을 듣고 화살에 쓸 나무를 자르러 온 것이다"라고 말했다. 사릭 칸은 "[나무를] 자르러 [왔다니] 너는 배짱이 좋구나!"라고 하면서 그를 옆눈으로 흘겨보았다.[201] 쿠무스 시창은 "너는 내 얼굴을 흘겨볼 수 없다. 왜냐하면 너의 일족은 아직 나를 그런 눈으로 보지 못했기 때문이다. 너 자신의 출신이 바로 그러했다"라고 말했다. 사릭 칸은 "무엇 때문에 이 '고귀하신 용사'[202]를 수다스럽게 떠들도록 내버려두느냐? 그를 죽여라!"라고 말하자, 그는 "내 칼은 너를 해칠 수 있지만 너의 칼은 내게 아무 소용이 없다"라고 말했다. 그러나 결국 죽고 말았다.

사릭 칸은 "70개 무리(madhhab)의 알치 타타르 가운데 쿠무스 시창 말고는 [남자다운] 남자는 없다. 지금이야말로 그들을 공격할 때다"라고 하면서, 즉시 자신의 천막들을 오르콘(Ôrqân) 강에 치게 하고, 달빛 아래에서 비밀리에 군대를 집합시켰다. 그의 군인들 가운데 하나가 도망쳐 코리다이 타티르에게 이 소식을 알렸다. 코리다이 타티르는 군대를 이끌고 오르콘 강 상류로 진격했다. [그의 군대는] 같은 길을 가던 그들[=케레이트]의 천막 사이를

---

199) qafâ wa gejige. gejige는 『秘史』에 '後援, 援'으로 방역되었으며, '後衛' 혹은 '辮髮'을 뜻했다.
200) Burqan Qaldun 山을 가리키는 듯하다.
201) 이는 '깔본다'는 것을 의미한다.
202) 비아냥대는 표현으로 사용된 것이다.

통과하며 그들과 조우하게 되었다. 사릭 칸의 군인들이 그들을 깔보는 눈으로 보자, 그들은 갑자기 사릭 칸에게 공격을 가했고, 어찌나 몰아 붙였는지 그의 휘하에 있던 40개 만호의 군대 가운데 [겨우] 40명만이 그와 함께 도망치고 나머지는 모두 죽음을 당할 정도였다.[203]

그 패전에서 타르바이 카얀(Târbâî Qâyân)의 부인이 사릭 칸과 함께 도망쳐 빠져 나갔다. 그 당시 아미르는 칠라운(Chîlâûn)이었다. 그 부인이 말하기를, "우리는 위와 아래[즉, 天地]를 모두 정복했었다. [그렇지만] 모두가 소수가 된다면 우리라고 어찌 소수가 되지 않겠는가? 모두가 짓밟힌다면 우리라고 어찌 짓밟히지 않겠는가?"라고 하자, 사릭 칸은 "이 부인이 바른 말을 했다"고 했다. 이런 까닭으로 그는 도망쳐 베테킨 [지파] 출신의 우테구 코르치 부이룩 칸의 보호를 받으러 갔다.[204] 그 후 그 부인에게서 일 쿠투이(Îl Qûtûî)가 태어났다. 그가 그 종족의 보호를 받게 되었기 때문에 자기 딸을 쿠르차쿠스 부이룩 칸(Qûrchâğûsh Bûîrûq Khân)[205]에게 주었는데, 그 딸의 이름은 투라카이미시(Tûraqîmish)[206]였고 카지르 칸(Qâjîr Khân)의 누이였다.

그 뒤 카지르 칸과 사릭 칸은 합력하여 군대를 끌고 타타르를 공격했다. [카지르 칸은] 사릭 칸을 위하여 케레이트친(Keraîtchîn)[207] 울루스를 [적으

---

203) 이 부분에 대한 『집사』의 서술은 약간 부자연스러운 감이 있는데, 역자가 이해하는 바는 이러하다. 즉, 사릭 칸의 공격 의도를 알아챈 코리다이 타티르가 휘하 부족민을 이끌고 마치 평상시 유목하는 것처럼 사릭 칸 휘하의 케레이트 부민들 근처로 이동하는 척하다가, 그들이 방심한 틈을 이용하여 급습을 감행하여 절멸시켰음을 말하는 내용으로 보인다.

204) bîtâktâî는 Bîtâk +tai이고, Bîtâk은 Pelliot가 지적했듯이(Campagnes, p.216, p.246) 『輟耕錄』에 언급된 別帖乞乃彎歹, 즉 나이만의 일 지파인 Betekin에서 나온 것으로 볼 수 있다. 따라서 Bîtâktâî는 Betekin 출신을 뜻한다. ûtûgû는 몽골어의 ötögü를 옮긴 말로 '연로한, 오래된'을 뜻하며, 『비사』의 ötögüs kebte'ül('오래된 宿衛들'; ötögüs는 ötögü의 복수형), 『집사』의 ôtögû boğôl(세습 노비) 등의 표현도 보이기 때문에, ûtûgû qôrchî는 '옛 코르치, 年老한 코르치'의 뜻으로 이해할 수 있다.

205) A·B 모두 Qûchâğûsh라고 되어 있지만 Qûrchâqûs로 되어야 옳을 것이다. 그는 Marğûz Bûyrûq Khân의 아들이자 옹 칸의 아버지이기도 하다. 『親征錄』(p.50)에는 忽兒札胡思盃祿可汗으로 나오고 있다.

206) 그녀의 이름은 바로 뒤에서 Tûrâqâîmîsh로 표기되었다.

로부터] 자유롭게 만들어 그에게 주었다. 당시 옹 칸과 그의 모친인 일메 카툰(Îlme Khâtûn)도 타타르의 포로가 되어 있었는데, 그들도 자유의 몸이 되었다. 일메 카툰에게는 일치테이(Îlchîtâî)²⁰⁸⁾라는 남자 친구가 있었는데, 그는 [남을] 현혹시키는 사람(mardi-yi fattân)이었기 때문에 [카지르 칸과 사릭 칸은] 그를 그들[=일메 카툰과 옹 칸]에게 영구히²⁰⁹⁾ 주어 버렸다. 투라카이미시(Tûrâqâîmîsh)의 자식들로는 율라 마구스(Yûlâ Mâğûs)와 타이 티무르 타이시(Tâî Tîmûr Tâîshî)²¹⁰⁾가 있고, 이외에도 이름이 알려지지 않은 네 명이 더 있었다.

그 뒤 몽골인들이 사릭 칸에게로 갔다. 사릭 칸은 다음과 같이 말했다. "내게 있는 백명의 부인들 가운데 하나도 마음에 차는 것이 없다. 지혜가 있는 것은 그녀의 손발을 내가 마음대로 하지 못하고, 손발이 좋은 것은 그녀의 지혜를 내가 마음대로 하지 못한다. 일을 잘하고 손재주도 좋은 미녀는 없다. 내가 갖고 있는 천 마리의 말들 가운데 하나도 내 마음에 차는 것이 없다. [지나치게] 길들여졌거나 아니면 거칠거나 살집이 무르다. 잘 조련되고 살집이 단단한 준마(kûlûg)는 없다. 큰 전투에서 [고작해야] 후! 후!라고 한번 말할 뿐, 승리하거나 패배한 뒤에야 깨닫게 된다. 파리가 물려고 달려들면 [그 파리와] 싸우기란 힘들다. 그것을 죽이자니 형제들에게 부끄럽고, 안 죽이자니 참기가 힘들기 때문이다."

---

207) Keraîtchîn이라는 族名은 어디에서도 발견되지 않는다. 露譯本에서 이를 '케레이트'로 이해한 것은 타당해 보인다.

208) 그는 「케레이트 傳」(A : 24v)에서 다시 한번 언급되고 있다.

209) A : mûngkâ ; B : mûngkâî. 이는 '영원한'을 뜻하는 몽골어이나, û ra be îshân mûngkâ dâd라는 句文은 어색하다고 할 수밖에 없다.

210) 露譯本에서는 율라, 마구스, 타이 티무르, 타이시의 네 명의 이름으로 읽었다. A·B본에 잉크색으로 구별된 것으로 보아 '율라 마구스, 타이 티무르, 타이시'의 세 사람으로 읽어야 마땅하지만, 케레이트 부족에 관한 기사에서 'Tâî Tîmûr Tâîshî wa Yûlâ Mâğûs'(A : 24v ; Roshan, p.116)라고 하였듯이 이는 두 사람으로 읽어야 할 것이다. 물론 '타이시'(太師)는 타이 티무르의 칭호일 것이다. 이들은 Îlme Khâtûn에게서 출생한 옹 칸과는 異母兄弟의 사이다.

그 뒤 우테구[211] 코르치 부이룩 칸이 그 몽골인들을 분배하기 위하여 사릭 칸에게로 갔다. 사릭 칸은 "우리는 우리의 동생들인 이 몽골인들과 한데 섞여서 포옹하고 서로 손을 「17v」 잡았다. 〔20r〕 그들을 주지 못하겠다"라고 말했다. 부이룩 칸은 "너의 죽은 영혼을 많은 사람들과 함께 내가 살려주었다. 너의 가축떼를 정오 기도 때에 〔그것들이〕 머무는 곳에 머물게 했다. 즉, 나는 너를 믿었고 적으로부터 구해 주었다. 그러나 마치 세상이 무상한 것처럼 인간은 〔은혜를〕 망각한다. 이후로 〔너는〕 몽골과 친구가 되고 〔그들의〕 누케르가 되라!"라고 말하고는 돌아가 버렸다.

그 뒤 사릭 칸은 "그 남자는 믿을 만하지 못했다"라고 말하고는, 몽골인들로 하여금 달란 다반(Dâlân Tâbân)[212]이라는 산 옆으로 가게 하고, 자신도 같은 길로 가다가 투이 타가추(Tûî Tâĝâchû)[213]라는 곳에서 돌아왔다. 몽골인들이 서로 말하기를, "사릭 칸은 굶주리고 병들어서 왔다"고 하면서, 그 〔휘하〕의 사람들 모두에게 '오르키추트'[214]라는 명목으로 말 열 마리씩을 주고

---

211) A·B 모두 Ûnâgû로 표기되어 있지만 앞의 Ûtûgû에 비추어 볼 때 Ûtâgû로 읽어야 할 것이며, 모두 ötögü('연로한')를 나타낸 것으로 보인다.

212) B : Dâlâ Tâbân. 『元史』 권2 「太宗紀」에는 達蘭達葩, (八里里)答蘭答八思, 答蘭答八思 등으로 표기되어 있다. 구육을 카안으로 선출하는 選帝 쿠릴타이가 열린 곳이기도 하며, 위치는 오르콘 강이 있는 카라코룸 근처이다. 몽골어로 dalan daba'an은 '70개의 고개'라는 뜻이어서 '달란 다반'으로 옮겼으며, 라시드 앗 딘은 뒤에서(A : 24r) Tâlân Dabân으로 표기하고 있다.

213) A : Qûî Tâĝâchû. 陳得芝가 지적했듯이 이 地名은 元代 資料에는 보이지 않지만 明代에는 유명했으며, Esen Khan이 머물렀던 推塔出晃忽兒壇(Tui Ta'achu Qongqortan)이 이곳에 해당된다. 즉, 항가이 산맥 남쪽을 흐르는 Tui 河와 Ta'achu 河 사이의 지역을 가리키는 것으로 보인다. Cf. 「十三世紀以前的克烈王國」, 『元史論叢』, 제3집, 1986, p.17.

214) 원문은 AWRKJWT. Berezin은 orkiche('한 쪽으로 던져진')의 복수형이라고 추정하면서도 번역은 '增加의 모양으로'라고 하였는데, 아무래도 이해할 수 없는 주장이다. Doerfer는 이 말을 örgän('넓은')의 파생어로 보았다. 즉, örgä(n)에 -ji가 붙어 동사가 된 것이, 다시 접미사 -gün의 복수형 -güd가 첨가되었다는 것이다. 이렇게 해서 그는 'örgäji(g)üd의 뜻을 '支援物, 後援品'(Zusatzgabe)으로 이해했다. Cf. Elemente, vol. 1, pp.165~166. 그러나 본 역자는 이 말이 원래 Berezin이 추측한 대로 '던지다, 버리다, 포기하다'를 의미하는 orki-라는 동사에서 파생된 명사 orkicha의 복수형 'orkicha'ut(즉 ôrkichût)를 나타낸 것으로 보고, 그 의미는 '별도로 떼어낸 것' 정도가 아닐까 추측한다.

맞아들여 환대했다. 사릭 칸은 "오! 나의 작은 형제인 몽골인들이여! 언제까지나 서로 인척(qûdâ)이 되지 말라. 서로 형과 아우가 될 수 있게끔 의형제(anda)를 맺지 않는다면 〔그를〕 마치 언덕 저편에 있는 사람처럼 멀리하라. 오, 나의 몽골 아우들이여! 주인이 있는 여인, 즉 부인과 은신하지 말라. 계곡이나 구불구불한 능선으로 가지 말라"라고 말했다.

메르키트 종족[215]

이들은 우두유트(Ûdûyût)[216] 종족이라고도 불린다. 일부 몽골인들은 메르키트를 메크리트(Mekrît)라고 부르지만, 마치 베크린(Bekrîn)을 메크린(Mekrîn)이라고 말하는 것처럼 두 가지가 가리키는 것은 하나이다.[217] 이제 그들의 계보와 지파에 대해서 설명하자면, 이 우두유트 메르키트 종족은 다음 네 개의 지파로 나뉘어져 있다.

우하즈(Ûhaz), 무단(Mûdân), 투닥크린(Tûdâqlîn), 지운(Jî'ûn)[218]

이 종족은 병사가 많고 매우 호전적이며 강력했다. 그들은 몽골의 일종인

---

215) 메르키트는 『秘史』에는 Merkid, 『親征錄』에는 蔑里乞, 『元史』에는 蔑里乞·滅里吉·麥里吉·蔑里期·滅里及·滅兒乞 등으로 표기되었다. 『遼史』의 梅里急과 密兒紀도 메르키트를 가리키는 것이다. Pelliot도 지적하였듯이 과거 만주 지방에 거주하던 퉁구스 계통의 勿吉·靺鞨(혹은 Theophylatus Simocatta의 Mouxri)과 메르키트를 연관짓기는 어려울 것이다. 칭기스 칸 등장 시기에 메르키트 部의 본거지는 오르콘과 셀렝게가 합류하는 부근에 있었다. Cf. *Campagnes*, pp.227~228 ; "Á Propos des Comans" (*Journal Asatique*, tom 15, 1920), pp.145~147.

216) 『秘史』에는 메르키트에 속하는 세 지파로 Uduyid, Uwas, Qa'ad를 들고 있다. 여기서 Ûdûyût는 Uduyid에 해당하는 것임이 분명하지만, 라시드 앗 딘은 우두유트를 메르키트를 가리키는 別稱으로 보고 있다.

217) 그러나 엄밀히 말해 Merkît/Mekrît는 音位倒置(metathesis)이고 Bekrîn/Mekrîn은 b/m 脣音의 混用이기 때문에 동일한 音韻 現象은 아니다.

218) 이들 지파의 명칭과 기원에 관해서는 Pelliot, *Campagnes*, pp.273~278을 참고하시오.

데, 칭기스 칸과 옹 칸과도 전투를 벌였고, 그에 관한 이야기는 [후에 서술할] 역사의 적절한 부분에서 나올 것이며 거기서 설명할 것이다.

칭기스 칸이 한창 젊었을 때 언젠가 그들이 승리를 거두어 그를 포로로 잡은 적이 있었다. 그 당시에는 포로들을 신속히 죽여 버리는 관습이 없었는데, 아마 무엇인가를 [몸값으로] 받고서 풀어 주었[기 때문이었던 것 같]다. 그때의 일은 다음과 같았다. 하루는 칭기스 칸이 무슨 일을 보러 나섰다가 높은 곳에 이르러 그 위로 올라갔다. 그런데 말의 허리띠(tang-i asb)가 느슨해지거나 가슴끈(sîneband)이 풀리지도 않았는데, 안장이 말 등에서 풀어져 그와 함께 [땅에] 떨어져 버렸다.[219] 이런 일이 생기자 그는 매우 놀라서 스스로에게 '신께서 내가 이 길로 가서 일을 처리하는 것을 원하시지 않는 것이 아닐까'라고 하면서 되돌아가려고 생각했다. 그런데 다시 사탄이 득세하여 그는 기분을 되돌려 [계속해서] 갔다. 갑자기 메르키트 종족 몇 명이 그를 습격하여 붙잡아 끌고 가서 포로로 잡아 두었다. 얼마 뒤 칭기스 칸의 집에서 무엇인가를 그들에게 보내서 그를 다시 데려갈 수 있었다.

그 당시 또 한번은 어떤 이간꾼이 칭기스 칸과 옹 칸 사이에 불화와 적대심을 심어 놓아 서로 갈라서게 되었다. 메르키트 종족은 그 전에도 거듭해서 칭기스 칸이나 옹 칸과 극도로 적대적인 태도를 보여 전쟁을 했었고, 한번은 옹 칸이 그들을 격파한 적도 있었다. 그러나 칭기스 칸과 옹 칸 사이에 [서로에 대한] 의심이 생겨나자, 그들은 옹 칸 및 그의 형제인 자아 감보(Jâ' Gambô)[220]와 연합하고 우호를 맺었다. 한번은 그들이 승리를 거두어 칭기스 칸의 집과 오르두를 겁략하고는, 그의 첫째 부인 부르테 우진을 끌고 가서 옹 칸에게 보냈다. 칭기스 칸은 이 소식을 듣고 믿을 만한 한 사람을 보내 옹

---

219) 『비사』 80절의 내용 참조.

220) 『秘史』에는 Jaqa Gambu로, 『元史』와 『親征錄』에는 札阿紺孛로 표기되어 있다. 이것은 사실 인명이 아니라 西夏의 官名으로 rgya sgam-po라는 티벳어를 옮긴 것이다. Cf. Pelliot, *Campagnes*, pp.226~227.

칸에게 다시 돌려보내 줄 것을 탄원했다. 옹 칸은 그녀의 순결을 지켜 주며 보호하고 있었는데, 그 사신의 이야기를 듣고는 그녀를 되돌려보냈다. [돌아가는] 도중에 주치 칸이 그녀로부터 출생했고, 그것은 잘라이르 지파에서 이야기한 대로이다.

칭기스 칸의 시대에 우두유트 메르키트의 군주와 지도자는 [20v] 톡타[이] 베키였다.「 」[221] 그에게는 쿠두(Qûdû)라는 이름의 형제가 있었고, 그[=톡타이 베키]의 딸은 투루카이진(Tûrûqâîjîn)이라는 이름을 갖고 있었다. 칭기스 칸은 13살이었던 쿠빌라이 카안에게 그녀를 부인으로 맞아 주었다. 그녀는 비록 [다른] 부인들보다 더 빨리 [시집 왔지만] 자식을 낳지 못했기 때문에, 지위는 다른 부인들에 비해 더 낮았다. 한번은 옹 칸이 갑자기 톡타이 베키를 공격했다. 그는 많은 부인을 두고 있었는데 그들 가운데 둘을 끌고 갔다. 그들의 이름은 쿠툭타이(Qûtûqtâî)와 킬릭(Qilîq)이었다. 또 쿠두라는 이름을 가진 그[=톡타이 베키]의 형제와 그가 옹 칸의 딸에게서 낳은 칠라운(Chîlâûn)이라는 아들을 잡아갔지만, 그들은 후에 그로부터 도망쳐 버렸다.[222] 오르잔(Ôrjân)도 톡타이 베키의 형제였다.

이 톡타이 베키에게는 여섯 명의 아들이 있었는데 그들의 이름은 이러하다. 투구즈(Tôgûz),[223] 투사(Tûsa), 쿠두(Qûdû),[224] 칠라운(Chîlâûûn), 치북크

---

221) B본 18r은 여기까지 기록한 뒤 A본의 20v에 해당되는 한 면이 빠져 있다.

222) 『秘史』 177절에는 칭기스 칸이 옹 칸에게 "메르키트의 톡토아의 아들 쿠두와 칠라운도 당신에게 와 있다가, 그 싸움의 와중에 당신을 등지고 나와 자기네 속민을 데리고 자기네 아버지에게 합류하여 바르구진으로 들어갔지요"라는 말을 기록하고 있다. 이는 쿠두와 칠라운이 옹 칸에게 잡혀왔다가 다시 도망갔다는 『집사』의 기록과 일치한다. 라시드 앗 딘은, 톡타이의 아들들과 형제 가운데 쿠두라는 同名異人이 있는데, 이때 도망친 쿠두는 톡토아의 아들이 아니라 동생이라고 한 점이 『秘史』와 다르다.

223) 『秘史』 157절에는 톡토아 베키의 큰 아들의 이름이 Tögüs Beki로 나와 있다. 『秘史』 역시 옹 칸이 Barǧujin Töküm이란 곳에서 Tögüs Beki를 죽였다고 했고, 아울러 옹 칸은 톡토아 베키의 두 딸인 Qutuǧtai와 Cha'alun을 카툰으로 취하고 Qutu와 Chila'un의 백성을 노략했으나, 칭기스 칸에게는 아무 것도 주지 않았다고 기록했다.

224) 『秘史』 141절의 톡토아 베키의 아들 Qutu.

(Chîbûq), 쿨투칸 메르겐(Qûltûqân Mergân).[225] 쿠두는 그의 형제의 이름이기도 하고, 칠라운은 옹 칸의 딸에게서 출생했다. 이 여섯 아들 가운데 앞의 [다섯]이 죽임을 당했다. 투구즈는 옹 칸이 죽였고, 투사는 칭기스 칸이 급습하여 그의 군대와 함께 죽였고, 칠라운과 치북크는 칭기스 칸과의 전투에서 죽음을 당했다. 쿠두는 전투에서 도망쳐 나왔다가 죽임을 당했다. [이들은] 여러 차례 칭기스 칸과 전투를 벌였는데, 이에 관해서는 각 篇에서 설명할 것이다. 마지막 전투에서 톡타[이]의 막내 아들이며 커다란 화살을 정확하게 잘 쏘는 쿨투칸 메르겐은 도망쳐 킵착 쪽으로 갔다. 주치 칸이 군대를 이끌고 그를 추적하여 잡았는데, 그가 명사수라는 말을 듣고는 과녁을 내놓고 그에게 활을 쏘라고 명령했다. 그가 쏘아서 과녁을 맞추었다. 뒤이어 차례로 쏘았는데 첫 화살의 꽁무니(sûfâr)[226]를 맞추고 [그것을 반쪽으로] 갈랐다. 주치 칸은 매우 기분이 좋아져서 칭기스 칸에게 사신을 보내 그의 목숨을 [살려 줄 것을] 희망했다. 그는 언짢아하면서 "메르키트 종족보다 더 나쁜 종족은 없다. 그들과 여러 번 전투를 했고 그들로부터 많은 고통과 어려움을 겪었는데, 어찌 그를 살려 두어 다시 반란을 일으키게 내버려 둘 수 있단 말인가? 나는 너를 위해 이 모든 나라와 군대와 종족들을 모아 주었는데, 그가 무엇 때문에 필요하단 말인가? 나라의 적에게 무덤 이외에 다른 곳은 어디에도 없다"라고 말했다. 이러한 연유로 주치 칸은 그를 처형시켰고, 그들의 일족은 멸종되어 버렸다. 마지막으로 톡타[이] 베키도 전투에서 죽음을 당했다.

메르키트 종족 출신의 다른 아미르로는 다이르 우순(Tâîr Ûsûn)이 있었는데, 그는 우하즈 메르키트의 수령이었다.[227] 한번은 복속(îl)하여 자기 딸인 쿨란 카툰(Qûlân Khâtûn)을 칭기스 칸에게 주었다.[228] 쿨겐(Kôlgân)이라는

---

225) 『秘史』 198절에는 톡토아의 또 한 아들로 Ğal이 언급되고 있다.
226) 이것은 화살에서 활시위에 거는 부분을 가리킨다.
227) 『秘史』 102절에도 Dayir Usun은 Uwas Merkid의 수령으로 나와 있다. 197절에는 그가 Qo'as Merkid 의 수령이라고 되어 있는데, Qo'as와 Uwas는 같은 이름인 것으로 보인다.

이름의 아들이 그녀에게서 출생했다. 쿨란[229]의 이야기는 [뒤에 나올] 역사에서 서술될 것이다. 이 다이르 우순은 그 뒤 반란을 일으켜 칭기스 칸의 군대가 그를 붙잡아 노략했고, 그의 부인 투레게네 카툰(Tôrâgene Khâtûn)을 끌고 와서 우구데이 카안에게 주었다. 그는 그녀로부터 네 아들을 얻었는데, 아들들 가운데 맏이자 선임자가 구육 칸이었다. 이는 그에 관한 서술에서 언급될 것이다.

메르키트 종족은 분란을 일으키는 사람들이고 칭기스 칸과 많은 전투를 했기 때문에, 그는 칙령으로 한 사람도 살려 두지 말고 모두 죽이라고 명령했다. 어머니의 뱃속에 있었거나 혹은 일부 친족들이 숨겨 준 소수만이 살아남았다. 그들에게서 나온 카툰과 아미르들에 관한 설명은 다음과 같다.

오굴카이미쉬 카툰(Ôgûlqaymish Khâtûn) : 구육 칸의 첫째 부인이며, 그녀로부터 호자(Khwâja)와 나쿠(Nâqû) 두 명의 아들이 나왔다.

쿨란 카툰(Qûlân Khâtûn) : 칭기스 칸의 부인이었고, 그녀로부터 쿨겐이라는 이름의 아들이 하나 나왔다.

자말 호자(Jamâl Khwâja) : 상술한 쿨란 카툰의 형제이며, 칭기스 칸의 친위 천호 가운데 한 개의 백호를 관할했다.

나이만의 군주인 타양 칸(Tâyâng Khân)이 칭기스 칸과 마지막 전투를 했을 때 톡타이 베키는 그와 함께 있으면서 치열한 싸움을 벌였다. 타양 칸이 죽음을 당하자, 톡타[이]는 자기의 한 아들과 함께 나이만의 부이룩 칸에게 도망쳤다. 칭기스 칸은 다시 군대를 끌고 톡타이 베키에게로 가서 [21r] 「18v」 전투에서 그를 죽였다. 그의 형제인 쿠두와 아들인 칠라운과 마자르(Mâjâr)와 투세켄(Tûsekân)은 그의 시체를 거두어 묻어 주고 싶어했지만, 그럴 만한 기회를 찾지 못하여 그의 머리만 갖고 갔다.[230] 그들이 위구르 지방

---

228) 『秘史』 197절 참조.
229) 露譯本에는 '쿨겐'으로 되어 있으나 잘못된 것이다.

제2편 몽골화된 투르크족 175

의 경계에 이르렀을 때 부겐(Bôgân)²³¹⁾이라는 이름의 사신을 이디쿠트
(Îdîqût)²³²⁾에게로 보냈는데, 그는 사신을 죽였고 그로 인해 전투가 벌어졌
다. 이디쿠트는 그들에 관한 상황을 알리기 위해 칭기스 칸에게 사신들을
보냈다.²³³⁾

주리야트(Jûnyât) 종족의 수령들이 한때 칭기스 칸에게 복속하였으나 다시
반란을 일으켜 도망쳤다. 그들 가운데 한 대아미르가 타가이 달루(Taǧâî
Dâlû)²³⁴⁾였다. [도망치던] 도중 메르키트 종족 출신의 아미르 쿠둔 오르창
(Qûdûn Ôrchang)²³⁵⁾이 그를 습격하여 죽이고 그의 종족을 약탈했다. 이로
인해 주리야트는 세력을 크게 상실했다.²³⁶⁾

---

230) 『秘史』 198절에 이와 유사한 내용이 보인다. 『秘史』에는 Toqto'a의 아들로, '개의 해' 겨울 옹 칸의 공격
   을 받아 사망한 큰 아들 Tögüs Beki 이외에 Qutu, Chila'un, Ğal 등이 아들로 나오고 있다. 한편 『元
   史』 권122 「巴而朮阿而忒의 斤傳」(p.3000)에는 Toqto'a(脫脫)의 아들들인 火都(Qutu), 赤剌溫
   (Chila'un), 馬札兒(Majar), 禿薛干(Tüsiyeken)이 그의 머리만 취하여 이르티쉬 강을 건너 도망쳤다는
   기사가 보인다. 그러나 라시드 앗 딘은 「칭기스 칸 기」 Roshan, (p.424, 457)에서 투세켄 대신
   Qûl(t)ûqân Mergân이라는 이름을 삽입하고 있다.

231) 『親征錄』(p.153)의 別干(Bögen).

232) 이는 高昌 위구르의 국왕 칭호인데, 이에 대해서는 A : 29r의 역주 참조.

233) Cf. 『元史』 권122 「巴而朮阿而忒의 斤傳」(p.3000) ; 『親征錄』(pp.153~4). 이디쿠트가 보낸 사신이 『元
   史』에는 '國相'으로 되어 있지만, 『親征錄』에는 '관리인 阿思蘭斡乞(Arslan Öki), 字雖의 斤(Bolod
   Tegin), 亦難海牙倉赤(Inanqaya Čangči) 四人'으로 되어 있다. 전투가 벌어진 지점에 대해서는 전자에는
   禮河 一蟾河(p.3008)―, 후자에는 嶄河라고 되어 있는데, 이것은 「칭기스 칸 기」(Roshan, p.424, 457)
   에 나오는 '몽골리아 안에 있는 Chem Mûrân'에 해당된다.

234) 『親征錄』의 塔海荅魯(p.33), 『元史』(p.4)의 塔海荅魯.

235) A · B 모두 Qûdûq이라고 되어 있으나 Qûdûn의 誤記이다. 『秘史』 141 · 144 · 148절에 그의 이름이
   Qodun Orchang 혹은 Qoton Orchang으로 나오며, 『親征錄』에도 忽敦忽兒章으로 표기되었다.

236) 이와 유사한 내용이 『親征錄』과 『元史』에 각각 보인다. 우선 『親征錄』에는 타이치우트(泰赤烏) 部의 苛酷
   함을 견디지 못한 照列(『秘史』의 Je'üred, 『集史』의 주리야트) 部의 玉律拔都가 塔海荅魯와 함께 部民을
   데리고 칭기스 칸에게 歸附하였으나, 얼마 지난 뒤 다시 떨어져 나가 이를 반대한 '族人' 忽敦忽兒章이
   塔海荅魯를 죽여 마침내 주리야트 部가 망하게 되었다고 했다. 『元史』에서도 기본적으로 내용은 같으나
   塔海荅魯를 죽인 사람이 擧名되지 않은 채 '泰赤烏部人'이라고만 되어 있다. 『秘史』에도 Qodun
   Orchang은 타이치우트 人으로 되어 있다. 주리야트와 타이치우트는 隣族이기 때문에 이러한 혼동이
   생긴 듯하다. 그러나 『集史』에서 그를 메르키트 人으로 쓴 것은 받아들이기 어렵다.

쿠를라우트 종족[237]

이 종족은 쿵그라트와 일치킨과 바르쿠트[238]와 서로 가깝고 연합해 있었으며, 낙인도 모두 동일하다. 친족으로서의 의무를 행하며 서로 사위와 며느리의 관계를 맺었다. 이 서너 종족은 줄곧 칭기스 칸과 전쟁을 하지 않았고 반기를 들지 않았다. 그들이 적대하지 않았기 때문에 그는 결코 그들을 나누거나 다른 사람에게 속민으로 주지도 않았다. 그는 그들을 신임하여 케식으로 불러들였고, 그의 시대에 모두 의형제·사돈의 관계를 맺었다. 그들은 모두 제데이 노얀(Jede Nôyân)[239]의 케식에 [속해 있었고] 지금까지도 그의 자식들의 케식에 속해 있다.

칭기스 칸의 시대에 쿠를라우트[의 한 지파인] 오이마쿠트(Ôîmâqût) 종족 출신으로 대아미르였던 에부겐 노얀(Ebûgân Nôyân)[240]이 있었다. 그의 아들인 부룽타이 노얀(Bûrûngtâî Nôyân)도 칭기스 칸의 시대에 중요한 아미르였고, 그의 아들 투르타카 노얀(Tûrtâqâ Nôyân)[241]은 아릭 부케에게 속하

---

237) 라시드 앗 딘은 앞에서 이 종족의 이름을 Kûrlût라고 표기했다. 陶宗儀의 『輟耕錄』(pp.25~26)에 기재된 '蒙古七十二種' 가운데 曲呂律, '色目三十一種' 가운데 苦里魯가 이를 옮긴 것이 아닌가 생각된다.

238) Barqût. 그러나 앞에서는 Barğût로 표기되었다.

239) 망구트 部의 아미르로 칭기스 칸을 위해 봉사하다가 툴루이에게 분여된 천호장 Jedei Noyan과 동일 인물이다.

240) 몽골어의 ebügen은 '老人'을 의미하는 보통명사로서, Ebûgân Nôyân도 원래 그의 고유한 이름은 아니었을 것이다.

241) Tûrtâqâ Nôyân의 이름은 『元史』에서 朶魯朶海(Turtuqai)를 비롯하여 여러 字面으로 등장한다. 『元史』에서 우리가 알 수 있는 사실은, 그가 카이두의 반란을 진압하기 위해 파견되었고(p.2909), 丞相·大將의 직책에 있었으며(p.3209, 3321), 武宗 즉위 직후에 知樞密院事·太傅였다는 점(p.479) 등이다. 다만 그가 시리기의 반란에 동참했다는 기사는 찾을 수 없고, 권13 「世祖·十」(p.267)에는 그의 휘하를 扎剌伊兒(잘라이르) 部라고 하고 있어, Tûrtâqâ Nôyân=朶魯朶海라고 단언하기에는 석연치 않은 점이 있다. 그러나 『元朝名臣事略』 권3 「土土哈紀績碑」에는 前丞相 朶魯朶海가 카이두 반란 진압시 失策에 대한 間責을 두려워하여 카이두 측으로 넘어간 사실이 기록되어 있어 『集史』의 기사와 일치하기 때문에, 양자가 동일인임을 의심할 수 없다. 그렇다면 쿠를라우트 部도 잘라이르 部와 밀접한 관련을 맺은 집단이었다는 추정도 가능할지 모르겠다. Cf. 李玠奭, 「14世紀初 漠北遊牧經濟의 不安定과 部民生活」(『東洋史學研究』, 제46집, 1994), pp.36~37.

여 그와 함께 행동했다. 그는 큰 죄를 짓지 않았기 때문에 쿠빌라이 카안은 그를 대아미르로 만들었고, 중서성(dîvân wa vuzârat)[242]의 아미르의 지위를 그에게 주었다. 아미르들 가운데 그보다 높은 사람은 아무도 없었다. 그 뒤 그를 카이두의 要衝(sûbe)[243] [이 있는] 쪽으로 보내서 그 일을 그에게 위임했다. 여럿이 그를 고발(ayqâqî)하였기 때문에 쿠빌라이 카안이 그를 소환하자, 그는 두려워하여 소수의 누케르들과 함께 도망쳐 아릭 부케의 아들인 유부쿠르(Yûbûqûr)[244] 및 뭉케 카안의 손자이자 시리기(Zîrigî)[245]의 아들인 울루스 부카(Ûlûs Bûqâ)[246]—두 사람 모두 카이두의 편이었다—와 연합했다. 그는 쿠빌라이 카안이 타계할 때까지 그들과 함께 있었다. 그 뒤 그는 상술

---

242) dîvân은 官衙를, vuzârat는 '宰相府'를 의미하는데, 이것은 아마 元朝의 중앙행정기구 중 中書省을 가리키는 것으로 보인다.

243) A·B본은 여기서 sûbe라고 표기했다. 『집사』에는 이외에도 이 말이 4회 더 나오는데 모두 sûbîe라고 표기되어 있다(A : 211a, 218a). Roshan은 이를 shîbe라고 옮겼는데 아마 Doerfer의 견해를 따랐기 때문인 것으로 보인다. Doerfer는 sûbe/sûbîe가 몽골어에서 '성벽, 성채'를 의미하는 shibe에서 나온 것이라고 추정했다(Elemente, vol. 1, pp.349~351). 그러나 당시 몽골 유목민들이 그러한 성벽이나 성채를 근거로 삼지 않았다는 점을 고려하면, 그의 견해를 수긍하기 어렵다. 露譯本에서는 이를 (카이두의) '領地'라고 옮겼으나 근거는 제시하지 않았다. 필자는 이 말이 몽골어에서 '바늘 구멍, 좁은 통로, 협곡, 전략적 지점'을 의미하는 sübe(Lessing, p.741 ; Kowalevskii, p.1424)를 옮긴 것이라고 생각한다. 이를 입증하는 예는 『秘史』 240절에 나오는 다음 구절에서 보인다. "Dörbei cherig jasarun urida cherig-ün yabuqu qara'ul-un saqiqu mör qorum sübes-dür qoğtorğui erbegelje'üljü"('두르베이가 군대를 지휘하여, 먼저 군대가 다닐 만한 길마다, 전초가 지킬 만한 목마다 허식으로 병력을 출몰케 하면서'). 여기서 sübes는 sübe의 복수형이고 旁譯은 '口子每'로 되어 있다. 즉, sübe는 關口, 要衝을 의미했던 것이다. 라시드 앗 딘은 다른 곳에서도 이러한 뜻으로 sübe를 사용했다(Boyle tr., Successors, p.299, p.326). 따라서 Mîrzâ Muḥammad가 『라시드 史』에서 차가타이가 두글라트 部의 수령인 Urtubu에게 賜與해 준 지역도 Mangalâî Sûye가 아니라 Mangalâî Sûbe라고 읽어야 할 것이다. 그는 이 말의 뜻을 aftâb rû, 즉 '해를 향한 (곳)'이라고 하였는데, 이는 意譯인 셈이고 원래의 의미는 '前方의 要衝'이며, 이는 차가타이의 領地인 천산 북방에서 그 남쪽의 타림 분지를 가리키게 된다. Cf. Ross tr., History of the Moghuls, p.7.

244) 『元史』의 藥木忽兒 등 그의 이름의 다양한 字面에 대해서는 『元史人名索引』, p.318을 참조하시오.

245) A·B 모두 Zîrigî라고 표기하였으나, 이는 쿠빌라이에게 반기를 들었던 뭉케의 아들 Shirigi(昔里吉)를 지칭함이 분명하며, Sergius의 몽골식 표기이다.

246) 『元史』의 兀魯思不花, 兀魯速不花.

한 두 왕자들을 붙잡아 티무르 카안(Tîmûr Qân)의 어전으로 가서 지금은 그 곳에 있다.

홀레구 칸의 시대에 마죽 쿠쉬치(Mâjûq Qûshchî)의 아버지 카라 유르치(Qarâ Yûrchî)는 모든 유르트치(yûrtchî)[247]들의 수령이었고, 그[=홀레구]와 함께 온 여러 아미르 가운데 하나였다. 뭉케 카안은 그들에게 말하면서 충고를 했었다. 아바카 칸의 시대에 마죽의 형인 카라(Qarâ)의 아들 안두즈 부카(Andûz Bûqâ)[248]는 홀레구 칸의 밑에서 시쿠르치(shikûrchî)였고, 그의 아버지가 죽은 뒤 모든 유르트치들의 수령이 되었다. 현재의 마죽 노얀은 그들의 일족이다. 이 종족에 속한 각각의 족속들은 특수한 명칭을 가졌고 [지금도] 갖고 있는데, 중쿠르킨(Jûngqûrqîn), 오이마쿠트(Ôîmâqût) 등과 같은 것이다.[249] 홀레구 칸의 시대에 야르구치였고 가라카이(Ġaraqay)[250]와 함께 후라산으로 갔던 시쿠키 노얀(Shîkûkî Nôyân)은 쿠를라우트 종족 출신이었다.

타르쿠트 종족[251]

카안의 어전에서 한 사람이 이 나라로 왔는데, 그의 이름은 타르쿠다이(Târqûdâî)이며 이 종족 출신이었다. 과거에 있었던 다른 아미르들의 이름이나 정황에 대해서는 알려진 바가 없다. 그러나 고귀한 카툰들 가운데 바르탄

---

247) A : yûrchî. 牧地管理人을 지칭한다.

248) 露譯本은 Andûz Bûqâ pesar-i Qarâkî Aqâî Mâzûq(카라키 아카이 마죽의 아들인 안두즈 부카)이라고 읽었고, Roshan은 Undûr Bûqâ pesar-i Qarâke, aqâ-î Mâzûq(카라케의 아들이자 마죽의 형인 운두르 부카)으로 읽었다. 필자는 이를 Andûz Bûqâ pesar-i Qarâ kî(=ke) aqâ-î Mâzûq으로 읽어야 한다고 생각한다. 라시드 앗 딘의 *Shu'ab-i Panjgâne*에 실린 아바카 칸의 아미르들 명단에도 Andûz Bûqâ는 Qarâ의 아들로서 아버지가 죽은 뒤 유르트치의 長이 되었다고 되어 있으나, Qarâ는 Mâzûq의 형이 아니라 아들로 되어 있다. Cf. 志茂碩敏, 『序說』, p.263.

249) Ôîmâqût는 ôîmâq(〈ayimaq ; 部落)의 복수형으로 이해할 수 있다.

250) A · B 모두 q 위에 fatḥa가 표시되어 있다.

251) 라시드 앗 딘은 앞에서 이 종족의 이름을 Tarġût라고 표기했다. 『秘史』에는 Tarġud로 나와 있다.

바하두르(Bartân Bahâdur)[252]의 〔21v〕「19r」〔부인으로〕 네 아들의 어머니이자 극히 존경받는 카툰이 있었는데, 이 뼈에서 나왔다. 그녀의 이름은 수니겔 푸진(Sûnîgel Fûjîn)[253]이었다.

오이라트 종족[254]

이 오이라트 종족의 목지와 거처는 셍키스 무렌[255]이었다. 옛날에는 투마트 종족이 그 강들〔유역〕에 살았었다. 그곳에서부터 여러 강이 흘러나와 모두 합쳐져 켐(Kem)이라고 부르는 강이 되고, 그 뒤 앙쿠라 무렌(Anqura Mûrân)으로 흘러든다. 〔8개의 강의 이름은 다음과 같다.〕 쿡 무렌(Kûk Mûrân), 온 무렌(Ôn Mûrân), 카라 우순(Qarâ Ûsûn), 셴비 툰(Senbî Tûn), 아카리 무렌(Aqarî Mûrân), 아크 무렌(Aq Mûrân), 주르체 무렌(Jûrche Mûrân), 차간 무렌(Chaĝân Mûrân). 그리고 이 종족은 옛부터 숫자가 많았고, 몇 개의 지파로 나뉘어져 각기 독자적인 이름을 가졌는데 다음과 같다. ……[256] 그들의 말은

---

252) 카불 칸의 아들이자 칭기스 칸의 祖父.

253) B : Sûnîgel Qûjîn.

254) 『秘史』의 Oyirad, 『元史』의 猥剌이나 斡亦剌, 『親征錄』의 斡亦剌, 『輟耕錄』의 外剌·外剌台. Oyirad의 語源에 대해서는 諸說이 있는데, ① Pallas와 Abel-Rémusat : hoi(-yin) arad('삼림의 백성'), ② Banzarov : oyira('近親의, 이웃의'), ③ Ramstedt와 Pelliot : Uyigur의 복수형 등이 대표적이다. Cf. Pelliot, *Notes critiques d'historire Kalmouke*(Paris, 1960), pp.4~5. Oyirad라는 字面은 12세기 이전에는 각종 史書에 보이지 않았다. 오이라트의 역사에 대한 개관으로는 白翠琴, 『瓦剌史』(吉林教育出版社, 1991) ; 『衛拉特蒙古簡史』(上冊, 新疆人民出版社, 1992) 등을 참조하시오.

255) A·B : senkîs mûrân. Roshan은 이를 Senggûr로 읽었다. 필자는 Senkîs Mûrân이 Sekîs Mûrân('여덟 개의 강'이란 뜻)의 誤記가 아닌가 추측한다. 그것은 라시드 앗 딘이 뒤이어 dar ân rûdkhânhâ('그 강들〔유역〕 안에')라고 한 것이나, 구체적으로 Kök Mûrân을 비롯한 여덟 개의 강의 이름을 제시하고 있기 때문이다. 露譯本에서도 '八河'로 번역했다. 『秘史』 144절에는 Köyiten의 전투 후 오이라트의 수령 쿠투카 베키가 失思吉思(Shisgis)로 갔다고 하였는데, 이곳은 '地名'이라고만 旁譯되어 있다. Shisgis는 오이라트의 근거지였던 것으로 추정되기 때문에, 혹시 이것이 Senkîs Mûrân과 동일한 것이 아닐까 하는 생각도 든다.

256) A·B 모두 原缺.

180 부족지

비록 몽골어이지만, 다른 몽골 종족들의 말과는 약간 차이가 있다. 예를 들어 다른 사람들은 칼을 '키투카'(kîtûqa)²⁵⁷⁾라고 하는데 그들은 '마다가'(madaǧa)²⁵⁸⁾라고 한다. 이와 비슷한 것들이 매우 많다. 그들에게는 항상 군주와 지도자가 있어 칭기스 칸의 시대에 가능한 한 저항하긴 했지만, 전기에서 서술되듯이 복속하여 순종하게 되었다. 칭기스 칸은 그들과 〔혼인〕 관계를 맺어 딸을 주고 받았으며, 그들과 의형제·사돈의 관계를 가졌다.

그 당시 이 종족의 군주요 지도자는 쿠투카 베키(Qûtûqa Bîkî)였다. 두 아들이 있었는데 이날치(Înâlchî)와 투랄치(Tûrâlchî)였고, 딸의 이름은 오굴카이미쉬²⁵⁹⁾로 뭉케 카안에게 부인으로 주었다. 이에 앞서 칭기스 칸은 그녀를 〔자기가〕 취하고자 했으나 뜻을 이루지 못했다. 전하는 바에 의하면, 그녀는 쿠빌라이 카안과 훌레구 칸의 형수(bârîgân)였으면서도 그들을 '자식'(farzand)이라고 불렀고,²⁶⁰⁾ 그들도 그녀를 깍듯이 공경했다고 한다. 칭기스 칸은 자기 딸인 치체겐(Chîchâgân)을 이 투랄치 쿠레겐에게 주었고²⁶¹⁾ 그녀로부터 세 아들이 태어났다. 하나는 이름이 부카 티무르(Bûqâ Tîmûr)였고, 다른 하나는 부르토아(Bûrtôâ)였는데 이 부르토아는 몸이 약한 것으로 유명했다. 셋째는 이름이 파르스 부카(Pârs Bûqâ)였다. 또한 그녀로부터 두 딸이

---

257) 몽골어의 kituǧa.

258) Lessing(*Dictionary*, p.519)은 madaǧa(n)의 뜻을 'hunting knife, small sword'로 풀이했다. 『五體淸文鑑』(京都 : 京都大學出版部, 1966, p.231)에서도 madaǧa가 중국어의 攮子에 해당한다고 했다. 露譯本에서는 이를 mudaǧeh로 읽었다.

259) A·B 모두 Oǧûlqûymish로 표기하였으나, 뒤에서의 용례들로 보아 Oǧûlqaymish로 교정되어야 할 것이다.

260) 이같은 친족 호칭의 문제는 앞에서 시기 쿠투쿠와 부르테 우진과의 관계를 논하면서 설명했다.

261) 그러나 『秘史』 239절에는 칭기스 칸이 Qutuqa Beki의 큰 아들 Törölchi에게는 주치의 딸 Qoluiqan을 주고, 작은 아들 Inalchi에게 자신의 딸인 Checheigen을 주었다고 되어 있다. 반면 『元史』 권109 「諸公主表」(p.2762)에는 延安公主 闊闊干(闊闊干의 誤記)公主가 脫欒赤駙馬와 혼인한 것으로 되어 있어, 『集史』의 기사와 일치하고 있다. 또한 또 다른 延安公主인 火魯公主(火魯는 Qoluiqan의 Qolui를 옮긴 것으로 추정)는 哈答駙馬라는 인물과 혼인한 것으로 되어 있다. 이처럼 사료들마다 약간씩 차이가 있음에 주의해야 할 것이다.

태어났는데 하나는 일칙크미시 카툰(Îlchîqmîsh Khâtûn)이며 아릭 부케에게 시집가서 그의 큰 부인이 되었다. 그의 또 다른 딸은 오르카나 카툰(Ôrqana Khâtûn)이며 무에투겐(Mûâtûgân)의 아들이자 차가타이의 손자인 카라 훌레구(Qarâ Hûlâgû)에게 시집갔다. 무바락 샤(Mubârak Shâh)는 이 오르카나 카툰에게서 출생했고, 우구데이는 그녀를 무척 아껴서 '오르카나 베리(bârî)', 즉 '며느리'라고 불렀다.[262] 그녀는 한동안 차가타이 울루스를 통치했다. 전술한 세 아들의 자식들은 다음과 같다.

부카 티무르의 자식들 : 아들이 하나 있었는데 이름은 초난(Chônan)이고, 아릭 부케의 딸 노무간(Nômûgân)을 그에게 주었다. 두 딸이 있었는데 [하나는] 훌레구 칸의 부인인 울제이 카툰(Ôljâî Khâtûn)이다. 다른 딸의 이름은 불명이며, 그녀를 바투의 일족인 토칸(Tôqân)[263]에게 주었고, 뭉케 티무르(Möngkû Tîmûr)[264]가 그녀로부터 출생했다. 다음과 같은 또 다른 전승이 있다. 이 부카 티무르에게는 4명의 누이가 있었는데, 하나는 훌레구 칸의 첫 부인인 쿠박 카툰(Kûbâk Khâtûn)이며 줌쿠르(Jûmqûr)의 어머니이다. 또 하나는 무바락 샤의 어머니인 오르가나 카툰이고, 또 하나는 바투 울루스의 군주였던 뭉케 티무르의 어머니이며, 네 번째는 훌레구 칸의 [부인] 울제이 카툰이다. 이 전승은 맞는 것이다.

부르토아의 자식들 : 두 아들이 있었는데, 하나는 이름이 울룩(Ûlûq)이고 다른 하나는 후세인(Husayn)[265]이다. 둘 다 쿠빌라이 카안의 휘하에 있었다. 칭기스 칸은 일족 출신의 딸 하나를 이 부르토아에게 주어 부마로 삼았다.

파르스 부카의 자식들 : 두 아들이 있었는데, 하나는 이름이 시랍(Shîrâp)이

---

262) bârî는 몽골어의 beri(며느리)를 옮긴 말이다. 그러나 오르카나 카툰은 우구데이 카안에게 姪女이자 동시에 형 차가타이의 孫婦였던 셈이다.

263) 바투의 둘째 아들. 「주치 칸 紀」(A : 158v)에도 그의 이름은 Tôqân으로 되어 있으나, Boyle의 Successors(pp.109∼110)에는 Toqoqan으로 되어 있다.

264) 킵착 칸국의 5대 군주. 재위는 1267∼1280년.

265) 露譯本에서는 Hîn으로, Roshan은 Jînan으로 읽었다.

고 또 다른 하나는 벡클레미시(Bîklemîsh)[266]이다. 둘 다 쿠빌라이 카안의 휘하에 있었고 그를 모셨다.

〔22r〕「19v」쿠투카 베키의 또 다른 아들인 상술한 이날치에 관한 일화는 다음과 같다. 바투는 자신의 누이 하나를 그에게 주었는데, 그 이름은 쿨루이 이게치(Qûlûî Îgâchî)였다. 그로부터 아들이 하나 태어났는데, 이름은 울두(Ûldû)였고 그에게는 네구베이(Nîgübî)와 아쿠 티무르(Aqû Tîmûr)[267]라는 두 아들이 있었다. 그들 둘 다 코니치 울루스에 있었고, 잘라이르 4천호의 병사를 그들이 관할했다.

오이라트 종족의 수령인 쿠투카 베키와 친족 관계가 있는 아미르와 부마들 가운데 텡기즈 쿠레겐(Tenggîz Kûregân)이 있었는데, 구육 칸이 딸을 그에게 주어 사위로 삼았다. 구육 칸이 죽고 뭉케 칸[268]이 군주의 자리에 앉았을 때, 구육 칸의 일족과 일부 아미르들이 반역을 꾸며 아미르들을 처형시켰다. 텡기즈 쿠레겐도 고발을 받아 엉덩이 살이 떨어질 정도로 여러 대의 곤장을 맞았다. 그 뒤 그의 부인이었던 〔구육 칸의〕 딸이 그의 목숨을 간청하여 그를 그녀에게 주었다. 아르군 칸의 큰 부인인 쿠틀룩 카툰(Qûtlûq Khâtûn)은 상술한 부인과 텡기즈 쿠레겐 사이에서 태어난 딸이었다. 텡기즈 쿠레겐의 자식들은 술레미시(Sûlâmîsh)와 ……[269]이었고, 술레미시의 아들은 치첵 쿠레겐(Chîchâk Kûregân)이었다. 훌레구 칸의 딸인 투두카치(Tûdûkâch)를 텡기즈 쿠레겐에게 주었는데, 현재 〔그의〕 손자인 치첵 쿠레겐[270]이 그녀를

---

266) 『元史』에 別乞里迷失・別急列迷失・別急里迷失 등으로 표기. 그는 世祖時 南宋戰에서 淮安招討使를 맡았고, 至元 13(1277)년 中書右丞에 제수되었으며, 시리기의 반란을 진압하기 위해 北征에 참가했다.

267) B : Âqû Tîmûr.

268) A・B 모두 뭉케 '카안'이 아니라 '칸'(khân)으로 표기되어 있다.

269) 원문 결락.

270) 원문은 farzandzâde〈-i〉 Chîchek Kûregân dârad. 문법적으로는 '치첵 쿠레겐의 손자가 〔그녀를〕 취했다'고 읽는 것이 순리이고 露譯本에서도 그렇게 했다. 그러나 그럴 경우 투두카치 카툰의 마지막 남편은 처음 결혼한 텡기즈 쿠레겐의 고손자가 되는 셈이어서 개연성이 매우 희박하여, 여기서는 달리 해석했다.

취하여 그녀로부터 자식들이 태어났다.

타라카이 쿠레겐(Taraqay Kûregân)은 차키르 쿠레겐(Châqîr Kûregân)의
아들이고, 차키르 쿠레겐은 부카 티무르(Bûqâ Tîmûr)²⁷¹⁾의 아들이었다. 그와
그의 아들 타라카이 쿠레겐²⁷²⁾은 오이라트 천호의 아미르였다. 타라카이는
훌레구 칸의 딸인 뭉케루켄(Mönkûlûkân)²⁷³⁾을 취했는데, 그녀가 죽자 그 대
신 뭉케 티무르(Möngkû Tîmûr)의 딸인 아라 쿠틀룩(Ârâ Qutlûĝ)²⁷⁴⁾을 취했
다. 디야르바크르에서 군대와 함께 도망쳐 시리아 쪽으로 갔다가, 거기서 군
대를 그로부터 분리시켜 분배해 버렸다. 훌레구 칸의 큰 아들인 줌쿠르²⁷⁵⁾의
첫째 부인인 놀룬 카툰(Nôlûn Khâtûn)도 부카 티무르의 딸이자 차키르²⁷⁶⁾ 쿠
레겐의 누이였다. 〔그녀에게는 딸이 하나 있었는데 그 이름은 오르구닥
(Ôrĝûdâq)이고 그녀를 순착 아카(Sûnchâq Âqâ)²⁷⁷⁾의 아들인 샤디(Shâdî)에
게 주었다. 현재 제베시(Jebesh) 및 그녀의 자매이자 이슬람의 제왕—알라께
서 그의 군주의 지위를 영원케 하소서!—의 부인인 군제식(Gûnjeshik)은 이
오르구닥의 딸이다.〕²⁷⁸⁾ 〔부카 티무르의〕 또 다른 딸이 있었는데 울제테이
(Ôljetâî)라는 이름이고 뭉케 티무르의 부인이었다. 그녀로부터 〔두〕 딸이 출
생했는데, 하나는 전술한 아라 쿠틀룩이다. 뭉케 티무르가 죽은 뒤 그의 아

---

271) 위에서 언급된 투랄치 쿠레겐의 아들 부카 티무르와는 同名異人으로 보아야 할 것 같다. 라시드 앗 딘은
   앞에서 나온 부카 티무르에게는 초난이라는 아들 하나밖에 없다고 하였기 때문에, 차키르 쿠레겐을 아
   들로 둔 뒤에 나온 부카 티무르는 그와 다른 인물일 수밖에 없다.

272) A · B : Taraqâî Kûregân.

273) Mönkûlûkân은 몽골어로 Möngke + lük + ken의 합성어로 볼 수 있다. 여기서 -lük과 -ken은 모두 접
   미사이다. 칭기스 칸의 막내딸인 Altâlûqân(Alta[n] + luq + qan)이나 Shikiken(Qutuqu)의 경우에서도
   볼 수 있듯이 -qan/-ken은 縮小形 接尾辭이다. 露譯本에서 이를 M(a)nkkû-Lûkân이라고 옮긴 것은 잘
   못이다.

274) B : Ârâ Qutlûq.

275) 줌쿠르는 훌레구의 長子가 아니라 次子이다.

276) B : Châĝir.

277) 순착 아카는 술두스 部의 아미르이고 Sûdûn Nôyân의 아들이다.

278) 이 부분은 A · B본에는 모두 없으며, 레닌그라드 사본(D66)과 Berezin에게서만 보인다.

들 안바르치(Anbârchî)가 그녀를 취하여 딸 하나를 낳았는데, 이름은 쿠툭타이(Qûtûqtâî)로서 삼카르(Samqar)의 아들인 아랍('Arab)과 혼인했다.

오이라트 종족 출신의 아미르들은 이란과 투란에 매우 많고 [지금도] 그러하다. 그러나 그 각각이 어떠한 지파에서 나왔는지는 알려지지 않는다. 물론 그들은 자기들끼리 근원과 계보를 알고 있다. 그 무리들 가운데 아르군 아카(Arğûn Aqâ)가 있었는데, 그가 원래부터 중요한 인물은 아니었다. 전해지는 바에 의하면, 우구데이 카안의 시대에 기근이 들었을 때 그의 아버지는 소의 다리를 받고 그를 잘라이르 출신의 일루게 카단(Îlûge Qadân)[279]이라는 아미르에게 팔았다고 한다. 그 아미르는 우구데이 카안의 아타벡의 지위에 있었는데, 자신의 한 아들을 우구데이 카안의 숙위로 케식에 들여보낼 때 아르군 아카도 그 아들과 함께 주었다. 그는 민첩하고 유능했기 때문에 점차로 출세하고 중요하게 되어, 이란 땅의 총독(ḥâkim)과 바스칵(bâsqâq)의 자리에까지 이르게 된 것이다. 그의 자식들로는 케레이 말릭(Kerâî Malik), 타리야치(Târîâchî), 노루즈(Nôrûz), 락지(Lakzî), 핫지(Ḥâjjî), 욜 쿠틀룩(Yôl Qutluğ), 불둑(Bûldûq), 오이라타이(Ôîrâtâî) 등이 있다. 그의 손자로는 쿠렉(Kûrâk)을 비롯하여 많이 있다. 딸들도 많았는데 몇몇은 군주들과 아미르들에게 주었고, 그의 아들인 노루즈와 락지는 사위로서 [칭기스 칸의] 일족의 딸을 취했다.

일 시쿠르치(Îl Shikûrchî)와 그의 아들 토간(Ṭôğân)도 오이라트 종족 출신이다.

<톡타이 베키는 마지막 전투에서 살해되었다. 그는 칭기스 칸의 군대와 전쟁하지 않고 항복했다. [그러나 칭기스 칸은] 군대를 톡타[이]를 향해 이끌고 가서 그를 공격하여 죽여 버렸다.>[280]

---

279) 앞에서 잘라이르에 관한 기술에서는 일루게를 카단의 아들이라고 했다.
280) 〈 〉 안에 있는 부분은 오이라트와는 무관한 내용이며 삭제되어야 마땅할 것이다. 실제로 A본에는 그 중 일부분에 줄을 그은 삭제 표시가 보인다.

바르쿠트[281] · 코리[282] · 툴라스[283] 종족

투마트 종족도 그들로부터 분파된 것이며 이 종족들은 서로 가깝다. 그들을
바르쿠트[284]라고 부르는 이유는, 「20r」 그들의 거주지가 셀렝게(Selînggâ) 너
머 몽골인들이 머물고 있는 지역의 끝으로, 그곳을 바르구진 투쿰(Barğûjîn
Tûkûm)이라고 부르기 때문이다. 그 지역 안에는 〔오이라트, 불가친, 케레무
친과 같은 많은 종족들이 거주하고 있었고, 삼림 우량카트(Hôîn Ûryângqa)
라고 부르는 또 다른 종족이 그〕[285] 가까이에 있었으며, 각각 별도로 지도자
와 수령이 있었다. 그 무리를 〔칭기스 칸이 정복하였는데, 그들에 관한 자세
한 정황은 紀傳에 나올 것이다.

이 바르쿠트 종족 출신으로 이 나라에는 주자간(Jûjağân)이 있었는데,〕[286]
아르군 칸의 아타벡이었다. 그의 부인은 불루간(Bûluğân)[287]이고 그의 아들
들은 타우타이(Tâûtâî)와 부랄기 쿠켈타시(Bûrâlğî Kûkeltâsh)였다. 부랄기의

---

281) A본은 Barqût와 Tarqût로 읽는 것이 모두 가능하다. 그러나 라시드 앗 딘은 「名單」에서 Barqût · Tarqût
를 모두 거명하였기 때문에, 어느 한 쪽이 다른 쪽의 誤記라고 볼 수는 없다. 여기서는 바르구진 투쿰과
연관시키고 있어 Barqût라고 읽는 것이 옳을 것이다. 『秘史』에는 이 종족의 명칭이 明示되지는 않았지
만, 8절에 알란 코아가 Köl Barğujin Töküm의 領主인 Barğudai Mergen의 딸 Barğujin Ğo'a와 Qori
Tumad의 노얀인 Qorilartai Mergen 사이에서 태어났다는 기록이 보인다. Barğudai란 '바르구드 族
남자'란 뜻이다. 또한 이 기사는 Barğujin Töküm이라는 지명에서 Barğud라는 족명이 기원했다는 라
시드 앗 딘의 설명을 뒷받침해 주고 있다. 또한 Barğud와 Qori 두 집단이 姻族 關係에 있었음을 보여주
기도 한다. Barğud는 『元史』에서 八剌忽(p.2~3), 八剌忽觶으로 표기되고 있다.

282) 『秘史』에는 Qori-Tumad로 連稱되어 나오나, 『集史』에서는 독립된 두 집단으로 취급되고 있다. 『元史』
권100 「兵志 · 馬政」(p.2558)에 나오는 火里禿麻는 Qori-Tumad를 표현한 것으로 보인다.

283) 『秘史』 207절과 239절에는 Tö'ölös와 Tö'eles라는 族名이 보인다. 이들의 명칭은 모두 고대 투르크의
Tölis/Töles로 소급될 수 있을 것이다.

284) A · B : Barğût.

285) A본에는 결락. B본에 근거.

286) 〔 〕부분이 A본에는 결락되어 B본에 근거. 이 결락된 부분을 놓고 A · B 두 사본을 비교해 보면 A의 필사
자가 완전히 한 행을 누락했음을 알 수 있다. 따라서 우선 B본이 A본을 근거로 하지 않았음은 분명하
다. 또한 몇 줄 뒤에 '사탈미시(Sâtâlmîsh)'라는 인명이 B본에 분명히 적색 잉크로 쓰여졌음에도 불구
하고 A본에는 빈 공백만 있는 것으로 보아, A본이 B본을 필사한 것도 아님을 알 수 있다.

287) A : Bûlğâî.

아들 〔사탈미시(Sâtâlmîsh)〕288)는 이슬람 제왕의 시대에 지위가 높고 중요한 인물이었고, 전에 키르만의 술탄 소유르가트미쉬(Soyûrğatmish)의 부인이었던 뭉케 티무르의 딸 쿠르드진(Kûrdjîn)을 취했다. 타우타이의 자식들은 쿠틀룩 티무르(Qutluğ Tîmûr), 에센 티무르(Îsân Tîmûr), 불라스(Bûlâs), 훌쿤(Hûlqûn)이며 천호장들이다. 쿠틀룩 티무르의 아들 타가이(Tağâî)는 현재 사탈미시의 부인이었던 〔22v〕 쿠르드진을 부인으로 두고 있다. 에센289) 티무르의 아들은 무함마드(Muḥammad)이다.290)

옛날에 〔망구트 종족이〕 제데이 노얀(Jedey Nôyân)291)의 어머니를 그들〔= 바르쿠트〕로부터 취하였는데, 제데이 노얀의 숙부들이 그의 아버지를 칭기스 칸의 추종자라고 하여 죽이고, 젖먹이 어린 아기였던 제데이 노얀까지 죽이려고 한 적이 있다. 그의 어머니와 친족은 그를 자기들 속에 숨겨서 키운 뒤 칭기스 칸에게 맡겼기 때문에, 지금까지 친족과 친구임을 내세우며 여러 가지 정해진 권리를 누리고 있다.

바르쿠트 종족은 일지긴(Îljîgîn) 종족과도 우호 관계에 있었고 〔지금도〕 그러하다. 비록 그들과 〔같은〕 뼈와 지파는 아니지만 친족과 동족이라고 주장하고, 이런 이유로 서로 혼인을 맺고 있다. 아릭 부케에게 첩이 하나 있었는데, 그녀에게서 나이라우 부카(Nâîrâ u Bûqâ)292)가 태어났고, 그녀는 바르쿠트의 한 지파인 툴라스293)종족 출신이었다. 바르탄 바하두르의 큰 부인이고 그 자식들의 어머니인 수니겔 푸진(Sûnîgel Fûjîn) 역시 바르쿠트 종족 출신이었다.

---

288) A본에는 결락. B본에 근거.

289) A · B : Îsan.

290) 露譯本에서는 이 부분을 '에센의 아들은 티무르와 무함마드이다'라고 번역했으나 잘못이다.

291) 『秘史』의 Jetei. 망쿠트(=망우트) 部 출신이며 칭기스 칸의 88명의 千戶長 가운데 하나.

292) 露譯本에서는 이를 Nâîrâ'와 Bûqâ 두 사람으로 보았으나 잘못이다. Cf. Boyle tr., Successors, p.161.

293) A · B 모두 Tûâlâs라고 표기하였으나, 이는 Tûlâs와 동일한 것으로 보인다.

투마트[294] 종족

이 종족의 거주지는 바르쿠진 투쿰(Bûrqûjîn Tûkûm)과 가까웠다. 그들도 역시 바르쿠트의 친족과 지파로부터 갈라졌으며, 키르키즈 지방의 변경에 살았었고, 매우 용맹한 종족이자 군대였다. 그들의 수령인 타이툴라 수카르(Tâîtûla Sûqâr)는 칭기스 칸의 예하로 와서 복속했다. 칭기스 칸이 키타이 지방을 정복하느라고 바빠서 6~7년간 그곳에 머물렀는데, 그가 〔몽골리아로〕돌아갔을 때 투마트가 다시 한번 반란을 일으켰다는 말을 듣고 바아린 종족 출신의 나야 노얀(Nâyâ Nôyân)을 보냈다. 전하는 바에 의하면, 그가 병에 걸렸기 때문에 〔대신〕 보로굴 노얀(Boroğûl Nôyân)을 파견했다. 이 이야기는 우신(Ûshîn)[295] 종족의 보로굴 노얀에 관한 부분에서 설명될 것이다. 간단히 말하자면, 큰 전투들이 벌어졌고 투마트 종족을 복속시켰지만 보로굴 노얀은 전투에서 사망했다. 그들은 악행과 오만을 자행한 종족이었기 때문에 그들 다수가 죽임을 당했다. 이 종족 출신의 아미르들 가운데 존경받고 유명한 사람은 알려진 바 없다.

불가친 · 케레무친[296] 종족

그들은 바르구진 투쿰 경계 안에 있으며, 키르키즈 지방의 끝에 살았고, 서로 가까웠다. 이 나라에는 그들 출신의 어느 누구도 알려진 바가 없다. 또한 이 종족 출신으로 아미르나 아미르 이외에 유명한 사람은 아무도 없다.

---

294) 『元史』의 禿滿. 村上正二는 이것이 唐代에 바이칼 호 남변에 거주하던 Üch Quriqan 혹은 都播와 같은 것으로, 후일 이것이 口蓋音化되어 Tümed로 발음되었고, 현재 Tuva 인의 조상을 이룬다고 보았다. 『モンゴル秘史』, 卷1, pp.20~21.

295) 뒤에서는 Hûshîn으로 표기되었다.

296) 이 두 종족의 이름은 당시 자료에서는 찾을 수 없다.

우라수트[297] · [텔렝구트[298] · 커스테미[299]][300] 종족

이 종족은 몽골과 비슷하며 몽골의 藥劑를 잘 알고 몽골 식 치료를 잘 하는 것으로 유명하다. 그들을 삼림 종족(qawm-i bîshe)이라고도 「20v」[301]부르는데, [23r] 키르키즈 지방과 켐 켐치우트의 경계 안에 있는 삼림 속에 살기 때문이다. 삼림 종족 가운데는 몽골인도 많아서 사람들에게 혼동을 일으키곤 했는데, 그것은 어느 종족이나 영지가 삼림에 있는 경우는 삼림 종족이라고 불렸기 때문이다.[302] 이 종족들이 [살고 있는] 지방은 키르키즈의 저쪽 편으로 근 한 달 여정 [거리에 위치해] 있다. 칭기스 칸의 숙부와 형제들 가운데 일부는 기전에서 서술되듯이 삼림 종족에 속해 있었다.

간단히 말해 삼림 종족들은 종류가 많은데, 어떤 지파에 속한 한 형제의 목지가 삼림에 가깝고 다른 형제가 초원에 있으면, 그들로부터 종족이 분파되어 [별도의] 명칭을 취했다.[303] 그러나 한 삼림 종족과 [다른] 삼림 종족 사이에는 많은 차이가 있는데, 그것은 한 삼림에서 [다른] 삼림까지 [거리가] 한 달이나 두 달 혹은 열흘의 여정이기 때문이다.

키르키즈가 복속했다가 다시 반란을 일으키자, 칭기스 칸은 자기 아들인

---

297) Pelliot는 『元史』권169 「劉哈剌八都魯傳」(p.3975)에 나오는 兀速 · 憨哈納思 · 乞里吉思의 세 집단 가운데 兀速을 『集史』의 Ûrâsût(Ûrâs 혹은 Ûrs의 복수형)와 같은 것으로 보았다. Cf. *Notes critiques d'histoire kalmouke*(Paris : Librairie d'Amerique et d'Orient, 1960), p.58.

298) Pelliot에 의하면, 이 집단은 현재 Teleut라는 이름으로 잔존해 있으며, 일찍이 고대 투르크 비문에도 등장한다고 한다. *Histoire Kalmouke*, p.73.

299) 『親征錄』의 克失的迷. 이 집단의 이름은 이미 고대 투르크 문자로 쓰여진 예니세이 비문에도 Käshdim이라는 字面으로 나타나고 있다. Cf. S. E. Malov, *Eniseiskaia pis'mennost' Tiurkov*(Moskva : Izd. AN SSSR, 1952), pp.44~45.

300) A본에는 결락. B본에 근거.

301) 그러나 B본에는 이 부분부터 '삼림 우량카트 종족'이라는 제목 부분까지 지워져 있다.

302) 露譯本에서는 다른 사본들에 근거하여 이 뒤에 몽골리아 · 키르키즈 · 바르구트 지방 사이에 살고 있던 타이치우트 部도 삼림 종족이었다는 문장을 삽입시켰는데, 그 문장은 바로 뒤에 나오는 칭기스 칸의 숙부와 형제들이 삼림 종족에 속해 있었다는 기사와 연관된 것으로 보인다.

303) 앞에서 사람들을 혼동케 하는 이유가 바로 이 때문일 것이다. 즉, 동일한 종족이 초원과 삼림에 나뉘어 살게 되면 다른 명칭을 취하여 마치 다른 종족인 것처럼 혼동을 주기 때문이다.

주치 칸을 상술한 이 종족들에게 보냈다. 셀렝게와 다른 강들이 결빙되어 얼음 위로 행군하여 키르키즈를 쳤고, 갈 때에 또 돌아올 때에 그 종족을 다시 쳤다.

삼림 우량카트[304] 종족

[305]이 종족은 또 다른 우량카트와는 구별되며,[306] 목지가 삼림 안에 있기 때문에 이러한 이름을 얻게 된 것일 뿐이다. 그들은 결코 천막을 소유하지 않았고, 의복은 동물의 가죽으로 되어 있었다. 그들에게는 소나 양이 없었고, 山牛나 산양, 혹은 산양과 비슷한 주르[307]를 소나 양 대신 키웠다. [이 동물들을] 포획하여 그 젖을 짜서 마셨다. 누군가 양을 돌보면 그를 매우 비천하게 여겨서, 아버지나 어머니가 딸을 욕할 때 "너를 양의 꽁무니나 따라다니게 하는 사람에게 줄 테다!"라고 말하면, 그녀는 너무 괴로워 배신감과 비통함으로 「21r」 자신의 목을 매달 정도였다. 이동할 때는 물건을 山牛 위에 실었고, 한 번도 삼림 밖으로 나가지 않았다. 어떤 지점에 자리를 잡으면 자작나무[308]와 다른 나무들의 껍질로 조그마한 덮개와 임시 천막[309]을 만들어 그것으로 만족했다.[310] 자작나무에 흠집을 내면 마치 달콤한 젖과 같은 것이 나

---

304) 『秘史』의 Uryangqan, 『元史』의 兀良·兀良合·兀良哈·兀良罕. 이 집단은 이미 『遼史』에서도 嗢娘罕으로 등장하고 있다.

305) B본 20v에는 이 부분부터 보인다.

306) 여기서 '또 다른 우량카트'란 '우량카트'라는 같은 이름을 지닌 에르게네 쿤에서 나온 몽골의 집단을 가리킨다. 라시드 앗 딘은 이 양자를 구별하기 위해 '삼림 우량카트'라는 표현을 사용했다.

307) A·B 모두 jûr. 이는 몽골어의 jür를 나타낸 것으로, Tsebel(p.290)에 의하면 jür는 '암컷 야생 사슴'이다. Cf. Lessing, p.1085.

308) 원문은 derakht-i tûz.

309) A·B 원문에는 alâchûqî로 표기. 『秘史』 118절에서 alachuǧ은 '帳房'으로 旁譯되어 있는데, 이 말은 투르크어에서도 보이며, 그 의미는 '유목민이 사용하는 임시 천막'이다. Cf. 小澤重男, 『元朝秘史全釋』 (中), p.335.

310) 이와 비슷한 거주 형식에 대해서는 杜佑도 『通典』에서 바스밀(拔悉彌)의 住居를 묘사하면서 '其所居卽以

오는데, 물 대신 그것을 계속해서 마신다. 그들은 이같은 생활보다 더 나은 것이 없고, 그들보다 더 즐거운 사람이 없는 것처럼 생각했다.

詩

맑은 물이 있다는 이야기를 듣지 못한 새 한 마리,

한 해가 다 가도록 더러운 물에 부리를 처박고 있도다!

그들은 만약 도시나 농촌 혹은 초원에 살게 되면, 굉장한 고통을 받게 될 것이라고 생각한다. 그들의 지역에는 산과 삼림이 매우 많고 눈이 많이 내리기 때문에 겨울에는 눈 위에서 사냥감을 많이 잡는다. '차나'(châna)[311]라고 부르는 판자를 만들어 그 위에 서서, 가죽 끈으로 고삐를 만들고 나무 하나를 손에 잡고는 그 나무를 눈 위에서 땅으로 누르면 마치 배가 물 위를 가듯이 달린다. 초원과 평원 위로 오르락내리락하면서 山牛와 다른 짐승들에게 다가가 죽인다. [그리고는] 또 다른 차나를 자신이 타고 있는 차나에 묶어서 끄는데, 죽인 사냥감을 그 위에 싣는다. 2~3천 mann[의 화물]을 그 위에 실어도 거의 힘들이지 않고 눈 위를 쉽게 갈 수 있을 정도이다.[312] 그것에 무지하거나 초보자인 경우에는, 달리다가 다리 사이가 벌어져 갈라져 버리며, 특히 아래로 빨리 달릴 때 그러하다. [23v] 숙달된 사람이라면 아주 쉽게 달린다. 보지 않으면 아무도 이를 믿지 않으려 할 것이다.

이런 내용을 보고받은 이슬람의 제왕—그의 군주의 지위를 영원케 하소서!—은 그 지방 출신 사람들을 불러서 그것을 만들라고 지시했는데, [그 결과는 내가] 설명한 바로 그 모습대로였다. [따라서 나의 설명은] 진실이고

樺皮爲술'라고 한 바 있다.

311) 몽골어의 chana, 즉 '스키'를 의미한다.

312) 露譯本의 주석에 의하면, 1mann은 약 3kg 정도이기 때문에 2~3천 mann은 6000~9000kg에 이른다. 물론 이 정도의 화물을 스키에 싣고 사람이 끈다는 것은 지나친 과장이라고 할 수밖에 없다.

거기에는 오류가 없다. 그는 최근 또 다른 것을 만들라고 지시했다.[313] 이 차나는 투르키스탄과 몽골리아 대부분의 지방에 있고, 사람들은 그것에 대해서 알고 있다. 바르쿠진 투쿰 지방에서 이런 기술을 이용하는 코리와 키르키즈와 우라수트와 텔렝구트와 투마트 등은 특히 그러하다. 상술한 집단들은 그같은 풍습과 관습을 굳게 지키며 항상 삼림 안에 머물고 있다. 그러나 「21v」칭기스 칸과 그의 위대한 일족의 통치 시대에 그 지방은 다른 몽골 종족들의 목지가 되었고, 그들은 몽골인과 섞이게 되었다. 오늘날 술두스 종족의 목지는 그 삼림의 변두리에 있다.

그 종족 출신으로 이 나라에서 잘 알려진 사람은 아무도 없다. 그러나 칭기스 칸의 시대에 좌익 천호장들 가운데 우다치(Ûdâchî)라는 이름의 한 아미르가 그 종족 출신이었다. 그 뒤 [칭기스 칸은] 그에게 휘하의 천호를 데리고 부르칸 칼둔(Bûrqân Qâldûn) 지역에 있는 칭기스 칸의 大禁區(ǧorûq-i buzurg)[314]로 가서 그곳을 돌보며 영구히 케식에는 들어가지 말라고 지시했다. 톨루이 칸과 그의 일족, 쿠빌라이 카안과 뭉케 카안과 그들의 일족이 모두 그 금구에 묻혀 있다. 칭기스 칸의 다른 일족들은 다른 지역에 있는 금구에 묻혀 있다.

---

313) 前揭 『通典』은 바스밀 族의 스키 사용에 대하여 다음과 같이 묘사하고 있는데, 라시드 앗 딘의 설명과 흡사하다. "나라에 눈이 많아 항상 나무로 말을 삼아 눈 위에서 사슴을 쫓는다. 그 [나무의] 모양은 방패와 같은데, 머리 [부분]이 높고, 그 밑은 말의 가죽과 부드러운 털로 옷을 입혀 털이 눈에 붙어 미끄러지게 한다. 마치 나막신(屩屐)을 신고 그것을 발 밑에 묶은 듯하다. 아래로 내려갈 때는 달리는 사슴을 지나칠 정도이고, 평지에서 눈을 밟고 [달리면] 지팡이로 땅을 찌르면서 달리니 마치 배(船)와 같으며, 올라갈 때는 손으로 그것을 잡고 올라간다."

314) ǧorûq은 qôrîq이라고도 표기되며, 앞에서도 설명하였듯이 禁忌·避諱 등의 뜻으로 사용되었다. 칭기스 칸의 ǧorûq-i buzurg에 대해서는 Pelliot, *Notes on Marco Polo*, pp.339~345를 참조하시오.

쿠리칸 종족[315]

과거에 칭기스 칸이 타이치우트 종족과 전쟁을 하고 군대를 모을 때, 이 종족은 칭기스 칸과 연합했었다. 그들에 관한 이야기는 기전에 나올 것이다. 그러나 그 당시에 그리고 현재 어떤 대아미르가 이 종족 출신인지에 대해서는 알려진 바가 없다.

사카이트 종족[316]

칭기스 칸이 타이치우트 종족과 적대하고 싸우고 있을 당시, 이 종족은 칭기스 칸과 연합했었고 그의 군대에 첨가되었다. 그들의 이야기는 기전에 나올 것이다. 그러나 그 당시에 그리고 현재 이 종족 출신으로 유명하고 존경받는 사람으로는 아무도 알려진 바가 없다.

---

315) 고대 투르크 비문의 Üch Quriqan. 唐代의 기록에 의하면, 骨利幹은 回紇의 북방, 바이칼 호(翰海)의 북방에 거주했다고 한다.

316) 『秘史』122절에 자무카와 결별한 칭기스 칸에게 합류한 세력 가운데 Unjin Saqayid의 한 küriyen이 언급되고 있는데, 旁譯에는 人名으로 되어 있다. 그러나 『親征錄』에서는 撒合夷嫩眞으로 기록되어 있는데, 撒合夷와 嫩眞은 별도의 집단으로 생각된다. 嫩眞은 『秘史』의 Unjin, 『集史』의 Qûnjîn에 상응하는 것이 아닐까 추측된다.

제 3 편

투르크족

각각 독자적인 군주와 수령이 있었던 투르크 종족들에 관한 설명.
이들은 前篇에서 언급한 투르크 종족들이나 몽골 종족들과는
깊은 연관이나 친족 관계가 없었다.

그러나 외모와 언어에서는 그들과 가까웠다. 또한 前篇에서 서술한 투르크 종족들도 서로 긴밀한 친족 관계나 연관은 없었다. 이들에 속하는 각각의 종족에게는 군주와 지도자가 있었고, 정해진 목지와 거주지가 있었으며, 그들은 각기 몇몇 종족과 지파로 나뉘어져 있다. (앞에서) 설명한 또 다른 투르크인들과 몽골계 투르크인들(Atrâk-i Moğûl)은 오늘날 이 종족에 대해 별다른 경외감을 느끼지 않고 있는데, 그 이유는 몽골의 군주인 칭기스 칸의 일족이 지고한 주님의 힘에 의해 그들을 정복하여 눌러 버렸기 때문이다. 그러나 옛날에는 이 종족들이 투르크의 (다른 어떤) 집단들보다 더 중요하고 웅대했으며, 강력한 군주들도 있었다. 이들 종족에 대한 이야기는 각기 개별적으로 서술될 것이다.

케레이트 종족[1]

「칭기스 칸 紀」 및 다른 紀傳에서 서술할―신께서 허락하신다면―일화들을 제외하고,
이 종족에 속하는 부족과 지파들에 관한 일화들.

케레이트 종족들의 夏營地 · 冬營地가 있는 목지의 위치에 대한 설명

〔24r〕「22r」

夏營地

옹 칸의 직할지 : 달란 다반(Tâlân Dabân)과 구세우르 나우르(Gûsâûûr
Nâûûr).[2]

그의 軍隊의 牧地 : 右翼 ; 툴루탄(Tûlûtân), 잘루탄(Jâlûtân).[3]

　　　　　　　左翼 ; 일라트 타라트(Îlât Tarât), 아브지에 쿠테게르

---

1) 『秘史』의 Kereyid, 『元史』의 克烈 · 怯烈 · 怯烈亦 · 凱烈, 『親征錄』의 克烈, 『輟耕錄』의 怯烈歹.

2) 露譯本에서는 縱으로 읽어야 할 것을 橫으로 읽어 Tâlân Nâûûr와 Gûsâûûr Dabân으로 誤讀했다. Tâlân
Dabân은 앞에서(A : 20r) Dâlân Tâbân으로 기재되었고, 이에 관해서는 A : 20r의 註를 참조하시오.
Gûsâûûr Nâûûr는 『親征錄』의 曲薛兀兒澤 · 曲笑兒澤, 『秘史』의 Güse'ür Na'ur에 해당된다. Perlee는 이
곳이 Dorno Gobi Aimaq의 Gorban Hobsgol 山 근처로서 東經 109도, 北緯 43도의 지점에 위치해 있
다고 주장했으나, Dalan Daban과는 너무 거리가 떨어져 있어 수긍하기 어렵다. Pelliot는 고비의 북방,
툴라 강의 동남쪽에 위치한 것으로 추정했다(Campagnes, p.254).

3) 『親征錄』에서는 숙부 구르 칸의 공격을 받아 곤경에 처한 옹 칸을 돕기 위해 이수게이의 군대가 경유한 지
점을 열거하면서, '其時道經哈剌屯山谷之上, 出阿不札不花哥兀之山, 又踰禿列壇 · 禿零古 · 盞速壇 · 〔盞〕
零古 · 闊孽隘 · 曲笑兒澤, 跋涉重陰, 始至其境'이라고 했다(pp.102~104). 이미 王國維 · 那珂通世 · 陳得芝
등이 지적했듯이 여기서 禿列壇과 盞速壇은 『集史』의 Tûlûtân과 Jâlûtân(Jâsûtân의 誤記?)에 상응하는 것
으로 보인다. 禿零古와 〔盞〕零古는 『集史』에 우구데이 카안의 동영지로 나와 있는 Ongin 河 근처의
Tûlûngû와 Jâlîngû에 상응하는 것으로 보인다(A : 146v ; Cf. Successors, p.64). Cf. 陳得芝, 「十三世紀以
前的克烈王國」, pp.20~22.

4) A : Îje Kûteger ; B : Âbjîe Kûtegî. 이 지명은 『秘史』 187절의 Abji'a Ködeger, 『親征錄』(p.87)의 阿不札闊
武哥兒에 상응하는 것으로, Âbjîe Kûteger로 표기되어야 정확할 것이다. 村上正二는 이 단어를 '변화가
많고 불안정한'이란 뜻의 Abjia〈Abjaǧa와 '구릉'의 뜻을 지닌 kütüger/küteger의 합성어로 보고, 그 의미
를 '아브지아라고 불린 돔 형의 구릉' 혹은 '기후의 변화가 심한 구릉지'로 추정했다(『秘史』, II,
pp.224~225). 이곳의 위치에 대해서도 諸說이 있으나, 陳得芝는 이곳이 옹구트의 冬營地가 되었고, 쿠
빌라이가 아릭 부케를 격파한 昔木土의 전투가 일어난 곳으로 보아, 현재 內蒙古 東烏珠穆沁旗 북방의 巴
楊呼爾赫山의 북쪽, 몽골 공화국 Dornod 省의 東南境에 해당되는 것으로 추정했다(陳得芝, 前揭論文).
Cf. Boyle tr., Successors, p.256.

(abǰīe Kûteger),[4] 우루 우쿠루트(Ûrû Ûkûrût), 일
라트 타리트(Îlat Tarît).

冬營地

우테킨 〔무렌〕[5] (Ôtekîn Mûrân), 우르운 〔쿠르킨〕[6] (Ûrʾûn Kûrkîn),
투시 바라우(Tûsh Barâûû), 시레 쿨루순(Shîre Qûlûsûn), 우투구 쿨란
(Ôtögû Qûlân),[7] 잘라우르 쿨란(Jalâûr Qûlân).[8]

그들의 정황에 대한 설명. 그들에게는 자기 종족 출신의 유명한 군주들이
있었고, 당시 그 지방에서 다른 종족들보다 더 큰 세력과 영광을 누렸었다.
예수—그에게 평안이 있기를!—의 부름이 그들에게 이르게 되자, 그의 종
교로 귀의했다.[9] 그들은 몽골의 일종이다. 그들의 거주지는 오난과 켈루렌이

---

5) 〔 〕부분은 A본에 缺落, B본에 근거.
6) 〔 〕부분은 A본에 缺落, B본에 근거.
7) 『元史』 권2 「太宗紀」(p.37)에 우구데이가 사망한 지점인 金化鐵錄胡蘭山에 해당될 것이다.
8) 이상 옹 칸의 직할지를 제외한 나머지 대부분의 地名은 다른 자료에서 확인하기 힘들다. 다만 『秘史』에도
   거듭 언급되었듯이 옹 칸의 本營은 툴라 강변의 Qara Tun(黑林) 근처였기 때문에, 이들 지역들도 그 근
   처가 아니었을까 추측될 뿐이다.
9) 당시 몽골 초원의 유목민들 가운데 케레이트·나이만·웅구트 등의 부족에 네스토리우스(景敎)派의 기독
   교가 널리 유포되었던 것은 잘 알려진 사실이다. 케레이트의 군주들 이름인 Qurchaqus(〈Kiriyakus〉)나
   Marǧuz(〈Markus〉)는 기독교식 洗禮名을 반영하고 있다. 또한 웅구트의 王城址인 Olon Süme에서도 기
   독교 관련 유물들이 다량으로 발견된 바 있는데, 특히 흥미로운 것은 한 十字架를 지닌 墓誌銘에 Alkosh'
   라는 이름이 보여, 이것이 칭기스 칸에게 복속한 Alaqush Digitquri가 아닌가 추측케 하며, 또한
   Giwargis와 Aioriasiru라는 男女의 碑銘도 발견되었는데, 이는 알라쿠시의 증손자인 高唐忠獻王 闊里吉思
   (Giorgis)와 그의 부인 愛牙失里(Ayashiri) 公主의 것으로 추정되었다. 당시 몽골 초원의 유목민과 기독교
   의 관계에 대한 개괄적인 설명으로는 Pelliot, Recherchers sur les Chrétiens d'Asie Centrale et
   d'Extrême-Orient(Paris : Imprimerie Nationale, 1973); 佐口透, 『モンゴル帝國と西洋』(『東西文明の交
   流』 제4권, 東京, 1970); I. de Rachewiltz, Papal Envoys to the Great Khans(Stanford : Stanford
   University Press, 1971); 김호동, 『동방 기독교와 동서 문명』(까치, 2002) 등을 참조하고, 중국의 네스토
   리우스 敎에 대해서는 佐伯好郎의 『景敎の硏究』(東京 : 東京文化學院東京硏究所, 1925)와 『支那基督敎の硏
   究·2』(東京, 1943), 朱謙之의 『中國景敎』(北京 : 人民出版社, 1993)가 가장 상세하다.

있는 몽골리아 땅이며, 그 지역은 키타이 지방에 가깝다. 그들은 여러 집단, 특히 나이만 종족과 많이 싸웠다. 이수게이 바하두르와 칭기스 칸의 시대에 그들의 군주는 옹 칸이었고 [몽골과] 서로 우호 관계를 가졌다. 紀傳에서 설명하겠지만 [몽골은] 여러 차례 옹 칸에게 도움을 주었지만, 마지막에는 그들 사이의 관계가 틀어져서 전쟁이 벌어졌고, 그런 연유로 그는 칭기스 칸의 포로와 노예가 되었는데, 그 정황에 대해서는 紀傳에서 설명할 것이다.

옹 칸의 시대에 이 [케레이트에 속하는] 지르킨(Jirqîn) 종족의 수령으로 구육 바하두르(Güyûk Bahâdur)라는 사람이 있었다.[10] 1만호로 된 한 쿠리엔(kûrânî)[11]의 수장이었고, 그의 목지는 카라운 지둔과 치게르 잘가르(Chîger Jalğar)[12]에 있었다. 칭기스 칸이 옹 칸을 패배시키고 그의 종족을 정복하였을 때, 구육 바하두르에게는 네 아들—[무이눅(Mûînûq)],[13] 사르타우(Sartâûû), [일레우겐(Îlâûgân)],[14] 사이칸 쿠케추(Sâîqân Kôkechû)—이 있었는데, 그들은 그 패배에 두려움을 느껴 칭기스 칸을 위해 헌신하기로 합의하고 100명의 사람들과 함께 그의 휘하에 들어왔다. 그들은 타이치우트, 카타킨, 살지우트 종족들과 전쟁을 할 때 그를 모시며 노력을 다하여, 그의 휘하에서 중요한 아미르들에 속하게 되었고, 그들의 일족도 많아지게 되었다. 현

---

10) 지르킨은 케레이트에 속하는 한 지파의 이름이다. 『秘史』에 의하면, 옹 칸과 칭기스 칸과의 전쟁에서 지르킨이 선봉에 섰으나 패배했고, 그 뒤 백명의 지르킨 部民을 데리고 칭기스 칸에게 투항한 사람의 이름은 Qadağ Ba'atur였다.

11) kûrân은 küriyen을 옮긴 말이고, 이는 당시 유목민들의 대규모 집단 이동의 단위였다. 보통 1천호가 한 쿠리엔을 이루었다고 본다. 그러나 구육 바하두르 휘하의 쿠리엔은 1만호로 구성되어 있어 일반 쿠리엔보다 훨씬 더 규모가 크다. 라시드 앗 딘은 뒤에서(A : 70r) 쿠리엔의 의미를 유목 집단이 수령을 중심으로 그 주변에 마치 고리(Ğalqa, 環)와 같은 모양을 이루며 형성하는 屯營이라고 설명했다. Vladimirtsov에 의하면 제국 성립 이전에는 2~3개의 帳幕이 단위가 되는 ayil 式 이동과 대규모 집단이 단위가 되는 küriyen 式 이동이 공존했으나, 통일 이후에는 küriyen 式 이동은 소멸되었다고 한다(주채혁 역, 『몽골사회제도사』, pp.56~57).

12) 露譯本에서는 Chikîr Julğur로 읽었다.

13) A본 결락, B본에 근거.

14) A본 결락, B본에 근거.

재 카안을 모시고 있으며, 다른 울루스들에도 그들 일족 출신은 대단히 많다. 무이눅에게는 뭉케(Môngkâ)라는 이름의 아들이 하나 있었다. 두즈판 (Dûzfân)은 토쿠즈 부카(Tôqûz Bûqâ)의 아들이며, 토쿠즈 부카는 뭉케의 아들이고, 뭉케는 무이눅의 아들이다. 그는 말릭 티무르(Malik Timûr)[15]의 아들인 밍칸 쿤(Mingqân Kûn)이 파견하여 베수트 종족 출신의 기우히(Gîûkhî)[16]와 함께 폐하게 사신으로 왔었다. 케레이트에는 많은 종족과 부족이 있었고 모두 옹 칸에게 복속했었는데 그 내용은 다음과 같다.

케레이트(Kerâît) : 전하는 바에 의하면 옛날에 한 군주가 있었다고 한다. 그에게는 7명의 아들이 있었는데, 모두 피부가 검었고 그래서 그들을 '케레이트'라고 불렀다고 한다.[17] 그 뒤 시간이 흐르면서 그 아들들의 후손과 〔거기서 생겨난〕 지파가 각각 특정한 명칭을 갖게 되었지만, 그들 가운데 군주를 배출하는 지파는 지금까지 그냥 '케레이트'라고 불린다. 나머지 아들들은 군주였던 형제에게 예속되었으므로 그들에게는 군주가 없었다. 알라께서 가장 잘 아신다!

지르킨(Jîrqîn) : 옹 칸에게 속한 중요하고 용맹한 종족이었다. 시라즈의 監官이었던 지르쿠다이(Jîrqûdâî), 바후드사르(Bakhûdsar)[18]와 그의 형제들인 칵차 투가이(Qâqcha Tuǧâî)와 쿠틀룩 부카 비틱치(Qutluǧ Bûqâ Bîtikchî), 그리고 그의 아들들인 이수데르(Yîsûder)와 두르베이(Dôrbâî)는 이 종족 출신이었다. 옹 칸의 대아미르였던 아칙 시룬(Achîq Shîrûn)[19]이라는 사람이 있

---

15) 아릭 부케의 아들.

16) B : Gîûhî. A · B본의 표기가 혹시 Gîûchî를 나타낸 것일 수도 있다. 그렇다면 이는 '走者'를 의미하는 몽골어의 '구이치'(güychi), 혹은 한문 사료의 貴由赤 혹은 貴赤일 가능성도 배제할 수 없다.

17) 라시드 앗 딘은 Kereyit의 어원을 '까마귀'를 의미하는 keriye와 연관시켜 이해한 듯하다. Cf. Pelliot, Campagnes, p.209.

18) 이 이름의 綴字는 불분명하다.

19) 『秘史』에는 Achiǧ Shirün이라는 인물이 Tübegen 支派의 수령으로 나오고 있다. 181절에는 칭기스 칸의

었는데, 칭기스 칸이 그를 자기에게 사신으로 보내 달라고 청원한 적이 있었다.[24v]「22v」

퉁카이트(Tûngqâît)[20] : 반실 노얀(Bansîl Nôyân)[21]과 그의 아들 투글룩 쿠슈치(Tûğlûq Qûshchî)는 이 뼈에서 나왔다. 알리낙(Alînâq)과 함께 이름을 떨친 타이추 바하두르(Tâîchû Bahâdur), 그리고 수케(Sûke)의 〔반란시에〕 변심했던 타이추 바하두르의 아들 가잔(Ğâzân)도 마찬가지이다.

투마우트(Tûmâûût)[22] : 알리낙 바하두르(Alînâq Bahâdur), 알치 투드가울(Alchî Tuğâûl)[23]과 그의 아들 사티(Sâtî)는 이 종족 출신이었다. 오늘날 에부겐 비틱치(Ebûgân Bîtikchî)도 그들에게서 나왔다.

사키아트(Sâqîât)[24] : 그들도 역시 하나의 종족이다.

알바트(Albât)[25] : 칭기스 칸의 첫째 부인인 부르테 푸진의 家僕들[26] 가운데 일베게르 바우르치(Îlbeger Bâûrchî)[27]는 칭기스 칸의 천호 집단에 속한 백

요청에 의해 아칙 시룬이 두 명의 사신을 보냈다는 내용이 있다.

20) A·B 모두 Qûngqâît라고 표기하였으나 잘못된 것이다. 『秘史』의 Dungğayid, 『親征錄』의 董哀가 이에 해당된다.

21) A에는 點이 불명확하여 B본에 따름.

22) A·B 모두 Tûmâûût라고 표기하였는데, 이는 『秘史』의 Tübegen 및 『元史』의 土別燕의 복수형 Tübeged와 상통하는 것으로 보인다. b/m의 차이가 筆寫의 誤記인지 脣音置換의 결과인지는 불분명하다. 『輟耕錄』에는 禿別歹, 『親征錄』(p.48)에는 土伯夷로 나온다.

23) Doerfer(Elemente, vol. 1, pp.251~253)는 tuğâûl을 '막다, 제지하다'를 의미하는 몽골어 todqa-의 파생어로 보고, 그 의미를 '道路 警備, 憲兵'으로 이해했다.

24) Juwaynî는 옹 칸이 Kereît와 Saqîz의 수령이었다고 기록하였는데(Text, p.26 ; Boyle tr., p.35), Pelliot는 Saqîz를 '여덟'을 의미하는 Sekiz로 이해하고 이를 다시 Naiman과 동일시한 Blochet의 견해를 비판하며, Saqîz는 Saqît(즉 Saqiyat)의 誤寫일 것으로 보았다. Cf. Campagnes, p.220. 앞에서 라시드 앗 딘은 원래는 몽골이 아니었지만 후일 몽골이라 불리게 된 종족 집단들 중에 Saqâît를 들었고, 케레이트의 한 지파로는 Sâqîât를 들었다. 그러나 여기서는 Saqâît를 케레이트의 지파라고 하여 혼동을 주고 있으며, 『親征錄』에서도 옹 칸을 피해 칭기스 칸과 합류한 집단을 撒合夷라고 표기했다.

25) albât는 '貢納'을 의미하는 alba(n)와 -tu의 결합 형태, 즉 albatu를 옮긴 것이 아닐까 추측된다. albatu는 '공납의 의무를 진 사람'의 뜻이다.

26) 원문은 îv oğlân, 즉 '家內의 아이들'의 뜻.

27) A : 128r의 백호장 명단에는 Ilbegâr Bâûrchî로 표기되어 있다.

호장이었는데, 이 종족 출신이었다.[28)

    옹 칸의 조부의 이름은 마르구즈(Marğûz)[29)였는데 부이룩 칸(Bûîrûq Khân)[30)이라고도 불렀다. 그 당시 타타르 종족들은 크고 많았으며 강력했지만, 언제나 키타이와 주르체의 군주들에게 복속하고 있었다. 그때 타타르 군주들의 지도자로 나우르 부이룩 칸(Nâûûr Bûîrûq Khân)이라는 사람이 있었고, 그의 목지는 부유르 나우르(Bûyûr Nâûûr)[31)라고 부르는 지역에 있었다. 그는 기회를 엿보아 케레이트의 군주인 마르구즈 부이룩을 붙잡아 주르체의 군주에게 보냈고, 주르체의 왕은 그를 나무로 만든 나귀에 못박아 죽였다.[32)

    얼마간의 시간이 지났을 때 쿠툭타이 하릭치(Qûtûqtay Harîgchî)라는 마르구즈의 부인— '하릭치'는 빛나고 [사람의 마음을] 움직이는 사람[이라는 뜻인데],[33) 그녀의 얼굴이 아름다움으로 빛나고 [사람의 마음을] 움직이게 하기 때문에 이러한 이름으로 불렸다—이 자기 목지가 타타르 종족과 가까웠

---

28) 『遼史』 권97 「耶律斡特剌傳」(p.1407)에는 耶律斡特剌이 大安 4년(1088) '敗磨古斯四別部'했다는 기사가 보이는데, 여기서 '四別部'란 마르구즈(磨古斯)가 직접 지배하던 케레이트 部 이외의 집단들을 가리키는 것으로 추측된다. 그렇다면 혹시 라시드 앗 딘이 여기서 열거한 케레이트 이외의 5개 집단도 그같은 '別部'가 아니었을까?

29) Marğûz는 Markus라는 기독교식 이름을 나타낸 것인데, 『遼史』에는 道宗 大安 5년(1089)에 처음으로 磨古斯(혹은 磨魯斯)에 관한 기사가 나온다. 그는 '北阻卜의 酋豪'였으며 '諸部의 長'으로 임명될 정도였으나, 壽隆 6년(1110) 西北路招討使 耶律斡特剌에 의해 붙잡혀 와, 遼朝는 그 해 陰 2월 '磔磨古斯于市'했다(p.1385, p.298, p.313).

30) buyruq은 이미 고대 투르크 비문에 보인 官稱號이다. 唐代에는 梅祿이라 옮겨졌고, 五代의 回鶻인들도 이를 襲用하여 密祿 · 媚祿 등으로 音譯되었다. 『親征錄』에는 杯祿으로, 『元史』 권1 「太祖本紀」에는 卜欲魯로 표기되었다. Cf. 韓儒林, 「突厥官號考釋」, p.321.

31) A : Bûyûr Nâûû.

32) 前註에서 설명했듯이 마르구즈를 처형시킨 것은 사실 '주르체' 즉 金朝가 아니라 遼朝였다.

33) 필자는 harîgchî가 몽골어의 harig(un)에 -chi가 첨가된 것이라고 생각한다. 앞에서 har'ûn의 의미를 분석하며 지적한 바이지만, 이 말은 후일 語頭音 h가 탈락하여 arig(un)— '순수한, 청결한'을 의미—이 된 것으로 보인다.

기 때문에 그들에게 〔사람을〕 보내서 말하기를, "타타르의 군주 나우르 부이룩에게 백 마리의 양과 열 마리의 암말과 쿠미즈(qumîz)³⁴⁾를 담은 백 개의 운두르(ündûr)³⁵⁾를 헌물로 드립니다"라고 했다. 운두르의 뜻은 가죽으로 꿰매어 만든 뒤 수레 위에 싣는 굉장히 큰 가죽 포대(kâkâûr)³⁶⁾로서, 포대 하나에 500mann³⁷⁾의 쿠미즈를 담을 수 있다. 그녀는 남편의 원수를 갚으려고 완전히 무장한 백 명의 용사들을 그 운두르들 속에 숨겨 수레 위에 실었다. 그녀는 도착해서 양을 요리사들에게 맡겨 요리하도록 하고, "잔치(tôy)를 할 때가 되면 내가 수레 위에 있는 쿠미즈를 갖고 오겠다!"고 말했다. 그들은 잔치를 하려고 앉았고 운두르가 실린 백 개의 수레를 그들의 집 앞으로 끌고 와 〔운두르를〕 열었다. 그러자 용사들이 밖으로 나와서 부인〔이 데리고 온〕 다른 누케르들과 함께 타타르의 군주를 잡아서 죽여 버렸고, 그곳에 있던 타타르인들 대부분도 마찬가지로 하였다. 마르구즈의 카툰이 이렇게 해서 자기 남편의 피에 대해 복수한 이 이야기는 유명하다.

몽골어로 된 어떤 책에는 다음과 같이 쓰여 있다. 쿠르차쿠스 부이룩 칸(Qûrchâqûs Bûîrûq Khân)³⁸⁾은 오르타 발카순(Ôrtâ Bâlqâsûn) 지방³⁹⁾에 자리를 잡았는데, 구르 칸(Gûr Khân)과 옹 칸(Ông Khân)에게는 약 야브간(Yâğ

---

34) qumîz는 원래 투르크어로서 '암말의 젖'을 의미하며, 페르시아어와 아랍어에도 차용되었다. 마르코 폴로의 글에 나오는 chemis, 루브룩의 글에 나오는 comos도 모두 이를 가리킨다. 『秘史』(28절, 31절)에서는 '암말의 젖'이 esük이라고 불렸다.

35) '운두르'는 몽골어 ündür를 옮긴 것이다. 『元史』卷48, 「兵志·三」(馬政)에서는 "編都者, 乘乳車之名也"라고 하여, 마유주를 담는 가죽 포대가 아니라 그것을 싣는 수레를 지칭하고 있다. 이에 관해서는 Campagnes, p.181 ; Doerfer, Elemente, vol. 1, p.179를 참조하시오.

36) 몽골어의 köke'ür. Doerfer, Elemente, vol. 1, pp.451~452 참조.

37) 약 1500kg.

38) A·B 모두 Qûrkhâqûs로 되어 있으나 Qûrchâqûs로 바로잡는다. 『秘史』의 Qurchaqus Buyiruğ Khan, 『親征錄』의 忽兒札胡思盂褲可汗. 쿠르차쿠스는 Kiriyakus라는 기독교식 이름을 옮긴 것이다.

39) 문자 그대로의 의미는 '中間의 城市'인데, 이는 고대 위구르 제국의 首府가 위치해 있던 Qara Balğasun을 지칭하는 듯하다. 이 지점은 옹 칸과 구르 칸이 주둔한 알타이 동북부와 타이 티무르 타이시 형제가 주둔한 헨테이 서부의 '중간'에 위치했다.

Yâbgân)[40]이라는 곳에 목지를 주고, 타이 티무르 타이시(Tâî Timûr Tâîshî)[41]
와 욜라 마구스(Yôlâ Mâĝûs)[42]에게는 카라가스 보로고스(Qârâĝâs
Bôrôĝôs)[43]라는 곳에 [목지를 주면서], "만약 [너희들이] 함께 있다면 서로
잘 지내지 못할 것이다. 내가 죽으면 케레이트 울루스를 밤부터 새벽까지,
또 새벽부터 밤까지 [조용히] 내버려 두지 않을 것이다"라고 말했다. 그렇기
때문에 그는 그들을 서로 떨어뜨려 놓은 것이다.

그의 부인인 투라가이미시(Tûrâĝâîmîsh)는 자다術[44]을 부렸는데, 그가 사
냥을 갈 때마다 그를 즉시 [말에서] 떨어지게 했다. 그는 그녀에게서 [이러
한] 고통을 받았기 때문에 자기가 데리고 있던 두 명의 첩에게 그녀를 죽이
라고 지시했고 [그들은] 그렇게 했다. 그 뒤 그는 자식들[이 알까] 염려하여
그 사실을 숨기려고 구실을 만들어 두 첩을 모두 죽였다.

얼마 지난 뒤 부이룩 칸도 사망했다. 옹 칸은 타이 티무르 타이시와 욜라
마구스에게 "아버지가 살아 있을 때 우리는 활을 쏘아 실수한 적이 없었다.

---

40) Yâĝ Yâbgân은 Yâĝ 河와 Yâbĝân 河를 지칭한다. d'Anville의 地圖에는 항가이 산맥에서 남으로 흐르는
강들 중에 Tchabakan 河와 Tchaké 河가 보이며, 현대 몽골 지도에서 Zabxan과 Zag라는 河名이 보인
다. 전자는 南流하다가 西北으로 흘러 Xar Nuur로 유입되고, 후자는 그대로 南流하여 Tsagaan Nuur로
유입된다. jasaq/yasaq 혹은 jada/yada의 경우에서도 볼 수 있듯이 j와 y의 置換은 이상한 현상이 아니
다. Cf. 陳得芝, 「克烈王國」, p.17.

41) A본에는 Tâî의 點이 불분명하며, B본은 Bâî Timûr로 옮겼다. 그러나 뒤에서는 A·B본 모두 분명히 Tâî
로 표기하고 있다. 『秘史』에도 Tai Temür Tayij로 되어 있다.

42) A : Bôlâ Mâĝûs. B본에 따름.

43) A·B본 모두 Bôrôĝôs에 點이 불분명하다. 그러나 이미 王國維와 屠寄가 지적했듯이(Cf. 陳得芝, 「克烈王
國」, pp.17~18) Qârâĝâs와 Bôrôĝôs는 모두 河名을 지칭한다. 이는 姚燧의 「平章政事忙兀公神道碑」(『國
朝文類』 권59)에 '哈剌斯, 博羅斯, 斡羅罕, 薛連干'이라는 河名들이 병칭된 데서도 알 수 있다. 여기서 哈
剌斯와 博羅斯가 각각 Qârâĝâs(>Qara'as)와 Bôrôĝôs(>Boro'os)를 지칭함은 분명하다. d'Anville의 지
도에 의하면 Poro 河는 헨테이 산중에서 발원하여 北流하다가 Qara 河에 유입되고, Qara 河는 계속 北
流하여 오르콘·셀렝게와 合流한다.

44) A : jâdhûî, B : jâdûî. 이 말은 투르크·몽골어의 yada/jada에서 나온 것으로 보인다. jada란 원래 牛馬의
몸 속에 생긴 結石을 가리키는 말인데, 이를 이용하여 비와 바람을 부르는 呪術도 의미한다. 이에 대해서
는 羽田明의 「ジャダの呪術について」(『中央アジア史研究』, 京都 : 臨川書店, 1982, pp.405~413 所收)를
참조하시오.

지금 일치테이(Ilchîtâî)에게 울루스의 지도자 자리를 내줄 까닭이 무엇인 가?"라고 말하면서, 그들을 유인하여 자기가 있는 곳 가까이로 오게 했다.[45] 그는 기회를 포착하여 두 사람 모두를 공격했다. 그들이 [도망쳐] 톡타 (Tôqtâ)[46]에게로 오자, 톡타는 "그들 때문에 전쟁과 공격을 자초할 까닭이 무 엇이 있겠는가?"라고 하면서 둘 모두를 붙잡아 옹 칸에게 보냈고, 그는 즉시 그 두 사람을 없애 버렸다.

그 뒤에 구르 칸이 "나의 형의 「23r」 눈물이 채 마르기도 전에, 또 그의 등 의 살이 아직 굳어 버리기도 전에, 네가 형을 죽이고 동생을 파멸시키니, 울 루스가 어떻게 되겠는가?"라고 말하며 옹 칸을 추격하여 약탈했다. 옹 칸은 백 명의 사람과 함께 도망쳤는데, 이수게이 카안이 그 근처에 있다가 그를 붙들었다. 그 뒤 그는 "우리는 이 사람과 우호를 맺고 그와 의형제가 되어야 한다"고 말했다. 그러나 그때 쿠툴라 카안이 말하기를 "우리가 그[의 사람됨] 을 알고 있거니와 그와 우호를 맺는 것은 좋은 방책이 아니다. 의형제를 맺 기에는 부드럽고 좋은 사람인 구르 칸이 더 적당하다. 이 사람은 자기 형제 들을 죽이고 그들의 피로 깃발과 창을 더럽혔다. 지금 그는 화살에 맞은 들 소이고 [25r] 올가미(uǧrûq)에 목이 걸린 야생 나귀의 처지가 되었으니[47] 그 때문에 우리의 보호를 받으러 온 것이다"라고 했다. 그러나 이수게이 바하두 르는 이를 받아들이지 않고 그와 친구·의형제가 되어서, 구르 칸을 공격하 여 쫓아내고 그의 울루스를 옹 칸에게 주었다.

마르구즈에게는 두 아들이 있었는데, 하나는 쿠르차쿠스[48] 부이룩이었고

---

45) 이 사람은 A : 19v에서 옹 칸의 모친 일메 카툰의 연인으로 등장한 인물과 동일인인 듯하다. 옹 칸은 일치 테이를 공격한다는 구실로 자기의 두 형제를 유인한 것이다.
46) 메르키트 部의 首領 톡타 베키를 가리킨다.
47) 露譯本에서는 이 부분을 잘못 번역했다. Roshan도 uǧrûq을 aǧrûq으로 잘못 읽었다. uǧrûq은 동물을 잡 을 때 사용하는 끝에 올가미가 달린 긴 나무를 가리킨다. 투르크어에서는 uǧruq, 몽골어에서는 uǧruǧa 이다. Cf. Clauson, *Etymological Dictionary*, p.90 ; Lessing, *Dictionary*, p.865, p.881.
48) 원문에는 Qûrjâqûz라고 표기되었다.

다른 하나는 구르 칸이었다. 하중 지방과 투르키스탄에서 군주였던 구르 칸은 카라 키타이(Qarâ Khitâî) 종족 출신이고, [여기서 말하는] 이 구르 칸은 케레이트의 군주인 마르구즈의 아들이니 서로 혼동해서는 안될 것이다. 쿠르차쿠스의 아들들 가운데 하나는 이름이 토그룰(Ṭôġrûl)이었고, 키타이의 군주들은 그를 '옹 칸'이라고, 칭했는데 '옹 칸'은 '나라의 군주'라는 뜻을 지녔다.[49] [쿠르차쿠스의] 다른 [아들로는][50] 에르케 카라(Erke Qarâ),[51] 타이 티무르 타이시, 부카 티무르(Bûqâ Tîmûr), 일카 셍군(Îlqa Sengûn)[52] 등이 있다. '일카'는 이름이고 '셍군'은 '주군의 아들'(khudâvând-zâde)을 뜻한다.[53] 이와 마찬가지로 과거에 자아 감보(Jâ Gambô)의 이름은 케레이데이(Kerâîdâî)였는데 탕구트인들이 그를 붙잡았을 때 그의 기민함과 능력의 탁월함을 보고 '자아 감보'라는 이름을 지어 준 것이다. 이는 '나라의 대아미르'를 뜻하니, '자아'는 '나라'이고 '감보'는 '크다'는 의미이다.

간단히 말해 그들의 아버지가 죽었을 때, 토그룰이라는 이름을 지닌 옹 칸은 어느 지방의 경계 지역으로 파견되어 [그곳을] 관할하게 되었고, 다른 아들인 타이 티무르 타이시와 부카 티무르는 아버지의 지위를 차지했다. 그런

---

49) 옹 칸은 중국어의 '王'과 투르크·몽골어의 '칸'의 합성어이다.

50) 『秘史』176절에는 쿠르차쿠즈 부이룩 칸에게 40명의 자식들이 있었고, 그가 죽은 뒤 옹 칸이 '형'(aqa)이라고 하여 칸이 되었다고 되어 있으며, 옹 칸의 동생들 가운데 Tai Temür Tayiji, Buqa Temür, Erke Qara 등이 거명되었다. 이외에 107절에는 Jaqa Ğambu도 그의 동생으로 나오고 있다.

51) 『元史』·『親征錄』의 也力可哈剌.

52) A·B 모두 Îlqa Selengün이라고 표기하여 l字가 추가되어 있으나, 여기서는 Sengûn의 誤記로 보아 Sengûn으로 수정했다. 『秘史』에는 Nilqa Senggüm이 등장하나 옹 칸의 아들로 나오며, 『元史』(p.6)와 『親征錄』(p.84)에도 亦剌슴(Ilqa)이 옹 칸의 아들로 되어 있다. 그런데 『集史』에는 곧 뒤에서 나오듯이 Sengûn이라는 이름을 가진 옹 칸의 아들도 언급되고 있다.

53) 그러나 사실 sengûn은 고대 투르크 시대 이래 유목 국가의 관칭호(sengün)로 사용되어 왔으며, 遼代에는 詳穩으로 표기되었다. 『遼史』권106 「國語解」(p.1537)에서는 詳穩을 '諸官府監治長官'이라고 설명하였는데, W.Thomsen은 이 말이 漢字의 '將軍'에서 나왔을 것이라고 추정했지만, Pelliot는 遼代의 常袞·敵穩 등과 마찬가지로 모두 漢字語 '相公'에서 기원했을 것이라고 보았다. Cf. "Notes sur le *Turkestan*," p.46.

데 옹 칸이 와서 그 형제들을 죽이고 아버지의 지위를 빼앗았기 때문에, 에르케 카라는 도망쳐 나이만 종족에게 보호를 요청했다. 나이만 종족은 그를 도와 나라를 다시 찾아서 그에게 주고 옹 칸을 쫓아 버렸다. 그러자 다시 칭기스 칸의 아버지가 옹 칸을 도와서 에르케 카라를 쫓아내고 옹 칸의 자리를 되찾아 주었다. 다시 옹 칸의 숙부인 구르 칸이 와서 옹 칸을 쫓아내고 그 자리를 차지하자, 이번에는 칭기스 칸이 옹 칸을 도와 구르 칸을 쫓아내고 그 자리를 옹 칸에게 준 것이다. 결국 그가 나라를 장악하게 되었고, 자아 감보는 항상 자기 형제인 옹 칸과 한편이었다.

한번은 나이만의 군주이자 쿠쉴룩 칸(Kûshlûk Khân)의 형제였던 부이룩 칸 휘하의 한 아미르—그의 이름은 쿡세우 사브락(Kûkseû Sâbrâq)[54]—가 군대와 함께 와서 옹 칸의 형제인 일카 셍군과 자아 감보의 집과 재산을, 그리고 옹 칸의 留守陣들[55]의 일부를 겁략했다. 그 뒤 옹 칸은 자기 아들인 셍군(Sengûn)에게 군대를 주어 적을 추격하러 보내고 칭기스 칸에게는 도움을 요청했다. 칭기스 칸은 보코르치 노얀[56]과 무칼리 구양과 칠라우칸 바하두르(Chilâûqân Bahâdur)[57]를 보냈는데, 이 이야기는 紀傳에 나올 것이다.

자아 감보에게는 네 딸이 있었다. 하나는 이름이 이바카 베키(Îbaqa

---

54) 『秘史』의 Kökse'ü Sabraq, 『親征錄』(p.64)과 『元史』 권1 「太祖本紀」(p.6)의 曲薛吾撒八剌(『元史』는 이를 '二人'이라고 했으나 잘못이다).

55) A·B : aǧurûqhâ. 露譯本에서는 이를 uǧruqhâ로 읽고 '禁斷區域'(zapovednik)으로 이해했으나 문맥이 통하지 않는다. aǧurûq(hâ는 페르시아어의 복수형)은 『秘史』의 a'uruǧ에 해당되며 '老小營'으로 旁譯되어 있고, 『元史』 「兵志」에는 奧魯라고 표기되었다. 이는 전투가 벌어질 때 兵士 이외에 女子·老幼 및 家財·家畜들이 後方에 남아 캠프를 이룬 것을 지칭한다. 사실 『秘史』 162절은 나이만의 Kögse'ü Sabraǧ이 옹 칸과 닐카 셍군의 후방을 공격한 내용을 기술하고 있다. a'uruq의 자세한 내용에 대해서는 村上正二, 「元朝兵制史上における奧魯の制度」(『モンゴル帝國史研究』, 東京, 1993, pp.97~138)를 참조하시오.

56) 그의 이름은 A·B본에서 Bôrchî, Bôqôrchî, Bôqôrchîn, Bôrqôchî, Bôrǧôrchî, Bôǧôrchî 등 여러 다른 형태로 표기되고 있으나, 여기서는 모두 '보코르치'로 통일하여 옮기기로 한다.

57) 『元史』·『親征錄』에 모두 赤老溫이며 『秘史』에도 Chila'un으로 표기되었다. 『道園學古錄』 권16 「孫都思氏世勳之碑」에는 赤老溫八都兒. 보오르추, 무칼리, 보로굴, 칠라운은 칭기스 칸의 四駿(dörben külü'üd)으로 유명했다.

Bîkî)[58]인데 칭기스 칸 자신이 취했고, 다른 하나는 이름이 벡투트미쉬 푸진 (Bîktûtmîsh Fûjîn)인데 큰 아들인 주치에게 주었으며, 셋째는 이름이 소르칵 타니 베키인데 막내 아들 톨루이 칸에게 주어져 뭉케 카안, 쿠빌라이 카안, 훌레구 칸, 아릭 부케 등 네 아들의 어머니가 되었고, 또 다른 딸은 웅구트 군 주의 아들에게 주었다. 전하는 바에 의하면, 칭기스 칸이 웅구트를 정복하여 그들이 복속하게 되었을 때, 그 딸을 손에 넣으려고 했지만 아무리 찾아도 찾을 수 없었다고 한다.

옹 칸에게는 두 아들이 있었는데, 하나는 이름이 셍군—즉 '주군의 아들' 이라는 뜻—이고 다른 하나는 아바쿠(Abaqû)였다. 아바쿠에게 딸이 하나 있 었는데, 이름은 도구즈 카툰(Dôğûz Khâtûn)[59]이었고 그녀를 톨루이 칸의 부 인으로 맞아 주었다. 그 뒤 훌레구 칸이 그녀를 취했으니 훌레구 칸의 첫째 부인이 그녀였다. 도구즈 카툰의 형제로는 사리차(Sârîcha)와 ……[60]가 있었 고, 도구즈 카툰의 오르두를 차지한 톡타이 카툰(Tôqtay Khâtûn)도 그녀의 자 매들 가운데 하나였다. 우룩 카툰(Ûrûk Khâtûn)은 사리차의 딸이고 아르군 칸의 부인이 되었으며, '지상의 왕자'(shahzâde-i jahân)인 하르반데의 어머니 이기도 했다. 지금 생존해 있는 이린친(Îrinchîn)은 우룩 카툰의 형제이다.

그들 친족 가운데 한 무리가 쿠빌라이 카안의 휘하에 있었고, 지금도 그들 의 자식들은 그곳에 있다. 톡 티무르(Tôq Tîmûr)[61], 아라 쿠리카(Arâ Qûrîqa), 쿠빌라이(Qûbîlay)는 그런 무리에 속하며, 옹 칸의 한 형제인 이디 쿠리카(Yîdî Qûrîqa)의 일족「23v」이다. 셍군의 어머니에게서 출생한 옹 칸의 딸을 칭기스 칸이 원했으나 허락을 받지 못했고 그런 연유로 〔양자 사이에〕

---

58) A · B 모두 Abîqa Bîkî로 표기되어 있지만, 筆寫者가 點을 잘못 찍은 것이다.

59) 그녀의 이름은 토쿠즈 카툰(Tôqûz Khâtûn)이라고 표기하는 것이 정확할 것이나, 여기서는 라시드 앗 딘의 표기대로 도구즈 카툰이라고 옮긴다.

60) A · B본 모두 缺落.

61) A : Tôq 〔T〕îmûr.

불화가 벌어졌는데, 그녀의 이름은 차우르 베키(Châûûr Bîkî)였다.[62] 셍군의 아들에게 주려고 했던 칭기스 칸의 딸의 이름은 코친 베키(Qôjîn Bîkî)[63]였는데, 그 뒤 그녀를 코룰라스 종족 출신으로 칭기스 칸의 어머니의 형제인 보투 쿠레겐(Bôtû Kûregân)[64]에게 주었다.

구르 칸이 옹 칸을 내쫓고, 칭기스 칸의 아버지 이수게이 바하두르가 옹 칸을 도우러 가서 구르 칸을 몰아내자, 그는 근 30명의 사람들과 함께 탕구트 지방으로 가서 다시는 나타나지 않았다. 그런 이유로 옹 칸과 이수게이 바하두르는 의형제가 되었다. 또 한번은 이미 언급한 바와 같이 그는 에르케 카라의 문제와 관련해서 옹 칸을 도와 나라를 에르케 카라에게서 빼앗아 그에게 되돌려주었다.

옹 칸이 마지막으로 칭기스 칸과 전쟁을 하여 패배하고 도망쳤을 때, 도중에 네쿤 우순(Nekûn Ûsûn)이라는 곳에서 타양 칸의 아미르들인 코루 수바우추(Qôrû Sûbâûchû)와 테틱샬(Tetîkshâl)에게 붙잡혔다.[65] 오래 전부터 적

---

62) 『秘史』 165절에는 칭기스 칸이 Senggüm의 자매인 Cha'ur Beki를 자기 아들인 주치의 부인으로 얻어 주기를 희망한 것으로 되어 있고, 『親征錄』(p.89의 抄兒伯姫)에도 마찬가지이다.

63) B본의 Fûjîn Bîkî는 誤寫로 보아야 할 것이다. 『秘史』 165절에는 칭기스 칸이 자기 딸 Qochin Beki(『元史』 권109의 火臣別吉 ; 『親征錄』의 火阿眞伯姫)를 Senggüm의 아들 Tusaqa(『親征錄』의 禿撒合)에게 定婚해 주기를 원했다고 되어 있다.

64) A · B의 Qûtû Kûregân은 誤寫. Botu는 코룰라스 部가 아니라 이키레스 部 출신이다. 『秘史』의 Butu Küregen, 『元史』의 孛禿, 『蒙韃備錄』의 豹突駙馬, 『黑韃事略』의 撥都駙馬. 그는 처음에 칭기스 칸의 동생인 Temülün을 부인으로 맞이했지만, 그녀가 죽은 뒤 코친 베키를 맞아들였다.

65) A · B 모두 Tînkshâl처럼 보이나 Tetîkshâl로 읽어야 할 것이다. 『秘史』 188절에 의하면, 케레이트가 칭기스 칸에 의해 패배한 뒤 도망쳐 나온 옹 칸이 Didig Saqal이라는 곳에 있는 Nekün Usun으로 解渴하러 갔다가 나이만의 斥候(qara'ul)인 Qori Sübechi에게 붙잡혔다고 한다. 한편 『親征錄』에서는 옹 칸이 捏坤烏柳河에 이르렀을 때 타양 칸의 장군인 '火里速八赤 · 帖廸沙 二人'에 의해 살해되었다고 했다. Qôrû Sûbâûchû는 Qori Sübechi=火里速八赤(『元史』, p.12의 火力速八赤)을 옮긴 것이 분명하다. Tetîkshâl은 帖廸沙로 보이지만, 村上正二(『モンゴル秘史』 卷2, pp.229~230)도 지적했듯이 『秘史』에 地名으로 소개된 Didig Saqal과도 音이 유사하여, 이것이 과연 인명인지 지명인지는 재고의 여지가 있다. 그러나 「칭기스 칸 紀」(A : 100r)에 나이만에 속하는 귀족들의 이름 뒤에 shâl이라는 칭호가 첨가되어 있고, 라시드 앗 딘은 그 뜻을 '王子'(pâdishâhzâde)라고 설명한 것으로 보아, Tetîkshâl 역시 그런 맥락에서 이해해서 Tetîk이라는 이름과 shâl이라는 칭호가 붙은 형태로 이해하는 것이 타당할 것이다. 최근 한 학자는

이었던 까닭에 그들은 그를 죽이고 그 머리를 타양 칸에게 가져왔다. 〔타양 칸은〕 기뻐하지 않으며 그들을 추궁하여 말하기를, "무엇 때문에 이처럼 연로한 대군주를 죽였는가? 산 채로 데려왔어야 마땅했다"고 하면서, 그의 머리를 銀으로 입히라고[66] 지시하고는 한동안 공경심과 경외심을 보이며 자기 보좌 위에 놓아 두었다.

옹 칸이 패배하게 된 한 원인은 〔25v〕 다음과 같다. 뭉릭 에치게(Mönglîg Îchige)[67]의 아들인 텝 텡그리(Teb Tengrî)[68]가 케레이트 지파 중의 하나인 지르킨[69] 출신의 카단 바하두르(Qadân Bahâdur)라는 사람의 딸을 취했다. 옹 칸이 칭기스 칸에 대해 나쁜 생각을 품었을 때 그는 사신을 텝 텡그리에게 보내 "나는 이곳에서, 그리고 너는 그곳에서 함께 공격하자!"라고 했지만, 텝 텡그리는 칭기스 칸에게 이 소식을 알려 막을 준비를 하도록 한 것이다.

일화. 타양 칸이 하루는 〔옹 칸의〕 그 머리에게 "말을 해 보라!"고 말했다. 전하는 바에 의하면, 그때 몇 차례 입 밖으로 혀가 나왔다고 한다. 타양 칸의 아미르들이 "이것은 불길한 징조이다. 만약 우리 나라가 망하지 않는다면 오히려 이상할 것이다"라고 말했는데 과연 그대로 된 것이다.

---

shâl이라는 말이 saqal과 연관된 것이며, 『遼史』에 나오는 沙里('郎君'의 뜻), 그리고 『通典』에 突厥의 관칭호의 하나로 나타나는 索葛('髮'의 뜻)과 동일한 것이라고 추정하기도 했다(巴哈提·依加漢, 「十三世紀前乃蠻統治制度二題」, 『內陸亞洲歷史文化硏究 : 韓儒林先生紀念文集』, 南京, 1996, pp.466~472). 한편 露譯本에서는 네쿤 우순의 위치를 Urga 남방 Jirğalangtu와 Dolon 사이에 있는 Nogon Daba가 아닐까 추측하고 있는데, 그곳은 나이만의 근거지인 알타이 지방과 너무 떨어져 있어 받아들이기 어렵다.

66) 원문은 sar-i û ra dar naqra gereftand. 과거 유목민들은 적장의 머리를 베어 그 두개골에 금박이나 은박을 입혀 술잔으로 사용하곤 했다. 『비사』 189절에는 잘려진 옹 칸의 머리를 흰색 모전 위에 두었다는 기사가 보인다.

67) 『秘史』의 Mönglig Echige, 『元史』 「伯八傳」의 明里也赤哥, 『親征錄』(p.93)의 蔑力也赤哥이고 콩코탄 部 출신이다. 그에게 '아버지'(echige)라는 칭호가 붙은 원인에 대해서는 논란의 여지가 있다. 라시드 앗 딘은 칭기스 칸이 자기 어머니를 뭉릭에게 '주었다'고 기록했고, Abû'l Ğâzî와 같은 후대의 무슬림 作者들도 이를 답습했다. 그러나 村上正二는 뭉릭과 그 아버지 Charaqa 老人이 이수게이 家門에 '親密한 家臣的 隷屬 關係'를 가졌기 때문에 echige라 불렸던 것으로 보았다(『秘史』, 卷1, p.103).

68) 그에 대해서는 A : 33v의 내용과 譯註를 참조하시오.

69) A·B 모두 Jîrqûn으로 표기했으나 앞의 예에 따라 Jîrqîn이 되어야 마땅할 것이다.

그를 죽였던 그곳(=네쿤 우순)에서 그의 아들 셍군은 몇몇 사람과 함께 몽골 지방의 변방으로 도망쳤다. (그곳에) 이삭(Îsâq)[70]이라는 도시가 하나 있는데, 거기를 지나 티벳 지방으로 갔다. 그곳에 머물고자 했지만 티벳 사람들은 그를 쫓아냈고, 그의 누케르들이 흩어져 버리자 그도 거기서 도망쳤다. 호탄(Khotan)과 카쉬가르의 변경에 쿠산(Kûsân)이라는 지방이 있는데, 그곳에는 킬리치 카라(Qilîch Qarâ)라는 이름의 술탄이 있었고, 그는 셍군을 그 지방에 있는 차하르 카하(Chahâr Kaha)라는 곳에서 붙잡아 죽였다.[71] 그리고 그의 처자를 잡았는데 (술탄은) 얼마 후 칭기스 칸에게 그들을 보내고 복속했다.

칭기스 칸과 옹 칸의 시대에 이 종족 출신의 아미르들은 많았다. 한 아미르의 이름은 웁치리타이 쿠린 바하두르(Ûbchirîtay Kûrîn Bahâdur)[72]였다. 웁

---

70) 이 지명이 무엇을 가리키는지 불분명하다. 『親征錄』(p.134)에는 亦剌合이 도주할 때 '走西夏 過亦卽納城'이라고 되어 있지만, 元代의 亦集乃(Ichina)路에 해당되는 亦卽納과 Îsâq의 발음에는 상당한 거리가 있다.

71) 이 부분의 기사는 대체로 『元史』・『親征錄』의 기록과 일치한다. 『元史』권1 「太祖本紀」(p.12)에는 亦剌合이 西夏로 도주하여 剽掠으로 생활하다가 西夏의 공격을 받아 龜玆國으로 도주했으나 거기서 龜玆(Kucha)國의 君主가 그를 붙잡아 죽였다고 되어 있고, 『親征錄』(pp.134~135)에는 이보다 더 상세하게 亦剌合이 亦卽納城을 지나 波黎吐蕃部에 이르러 그들을 토벌하고 그곳에 머물려고 했으나 도리어 공격을 받고, 西域曲先(Kusan, 즉 Kucha)으로 도망쳐 徹兒哥思蠻之地에 머물려다가 黑隣赤哈剌이라는 자에게 죽음을 당했다고 기록되어 있다. 徹兒哥思蠻과 黑隣赤哈剌이 각각 Chahâr Kaha와 Qilîch Qarâ에 상응함은 쉽게 알 수 있는데, 黑隣赤哈剌이 쿠차의 군주 이름인 것으로 보이지만, 문제는 徹兒哥思蠻 혹은 Chahâr Kaha라는 地名이다. 이 지명의 두 부분 중 徹兒는 Chahâr에 대응되지만, 哥思蠻과 Kaha는 음이 서로 맞지 않는다. kaha에 'fold, pen of cattle, courtyard'라는 뜻이 보이기 때문에(Redhouse, *Yeni Türkçe-İngilizce Sözlük*, Istanbul : Redhouse Yayinevi, 1968, p.581), Chahâr Kaha라는 말이 '사각 울타리로 둘러쳐진 곳'이라는 뜻을 지니지 않았을까 추측된다. 그러나 이곳이 쿠차 근처라는 것 이외에 구체적인 위치를 확인하기는 어렵다.

72) A・B본의 표기는 모두 Ûbchirîtay로 되어 있지만 『秘史』160절의 Ubchiĝtai Qurin Ba'atur라고 되어 있다. 明代의 旁譯은 Ubchiĝtai를 族名으로 보았다. 『親征錄』(p.60)에는 (部將)曲隣拔都라고만 되어 있다. Pelliot와 Doerfer는 모두 ubchiĝtai 혹은 ubchiritai가 '(과일이나 동물의) 껍질을 벗기다'라는 뜻의 몽골어 동사 übchi-에서 나왔으리라고 추정하고 있다. 『秘史』에서는 그 수동형 übchikdä-가 '창피를 당하다, 체면을 잃다'의 뜻으로 사용되기도 했다. 다만 이 동사의 뜻과 ûbchirîtay가 '붉은 과일'을 의미한다

치리타이의 뜻은 '붉은 과일'인데 몽골리아에서는 붉은 얼굴을 그렇게 비유하여 말한다. 그 아미르의 얼굴이 마치 붉은 과일과 같았기 때문이었다. 이 아미르는 자무카 세첸(Jâmûqa Sâchân)이 칭기스 칸에 관하여 조롱과 비난의 말을 할 때 제지했던 바로 그 사람이다. 또 다른 아미르가 있었는데 그의 이름은 코리 실레문 타이시(Qôri Shîlemûn Tâîîshî)[73]였다.

옹 칸에게는 대아미르가 하나 있었는데 그의 이름은 쿠이 티무르(Kûî Timûr)였다. 칭기스 칸은 옹 칸과 우호적이었고 부자 관계를 맺었기 때문에, 옹 칸의 밑에 마치 아들들처럼 앉아 있곤 했다. 상술한 아미르는 그보다 위에 앉았고, 칭기스 칸과 옹 칸 사이에 일어나는 모든 일과 이야기를 그가 처리하고 말하였으며, 그와 우호 관계를 가졌다. 칭기스 칸이 옹 칸과 그의 아들 셍군 및 그들의 아미르들을 패배시키고 눌러 버렸을 때, 죽음을 당하지 않은 사람들은 귀순해 왔다. 이 쿠이 티무르 노얀은 과거의 우의와 친분을 믿고 칭기스 칸의 휘하로 들어왔다. 〔칭기스 칸도〕 그를 예의와 존경심으로 대했다. 그는 매우 연로했고 등이 굽었으며 많은 부인을 가졌는데, 그 중에서도 하나를 특히 총애했다. 〔그러던 중〕 셍군이 키르키즈 지방과 그 부근에서 세력을 다시 회복했다는 소문이 우연히 전해지자, 그의 마음이 셍군 쪽으로 기울어져 집과 재산을 버려 두고 떠났다. 그는 오랫동안 돌아다녔음에도 불구하고 셍군을 찾지는 못했다.

그가 도망가자 「24r」 칭기스 칸은 그의 총애를 받던 부인을 콩코탄 종족

는 라시드 앗 딘의 설명을 연결시키기는 쉽지 않음을 인정하고 있다. Cf. *Campagnes*, pp.328~329 ; *Elemente*, vol. 1, p.155. 村上正二는 라시드 앗 딘의 설명을 인용하여 당시 몽골인들이 붉은 과일의 즙에다 기름을 섞어서 얼굴에 바르는 습관이 있었고, 칭기스 칸도 그러했고 옹 칸의 아들 셍군도 그런 모습으로 인해 ûbchinîtay Senggûn이라 불렸다는 점을 상기시키며, ûbchinîtay는 '化粧한 사람'이라는 뜻을 지니는 것으로 보았다. 그는 이러한 化粧法을 匈奴의 焉支(燕支 · 燕脂)와 연관시켜 생각했다. Cf. 『モンゴル秘史』, 卷2, pp.89~90.

73) A · B 원문은 모두 Qôri Shîlîûn Tâîîshî. 그러나 그는 『秘史』 170절에 옹 칸의 護衛兵(turğa'ud)을 지휘하던 Qori Shilemün Tayiji, 『親征錄』(p.98)의 火力失烈門太石과 동일인으로 보이며, 따라서 페르시아 文의 筆寫로 보아 Shîlîûn은 Shîlemûn의 誤寫로 보아야 옳을 것이다.

출신의 대아미르인 툴룬 체르비(Tôlûn Cherbî)⁷⁴⁾에게 주었다. 그에게도 많은 부인이 있었는데, 그녀를 맞아들인 뒤에는 다른 부인들을 버려 두고 그녀와 나날을 보냈다. 얼마 뒤 생군을 찾지 못한 쿠이 티무르 노얀이 하는 수 없이 칭기스 칸의 휘하로 돌아왔다. 칭기스 칸은 그가 옛부터 헌신한 공로가 많았고 또 매우 연로했기 때문에 그에게 은혜를 베풀어 죄를 용서해 주면서, "이렇게 늙은 사람을 어떻게 치죄하겠는가?"라고 말했다. 쿠이 티무르 노얀은 그 자리에서 무릎을 꿇고 탄원하며 말하기를, "저의 목숨을 살려 주셨으니 제가 사랑하는 부인도 저에게 은사하여 주신다면 제게는 대단한 은총일 것입니다"라고 했다. 칭기스 칸은 툴룬 체르비에게 "너는 무엇이라고 하겠는가? 다시 주겠느냐, 아니면 안 주겠느냐?"라고 물었다. 툴룬 체르비는 칭기스 칸의 의중을 알아채고 "아무리 제가 그녀를 좋아한다고 해도 명령을 어찌 거역하겠습니까?"라고 하면서 그녀를 되돌려주었다. 〔사람들이〕 그 부인에게 물었다. "이 아미르들에게는 그렇게 많은 부인이 있는데, 어찌해서 너를 맞아들이는 사람은 모두 어느 누구보다 〔너를〕 더 좋아하느냐?" 〔이에 대해〕 그녀는 "모든 여자들의 몸은 서로 비슷하다. 남자가 힘이 세고 명령을 내리는 사람이라면, 여자는 명령을 받는 사람이다. 〔따라서〕 남편을 즐겁게 하는 일이라면 무엇이든지 하고, 남편의 즐거움에 어긋나는 일을 해서는 안되며, 그가 바라는 것과 일치하도록 애쓰고, 가정을 그의 뜻에 합당하게 돌볼 수 있도록 노력해야만 한다. 그렇게 한다면 틀림없이 〔남편의〕 사랑은 더 깊어질 것이다"라고 대답했다.

또 다른 아미르로는 쿠이두(Qûîdû)가 있었다. 옹 칸이 칭기스 칸을 붙잡으려고 했을 때 옹 칸의 牧馬者(aqtâchî)였던 바다이(Bâdâî)와 키실릭(Qîshlîq)이 칭기스 칸에게 그 소식을 전해 주었다. 이 쿠이두는 옹 칸에게서 떨어져

---

74) A·B : Tôlûî Cherbî. 이는 분명히 Tôlûn Cherbî의 誤記이며, 라시드 앗 딘 자신도 뒤에서는 다시 Tôlûn Cherbî로 바로잡았다.

나와, 자기와 같이 살던 부인과 세 살짜리 아이와 한 마리의 낙타와 암갈색 말 후르콩쿠르(hurqonqur)[75]와 함께 이동하여 칭기스 칸의 휘하로 왔다. 그가 이렇게 충성심을 보이자 [칭기스 칸은 쿠이두에게] 그의 종족인 케레이트와 퉁카이트 [부민들을] 모으라고 명령했고, 이로써 그는 한 개의 千戶를 만들었다.[76] [그가 죽은 뒤] 그의 아들 쿠리카(Qûrîqa)가 천호를 관할했다. 그의 형제인 아비시카(Âbishqâ)[77]는 카안을 모시는 존경받는 선임 비틱치였다.

이 쿠이두는 24명의 아들을 두었다. 그 막내[78]는 투쿠르 비틱치(Tûkûr Bîtikchî)라 불렸으며 백호장이었다. 훌레구 칸을 모시고 비틱치로서 이란 땅에 [26r] 왔다. 바그다드에서 그를 모시면서 재고(khazâna)와 재물(mâl)을 징발했고 많은 金塊[79]를 주조했다. 알리낙('Alînâq)은 그의 아들이었다. 그는 처음에 쿠차르(Qûchar)—메르키트에 속하는 투닥크린 종족 출신—의 천호에 속해 있었고, 그보다 전에는 알리낙의 祖父인 쿠이두의 천호에 소속되어 있었다. 쿠이두와 그의 아들들이 속했던 본래의 천호(hazâra-i aṣl)는 모두 그곳에 本隊(hujâûûr)로 남되 [일부 병사들을] 그 천호들에서 징발(qûbchûrî)하여 이 나라로 오도록 했는데,[80] 쿠이두의 천호에서는 쿠차르를 징발했다. 그

---

75) 몽골어 qongǧur는 '(말의) 담갈색, 밤색'을 뜻한다. Roshan은 앞부분의 HR를 hur/qur로 읽어 '一年짜리'의 뜻으로 보았는데 수긍할 만한 견해이다.

76) 그러나 『集史』와 『秘史』에 기재된 千戶長 名單에서 그나 그의 아들의 이름을 발견할 수 없다.

77) 『元史』(p.241, p.273)의 阿必失合(혹은 阿必赤合). 그는 至元 19년(1282) 北庭都護에서 御史大夫로 임명되었고, 22년(1285)에는 平章政事가 되었다.

78) A·B 모두 kuhtar('막내 [아들]')라고 되어 있는데, 露譯本에서는 이상하게 '큰 [아들]'로 번역했다.

79) 원문의 bâlish는 (金·銀)塊를 가리키는 페르시아 語이다. 투르크 語로는 yastuq이라고 불렸는데, Rubruck의 여행기에 언급된 iascot는 이를 가리킨다. 중국에서는 元寶(yambu) 혹은 銀錠이라 불렀고 중량은 50兩이었다. Cf. *The World-Conqueror*, p.16 ; P. Jackson tr., *The Mission of Friar William of Rubruck*, London : Hakluyt Society, 1990, p.162 ; 李幹, 『元代社會經濟史稿』(荊州 : 湖北人民出版社, 1985), pp.387~389 ; 森安孝夫, 「〈シルクロード〉のウイグル商人」(『岩波講座 世界歴史』卷11 : 中央ユーラシアの統合, 東京 : 岩波, 1997), pp.97~101.

80) 노역본에서는 이 부분을 "쿠이두의 기본 천호와 그의 아이들이 모두 그곳 [카안이 있는 곳 즉], 자기 씨족 가운데 남아 있었기 때문에, 쿠차르는 여러 千人隊로부터 賦稅(qûbjûr)를 징수해서 이 나라[즉 이란]로 보냈다"로 옮겼는데 잘못된 것이다. 물론 qûbchûrî가 賦稅의 뜻으로도 쓰이지만 여기서는 외지로 파

는 강인한 사람이었기 때문에 〔훌레구는〕 천호들 가운데 하나를 그에게 위임했다. 쿠이두의 아들이며 알리낙[81]의 아버지인 투쿠르(Tukur)[82]는 백호장이었으며 역시 그〔=쿠차르〕의 천호에 속했다. 쿠차르가 죽고 알리낙이 〔아직〕 소년(bacha)이었을 때 훌레구 칸은 그 천호를 알리낙에게 위임했다. 알리낙의 아들로는 쿠르미시 쿠레겐(Qûrmish Kûregân), 쿠툴라(Qûtûla), 부그다이(Bûğdâî), 아르파(Arpa), 차우다르(Châûdar)가 있었다.

한 무리의 아미르들이 "칭기스 칸이 발주나(Bâljûna)로 간 뒤, 옹 칸을 습격하여 그를 몰아내고 우리 스스로 군주가 되자!"라고 모의했는데, 그들은 다음과 같다.[83] 다리타이 옷치긴(Dârîtay Ôtchigîn),[84] 알타이(Altâî)〔,〕 제운(Jîun),[85] 쿠차르 베키(Qûchar Bîkî),[86] 자무카 세첸(Jâmûqa Sâchân), 바아린 종족(qawm-i Bârîn),[87] 수에기(Sûâgî),[88] 타가이 달루(Taqâî Tâlû),[89] 타타르

견할 병사의 簽發을 의미하며, hujâûûr는 몽골어의 huja'ur('뿌리'·'根脚')를 옮긴 것이다.

81) A : Alînâq.

82) 위에서 언급한 쿠이두의 막내 아들 Tûkûr Bîtikchî와 같은 인물.

83) 칭기스 칸과 옹 칸 사이에 최후의 전투가 벌어지기 직전에 옹 칸 진영 내부에서 일어난 이 陰謀 事件에 대해서 『秘史』는 침묵하고 있으나, 『元史』 권1 「太祖本紀」(p.11)와 『親征錄』(王國維本, pp.128~130)은 거의 유사한 내용을 전하고 있다.

84) A·B본 모두 Dârâîî Ôtchîkîn이라고 했지만 誤寫이다. 칭기스 칸의 父 이수게이의 동생으로 『親征錄』에는 荅力台斡眞, 『元史』에는 荅力台로 기록되었다.

85) A·B 모두 원문은 Altâî Jîûq라고 되어 있고 같은 잉크색으로 표기하여 한 사람인 것처럼 했다. 그러나 우선 『親征錄』에는 이 이름이 按彈折溫(Altan Je'ün)이라고 명시되어 있어 Jebûq가 Jîûn의 誤寫이며 Altâî도 Altân의 誤寫일 가능성을 말해 주고 있다. 나아가 按彈折溫(혹은 Altâî Jîûn)도 사실은 한 사람이 아니라 두 사람으로 보아야 할 것이다. 왜냐하면 折溫(Jîûn)은 Sükegei Je'ün을 가리키고, 按彈(Altâî)은 쿠툴라 칸의 아들 Altan을 지칭하는 것이기 때문이다. 『元史』에 옹 칸에 대한 음모에 가담한 사람으로 '按彈·火察兒·札木合'이 거명되어 있는 것도 이를 방증한다.

86) 네쿤 타이지의 아들이며 칭기스 칸의 사촌. 『秘史』의 Quchar Beki, 『元史』의 火察兒, 『親征錄』의 火察兒別乞.

87) 露譯本에서는 이를 人名으로 보아 Qûm-bârîn으로 읽었으나, 『元史』·『親征錄』의 예로 보아 바아린(八隣) 部로 보아야 옳을 것이다.

88) 이 부분을 설명한 『親征錄』(pp.128~129)에는 札木合과 八隣에 이어 梭哥台脫隣이라는 이름이 나오는데, 이는 『秘史』 166절의 Söge'etei To'oril에 해당된다. 그러나 Sûâgî와 梭哥台(脫隣)와는 곱의 차이가 적지 않아, 과연 이 양자를 동일인으로 볼 수 있을지는 의문이다. Sûâgî는 차라리 『親征錄』(p.54)에 塔海

출신의 쿠투쿠트(Qûtûqût).[90] 옹 칸이 〔이러한 사실을〕 알게 되자 그들을 습격했고, 이 무리들 가운데 다리타이 옷치긴, 바아린 종족, 케레이트 종족 가운데 사카이트 〔지파〕, 콩코탄 집단들에 속한 킬키누트 무리들 가운데 쿠친(Qûchîn)[91] 등이 모두 칭기스 칸과 합세했다. 알타이와 쿠차르와 쿠투쿠트는 타양 칸에게 갔다. 칭기스 칸에 대해서 타양 칸과 한편이라고 비난했던 바로 그들이 이러한 행동을 취한 것이다. 칭기스 칸이 타양 칸을 패배시켰을 때 그들도 모두 붙잡아 죽였다.

셍군의 아미르들 가운데는 빌게 베키(Bilge Bîkî)와 토단(Tôdân)[92]이 있었다. 「24v」 칭기스 칸은 그들 둘을 사신으로 보내달라고 요청했던 적이 있었는데, 그들은 셍군과 함께 지냈던 사람들이다. 알라 부카(Alâ Bûqâ)와 다이르(Tâîr),[93] 이 두 사람 역시 옹 칸 시대에 중요한 아미르였다.

(Tağai)와 함께 거명된 雪也垓, 즉 Sügegei( )Sü'egei와 상응할지도 모른다. 그러나 이러한 추측에는 이미 (Sügegei) Je'ün이 擧名된 점을 설명해야 하는 어려움이 있다.

89) A : 21r에 보이는 Ţağâî Dâlû와 동일한 인물이며, 앞에서 언급한 두 명의 사신 가운데 Dağai/Tağai로 추측되고, 『親征錄』에는 塔海로 나와 있다. 그러나 露譯本에서는 Taqâî와 Tâlû를 두 사람으로 이해했다. 『親征錄』에는 '……塔海忽刺海等'이라고 하였는데, 王國維는 1인으로, 那珂通世는 2인으로 추정했다. 忽刺海(Qulaqai)는 다른 자료에서는 확인되지 않는 이름이다.

90) A · B 모두 Qûtûqûb로 표기하였으나 뒤에서 Qûtûqût로 한 綴字에 따랐다. Roshan은 Qûtûqût az Tâtâr를 Qûtûqût와 Ar Tâtâr로 읽었다. 『親征錄』에는 '忽都花(Qutuqa) 部衆'이라고 되어 있을 뿐, 타타르라는 것은 명시되지 않았다.

91) 이 역시 Qûnchîn이 되어야 마땅할 것이다. 앞에서도 지적했듯이 이는 『親征錄』의 嫩眞, 『秘史』의 Unjin과 상통하는 이름이다.

92) 이 두 사람의 이름은 『秘史』 181절에 Bilge Beki와 Tödöyen으로, 『親征錄』(p.120, p.124)에는 別力哥別吉과 脫端으로 나와 있다.

93) 이 두 사람의 이름은 『秘史』에는 나오지 않으나, 『親征錄』(p.121)에는 阿刺不花와 帶亦兒로 나오고 있다.

나이만 종족[94]

몇 개의 지파로 되어 있다[95]

칭기스 칸의 시대 이전에 나이만의 군주는 나르키시 타양(Nârqîsh Tâyâng)[96] 과 아니아트 카안(Anîât Qân)[97]이었다. 그들이 키르키즈 종족을 쳤을 때 아 니아트 카안은 자기 형인 나르키시 타양에게 '아홉에 아홉으로'[98] 〔헌물을 갖고 와〕 조아렸다. 나르키시 카안은 그를 불러들여서 그의 머리를 가슴에 안고 포옹했다. 그리고 서로 헤어지게 되었을 때 "우리에게는 獻物을 줄 사 람이 아무도 없는 것 같다. 〔그렇다고〕 내가 그대를 원치 않겠는가?"라고 말 했다.

아니아트 카안의 자식들은 부이룩과 타양이었다. 타양 칸이 다른 곳에 있 을 때 부이룩이 이동(kûch)을 시작했는데, 타양 칸의 천막들이 있는 곳에 어 찌나 가까이 통과했는지 낙타들 위에 실려 가는 천막의 꼭대기가 타양 칸의

---

94) 『秘史』의 Nayiman, 『元史』 · 『親征錄』을 비롯한 漢文 資料에는 乃蠻 · 乃馬 · 乃馬眞 · 乃蠻台 · 乃滿 · 迺蠻 · 奈 蠻 등 다양한 字面으로 표기되었는데, 이 말은 투르크어로 '여덟'을 의미한다. 때문에 磨延嘍의 Shine Usu 碑文에 보이는 '八姓 오구즈'(Sekiz Oğuz)를 나이만의 前身으로 비정하는 학자들도 있으나, 그 當 否는 확실치 않다. 다만 대부분의 학자들은 나이만이 투르크어를 사용하던 집단이었으며, 유목 위구르 제국이 붕괴된 뒤 초원으로 새로이 이주한 몽골 계통 집단에 의해 밀려나 이르티쉬 유역에서 알타이 방 면에 걸쳐 거주하게 된 것으로 추측하고 있다. 그들은 몽골계 유목 집단에 비해 문화적 수준이 더 높아서 文字를 사용했고, 네스토리우스 파 기독교도도 다수 존재했다. 그러나 근자에 들어서 漢文 資料에 '蒙古 乃蠻氏' 등의 기사에 주목하여 나이만이 투르크계가 아니라 몽골계라는 주장이 제기되기도 했다. Cf. 黃 時鑒,「元代乃蠻是蒙古而非色目人」(『中國蒙古史學會論文選集』, 北京, 1983), pp.1~5.

95) 라시드 앗 딘은 구체적으로 支派들의 이름을 열거하지 않았다. 巴哈提 · 依加漢(「讀〈史集 · 部族志〉"乃蠻"條 札記」, 『元史及北方民族史硏究集刊』, 12 · 13期, 1989, pp.117~118)은 여러 자료들을 검토하여 ① Betekin(別帖乞), ② Dalu(答碌), ③ Aqsa'ut, ④ Qori(和利), ⑤ Qangli(康里), ⑥ Güchü'üd를 摘出해 내 었다.

96) Tâyâng은 한문 자료에서 흔히 '太陽'으로 음역되었지만, 사실 이 말은 중국어의 '太王'에서 연유한 것으 로 보인다. Cf. *Campagnes*, p.364. Nârqîsh라는 말은 다른 사료에서는 보이지 않는다.

97) 이는 라시드 앗 딘이 뒤에서 말하는 이난치 빌게 부구 칸, 즉 타양 칸과 부이룩 칸의 아버지인 이난치 칸 과 동일 인물이다.

98) 원문의 표현은 nuh bâr nûh, 즉 'nine times nine'. 투르크어에도 이에 상응하는 표현으로 toquz toquz 라는 것이 있다. 투르크 · 몽골인들은 9의 배수로 공납이나 헌물을 바치던 관례를 갖고 있었다.

천막에서도 보일 정도였다. 그때 타양 칸이 말하기를 "나도 군주다. 만약 부이룩이 와서 이곳에 머무르려 한다 해도 괜찮고, 만약 그가 오지 않는다 해도 괜찮다"라고 했다. 〔그러나〕 부이룩은 와서 머무르지 않고 가 버렸다. 타양 칸은 "우리는 그들을 손님으로 맞이할 준비를 했는데, 그들이 가 버렸으니 이제 우리끼리 잔치를 즐기자"고 말했다.

그 잔치에서 쿠바드킨 쿠르(Qûbâdkîn Qûr)가 노래하며 말하기를, "아니아트 카안과 나르키시 타양이 합심했을 때 그들은 나이만 울루스에 속한 어떤 남자라도 아미르로 만들고 어떤 부인일지라도 카툰으로 만들었으며 자식들도 많이 낳지 않았는가? 그대들은 그렇게 생각하지 않는가? 그대들 둘은 마치 수사슴의 뿔이나 소의 뿔처럼 한 짝이었는데, 지금 그대들 형제가 한 마음이 되지 못하고 있으니, 마치 바다의 파도처럼 흔들리는 나이만 울루스를 찢고 흩어 놓아 누구에게 넘겨주려는 것인가?"라고 했다.

타양 칸이 이 말을 듣고 얼굴이 빨개지며 말하기를, "부이룩에게 말하시오! 우리가 잘못했으니 적절한 지점이 있으면 우리가 갈 때까지 기다리라고 하시오! 우리를 맞이하든 맞이하지 않든 그것은 그가 알아서 하라고 하시오!"라고 했다. 부이룩이 대답하여 말하기를 "다음과 같은 유명한 속담이 있다. 어떤 사람이 높은 자리에 올라도 지혜를 지니지 못하는 경우가 많고, 성공을 성취하고서도 〔지혜를 갖지 못하는〕 경우가 많다. 이후 우리 몸이 건강하면 서로 만날 것이다"라고 했다. 〔그리고 나서〕 그는 길을 돌려 이동하여 다른 방향으로 가 버렸다. 형제였으면서도 합심하지 못했기 때문에 지고한 신께서 그들의 처지를 변화시켜 버린 것이다.[99]

---

99) 이 문단에서 말하는 내용은 이러하다. 즉, 타양 칸은 자신에게 찾아와 머물면서 인사를 하고 가지 않은 부이룩 칸에 대해서 섭섭해했고, 그러한 속 좁은 태도를 질책받은 뒤 뉘우치고 자기 스스로 부이룩을 찾아가겠다고 했으나, 이번에는 다시 부이룩이 그를 질책하면서 만나 주지도 않고 떠나가 버린 것이다. 형제가 서로 자존심을 내세우며 불화했음을 보여주는 일화이다.

나이만의 목지들에 대한 자세한 설명은 다음과 같다.

夏營地
탈락크(Tâlâq) : 그들의 군주의 목지.
자지예 나우르(Jâjîye Nâûûr) : 그의 오르두가 있는 지점.

冬營地
아디리 아브카(Âdirî Abqa) : 山[100]
바크라스(Baqras) : 여울목[101]
아지릭(Âjîrîq) : 湖水
알라 이테링(Alâ Îterîng) : 江[102]

[26v] 이 종족들은 유목민이었다. 일부는 험한 산지에, 또 일부는 초원에 자리잡았다. 그들이 자리잡은 곳은 아래와 같다. 大알타이(Îke Altâî), 우구데이 카안이 초원 위에 장대한 궁전을 지은 카라코룸, 알루이 시라스(Alûî Sîrâs) 산지와 쿡 에르디쉬[103]—이 경계 안에는 캉글리 종족도 살고 있다—, 에르디쉬 무렌(Erdîsh Mûrân) 즉 '에르디쉬 강', 이 강과 키르키즈 지방 사이에 있는 산지, [거기서부터] 몽골리아 지방과 옹 칸이 머물고 있던 곳까지 연결된 지방—이로 인해 나이만은 옹 칸과 항상 분쟁하고 적대했다—, 그리고 키르키즈 지방에 이르기까지, 또 위구르 지방에 인접한 사막의 경계에까지 이르는 지역.[104]

———
100) 본 역서에서는 네 지명 뒤에 나오는 산, 여울목, 호수, 강을 각 지명들을 설명하는 말로 받아들였다. 그 까닭은 Âdirî Abqa라는 말 다음에 줄을 바꾸어 kûhîst('山이다')라고 했기 때문이다. 그러나 露譯本에서는 이 네 단어를 설명어가 아니라 고유명사의 일부로 간주했다.
101) A·B 원문은 ôlûm. 몽골어에서 'ford, crossing'을 의미하는 olum.
102) 애석하게도 冬營地로 열거된 地名들 가운데 역자가 위치를 확인할 수 있는 곳은 하나도 없다.
103) A·B 모두 Kûl Erdîsh로 표기했지만 Kûk Erdîsh의 誤記이다.

이 나이만 종족들과 그 군주들은 중요하고 강력했으며 많은 수의 훌륭한
군대를 소유했다. 그들의 관습과 행동은 몽골 인들과 비슷했다. 그들의 군주
들은 옛날에 쿠쉴룩 칸(Kûshlûk Khân) 혹은 부이룩 칸(Bûîrûq Khân)이라는
이름을 가졌었다. 쿠쉴룩 칸은 강력하고 위대한 군주를 뜻한다.[105] 전하는 바
에 의하면 쿠쉴룩이라는 이름을 붙인 또 다른 이유는 다음과 같다. 「25r」 그
종족 출신의 한 군주가 精靈과 人間을 지배했는데, 그의 힘이 어찌나 센지
정령의 젖을 짜서 그것으로 요구르트(mâst)[106]와 乳漿(dûğ)[107]과 쿠미즈
(qumîz)를 만들어 마실 정도였다고 한다. 그 뒤 아미르들이 "[그것은] 죄악
이다"라고 하며 그를 떠나 버렸다. 이것은 전설과 같은 이야기이다. 또한 '부
이룩'이라는 말은 명령을 내리는 사람이라는 뜻을 지녔다. 물론 어떤 군주라
도 부모가 지어 준 본래의 또 다른 이름을 갖고 있다.

나이만 종족 출신의 타양 칸의 일부 아미르들이 칭기스 칸으로부터 도망
치던 옹 칸을 네쿤 우순이라는 곳에서 붙잡아 죽여 그의 머리를 타양 칸에게
가지고 갔는데, 그는 기뻐하지 않고 케레이트 지파[에 관한 부분]에서 설명
한 것처럼 그것에 은박을 입혀 한동안 자기 보좌 위에 놓아 두었다. 그들의
이름은 코루 수바우추[108]와 테틱샬[109]이었다.

타양 칸과 칭기스 칸 사이에 벌어진 싸움의 정황은 다음과 같다. 타양 칸
이 옹구트의 군주인 알라쿠쉬 티긴(Alâqûsh Tîgîn)[110]에게 사신을 보내 그와
연합하여 칭기스 칸과 전쟁을 하자고 했다. 알라쿠쉬 티긴은 사신을 통해—

---

104) 여기서 말하는 산지는 동으로는 항가이 산맥에서부터 서로는 알타이에 이르는 지역을 가리키는 것으로
    추측된다. 이 산지는 라시드 앗 딘의 설명대로 북으로는 키르키즈인들의 거주지에, 남으로는 위구르 지
    방에, 동으로는 케레이트의 근거지인 몽골리아 본지에 연접해 있다.

105) A : 17v의 註釋을 참조하시오.

106) Steingass, *Persian-English Dictionary*(1892 : London : Routledge, 1988), "sour, coagulated milk".

107) Steingass, "churned sour milk, whey, butter-milk".

108) A·B : Qôrû Sûbâchû. 앞에서는 Qôrû Sûbâûchû라고 표기되었다.

109) A : Tîngshâl : B : Nîngshâl. 앞에서는 Tetîkshâl이라고 표기되었다.

110) 그에 대해서는 뒤에 나오는 「옹구트 傳」의 내용과 주석을 참조하시오.

그의 이름은 …[111]—칭기스 칸에게 전갈을 보냈다. 그[=칭기스 칸]가 타양 칸에 대해 전쟁을 결심하자, 타양 칸은 많은 군대를 소집했다. 그[=타양 칸] 와 연합한 다른 종족 출신의 여러 아미르들은 아래와 같다.

톡타(Tôqtâ')[112] : 메르키트의 군주.

알린 타이시(Alîn Tâîshî)[113] : 케레이트의 대아미르.

쿠투카 베키(Qûtûqa Bîkî) : 오이라트의 군주.

자무카 세첸 : 자지라트(Jâjîrât) 종족 출신.

타타르 종족.

카타킨 종족.

두르벤 종족.

살지우트 종족.[114]

자무카 세첸은 전투가 벌어지기도 전에 떨어져 나갔다. 카사르(Qasâr)는 칭기스 칸 군대의 중군(qôl)을 통솔했다.[115] [몽골 군은] 전쟁을 하여 나이만

---

111) A·B 모두 원문에는 빠져 있으나 『秘史』 190절에 의하면 이 사신의 이름은 Torbi Tash이다.

112) 「메르키트 傳」의 톡타 베키와 동일 인물.

113) 『秘史』 152절의 Arin Tayisi. 그러나 Altan Tobchi에는 Alin Tayisi로 표기되어 있다(L. Ligeti, Histoire secrète des Mongols, Budapest : Akadémiai Kiado, p.113). 『元史』 권1 「太祖本紀」(p.12)의 '克烈部長 阿隣太石'. 『親征錄』에는 太石이라고만 되어 있으나, Pelliot은 그 앞에 阿隣이라는 글자가 빠진 것으로 보았다(Campagnes, pp.417, 421~422).

114) 露譯本의 명단 배열은 잘못되어 있다. 『元史』 권1 「太祖本紀」(p.12)에 의하면, 타양 칸이 칭기스 칸을 치기 위해 알타이(按臺)에서 와서 항가이(杭海) 산지에 둔영을 쳤을 때 그와 연합했던 세력으로 '蔑里乞部 將脫脫, 克烈部將阿隣太石, 猥剌部將忽都花別吉'과 '禿魯班, 塔塔兒, 哈荅斤, 散只兀諸部'가 열거되었다. 즉, 자무카를 제외하고는 『集史』에서 열거된 명단의 순서와 정확히 일치하며, 자무카가 빠진 이유는 그가 전투 직전에 이탈했기 때문일 것이다. 또한 『親征錄』(pp.140~141)에도 '蔑里乞部將脫脫, 克烈部將 札阿紺孛·阿隣太石, 斡亦剌部將忽都別吉及札木合'과 '禿魯班, 塔塔兒, 哈荅斤, 散只兀諸部'라고 되어 있어, 『元史』에 비해 케레이트의 자아 감보와 자지라트의 자무카가 추가되어 있다.

115) yâsâmîshî kard. 『元史』(p.12)와 『親征錄』(p.142) : '弟哈撒兒主中軍'.

을 패배시키고 타양 칸을 죽였다. 나이만의 군대가 나쿠 쿤(Nâqû Qûn)[116] 산지에서 [아래로] 굴러떨어진 것이 그 전투에서였다.[117] 칭기스 칸은 타양 칸이 아끼던 구르베수(Gûrbâsû)[118]라는 이름의 카툰을 그녀의 남편이 살해된 뒤 데리고 와서 취했다.

칭기스 칸이 나이만 군대를 패배시키고 타양 칸을 죽였을 때, 즉 호랑이의 해[=1206년]에 오난 강의 河源에 아홉 개의 다리를 지닌 흰 깃발[119]을 세웠다. 거대한 집회와 대연회가 열렸고 '칭기스 칸'이라는 이름이 그에게 부여되었다. 그 뒤 타양 칸의 형제인 부이룩 칸을 잡을 목적으로 출정하였는데, 매 사냥[120]으로 정신이 없던 그를 사냥터에서 급습하여 죽여 버렸다.[121] 그의 휘하에 있던 쿠쉴룩과 그의 형제, 둘 다 도주하여 에르디쉬 강으로 갔다. 쿠쉴룩은 마지막 전투에서 그와 함께 있던 톡타 베키[122]가 죽자 도망을 쳐서 카

---

116) 『秘史』 195절은 양측이 Naqu 절벽(qun)이라는 곳에서 전투를 벌였으며, 타양 칸이 Tamir 강을 따라 東進하다가 오르콘 강을 건너서 도달한 곳이라고 했다. 『親征錄』(pp.140~143)에 의하면, 타양 칸이 알타이(按臺)에서 항가이(沆海)의 카지르 우순(哈只兒兀孫) 강에 設營하였는데, 칭기스 칸이 적을 유인하여 오르콘(斡兒寒) 강에 이르게 했다고 한다(Cf. 『元史』 권1 「太祖本紀」, p.12).

117) 『秘史』 196절에는 나이만 군대가 나쿠 절벽 위에서 아래로 굴러 떨어져 죽는 장면이 묘사되어 있다.

118) 『親征錄』(p.142)에는 菊兒八速이라고 이름이 명시되었으나, 『元史』(p.12)에는 '后妃'라고만 되어 있다. 『秘史』 189절에는 타양 칸의 어머니(eke)로 되어 있으나, Pelliot는 그녀가 親母가 아니었을 것으로 추정했다. 村上은 Gürbesü나 西夏의 王母인 Körbeljin이라는 이름이 모두 '도마뱀'을 의미하는 gürbel에서 나온 것으로 보아, 다분히 呪術的인 色彩가 보인다고 지적했다(『秘史』, II, pp.239~240).

119) 원문은 tûqî-yi sepîd-i nuh-pâye. 한자로는 九游白旗(『元史』 「太祖本紀」, p.13 ; 『親征錄』, p.147). 하나의 主纛과 여덟 개의 陪纛으로 구성되어 있다.

120) qûshlâmîshî.

121) 『元史』·『親征錄』 등에서는 兀魯塔山 莎合水'에서 부이룩 칸을 잡았다고 했다. 그러나 『秘史』 144절·158절에 의하면 '알타이의 앞쪽'(Altai-yin ebür) Uluǧ Taǧ(兀魯塔山) 근처에 있는 Soqoǧ Usun(莎合水)에 있던 부이룩을 추격하여, 알타이를 넘어 Qum Singgir의 Urunggu 강을 따라가다가, Kishil Bashi라는 호수에서 그를 붙잡아 죽였다고 한다. 현재 몽골 공화국 Bayan-Ölgii 省의 西北端에 위치한 Sogoog 강이 Soqoǧ Usun임이 분명하다. 또한 d'Anville의 지도에 우룽구 강이 注入되는 호수의 이름이 Kisalbas라고 되어 있는데, 이것이 Kishil Bashi에 해당될 것이니, 현재의 Urunggu 湖가 그것인 셈이다. 『元史』(p.6)와 『親征錄』(p.58)의 黑辛八石도 이 Kishil Bashi일 것이다. Cf. Campagnes, pp.311~317.

122) A·B : Tôqtâî Bîkî.

라 키타이의 구르 칸에게로 갔다.

부이룩 칸의 아미르들의 이름은 아래와 같다.

예티 투클룩(Îtî Tûqlûq) : [123] 전투가 벌어진 첫날에 선두에서 갔다가 말의 허리띠가 풀어져 칭기스 칸의 군대에게 붙잡혔다.

쿡세우 사브락(Kûksâî Sabrâq) : [124] 이 이름은 '가슴의 통증'이라는 뜻을 지녔다. 그는 묵직한 목소리를 지녔고, 옹 칸의 형제들의 집을 겁략한 사람도 바로 그였다.[125]

톨루이 칸에게 부인이 하나 있었는데 이름은 링쿰 카툰(Lînqûm Khâtûn)이었다. 쿠쉴룩 칸의 딸인데 그를 약탈할 때 포로가 되었다. 그녀에게는 쿠툭투(Qûtûqtû)라는 이름의 아들이 하나 있었는데 젊어서 죽었다. (톨루이 칸은) 첩을 하나 두었는데, 이름은 벡사룩(Bek sâruq)[126]이고 나이만 종족 출신이었으며 무게(Möge)의 어머니였다. 이 벡사룩은 쿠빌라이 카안에게 자기

---

123) 『秘史』 158절에 나오는 부이룩 칸의 前哨(qara'ul)였다가 (말의) 허리띠(olang)가 풀어져 잡힌 Yedi Tubluğ과 동일 인물이다. Pelliot는 라시드 앗 딘의 제보자가 '九蠹을 지닌 사람'이라는 뜻으로 잘 통하는 Yîtî Tûqlûq으로 잘못 전해 주었을 수도 있다고 보았다(*Campagnes*, pp.317~318). 『親征錄』(p.58)과 『元史』(p.6)에 의하면, 그가 체포된 것은 부이룩 칸이 패망하기 전, 즉 칭기스 칸이 옹 칸과 연합하여 처음으로 부이룩 칸과 黑辛八石(Kishil Basi)에서 전투할 때였다. 당시 敵의 前鋒 100騎를 이끌던 也的脫孛魯는 馬鞍이 떨어지는 바람에 붙잡혔다고 한다. 그러나 『秘史』 158절에는 Yedi Tubluğ이 칭기스 칸과 부이룩 칸 사이의 최후의 전투에서 생포된 것으로 기록되었다. 아마 『秘史』의 이 기사는 그의 생포와 부이룩 칸의 패망이 모두 Kisil Bashi라는 동일 지점에서 발생했기 때문에 생긴 혼란이 아닌가 추측된다.

124) A · B : Kûktâlî Sabrâq. 그러나 그가 『秘史』의 Köse'ü Sabraq, 『親征錄』 · 『元史』의 曲薛吾撒八剌에 해당하는 인물이므로 Kûksâû Sâbrâq의 誤記로 보아야 할 것이다. A : 25r과 B : 23r에는 Kûkseû Sâbrâq으로 바르게 표기되었다.

125) Kûksâû는 몽골어 köksegü를 나타낸 것으로, '쉰 목소리로 말하다'를 의미하는 kökse-에서 파생된 말이며, 그가 '무거운 목소리'(âvâz-i girân)를 가졌다는 것도 쉰 목소리로 말했기 때문일 것이다. köksegü는 '결핵'을 의미하기도 한다. Cf. Pelliot, *Campagnes*, p.318.

126) 라시드 앗 딘은 「쿠빌라이 칸 紀」의 冒頭(A本, 197v ; Boyle, *Successors*, p.241)에서 톨루이의 첩이며 쿠빌라이의 乳母였던 나이만 출신 여자의 이름을 Sârûq이라고 적고 있으며, Beksâruq과 동일 인물인 것으로 보인다. 「톨루이 칸 紀」에는 Möge의 모친 이름이 빠져 있으나 Beksâruq/Sârûq으로 보충되어야 할 것이다. 따라서 톨루이의 太子인 Jôrîke의 모친을 'Saruq Khatun'으로 한 것(Boyle의 *Successors*, p.160)은 타당치 못하며, A본(177r)에는 Jôrîke의 모친 이름이 缺落되어 있다.

젖을 주고, 자기 아들 [27r] 무게는 다른 사람에게 맡겼다. 그런 이유로 그녀는 중요한 인물이 되었다. 그 이야기는 톨루이 칸의 지파[에 대한 부분]에서 나올 것이다.

칭기스 칸과 적대하기 전에 나이만의 군주였던 사람이 하나 있는데, 그는 이난치 빌게 부구 칸(Înânch Bilge Bûgû Khân)[127]이라고 불렸다. '이난치'는 '믿는다'는 뜻이고[128] '빌게'는 일종의 고위의 존칭이다.[129] 옛날에 부구 칸이라는 강력한 군주가 있었는데, 위구르인과 많은 종족들이 그를 절대적으로 신임했다. [사람들은] 그가 나무에서 태어났다고 한다.[130] 아무튼 이 이난치 [25v] 빌게 부구 칸은 중요한 군주였고 [여러] 자식들을 두었다. 가장 큰 아들은 원래 이름이 타이 부카(Tâî Bûqâ)였는데, 키타이의 군주들이 그를 '타이 왕'(Tâî Wâng)이라는 칭호로 불렀고, 이는 키타이 말로 '칸의 아들' [이라는 뜻]이다.[131] 이 칭호는 키타이 사람들에게는 中級의 칭호이다. 키타이의 군주들은 수없이 많은 칭호들을 사람들에게 주곤 했고[132] 지금도 여전히 동일한 관행을 갖고 있다. 그들의 칭호는 대단히 많고, 각각의 종족과 지방에 적절하게 주어진 등급은 매우 정밀하다. 칭호는 각기 그 내용에 따라

---

127) 『元史』나 『親征錄』에는 단순히 亦難赤이라고만 되어 있다.

128) inan-은 투르크어에서 '믿는다'를 뜻하고, inanch는 '믿음, 믿을 만한'을 뜻한다. Cf. Clauson, *Etymological Dictionary*, p.187.

129) 露譯本에서는 이 부분을 "bilge는 '위대한'[을 뜻하는] 칭호"라고 번역하였는데, bilge의 뜻은 '위대한'이 아니라 '현명한'이기 때문에, 原文은 차라리 "bilge는 하나의 존칭(laqabî-yi mu'azzam)"으로 새기는 것이 나을 듯하다.

130) Bögü Khan에 대해서는 오구즈에 관한 부분의 역주를 참조하시오.

131) A · B 모두 '바이 부카'(Bâî Bûqâ) · '아이 왕'(Âî Wâng)이라고 되어 있으나, 이는 필사자의 오류로 추정된다. 사람들이 중국식 칭호를 잘 이해하지 못해 '타양 칸'이라고 불렀다는 아래의 기사로 미루어 볼 때, 그의 원래 이름은 '타이 부카'였고 중국인들이 이 이름에 근거하여 그에게 '타이 왕'이라는 칭호를 준 것이 아닐까 추측된다. '타이 왕'(太王?)이 '칸의 아들'을 뜻한다는 라시드의 설명도 정확하다고는 할 수 없으나 전혀 엉뚱한 해석은 아닌 셈이다.

132) 원문은 '주지 않았다'(nadâdandî)이나 문맥이 통하지 않는다. '주었다'(dâdandî)의 誤寫로 보아야 할 것이다.

자신의 등급과 한계를 알 수 있도록 사람들에게 부여되며, 만약 백 사람이 참석하는 집회가 열린다면 그들에게 주어진 칭호에 의해 각자가 어떠한 지위인지 그리고 어디에 앉아야 하는지를 알 수 있을 정도이다. 그러나 키타이 인의 명칭을 누구나 이해할 수는 없었기 때문에 그를 '타양 칸'이라고 불렀던 것이다.

〔이난치 빌게 부구 칸은〕 또 다른 아들을 두었는데 그는 부이룩 칸이라고 불렸다. 이들 두 형제는 아버지가 죽은 뒤 그가 총애하던 첩을 서로 차지하려고 분쟁하고 다투다가 적이 되어 갈라져 버렸다. 일부 아미르와 군대는 이 형제와, 〔또 다른〕 일부는 저 형제와 연합했다. 그러나 원래의 도읍지는 큰 아들인 타양 칸이 차지했고 그의 거처는 초원과 가까웠다. 그에 비해 부이룩 칸은 설명한 대로 산지에 있었으며,[133] 서로 관계가 몹시 나빴다. 이들의 아버지는 생전에 그들의 성격과 기질을 보아 서로 적대하고 반목하리라는 것을 알아채고, "부이룩은 타양이 단 며칠이라도 나의 자리를 차지하는 것을 결코 받아들이지 않으리라는 것을 나는 알고 있다. 부이룩은 늑대가 자기 뒷다리를 반이나 뜯어먹을 때까지 꿈쩍하지 않고 있는 낙타와 같다"고 말했는데, 결국 그대로 되어 버렸다.

타양과 부이룩은 여러 차례 서로 싸웠고, 칭기스 칸이 옹 칸과 전쟁할 때도 각자 독립적으로 노력했을 뿐 서로에게 도움을 주지는 않았는데, 이는 〔칭기스 칸〕 紀에 나오는 대로이다. 칭기스 칸과 옹 칸 사이에 불화가 계속되는 동안은 아무리 나이만 종족들과 전쟁을 해도 그들을 복속시킬 수 없었다. 그러나 칭기스 칸은 옹 칸의 문제를 처리한 뒤, 전술한 것처럼 타양과 부이룩과 나이만 종족과 전쟁을 하여 그들을 패배시키고 죽임으로써 그들 문제에 대해 마음을 놓게 되었다.

---

133) 타양 칸의 근거지는 이르티쉬 강 유역의 초원이었던 반면, 부이룩 칸의 근거지는 알타이와 가까운 산간 지역이었기 때문이다. 『元史』(p.13)에 의하면 부이룩이 兄으로 되어 있다.

나이만과 가까웠고 그 목지가 [나이만과] 서로 인접해 있는 종족들 가운데 티긴(Tigîn) 종족이 있었다. 그들의 군주 이름은 카디르 부이룩 칸(Qâdir Bûîrûq Khân)이었다.[134] '카디르'는 곧 '위대하고 강력하다'는 뜻이다. 그러나 몽골인들은 이 말을 몰라 카지르 칸(Qâjir Khân)이라고 부른다. 몽골의 약초 가운데 오늘날 '카지르'라고 부르는 것들이 있는데, 옛날에는 그 이름이 '카디르'였으니 즉 '강력한 藥'[이라는 뜻]이다. 이 카디르 부이룩 칸과 그의 조상들의 국가는 옹 칸과 타양 칸 및 케레이트와 나이만의 다른 군주들의 국가에 비해 더 우세했고, 그들보다 더 크고 더 중요했다. 그러나 얼마간 시간이 지난 뒤 상술한 군주들이 그들보다 더 강력해지게 되었다. 칭기스 칸은 이 티긴 종족을 옹구트 종족에 결합시켰고, [티긴 종족은] 그들과 함께 헌신했다.[135] 그는 티긴 종족의 딸들 가운데 일부를 자기 일족을 위하여 취하고 옹구트의 아미르들에게도 주었다. 그들과 나이만의 딸들은 미모로 유명하다. 칭기스 칸의 시대에 카디르 칸의 아들들은 ……[136] 이 나라에 있는 티긴 종족 출신은 한두 사람을 넘지 않는다.

옹구트 종족[137]

칭기스 칸의 시대와 그 이전에 이 옹구트 종족은 키타이의 군주 알탄 칸의

---

134) 巴哈提·依加漢(「札記」, p.119)은 『元史』 권121 「囊加歹傳」에서 나이만 人 낭기야다이의 조부 合折兒(Qajir)를 카디르 부이룩 칸에 比定하고 있다.

135) 露譯本에서는 이것을 '이동하다'라는 뜻으로 옮겼으나, kûch dâdan이라는 원문의 표현은 '힘·노력·봉사를 바치다'라는 뜻으로 받아들여야 할 것이다.

136) 原缺.

137) 『秘史』의 Onggud, 『元史』의 雍古·汪古·旺古·瓮古, 『親征錄』의 王孤, 『輟耕錄』의 雍古歹. 王國維는 이것이 遼代의 한 부족인 烏古(혹은 隈古)와 같은 것이라고 추정했다. Cf. 「金界壕考」(『観堂集林』, 臺北, 1975), p.729. 이들은 투르크어를 사용했으며, 유목 위구르 제국이 붕괴한 뒤 長城 부근으로 南走한 집단의 후예인 것으로 보인다. 따라서 이들의 문화 수준이나 외모도 고비 이북의 몽골인들과는 달랐고, 『蒙韃備錄』에도 보이듯이 당시 漢人들은 양자의 이러한 차이에 주목하여 白韃靼과 黑韃靼으로 분별하여

속민과 군대의 일부를 이루었다. 몽골과는 비슷하지만 독립적인 한 종족이었고 四千戶가 있었다. '알탄 칸'이라는 칭호로 불리는 키타이의 군주들은 「26r」 몽골과 케레이트와 나이만 종족들 및 유목민으로부터 자기 나라를 방어하기 위해 그 주변에 防壁(saddî)[138]을 쌓았는데, 그것을 몽골어로는 '웅구'(ôngû)[139]라고 부르고 투르크어로는 '요쿠르카'(yôqûrqa)[140]라고 한다. 이것은 주르체 해안[141]에서부터 카라 무렌(Qarâ Mûrân)[142]—키타이와 친-마친 사이를 흐르고 있고, 그 원류는 탕구트 지방과 티벳에 있으며, 어느 지점에서도 건널 수 없다—에까지 뻗쳐 있다. 그 방벽의 요충(darband)을 웅구트 종족에게 맡기고,[143] 그들에게 그것을 방어하도록 서약케 했다.

칭기스 칸의 시대에 웅구트의 수령이자 아미르는 알라쿠쉬 티긴 쿠리(Alâqûsh Tigîn Qûrî)[144]라는 사람이었다.〔27v〕 '알라쿠쉬'는 이름이고 '티긴

불렀다. 또한 전술했듯이 이들 상당수는 네스토리우스 파 기독교를 받아들여, 그들의 王城址가 있는 내몽골의 Olon Süme에서는 이를 입증하는 유물들이 다수 발견되었다.

138) 페르시아어의 sadd는 무엇인가를 막기 위해 만들어진 구조물을 가리키는 말이다. 따라서 성벽, 성채, 방벽 등이 모두 이에 포함된다. 웅구트인들이 수비를 담당했다는 이 '防壁'은 사실 金代의 界壕(혹은 邊堡)를 가리킨다. 界壕는 유목 기마 군대가 말을 타고 넘어오지 못하도록 땅에 파 놓은 塹壕인데, 동으로는 興安嶺에서 서로는 西夏 변경에 이르기까지 설치되었다. 이에 대해서는 王國維의 「金界壕考」, pp.712~736과 外山軍治의 『金朝史研究』(京都, 1979), pp.472~505 ; 賈敬顔, 「從金朝的北征・界壕・榷場和宴賜看蒙古的興起」(『元史及北方民族史研究集刊』, 9期, 1985), pp.12~23 등을 참조하시오.

139) A・B 모두 ôtkû. 그러나 A본 8v의 註釋 참조.

140) A・B의 원문은 bôrqûrqa. 그러나 투르크어에서 '성벽'을 의미하는 이러한 말을 찾을 수 없다. 다만 '성벽'을 의미하는 yoqurqa/yo'urqa라는 몽골어가 『秘史』에도 사용되고 있어, bôrqûrqa는 yôqûrqâ의 誤記일 가능성이 있다. Doerfer도 이 점을 지적했고(Elemente, vol. 1, p.557) Roshan도 그렇게 읽었다.

141) 원문은 sâhil-i daryâ-i Jûrche. 露譯本에서는 이것을 '滿洲海'・'渤海灣'으로 보았다.

142) 즉, 黃河.

143) 『元史』 권118 「阿剌兀思剔吉忽里傳」(p.2923)에는 '金源氏塹山爲界 以限南北 阿剌兀思剔吉忽里以一軍守其衝要'라고 했다. 여기서 金源氏는 金朝를 가리키는 것으로 女眞의 完顔部가 Archuka('金') 河에서 흥기했기 때문에 붙여진 이름이다. 위의 기사도 웅구트 部가 長城의 '衝要'에서 수비를 담당했음을 보여준다. 露譯本에서는 darband를 번역하지 않고 누락시켰다.

144) A・B 모두 Alâqûsh가 아니라 Ûlâqûsh라고 표기했지만, 라시드 앗 딘 자신도 뒤에서 곧 Alâqûsh로 바로잡고 있다. 그의 이름이 『秘史』에는 Alaqush Digit Quri로, 『元史』에는 阿剌兀思剔吉忽里(Ala'ush Tigit Quri)로, 『親征錄』(p.136)에는 阿剌忽思的乞火力으로 되어 있다.

쿠리'는 칭호이다.[145] 그는 내심 칭기스 칸 쪽으로 기울어 그를 지지했었다. 나이만의 타양 칸이 칭기스 칸에게 적대와 반감을 품고 있을 때 알라쿠쉬 티긴에게 [사신을] 보내[146] 그와 한편이 되어 칭기스 칸과 싸우자고 했고, 알라쿠쉬는 이러한 사정을 칭기스 칸에게 알려주었는데, 이는 나이만 지파[에 관한 부분]에서 간단히 서술한 바이고, 자세한 설명은 [뒤에] 紀傳에서 나올 것이다.

그 뒤 칭기스 칸이 키타이 왕국을 공격하려고 했을 때, 알라쿠쉬 티긴은 알탄 칸에 대하여 통한을 품고 있었기 때문에 關塞를 칭기스 칸에게 넘겨주었다. 그런 연유로 [칭기스 칸은] 그에게 많은 은사를 베풀어 딸을 그에게 주도록 지시했으나, 알라쿠쉬는 "나는 노인입니다. 내게 비누이(Bînûî)라는 이름의 형제가 하나 있었는데 그는 군주였습니다. 그가 죽었을 때 키타이의 알탄 칸이 셴구이(Shengûî)[147]라는 이름의 그의 아들을 인질로 삼아 키타이로 데리고 갔습니다. 이 딸을 그에게 주어 그가 [이곳으로] 오도록 하면 어떨는지요?"라고 말했다. 칭기스 칸은 그렇게 하라고 했고, 알라쿠쉬 티긴은 은밀히 조카에게 사람을 보내 그를 오도록 했다. 그가 와서 [웅구트가 있는] 곳에 가까운 켄둑(Kendûk)이라는 마을에 이르렀을 때, 그의 아버지와 숙부의 아미르들이 그에게 사람을 보내 "네가 오는 것은 좋은 방책이 아니다. 너의 숙부인 알라쿠쉬가 너를 죽이려 하기 때문이다. 우리가 그를 없앨 때까지 머물러 있어라!"라고 말했다. 셴구이는 [그곳에] 머물렀고 그 아미르들은 알라쿠

---

145) Tigîn/Digit/Tigit는 투르크어의 Tigin('王子') 혹은 그 복수형 Tigid를 가리킴이 분명하다. Pelliot가 지적했듯이(*Campagnes*, pp.203~206) Qûrî는 '忽魯猶總帥'라는 『金史』 권55 「百官志」(p.1215)의 기록에 보이는 忽魯(quru)와 상통하는 것으로 보인다. 따라서 Tigîn Qûrî는 '왕자(들)의 우두머리'를 뜻하는 셈이다. 칭기스 칸이 金朝로부터 사여받은 Ja'ut Qurî라는 칭호도 ja'ud('百'을 의미하는 ja'un의 복수)들의 지휘관, 즉 '百戶長'을 의미한다고 볼 수 있다.

146) 이때 파견된 사신의 이름은 『親征錄』(p.136)에는 月忽難, 『高唐忠獻王碑』에는 卓忽難으로 나와 있는데, 이는 Yohunan/Johunan(요한)이라는 기독교식 이름이다.

147) 『元史』 권118(p.2924)에 의하면, 알라쿠쉬에게는 鎭國이라는 조카가 있었는데, 그가 바로 Shengûî임이 분명하다.

쉬 티긴을 죽였다. 그러자 셴구이가 와서 칭기스 칸의 휘하에 들어왔고,[148] 그는 자기 딸 알라카이 베키(Alâqâî Bîkî)—우구데이 카안보다는 어리고 예케 노얀보다는 나이가 많았다—를 그에게 주었다. 그 뒤 그녀는 '알라카이 베키'라고 불리게 되었다.[149]

그 뒤 칭기스 칸이 말하기를 "나의 사돈인 알라쿠쉬를 누가 죽였는가? 복수할 테니 그를 죽인 사람을 데리고 오라!"고 했다. 셴구이가 조아리면서 "옹구트 전체가 상의하여 그를 죽였습니다. 모두 죽인다 한들 이제 그에게 무슨 소용이 있겠습니까?"라고 탄원했다. 칭기스 칸은 "그렇다면 그를 습격하여 죽인 사람을 데리고 오라!"고 명령했다. 그가 불려나오자 그를 일족과 함께 죽이라고 했다. 알라카이 베키는 셴구이에게서 아들을 하나 낳았는데 그의 이름은 웅구다이(Öngûdâî)였다.[150] 웅구다이에게 톨루이 칸의 딸을 주었는데 [그녀는] 뭉케 카안보다는 어리고 훌레구 칸보다는 나이가 많았다. 그러나 그녀에게는 자식이 없었다. 그때부터 칭기스 칸 일족이 딸을 옹구트 종족에게 주고 혼인하는 관습이 자리잡았고, 아르군 칸의 어머니 카이미시 카툰(Qâîmish Khâtûn)이 옹구트 종족 출신인 것도 이런 까닭이 있었기 때문이다.

---

148) 그러나 『元史』 권118 「阿剌兀思剔吉忽里傳」과 『國朝文類』 권23 「駙馬高唐忠獻王碑」의 기록은 『集史』와 다른 내용을 전하고 있다. 이에 의하면 알라쿠쉬가 칭기스 칸의 金國 攻略을 도운 뒤, 部族民들이 반란을 일으켜 그와 장자 不顔昔班(Buyan Shiban)을 죽였고, 알라쿠쉬의 처 阿里黑(Ariğ)이 幼子 孛要合과 姪 鎮國을 데리고 雲中으로 도망쳤다. 칭기스 칸이 雲中을 점령한 뒤 그들을 購得했고, 알라쿠쉬의 아들 孛要合이 어리기 때문에 姪 鎮國에게 北平王의 칭호를 하사했다. 鎮國이 죽은 뒤 王爵은 그의 아들 聶古台(Negüdei)에게 주어졌고, 그가 죽은 뒤 비로소 孛要合에게 넘어갔다. 켄둑이라는 지명은 다른 자료에서 확인되지 않는데, 혹시 마르코 폴로도 언급한 텐둑(Tenduc, 天德)의 오사일 가능성도 배제할 수 없다.

149) 이 문장이 뜻하는 바는 셴구이와 혼인한 칭기스 칸의 딸이 혼인 뒤에야 비로소 '알라카이 베키'라는 이름으로 불리게 되었다는 것 같다. '알라카이'라는 이름은 '알라쿠시'와 관련된 것일지도 모른다. 그런데 『元史』 권118에 의하면 阿剌海別吉公主(趙國大長公主)는 셴구이와 혼인한 사실이 없고, 알라쿠쉬의 아들인 孛要合의 부인이었다. 권109 「諸公主表」(pp.2757~2758)에도 마찬가지이다.

150) 이 역시 『元史』의 기록과 다르다. 『元史』 권118은 孛要合과 혼인한 阿剌海別吉에게는 자식이 없었고 孛要合의 妾에게서 君不花(Gün Buqa), 愛不花(Ay Buqa), 拙里不花(Joriğ Buqa) 등 세 아들이 출생했다고 했다. 또한 露譯本에서 그의 이름을 Ankûdâî로 옮긴 것은 잘못이며, Öngûdâî는 Öngüdai를 표기한 것이라고 보아야 할 것이다.

칭기스 칸의 시대에 이 종족 출신으로 유명한 아미르들과 대인들 무리 가운데 아이 부카(Âî Bûqâ)[151]라는 이름의 천호장이 있었다. 이 나라로 온 사람들 가운데는 친 티무르(Chîn Timûr)[152]가 있는데, 그는 전에 비살 노얀(Bîsâl Nôyân)[153]과 함께 왔다. 친 티무르의 아들로는 [호레즘의 장관(ḥâkim)인 쿠츠 티무르(Kûch Timûr)와 에트구 티무르(Etgû Tîmûr)가 있고, 그(=웅구 티무르)의 아들로는 유숩(Yûsuf)과 쿠르트카(Qûrtqâ)가 있다. 쿠츠 티무르의 자식들][154]은 호레즘에 많고 딸을 군주들에게 주었다. 마쿠르(Mâqûr)라는 이름을 가진 유숩(Yûsuf)의 아들은 톡타(Tôqtâ')[155]의 휘하에 있고, 쿠르트카(Qûrtqâ)[156]의 아들은 이곳에 있다.

친 티무르와 그의 자식들에 관한 이야기는 다음과 같다. 훌레구 칸이 이란에 오기 전에 우구데이 카안은 [이란의] 통치를 위하여 케레이트의 지파인 투마우트[157]의 뼈 출신의 한 아미르를 군사령관으로 보냈는데, 그의 이름은 비살(Bîsal) 노얀이며, 현재 그의 후손 가운데 투글룩 쿠슈치(Tûqlûq Qûshchî)와 그의 형제들 및 친족이 남아 있다. 전술한 친 티무르는 그의 누케르로서 그와 함께 왔고, 나이만 종족 출신의 쿨 볼라드(Kül Bolâd)—이수데

---

151) 앞의 주에서도 언급했듯이 이는 『元史』 권118에 나오는 알라쿠쉬의 아들 孛要合의 아들 愛不花를 가리킨다. 『集史』의 천호장 명단(A : 129v)에는 右翼 가운데 웅구트 4천호가 Âî Bûqâ의 휘하에 있었고, 그는 Alâqûsh와 Shengûî의 뒤를 이어 천호장이 되었다고 기록되어 있다.

152) A·B의 Chî Tîmûr는 誤記. 주베이니는 친 티무르가 카라 키타이 출신이라고 했다. Cf. *The World-Conqueror*, p.88, n. 7 : p.482.

153) A·B 모두 여기서는 Bîsâl Nôyân으로 표기하고 있으나, 그의 이름을 주베이니는 Nôsâl로(Boyle tr., *The World-Conqueror*, p.488), 주즈자니는 Tôsâl로(H. G. Raverty tr., *Tabakat-i-Nasiri*, London : Gilbert & Rivington, 1881, p.1121) 표기했다. 그의 이름에 관한 논의는 Pelliot, *Horde d'Or*, pp.54~55를 참고하시오.

154) 몇몇 사본에는 이 부분이 첨가되어 있다. [ ]부분 뒤의 서술로 보거나 또는 웅구 티무르를 친 티무르의 아들로 기재한 『五族譜』의 기사로 보아 그 부분을 첨가하는 것이 옳을 듯하다.

155) 주치 울루스의 군주. Tôqtâî라고도 표기됨.

156) 주베이니의 글(p.243)에는 Qûrbuǧâ/Qûrbuqâ로 표기되었다.

157) A·B 모두 Tûmâît로 표기했으나 케레이트 종족에 관한 서술에서 나온 Tûmâût 혹은 Tûmâûût를 가리킴이 분명하다.

르 바우르치(Yîsûder Bâurchî)와 이수르(Yîsûr)의 아버지—는 야르구치로,[158] 위구르인 쿠르구즈(Kôrgûz)는 비틱치로 그와 함께 왔다.[159] 쿠르구즈의 자식들 가운데 쿠틀룩 부카(Qutluğ Bûqâ)[160]와 야일락 부카(Yâîlâğ Bûqâ) 및 다른 형제들이 있었다. 쿠틀룩 부카의 아들들인 위구르타이(Uîğûrtâî)와 가잔 바하두르(Ğâzân Bahâdur)가 현재 생존해 있다.

친 티무르가 죽었을 때 비살 노얀은 「26v」쿠르구즈에게 카안을 가서 뵙고 그 상황을 보고하라고 명령했다. 그러나 쿨 볼라드는 비살 노얀에게 "그를 보내서는 안됩니다. 왜냐하면 그는 위구르인이어서 이 일을 제대로 수행하지 못할 것이며, 자기만을 위해 사무를 처리할 것이기 때문입니다"라고 말했으나, 비살은 듣지 않고 쿠르구즈를 보냈다. 그는 카안을 뵈러 가서 친 티무르가 맡아 보던 이란 땅의 바스칵(bâsqâq)이라는 관직을 자신이 취했다. 그가 돌아오자 친 티무르의 아들인 에트구 티무르(Etgû Timûr)[161]가 그와 다투고는, 카안 폐하에게 가서 자기 아버지의 지위를 취하고, 아미르 아르군을 사신으로 삼아 같이 데리고 왔다. 그가 이곳에 도착하자 쿠르구즈는 "우리는 마치 두 마리의 우두머리 양과 같으니 한 솥에 〔한꺼번에〕 들어가지 않는다"고 말했다. 이러한 언쟁 과정에서 두 사람 모두 카안에게 가서 〔상대방에 대한〕 불평을 털어놓았다. 에트구 티무르를 위해 사신으로 왔던 아미르 아르군

---

158) 露譯本에서는 이 부분을 "이수데르 바우르치와 이수르 야르구치의 아버지인 나이만 부족의 쿨 볼라드"라고 하였는데, 이는 誤譯이다. 中譯本은 이 부분을 옮기면서 또 다른 잘못을 범하여 原義에서 아주 멀어지고 말았다. 라시드 앗 딘의 본 뜻은 우구데이가 비살 노얀을 군사령관으로 임명하여 이란으로 보내면서, 친 티무르를 nöker로, 쿨 볼라드를 yarğuchi로, 쿠르구즈를 bitikchi로 임명하여 수행케 했다는 것이다.

159) 주베이니에 의하면, 우구데이 카안이 Chormağun을 중동으로 보내면서 그 휘하에 여러 아미르들을 배속시켰는데, 이들은 카안을 대표하는 Kül Bolat, 바투를 대표하는 Nosal, 차가타이를 대표하는 Qizil Buqa, 소르칵타니 베키를 대표하는 Yeke 등이었고, 그 전에 호레즘에 주둔하던 Chin Temür도 휘하의 Körgüz를 데리고 초르마군과 합류했다고 한다. Cf. The World-Conqueror, pp.482~483.

160) 텍스트의 點이 불분명하여 그의 이름을 형제인 Yâîlâğ Bûqâ와 대응하여 Qishlağ Bûqâ로 읽을 가능성도 없는 것은 아니나, 「주치 칸 紀」(A본 157v)에는 의심의 여지 없이 Qutluğ으로 표기되어 있다.

161) 주베이니는 이 사람의 이름을 Edgû Timûr라고 표기했다(The World-Conqueror, p.494).

도 역시 권력과 지휘권에 대한 욕망을 품었고, [결국 카안은] 그들 두 사람의 관직을 그(=아르군)에게 주었다.

그 뒤 하루는 쿠르구즈가 다리 위를 지나가는데 차가타이의 카툰에게 속한 家僕들 가운데 한 사람이 그곳에 왔다. 그의 이름은 사르탁 키체우(Sartâq Kichâûû)였는데, 서로 이야기를 주고 받게 되었다. 쿠르구즈가 "너는 누구냐?"고 하자, 그는 "나는 사르탁 키체우다"라고 대답했다. 쿠르구즈는 "나는 쿠르구즈 키체우다"라고 말했다.[162] 서로 천박한 말들이 오고 갔다. [화가 난] 사르탁이 "내가 너를 고발하고야 말리라!"라고 하자, 쿠르구즈는 "네가 누구에게 나를 고발하겠느냐?"고 했다. 차가타이는 그 직전에 사망했었다. 사르탁 키체우가 그 이야기를 차가타이의 카툰에게 전하자, 그녀는 몹시 화가 나서 우구데이 카안에게 사람을 보내 [쿠르구즈를] 탄핵했다. 그를 붙잡아 입에 흙을 채우라는 칙령이 내려졌다. 그러나 그 명령이 내려오기 전에 쿠르구즈는 후라산에 도착했었고, 그를 잡으려는 사신이 온다는 소식을 들은 그는 [28r] 투스에 있는 파괴된 성채 안으로 도망쳤다. 사신은 비살의 아들인 투베데이(Tûbâdâî)[163]로 하여금 쿠르구즈를 체포토록 하라는 칙령을 갖고 왔다. 사흘 동안 [성을] 포위했고 양측이 전투를 벌여, [결국] 그를 붙잡아 사슬에 채워 사신들에게 넘겨주었다. 그를 데리고 와 감옥에 넣고 입에 흙을 채워서 죽였다.[164] 그 뒤 이란의 감관 직책과 통치권은 아미르 아르군에게 정해지게 되었다.

---

162) Sartâq Kichâûû라는 이름에서 Kichâûû는 kichiye-('애쓰다, 헌신하다')라는 동사에 -gü라는 접미사가 붙어서 만들어진 '誠實·獻身'을 의미하는 단어('kichiyegü 〉'kichiye'ü 〉'kiche'ü)로 보인다. 즉, 그의 이름의 뜻은 '성실한 사르탁'이 되는 셈이며, 쿠르구즈가 '나는 쿠르구즈 키체우이다'라고 말한 것은 Sartâq Kichâûû의 이름을 두고 야유한 뜻이 된다.

163) 전술했듯이 비살은 케레이트 部의 투마우트 지파 출신이고, 이 지파는 Tübegen으로도 불렸다. Tûbâdâî(즉 Tübedei)라는 이름은 이 지파의 이름에서 연유한 것이다. 그런데 『征服者史』(Boyle tr., p.503)에서는 쿠르구즈를 체포하러 온 사람이 Qûrbuqâ와 Arğûn이었다고 했다.

164) 쿠르구즈의 죽음에 이르는 과정에 대해서는 The World-Conqueror, pp.502~505를 참조.

탕구트 종족[165]

이 종족은 과거에 도시와 촌락에 살았다. 그러나 그 군대는 매우 많고 대단히 용맹하여 칭기스 칸 및 그의 일족과 여러 번 전쟁을 했다. 그들의 수령과 군주는 룽 샤두르구(Lûng Shâdurğû)[166]라고 불렀다. 탕구트 지방에는 많은 도시·촌락·성채가 있고, 그 주변에는 많은 산지들이 있다. 그 지방 전부가 그 앞에 놓인 거대한 산에 가리워져 있는데 그것을 알라샤이(Alashâî)[167]라고 부른다. 그곳 주변에는 키타이 지방이 있고 낭기야스와 만지[가 있다]. 지빅 티무르(Jibîk Tîmûr)[168]가 그 지방에서 가까운 곳에 주둔하고 있다. 우구데이 카안의 시대에 군대가 그곳에 있었고, 쿠빌라이 카안의 시대에 …[169]를 [그곳에] 파견했다.

---

165) 『秘史』의 Tangğud, 『元史』 등의 唐兀. 당시 몽골인들은 西夏 혹은 그 주민을 이런 이름으로 불렀다. 이 이름은 이미 6세기 후반부터 黨項이라는 이름으로 漢籍에 출현하기 시작하였는데, 靑海省 동남부와 오르도스 지방에 거주하던 羌族 계통의 주민이었다. 이들은 7세기에 들어와 吐蕃의 압박을 받아 黨項拓跋部의 주도하에 唐朝에 歸附했다가, 唐末 五代의 혼란기에 그 後身인 平夏部를 중심으로 세력을 신장했고, 10세기 말과 11세기 초 李繼遷·李德明 父子를 거쳐, 1032년 李元昊가 皇帝를 칭함으로써 西夏의 건국을 보게 되었다. 이들은 陝西·甘肅·靑海 일대를 지배하며 東西 交通의 요충을 장악했다. 西夏의 種族的 歸屬에 대해서는 학계에서도 논란이 있으나, 宋·遼·金 三史에서 西夏의 王室을 모두 '魏拓跋氏後'라고 한 것에서도 알 수 있듯이, 蒙元 時代에는 그들을 拓跋의 후예로 보았던 것이다. Cf. 白濱, 『黨項史研究』(長春, 1989). 라시드 앗 딘이 탕구트를 투르크 종족의 범주 안에 넣어서 취급한 것도 이러한 당시의 인식을 반영한 것으로 보인다.

166) 여기서는 A·B 모두 lûng으로 표기되어 있으나, 라시드 앗 딘은 때로는 lûng으로, 때로는 lûûng으로 표기하고 있다. 그 의미는 不明. 『秘史』 267절에 의하면 西夏의 君主는 Iluqu Burqan이라는 칭호로 불렸는데 칭기스 칸이 그를 복속시킨 뒤 Shidurğu라는 칭호를 내려주었다고 한다. shidurğu는 '충실한, 충성스러운'을 의미하는 몽골어이다. 『親征錄』(王國維本, pp.154~155)에도 西夏主를 失都兒忽이라고 하였는데 칭기스 칸이 이 칭호를 주었다는 내용은 없다.

167) 寧夏 地域에 있는 賀蘭山(Alashan)을 가리킨다. 『秘史』 265절에 Alashai로 표기되어 있는 것으로 보아 露譯本에서처럼 Alsâî가 아니라 Alashâî 혹은 Alasâî로 읽어야 할 것이다. 마르코 폴로의 글에는 '칼라샨'(Calacian)으로 표기되어 있다.

168) A·B의 표기는 Chîg Timûr 혹은 Chîng Timûr 등으로도 읽힐 수 있으나, 쿠빌라이 시대에 河西 지방에 주둔했던 Jibîk Timûr(우구데이의 아들인 쿠텐의 아들)로 읽는 것이 더 합당할 것으로 보인다. 『元史』에 그의 이름은 只必帖木兒 혹은 只必鐵木兒 등으로 표기되어 있다.

169) 原缺.

과거에 몽골인들은 그 지방을 카신(Qâshîn)[170]이라고 불렀다. 우구데이의 아들이자 카이두의 아버지인 카신(Qâshîn)이 죽자 카신이라는 그의 이름이 피휘가 되어, 그때부터 이 지방을 다시 탕구트라고 부르며 현재도 이 이름으로 불린다. 칭기스 칸과 우구데이 카안의 시대에 몇 차례 그 지방으로 원정하여 군대를 보냈는데, 그들은 용맹하고 강한 종족이었기 때문에 반란을 일으켰고 전쟁을 했다. 결국 복속하였으나 다시 반란을 일으켰다.

처음에 칭기스 칸이 메르키트 종족들 대부분을 장악하고, 소의 해 즉 601[=1205 乙丑]년에 그 지방을 정벌하러 갔다. 그 지역에 크고 견고한 성채가 하나 있었는데 그 이름은 리키(Lîkî)였고, 큰 도시가 있었는데 그 이름은 아사 킹로스(Asâ Kînglôs)였다.[171] 그것을 취하고 파괴시켰으며, 그 지방을 유린하고 그곳에 있던 많은 낙타를 몰고 왔다. 그 뒤 세 번째 해, 즉 [몽골인들이] '타울라이 일'[172]이라고 부르는 토끼 해[=1207 丁卯年]에 「27r」 칭기스 칸은 많은 군대와 엄청난 병력을 데리고 가을과 겨울에 그 지방의 정벌에 진력했고 대부분을 정복했다. [그로부터] 네 번째 해인 '모린 일'[173], 즉 말의 해[=1210 庚午年] 여름 칭기스 칸은 오르두에 있었고, 가을에는 그곳을 치기 위해 출정했다. 에리카이(Erîqay)[174]라고 부르는 커다란 도시를 취하고, 모든 불복하는 지점과 성채를 복속시키고 [그] 나라에 안정을 가져다 주

---

170) '河西'를 옮긴 말로서, 『秘史』에는 Qashin으로 표기되었다. '黃河의 서쪽'이라는 뜻이지만 통상 한문 자료에서 이 말은 河西回廊이 있는 지역을 가리킨다. 그러나 여기서는 당시 몽골들의 용례에 따라 西夏의 근거지인 陝西 · 甘肅 · 靑海를 광범위하게 지칭하고 있다.

171) 『元史』 권1 「太祖本紀」(p.13)에는 '歲乙丑 帝征西夏 拔力吉里塞 經落思城 大掠人民及其橐駝而還'이라고 되어 있다. 여기서 力吉里가 Lîkî에 해당되고 經落思가 Kînglôs에 해당됨을 쉽게 알 수 있다. 따라서 中華書局 標點本에서 經을 빼고 落思만 地名으로 본 것은 잘못이다.

172) 원문은 taûlai îil인데, 몽골어의 taulai jil('토끼의 해')를 옮긴 말이다.

173) 원문은 môrîn îil이고 '말의 해'라는 뜻이다.

174) Erîqay는 寧夏를 가리킨다. 이 지명은 『비사』에는 Eriqaya, 『원사』에는 也里合牙 · 也吉里合牙로 표기되고 있으며, 마르코 폴로는 Egrigaia라고 불렀다. 이에 관해서는 뻴리오의 Notes on Marco Polo, vol. 2, pp.641~642를 참조.

었다. 그들의 군주인 룽 샤두르구의 딸을 취하고, 나라를 방어하기 위해 그곳에 監官과 군대를 남겨 두었다.

타직 지방을 공취하기 위하여 출정했다가 '타키쿠 일'[175], 즉 닭의 해〔=1225 乙酉年〕에 자신의 오르두로 돌아왔다. 얼마간 그곳[176]에서 보내다가 탕구트의 군주가 반란을 일으켰다는 소식을 듣고[177] 〔그를 징벌하고자 하는〕 열망이 그를 사로잡았다. 〔그러나〕 그는 늙었기 때문에 〔저승으로〕 떠나야 할 때가 가까웠음을 분명히 알았다. 그는 자식과 아미르들과 측근들을 불러서 국가 · 왕위 · 왕관 · 보좌 · 諸子分封(naṣb-i farzandân)에 관한 유언과 훈계를 모두 마쳤다. 그 해 가을 카신을 치기 위해 군대를 이끌고 출정했다. 그곳의 군주인 룽 샤두르구는 "겁을 먹고 잘못을 범했다. 만약 내게 시간을 주고 자식으로 받아 준다면, 또 그렇게 〔하겠다는〕 서약을 해 준다면 내가 밖으로 나가겠다"라고 하면서 사죄했다. 칭기스 칸은 서약을 했고, 그에게 정해진 시간의 말미를 주었다. 그러는 사이에 그는 병이 들었다. 그는 자기가 죽더라도 적이 눈치채지 못하도록 그 소식을 공표하지 말고 애도와 통곡도 하지 말며, 정해진 기간에 나오면 모두를 잡아서 도살하라고 유언했다. '노카이 일',[178] 즉 개의 해〔=1226 丙戌年〕 봄에 룽 샤두르구가 밖으로 나왔고, 그를 도시의 모든 주민과 함께 복수의 칼에 맡겼고 나라를 정복했다. 칭기스 칸의 靈柩를 돼지 해〔=1227 丁亥年〕 初頃 오르두로 모시고 와서 애도하니 〔그의 사망〕 사실이 알려지게 되었다.

---

175) A : tâqîqû Tîl : B : taqâtqû îîl. 그러나 tâqîqû îîl로 표기되어야 맞을 것이다.

176) 『元史』 권1 「太祖本紀」(p.23)에 의하면 乙酉年 春正月에 西征에서 돌아와 '還行宮'하고 그 다음해인 丙戌年(1226)에 西夏로 출정한 것으로 되어 있다. 따라서 라시드 앗 딘이 말하는 '그곳'이란 行宮이 있는 몽골리아 本地를 말하는 것이다.

177) 칭기스 칸이 西征한 해는 1218년(戊寅) '호랑이의 해'이고 西征에서 돌아온 것이 1225년(乙酉) '닭의 해'이다. 따라서 露譯本에서 이 부분을 '타키쿠의 해, 즉 닭의 해에 〔칭기스 칸이〕 타직의 지방에 출정하였을 때 자신의 〔모든〕 오르두와 함께 왔다. 그곳에서 얼마간 지낸 뒤, 〔칭기스 칸은〕 탕구트의 군주가다시 반란을 일으켰다는 것을 들었다'라고 한 것은 誤譯이다.

178) nôqâî îîl.

이 탕구트 종족 출신의 아미르들은 무척 많았다. 그 가운데 우차간 노얀 (Ûchağân Nôyân)[179]은 열한 살[180]의 나이였을 때 칭기스 칸이 데리고 와 자식처럼 길렀고, 그래서 그를 다섯 번째 아들이라고 불렀다. 칭기스 칸의 大千 戶(hazâra-i buzurg)를 그가 관할했다. 그 당시 천호는 아무리 커도 천 명보다 많지 않은 것이 통례였고, 모두 칭기스 칸 폐하와 그 오르두에 속한 사람들이었다. 병사들에게 지급되는 모든 賦稅(qalân), 馬匹(ûlâğ), 糧穀(shûsûn), 말안장(inğirchâğ),[181] 말고삐(arğamjî)[182] 등을 칭기스 칸의 천호와 그 개인에게 속한 사람들에게 모두 공정하게 나누어 주었고, 그것들을 모두 우차간 노얀의 말에 따라서 주었다. 〔28v〕 우구데이 카안의 시대에는 이 우차간 노얀을 키타이 지방에 있던 모든 군대의 지휘관으로 임명했고, 거기에다 키타이의 지배권까지 덧붙여 주어서, 그 지방에 주둔하는 제왕과 아미르들도 모두 그의 명령을 따르도록 했다.

부다 노얀(Bûda Nôyân)[183]이라는 이름의 또 다른 아미르가 있었는데, 그 역시 칭기스 칸이 탕구트에서 데리고 와 친위 백호를 그에게 관할토록 했다. 우차간 노얀이 중책에 임명되자 그의 천호를 이 부다 노얀이 관할했다. 그는 부르테 푸진의 대오르두의 대아미르였는데, 다른 세 오르두도 그가 관할했다. 이 나라에 있는 아주 시쿠르치(Ajû Shikûrchî)와 그의 아들 토그릴차(Toğrilcha)는 이 종족[184] 출신이었다. 이 부다 노얀에 관해서는 다음과 같은

---

179) 라시드 앗 딘은 후에 칭기스 칸의 천호장 명단에서 그의 이름을 Chağân이라고 표기했고, 『元史』에도 察 쭈으로 나와 있다.

180) A·B 모두 yâzdah라고 되어 있는데, 露譯本에서는 이상하게 '열다섯'이라고 옮겼다. 혹시 pânzdah라 고 된 Berezin 本을 따른 것일지도 모르겠다.

181) 露譯本에서는 이 말의 뜻이 분명치 않다고 하면서, '徭役'(povinnost')이라고 해석한 Berezin의 견해를 소개하였지만, inğirchâğ은 '말 안장'을 가리키는 투르크어임에 틀림이 없다. Cf. Doerfer, Elemente, vol. 2, pp.128~129.

182) 露譯本에서는 이 단어에 대해서도 확실한 의미를 제시하지 않았으나, 이 말이 '말고삐'를 의미하는 몽골 어 arğamji를 가리키는 것은 분명하다.

183) A·B 모두 Bûda로 표기되어 있고, A본의 칭기스 칸 천호장 명단에도 Bûda라고 되어 있다.

이야기가 있다. 13살 때 그를 탕구트에서 포로로 데리고 와, 오르두에서 소떼를 방목케 했다. 하루는 칭기스 칸이 맹수를 사냥하다가 그를 보았다. 자기 모자를 한 막대기 위에 얹고 [그 앞에] 공손하게 서서 잔을 들고 있었다. 칭기스 칸이 "무엇을 하고 있느냐? 이것은 무엇이냐?"라고 묻자, 그가 대답하기를 "소인은 탕구트의 포로입니다. 혼자 있기가 따분하여 막대기 위에 모자를 올려놓고, '우리 둘 중에서 하나는 더 클 테지. 그런데 모자가 더 크니 내가 모자에게 경의를 보여야지.'라고 하고 있던 중이었습니다"라고 했다. 칭기스 칸은 그 말을 듣고 기분이 좋아졌고, 그에게 뛰어나고 올바른 자질이 있음을 발견하고 그를 자신의 대오르두로, [즉] 부르테 푸진[185]에게로 데리고 와, 주방에서 음식을 준비하는 일을 시켰다.[186] 그에게 행운이 따라서 점차로 [승진하여] 백호장이 되었다. 그 뒤 친위 천호의 아미르가 되었고, 우구데이 카안의 시대에 키타이 지방이 모두 복속하고 정복되자 그 지방과 그 나라에 있는 군대를 모두 그에게 위임했다. 「27v」

위구르 종족

[이] 책의 서론에서 언급한 것처럼 노아—그에게 평안이 있기를!—의 아들이 야벳, 그의 아들이 아불제 칸, 그의 아들이 딥 야쿠이,[187] 그의 아들이 카

---

184) 라시드 앗 딘은 '종족'(qawm)이라는 표현을 사용했지만, 부다 노얀의 이야기 도중에 Ajû Shikûrchî 父子가 나오는 것으로 보아, 이들이 부다 노얀의 '친족'일 가능성도 있다.

185) A : Bôrte Aqûjîn ; B : Bôrte Ûjîn.

186) 『元史』 권120 「察罕傳」(p.2955)에도 이와 비슷한 다음과 같은 내용이 실려 있다. "察罕의 武勇은 다른 사람보다 뛰어났다. 어려서 들에서 양을 치는데 땅에 막대기를 꽂아 놓고 모자를 벗어 막대기 끝에 걸어두고는 跪拜歌舞를 했다. 太祖가 사냥을 갔다가 이를 보고 물어보니 察罕이 대답하여 '혼자 있을 때는 모자가 위에 있어 더 존엄하고, 둘이 있을 때는 年長者가 더 존엄합니다. 지금 혼자 있으니 모자에게 경의를 표시하는 것입니다. 또한 大官이 온다는 말을 듣고 먼저 禮儀를 닦고 있는 것일 뿐입니다.'라고 했다. 황제가 그를 남달리 여겨 곧 데리고 돌아와 …… 內廷에서 給事의 일을 명했다."

187) B : Dîb Bâqûî.

라 한이었고, 그의 아들인 오구즈가 유일신을 믿었기 때문에 숙부·형제·사촌들과 전투를 했다. 그들 가운데 일부가 그를 도와 그는 다른 사람들을 패배시켰고 나라들을 정복했다. 〔그리고〕 커다란 집회를 열어 친족과 아미르들과 병사를 위로했다. 그와 연합했던 동족들에게 '위구르'라는 이름을 지어주었으니, 이 말은 투르크어로 '함께 연합하고 도움을 주다'라는 뜻이다. 이 이름은 그 족속과 자식들의 지파와 그들의 일족 모두에게 적용되었다. 그 종족들 가운데 일부가 특수한 사정으로 인해 카를룩·칼라치·킵착과 같이 다른 이름을 취하게 되었기 때문에, '위구르'는 나머지 사람들에 대한 칭호로 정해지게 되었다. 이같은 정의에 따르면 모든 위구르인은 그들의 후손인 셈이지만, 오랜 세월이 흐르는 바람에 그 부족과 지파들이 어떤 방식으로 갈라져 각각의 이름을 얻게 되었는지 잘 알려져 있지 않다. 그런 까닭에 앞의 내용에 어그러지지 않도록 그들을 모두 일괄적으로 투르크의 지파라고 한 것이고, 이 때문에 그들에 관한 설명이 이미 오구즈의 지파들〔에 관한 부분〕에 들어가 있지만, 투르크와 유사한 종족들에 관한 本篇에서 위구르인들이 설명하는 방식에 따라 다시 반복할 필요가 있다. 그들에 관한 일화는 너무 많아서 그들의 책들 속에 기록된 사실과 신앙에 관한 설명은 하나의 독립된 역사를 이루어 이 축복의 사서에 속편으로 덧붙였기 때문에, 여기서는 이 지파의 적절한 개요만을 적기로 한다.

전해지는 바에 의하면, 위구리스탄 지방에는 두 개의 〔매우 큰 산이 있는데, 하나는 부크라투 부줄룩(Bûqrâtû Bûzulûq)[188]이라는 이름이고 다른 하나는 우쉬쿤룩 텡그림(Ûshqûnlûq Tengrîm)[189]이다. 그 두 산 사이에 카라코룸(Qarâqôrum)][190] 산이 있고,[191] 〔우구데이〕 카안이 건설한 도시는 이 산의 이

---

188) 투르크어에서 buğra는 '낙타'를 의미하고, buz는 '얼음'을 의미하니, Bûqrâtû Bûzulûq는 '낙타가 많은 얼음산' 정도의 의미가 아닐까?

189) 투르크어에서 ûshqûn이라는 단어를 찾을 수는 없으나, '양파(onion)'를 의미하는 ûsğûn이라는 말이 있다. 그렇다면 Ûsğûnlûq Tengrîm은 '양파가 나는 天山'을 뜻하게 된다.

름을 따서 불렀다. 그 두 산의 옆에는 쿠트 탁(Qût Tâq)이라고 부르는 산이 하나 있다. 그 산들 주위의 한 지역에는 열 개의 강이 있고 또 한 지역에는 아홉 개의 강이 있다. 옛날에 위구르 종족의 거처는 이 강·산·초원들 사이에 있었다. 그 열 개의 강에 있던 사람들을 '온 위구르'(Ôn Ûîğûr)라고 불렀고, 아홉 개의 강에 있던 사람들을 '토구즈 위구르'(Tôğûz Ûîğûr)라고 불렀다.[192] 그 열 개의 강을 '온 오르곤'(Ôn Orğôn)[193]이라고 불렀는데, 그 이름들은 다

---

190) 이 부분은 A에는 없기 때문에 B에서 취했다.

191) 『元史』권122 「巴而朮阿而忒的斤傳」과 『國朝文類』권26 「高昌王世勳碑」에 이와 유사한 기사가 보인다. 이에 의하면 巴而朮의 先世는 '畏兀兒之地'에 살았는데, 그곳에는 和林山이 있고, 거기에서 톨라(禿忽剌)와 셀렝게(薛靈哥) 두 강이 발원한다고 한다. 또한 그곳의 山으로는 '婦所居山'을 의미하는 和林別力跋力答, '天靈山'을 의미하는 天哥里干答哈(『元史』의 天哥里于答哈은 잘못), '福山'을 의미하는 胡力答哈이 있다고 했다. 우선 『集史』의 '위구리스탄'은 '畏兀兒之地'에 해당하기 때문에, 그곳은 투르판 주변이 아니라 카라코룸이 있는 몽골 초원이라는 점을 확인할 수 있다. 또한 Qarâqôrum 山이 和林別力跋力答에 해당됨을 짐작할 수 있는데, 마지막 答은 다른 두 산의 이름에서도 나오듯이 答哈(tağ, 즉 '山')으로 이해할 수 있다면 別力跋力은 '婦所居'라는 의미와 연관되는 말일 것이다. 葛勵의 斤이 唐의 金蓮公主를 부인으로 맞아들여 그녀로 하여금 그곳에 살도록 했다는 설명은 역사적 사실과도 정확하게 일치한다. 즉, '磨延啜立 號葛勒葛勵可汗'이라고 한 『舊唐書』「回鶻傳」의 기사에서 葛勵의 斤이 위구르 제국의 2대 카간인 磨延啜임을 알 수 있고, 그의 紀功碑인 Shine Usu 碑文(西面 5行)은 셀렝게 하안에 Bai Balïq이라는 城市를 건설했다고 기록했다. Cf. G. J. Ramstedt, "Zwei uigurische Runeninschriften in der Nord-Mongolei" (Journal de la Société Finno-Ougrienne, vol. 30, 1913), p.35. 唐代의 기록에 보이는 '公主城'·'可敦城' 등도 이러한 定住據點을 지칭하는 것이었다. 따라서 別力跋力은 Bai Balïq을 옮기는 과정에서 字面이 왜곡된 것으로 볼 수 있지 않을까. 天哥里干答哈는 Tängrikän Tağ를 옮긴 말로 '하늘 같은 산'의 뜻이고 '天靈山'도 그 의미에 부합된다. 胡力答哈는 '福山'의 뜻이라고 했는데, '福'을 나타내는 고대 투르크어는 통상 qut로 표현되기 때문에, 胡力答哈 역시 Qut Tağ를 나타낸 것이 아닐까 추측되며, 이는 라시드 앗 딘이 바로 뒤에서 기술하는 Qût Tâğ과 일치하는 것으로 보인다.

192) Ôn Ûîğûr와 Tôğûz Ûîğûr는 각각 '十姓 위구르'와 '九姓 위구르'를 뜻한다. 그러나 磨延啜의 Shine Usu 碑文(北面 3行)에도 나오듯이, 이는 위구르 제국 당시에 널리 사용되던 On Uyğur와 Toquz Oğuz라는 말을 잘못 옮긴 것으로 추측된다. On Uyğur와 Toquz Oğuz의 構成 問題는 학계에 많은 논란이 있지만, 여기서는 詳論할 바가 못 되기 때문에 생략한다. Cf. 羽田亨, 「九姓回鶻とToquz Oγuzとの關係を論ず」(『東洋學報』9卷 1號, 1919 ; 『羽田博士史學論文集』, 上卷, 京都, 1957, 再收) ; E. G. Pulleyblank, "Some Remarks on the Tuquzoghuz Problem"(Ural-Altaische Jahrbücher, vol. 28, 1956), pp.35~42 ; 片山章雄, 「Toquz Oγuzと '九姓'の諸問題について」(『史學雜誌』, 90~12, 1981), pp.39~55.

193) Orğûn은 오르콘 강을 가리키는 것으로 보인다. 라시드 앗 딘은 앞에서 Orğân/Ôrgqân이라고 표기했다.

음과 같다.

이실릭(Yîshlik), 우텡기르(Ûtengir), 부키즈(Bûqîz), 우즈칸다르(Ûzqandar), 툴라
르(Tûlâr), 타르다르(Târdâr), 아다르(Adar), 우치 타빈(Ûch Tâbîn), 캄란주
(Qamlânjû),[194] 우티켄(Ûtîkân).

처음 세 강에는 아홉 종족이 살았고, 네 번째 강에는 다섯 종족이 살았다.
아홉 번째인 캄란주에 있는 사람들을 룽(Lûng) 종족[195]이라고 부르고, 열 번
째인 우티켄에 있는 사람들을 카막 아티(Qamaq Âtî)[196] 종족이라고 부른다.
이들 강에 사는 종족들 이외에 그 주변에 122개의 종족이 있었지만 그들의
이름은 알려지지 않는다.

이 위구르 종족들에게 군주와 지도자가 정해지지 않은 채 세월과 시대가
흘렀고, 시대마다 각각의 족속에서 한 사람이 무력에 의해 자기 종족의 아미
르가 되었다. 그 뒤 그 종족민들이 모든 일을 잘 처리하기 위해 상의를 한 결
과 "우리에게는 모두에게 강력한 명령을 내리는 절대적인 군주가 필수적이
다"라고 하면서, 전부 일치된 마음으로 여러 종족들 가운데 가장 현명한 이
실릭 종족 출신의 뭉케타이(Mönkûtâî)라는 사람을 선출했고, 그에게 '일 일
테베르'(îl îlteber)[197]라는 칭호를 부여했다. 훌륭한 품성을 지닌 또 다른 한

---

194) A : Qalânjû ; B : Qamlâbkhû. 라시드 앗 딘은 뒤에서 곧 Qamlânjû라고 표기하였기 때문에 이를 따
랐다.

195) 『五代史記』에 高昌위구르 國에 위구르인들과는 관습이 약간 다른 '龍家'가 많이 살고 있다는 기록이 있
는데, '룽' 종족과 무관한 것일까? Cf. J. R. Hamilton, Les Ouïghours a l'époque des Cinq Dynasties
(Paris, 1955), pp.92~93의 註 4.

196) B : Qamaq Âtîkûz.

197) 고대 투르크 비문이나 중국측 자료에 나오는 iltäbär, 俟利發(頡利發)에 해당된다. 이 관칭호는 突厥 帝國
시대에 카간을 배출하지 않는 諸部族의 수령에게 주어진 것으로, 護雅夫의 연구에 의하면 비교적 규모
가 큰 집단의 수령에게는 iltäbär가, 작은 집단의 수령에게는 irkin이 주어졌으며, 대체로 각각 都督과 刺
史에 해당된다고 한다. îl iltäbär는 '국가의 iltäbär'의 의미가 될 것이다. Cf. 護雅夫, 「鐵勒諸部における

사람을 우즈칸다르 종족에서 〔선출하여〕 그에게 '쿨 이르킨'(kûl îrkîn)[198]이라는 칭호를 부여했다. 〔29r〕 그들은 이 두 사람을 연맹(jumhûr)과 종족들의 군주로 삼았으며, 그들의 일족은 백년의 기간 동안 통치권을 행사했다. 사람들이 말하는 놀라운 정황들과 진기한 사건들, 그들이 지니고 있는 신앙들 가운데 일부는 그들이 진술하는 바에 의거하여 별도의 역사, 즉 「위구르 章(bâb)」에서 제시하여 이 축복의 사서의 속편으로 구성했고 거기서 상세하게 「28r」 기록했다.

최근에 들어와 위구르는 자기들의 군주를 '이디쿠트'(idîqût)라고 불렀으니, '행운을 지닌 사람'[199]이라는 뜻이다. 칭기스 칸 시대의 이디쿠트는 바르축(Bârchûq)[200]이었다. 구르 칸이 하중 지방과 투르키스탄을 정복했을 때 이디쿠트는 그에게 복속했다. 〔구르 칸은〕 그에게 監官을 보냈는데 그 이름은 샤우감(Shâûgâm)[201]이었다. 그가 주재하면서 폭정[202]의 손길을 이디쿠트와 아미르들과 위구르 종족에게 뻗쳐 용인될 수 없는 부세를 요구했고, 그들은

---

eltäbär, irkin號の硏究」(『古代トルコ民族史硏究 I』, 東京, 1967, pp.397~438 所收).

198) 이 역시 고대 투르크의 관칭호로서 irkin, 俟斤(頡斤) 등으로 표기되었다. 그 내용에 대해서는 前註 참조. kûl은 kül/köl을 옮긴 것으로 보인다. 사실 빌게 카간의 비문(南面 14行)에 Sävig Kül Irkin이라는 大臣이 언급되고 있다.

199) 원문은 khodâvand-i dawlat로서 문자 그대로의 의미는 '幸運의 主人'이다. 투르크어의 idiqut는 '주인'을 의미하는 idi와 '행운·축복'을 의미하는 qut의 합성어이므로, 라시드 앗 딘의 설명은 정확한 것이다. 그러나 『元史』·「高昌王世勳碑」 등에는 亦都護로 표기되었으며, 이는 iduq qut를 옮긴 말이다. 위구르 文 「世勳碑」에도 iduq qut로 표기되어 있는데, iduq은 '신성한'이라는 의미를 지닌 말로서, iduq qut는 '신성한 행운·축복(을 지닌 자)'이라는 뜻이 된다. Cf. 卡哈爾·巴拉提와 劉迎勝의 「亦都護高昌王世勳碑回鶻文碑文之校勘與硏究」(『元史及北方民族史硏究集刊』, 8期, 1984), pp.57~106 ; A. von Gabain, Das Leben im uigurischen Königreich von Qočo(850~1250), vol.1(Wiesbaden : Otto Harrassowitz, 1973), pp.67~71.

200) 『元史』에는 그의 이름을 巴而朮阿而忒的斤(Barchuq Art Tegin)이라고 기록했고 그의 列傳을 싣고 있다(卷122).

201) 『征服者史』에도 shâûkam으로 표기되어 있으며, 이것은 사실 이름이 아니라 '少監'이라는 관칭호를 나타낸 것으로 보인다. Cf. Boyle tr., The World-Conqueror, I, p.44.

202) A·B 모두 taṭâûl로 표기되어 있다. 전후 문맥으로 보아 '오만, 폭정'을 의미하는 taṭâûl로 읽는 것이 자연스러움에도 불구하고, Roshan은 별다른 이유 없이 Berezin을 따라 quṭâûl로 읽었다.

그를 증오하게 되었다. 이때 칭기스 칸이 키타이 지방을 정복했다는 소식이 전해졌고, 그의 힘과 권위에 관한 소식이 속속 전해졌다. 이디쿠트는 지시를 내려 그 감관을 카라호자(Qarâkhôjâ)[203]라는 마을에서 죽이도록 하고는, 카라 키타이에 대하여 반란을 일으켰다는 소식과 칭기스 칸에게 복속하겠다는 의사를 표시하기 위해 칼미시 카야(Qâlmîsh Qayâ), 우마르 오굴('Umar Ôgûl), 타르바이(Târbâî)[204]라는 사람들을 사신으로 그의 어전으로 보냈다.

칭기스 칸은 사신들을 위무하고 이디쿠트가 [직접] 어전에 오도록 지시했다. 그는 명령에 순종하여 [알현하고] 여러 가지 호의와 은사를 입은 뒤 돌아갔다. 승리의 군대가 쿠셸룩 칸이 있는 쪽으로 출병했을 때 그는 명령에 호응하여 300명의 장정들과 함께 출정하여 용맹함을 보였다.[205] [원정에서] 돌아온 뒤 귀환해도 좋다는 명령에 따라 자신의 사람과 가족들을 만나러 돌아갔다. 칭기스 칸이 타직 지방으로 향했을 때 명령에 따라 자기 군대와 함께 출정하여, 왕자들인 차가타이와 우구데이를 모셨고, 오트라르(Otrâr)를 함락시킬 때 힘을 다했다. 그 뒤 타르바이(Târbâî), 이수르(Yîsûr), 알라프('Allâf)[206] 등의 아미르와 함께 폐하에게로 향하여 그 지방으로 갔다. 칭기스

---

203) 현재 투르판에서 동쪽으로 약 15km 지점에 있는 Qara Khoja(哈刺和卓). 宋·元代에는 Qocho, 火州, 高昌 등 다양하게 불렸으며, 20세기 초 이 지역을 조사한 서구인들의 기록에 의하면 현지 주민들은 그곳을 Apsus, Daqiyanus, Idiqutshahri 등으로 불렸다고 한다. A. von Le Coq, *Buried Treasures of Chinese Turkestan*(1928 ; Oxford, 1985 repr.), p.56.

204) 원문은 Tâtârî. 그러나 주베이니의『征服者史』(Boyle, I, p.45)에는 이 사신들의 이름을 Qutâlmish Qayâ, Umar Ôgûl, Târbâî라고 표기했다. 라시드 앗 딘은 이 부분에 대한 기록을『征服者史』에서 채록한 것으로 보이기 때문에 주베이니의 기록을 따르는 것이 타당할 것이며, 라시드 앗 딘도 몇 행 뒤에 Târbâî라는 아미르를 언급하고 있다. 그러나 그는「칭기스 칸 紀」(91v)에서 이와는 달리 Arslân Ûgâ, Jârûq Ûgâ, Bôlâd Tîgîn, Înâl Qayâsûngchî라는 이름의 4명의 사신을 보냈다고 했다. 이는『親征錄』(p.153)에 열거된 '阿思蘭斡乞(Arslan Üge)·孛羅的斤(Bolad Tegin)·亦難海牙倉赤(Inal Qaya Shangchi) 四人'과 거의 일치하나, Jârûq Ûgâ가 빠져 있다.

205) 그러나『元史』권122(p.3000)에는 '部曲萬人'을,「高昌王世勳碑」에는 '探馬軍萬人'을 인솔하고 參戰한 것으로 되어 있다. 여기서 '探馬(Tamma)軍'을 '部曲'으로 옮긴 흥미로운 예를 본다.

206) A·B본에는 lâf의 첫 글자인 'ayn 위에 fathe가 표시되어 있어 'Allâf로 읽는 것이 옳을 듯하다. Steingass 사전에는 이 말의 뜻을 '牧草나 乾草를 파는 사람'이라고 했고 露譯本에서도 그런 의미로 해

칸이 자신의 원래 목지에 있는 대오르두로 돌아와서 탕구트에 대한 원정을 명령했다. 이디쿠트는 칙명에 따라 비시발릭(Bîshbâlîĝ)[207]에서 군대와 함께 칭기스 칸의 어전으로 달려왔다. 〔칭기스 칸은〕 그같은 봉사에 대해 기뻐하며 은사를 더해 주기 위해 자신의 딸을 그에게 지정해 주었으나, 이는 칭기스 칸의 사망으로 인해 성사되지 못했고 그는 비시발릭으로 돌아왔다.

우구데이 카안이 칸위에 오른 뒤 아버지의 지시에 따라 알툰 베키(Altûn Bîkî)를 그에게 은사했으나, 그가 도착하기 전에 알툰 베키가 사망했다. 얼마 뒤 알라지 베키(Alâjî Bîkî)를 그에게 지정해 주었으나 〔이번에는 그녀가〕 인도되기 전에 이디쿠트가 사망했다. 그의 아들인 케쉬메인(Keshmâin)이 카안의 어전으로 가서 이디쿠트가 되었고 알라지 베키를 취했다. 얼마 안 있어 그는 사망했고 그의 형제인 살린디(Sâlindî)가 투레게네 카툰의 지시에 따라 형의 지위를 계승하여 이디쿠트가 되어서 큰 권세와 존경을 누리게 되었다.[208] 그들에 관해서 이 시대에 일어났던 여타의 정황들은—고귀하신 알라

석했다. 그러나 문맥으로 보아 'Allâf는 人名으로 보아야 할 것이다. 그런데 동일한 내용을 기록한 주베이니의 『征服者史』에는 이들의 이름이 TRBAY(Törbei), YS'WR(Yasa'ûr), ĜDAQ(Ğadâq)로 표기되어 있기 때문에, Târbâî는 Törbâî를, 'Allâf는 Ğadâq을 각각 誤寫한 것으로 추측된다. Boyle은 Törbei가 인더스 강을 건너 잘랄 앗 딘을 추적한 Törbei Toqshin과, 그리고 Ğadâq은 Jirgin 部의 Qadaq Ba'atur와 동일 인물이 아닐까 추정했다. Cf. Boyle tr., The World-Conqueror, p.46.

207) 別失八里. 투르크어로 '五城'의 뜻. 唐代의 北庭에 해당되며, Jimsa(吉木薩爾) 북방 12km 되는 지점에 北庭古城趾가 발견되었으며, 그 서쪽에 佛寺 遺址도 발견되었다. Cf. 『北庭高昌回鶻佛寺遺址』(遼寧, 1991).

208) 라시드 앗 딘의 이 기사는 『元史』 권122 「巴而朮阿而忒的斤傳」의 내용과 일치하지 않는다. 『元史』에 의하면 巴而朮阿而忒的斤은 칭기스 칸의 딸 也立安敦(El Altun)을 부인으로 맞이하였으며, 巴而朮阿而忒的斤 死後 그의 次子인 玉古倫赤的斤(Ögürünchi Tegin)이 이디쿠트(亦都護)의 자리를 계승했고, 玉古倫赤的斤 死後에는 玉古倫赤的斤의 아들인 馬木剌的斤이 계승했다고 한다. 현재 甘肅省 武威文管所에 소장되어 있는 위구르 文 「亦都護高昌王世勳碑」에 의하여 馬木剌은 Mamuraq을 옮긴 것임이 밝혀졌다. Cf. 前揭 「高昌王世勳碑回鶻文」, p.81. 『元史』 권109 「諸公主表」(p.2760)에는 也立安敦이라는 이름이 也立可敦(El Qatun)으로 표기되어 있다. 중국측 자료에는 Keshmâin이나 Sâlindî와 같은 인물은 언급되지 않고 있다. 『征服者史』에서 Keshmâin은 Kesmâs(한 寫本에는 Kesmâin)로, Alâjî Bîkî는 Alâjîn Bîkî 혹은 Alâjî Bîkî로 표기되어 있다(Cf. Boyle tr., The World-Conqueror, pp.47~48 : Text, I, p.34).

께서 뜻하신다면—각각 그에 알맞은 곳에서 설명될 것이다. 그러나 이 종족 출신 가운데 과거와 현재에 중요하고 유명한 카툰들과 아미르들은 앞에서 설명한 대로이다.

베크린 종족[209]

메크린(Mekrîn)이라고도 부른다

그들의 거처는 위구리스탄 지방의 험준한 산지에 있었다. 그들은 몽골도 아니고 위구르도 아니다. 험준한 산지에 살고 있기 때문에 산에서 잘 다니며 모두 암벽타기꾼(qayâchî)[210]이다. 그들은 하나의 천호를 이루었다. 칭기스 칸에게 귀순하여 복속했고, 그들의 아미르와 수령은 칭기스 칸의 휘하에 있었다. 그들의 지방이 카이두 울루스의 경계와 가까웠기 때문에 카이두는 그들을 장악하고 자신에게 예속시켰다. 그 당시에 그들의 아미르로 키탄치(Khîtânchî)라는 인물이 있었다.

칭기스 칸의 시대에 그들의 수령이 딸을 데리고 와 그에게 바쳤다. 칭기스

---

209) 베크린 혹은 메크린이라는 族名은 『親征錄』·『秘史』에 보이지 않으나, Carpini의 글(*Mission to Asia*, p.19, p.41)에는 몽골의 큰 집단 가운데 하나로 Mecrit가 꼽히고 있다. 『元史』 권133 「脫力世官傳」에는 위구르인이었던 그의 祖父가 '國初에 畏吾·阿剌溫·滅乞里·八思 등 四部를 統領했다'는 기사가 보이는데, 여기서 滅乞里가 바로 Mecrit를 가리키는 것으로 보인다. 和田淸은 「也克力考」라는 글(『東亞史硏究 · 蒙古篇』, pp.855~865)에서 Mekrin의 起源을 唐代 瓜州 서북방에 살던 '墨離'까지 소급했고, 이것이 후일 『契丹國志』의 '鼉古里', 金代의 '磨可里' 등으로 나타났으며, 明代 甘肅 邊外에서 하미 북방에 이르는 지역에 거주하던 也克力·野也克力은 그들의 후예임을 밝혔다. 몽골 제국 붕괴 이후 Mekrin의 존재는 모굴 汗國과 티무르 朝의 자료에도 보인다. Cf. Pelliot, *Recherches sur les Chrétiens*, pp.29~33.

210) qayâ는 투르크어로 '바위'를 뜻하며 Clauson(*Dictionary*, pp.674~675)에 의하면 특히 '깎아지른 암벽이나 절벽'을 의미한다. Pelliot도 지적했듯이 Mar Yaballaha 3세의 전기에는 코카서스 산간 지역에 사는 Kâyâjyeh라는 집단을 언급하면서 '산지와 언덕을 오르는 사람들'이라고 설명했다. Cf. Budge tr., *The Monks of Kûblâi Khân*, p.231. 그리고 이들이 바로 Mekrît였음은 티무르 朝의 사료에 의해서도 확인되는데(Shâmî, *Zafarnâma*, ed. F. Tauer, vol. 2, pp.120~121), 라시드 앗 딘도 뒤에서 설명하듯이 이들은 훌레구의 원정 때 동행해서 온 메크린 종족의 후예들이다.

칸은 그녀에게 만족했고 깊은 애정을 보였는데, 그녀의 이름은 무게 카툰 (Môgâ Khâtûn)²¹¹⁾이었다. 그러나 그녀로부터는 자식이 출생하지 않았다. 칭기스 칸은 베크린 종족이 그들의 딸을 상납하여 그 중 어느 누구라도 마음에 들면 자신이나 자기 자식들이 취할 수 있도록 하라고 명령했다. 칭기스 칸이 죽은 뒤 이 카툰을 우구데이 카안이 취하였는데, 다른 카툰들에 비해 더 애정을 보여서 그들이 그녀를 질투할 정도였다. 차가타이도 역시 이 무게 카툰을 좋아하여, 「28v」 우구데이 카안이 그녀를 취했다는 소식을 채 듣기 전에 사신을 보내 "아버지가 남긴 모친들과 형수²¹²⁾들 중에서 무게 카툰을 내게 주시오"라고 했다. 우구데이 카안은 "그녀는 내가 이미 취했소. 만약 더 일찍 전갈을 보냈더라면 그녀를 보냈을 것이오. 만약 마음에 드는 다른 사람이 있으면 내가 주겠소"라고 대답했다. 〔29v〕차가타이는 "내가 원하는 것은 그녀였소. 그녀가 없으니 다른 사람은 원치 않소"라고 말했다. 카안도 이 카툰으로부터 자식을 얻지 못했다.

카이두의 모친, 즉 카신(Qâshîn)의 부인은 베크린 종족 출신이었고 그녀의 이름은 세프게네(Sîpgîne)였다. 이 종족 가운데 일부 집단이 훌레구 칸과 함께 왔고, 이 나라에서 그들은 암벽타기꾼과 산타기꾼으로 유명하다.

---

211) 여기서는 A · B 모두 Mûgâî Khâtûn이라고 표기하였으나, 뒤에서는 일관되게 Mûgâ Khâtûn이라고 표기되어 있으며, 몽골어 Möge를 옮긴 것이다.

212) A · B : mâdarân wa bârîgânân. 필자는 bârîgânân이 bârîgân의 복수형이며 bârîgân은 몽골어에서 '兄嫂'를 의미하는 ber(i)gen을 나타낸 것으로 이해한다. 라시드 앗 딘은 시기 쿠투쿠가 부르테 우진을 '형수 어머니'(berîgân îke)라고 불렀다고 했고, 『秘史』에는 이수게이가 임종의 순간에 뭉릭(Mönglig)을 '내 아들'(kö'ü minu)이라 부르면서 자기의 자식과 부인을 위탁하였는데, 이때 '어린 네 동생들, 과부인 네 형수'(qochoruǧsad de'ü-ner-iyen belbisün bergen-iyen)를 보살피라고 했다. 이런 용례로 보아 아버지의 부인들 가운데 生母가 아닌 경우에는 때로는 '어머니'로 때로는 '형수'로 불렸던 것이 아닌가 추측된다.

키르키즈 종족

키르키즈와 켐 켐치우트는 서로 붙어 있는 두 지방이며, 둘이서 하나의 나라를 이루고 있다. 켐 켐치우트는 커다란 강으로, 그 한쪽은 몽골리아와 접하고, 한쪽은 타이치우트 종족이 거주하는 셀렝게 강과 접하며, 또 한쪽은 앙쿠라 무렌이라고 부르는 큰 강과 접하여 이비르-시비르[213] 지방의 경역에 닿아 있고, 한쪽은 나이만 종족들이 거주하는 지점과 산지와 접한다. 코리-바르구(Qôrî Barǧû)와 투마트(Tûmât)와 바일룩(Bâîlûk)[214]—[이들 중] 일부 종족은 몽골이며 바르쿠진 투쿰(Bûrqûjîn Tûkûm)[215]이라는 곳에 살고 있다—도 이 지방과 가깝다. 이 지방에는 도시와 촌락이 많고 유목민도 많다. 그들의 군주들은 설령 이름은 서로 달라도 '이날'(înâl)[216]이라는 [동일한] 칭호를 갖고 있다. 그곳에서 중요하고 유명한 지방은 '이디'(Yîdî)라는 통칭으로 불리며, 그 ……의 군주는 ……[217]이었다. 또 다른 지방의 이름은 이디 오론(Yîdî Ôrôn)이었고 그곳의 군주는 우루스 이날(Urûs Înâl)이라고 불렸다.[218]

칭기스 칸은 토끼의 해인 '타울라이 일', 즉 603[즉 1206~07]년에 이 두 군주에게 알탄(Altân)이라는 사람과 부쿠라(Bûqura)[219]라는 사람을 사신으로

---

213) A : Îbîr Sibîr ; B : Ibir Sibîr.

214) 여기서는 A · B 모두 Bâyâûk이라고 되어 있지만 뒤에서 Bâîlûk이라고 표기되어 이를 따랐다. 이 종족의 이름은 다른 곳에서는 보이지 않는데, 혹시 Bâyâût의 誤寫일지도 모르겠다.

215) 라시드 앗 딘은 앞에서 Barqûjîn Tûkûm이라고 표기했다.

216) Clauson은 이 말이 '믿을 만한'을 의미하는 투르크어 *ina-에서 유래된 것이 아닌가 추정했다. 고대 투르크 시대 이래로 官稱號로 자주 사용되었다.

217) 原缺.

218) 『秘史』 239절에는 '키르키즈인들의 수령들인 Yedi Inal, Aldi'er, Öre Beg Digin' 등이 歸順하여 송골매 · 白馬 · 黑貂皮를 주치에게 헌납했다는 기사가 있다. 『元史』 권1(p.14)에는 '野牒亦納里部 · 阿里替也兒部가 모두 사신을 보내와 名鷹을 헌납했다'고 되어 있다. 여기서 野牒亦納里가 Yedi Inal에, 阿里替也兒가 Aldi'er에 상응하는 것임은 두말할 필요도 없다. 투르크어로 yeti는 '七'을, alti는 '六'을 의미한다.

219) 『元史』 권1(p.14)에 丁卯年(1207)에 칭기스 칸이 按彈(Altan)과 不兀剌(Bu'ura) 두 사람을 키르키즈(乞力吉思)로 사신을 보냈다고 되어 있는데, 『集史』의 Bûqura 〉Bu'ura는 不兀剌에 해당될 것이다. 그러나 Bûqura가 Bûûra의 誤寫일 가능성도 배제할 수 없다.

보내어 귀순할 것을 종용했다. 그들은 자기 휘하의 세 아미르—그들의 이름
은 우루트 우투추(Ûrût Ûtûchû), 엘릭 티무르(Elîg Tîmûr), 앙키락(Anqîrâq)
—를 흰 송골매(sonqôr)를 들려 拜謁하러 보내고 귀순해 왔다. 12년이 지난
뒤 '파르스 일'〔호랑이의 해〕에 바르쿠진 투쿰과 바일룩에 살던 투마트의 한
종족이 반란을 일으켰다.[220]

그들이 키르키즈에 가까웠기 때문에 그들을 정복하기 위해 키르키즈로부
터 군대를 요구했는데, 〔키르키즈는 군대를〕 내주지 않고 반란을 일으켰다.
칭기스 칸은 자기 아들인 주치를 군대와 함께 그들에게 보냈다. 그들〔=키르
키즈〕의 수령은 쿠를룬(Qurlûn)[221]이었다. 부카(Bûqâ)라는 사람이 前衛로
나아가 키르키즈를 물리쳤다.[222] 〔몽골 군은 그들을 추격하다가〕 여덟 번째
강에서 되돌아왔다. 주치가 도착했을 때 쳄 쳄치우트 강은 얼어 있었고, 얼
음 위를 지나 그들을 복속시키고 돌아왔다.

카를룩 종족

비록 이 종족에 관한 설명이 오구즈 지파에서 나왔고, 〔또〕 칭기스 칸의 시대
에 그의 御前으로 갔기 때문에 그의 紀傳에서 그들에 관한 이야기가 나오겠
지만, 여기서도 그들 지파에 관해서 약간은 서술하고자 한다. 칭기스 칸의
시대에 카를룩의 군주는 아르슬란 칸(Arslân Khân)이었다. 칭기스 칸이 바룰
라스 종족 출신의 쿠빌라이 노얀(Qûbîlâî Nôyân)을 그 지방으로 보내자 아르

---

220) 투마트 部가 다시 반란을 일으킨 것은 丁丑年(1217)의 일이었다. Cf. 『元史』 권1, p.20 ; 『親征錄』,
p.184. 그러나 『秘史』 240절에는 마치 토끼의 해(1207)에 발생한 것처럼 서술되어 있고, 王國維는 투마
트의 반란이 乙丑年에 일어난 것으로 추정했다.
221) Roshan은 이를 qarâ'ûl로 고쳐 읽었으나 字面으로 볼 때 무리이다. 그러나 Qurlûn이라는 인물이 다른
자료에 보이지 않고, 또 문맥도 어색하기 때문에 Roshan처럼 읽을 가능성도 완전히 배제할 수는 없다.
222) 『秘史』 239절에도 칭기스 칸이 큰 아들 주치와 右翼軍으로 하여금 '森林民'을 정벌케 했을 때 Buqa라는
인물이 '길안내'를 한 것으로 되어 있으나, 이는 '토끼해', 즉 1207년의 일이었다.

슬란 칸은 귀순하여 쿠빌라이에게로 왔다. 칭기스 칸은 일족 가운데 딸 하나
를 그에게 주면서 그를 아르슬란 사르탁타이(Arslân Sartâqtâî), 즉 '타직' [223]
이라고 부르도록 명령했고,[224] "그를 어찌 아르슬란 칸이라 부를 수 있단 말
인가?"[225]라고 말했다.

킵착 종족

「29r」 킵착에 관한 이야기는 오구즈 지파에서 언급했음에도 불구하고 여기
서 하는 이유는 카를룩에서 설명한 것과 마찬가지이다. 칭기스 칸의 시대에
킵착인들의 수령은 킵착 종족 출신의 아미르 쿤첵(Kônchek)이라는 사람이
었는데, 그[=칭기스 칸]의 시쿠르치들의 長이었다. 아들이 하나 있었는데
이름은 쿠무르(Qûmûr)였고, 코니치(Qônichî)와 바얀(Bâyân)의 휘하에 있었
다.[226] 한번은 그를 이슬람의 제왕—그의 왕국이 영원하기를!—에게 사신
으로 보냈었다. 그들은 킵착의 군주들의 후손이다. 알라께서 가장 잘 아시고
가장 현명하시도다!

---

223) A에서 Tâjî이라고 한 것은 誤寫.
224) 당시 몽골인들은 중앙아시아의 타직인들을 Sarta'ul이라고 불렀는데, 이 말은 Sart/Sartaq에서 연원한
    것이다. 따라서 Arslân Sartâqtâî는 '사르탁 人(=타직 人) 아르슬란'을 의미하는 셈이다.
225) Arslan Khan은 투르크어로 '獅子王'을 의미하기 때문에, 이렇게 거창한 의미를 지닌 칭호를 허용치 않
    은 것이다.
226) 이 부분의 A·B 원문은 pesârî dâshte nâm-i û Qûmûr pîsh-i Qônichî wa Bâyân mîbûd로 읽어야 마
    땅할 것이다. 露譯本에서 아들의 이름을 Qûmûrbîsh-Qûnjî로 읽고 Bâyân을 '능숙한 사냥꾼'으로 이해
    한 것은 잘못이다. 코니치는 주치의 長子 오르다의 아들이고, 바얀은 코니치의 아들로 아버지가 죽은 뒤
    울루스를 관할했다. Cf. Boyle tr., *Successors*, pp.100~103.

제 4 편

몽골족

옛부터 몽골이라는 명칭을 가졌던 투르크의 종족들.
〔아래에서〕설명하는 것처럼 그들로부터 많은 종족들이 번성해 나왔다

〔30r〕그들에 관한 이야기의 일부는 도분 바얀과 알란 코아의 紀傳에서 나올 것이다. 이 몽골 종족들은 두릴리킨 몽골과 니루운 몽골이라는 두 부분으로 나뉜다. 두릴리킨 몽골이 뜻하는 바는 평민 몽골이며, 니루운이 뜻하는 바는 '순결한 허리' 즉 알란 코아의 허리에서 나온 후손이라는 것이며, 그 이야기는 몽골인들에게는 널리 알려져 있다.

제1부분

두릴리킨 몽골이라고 부른다. 그들은 에르게네 쿤으로 들어간 네쿠즈와 키얀의 몽골 종족의 잔얼의 후손들에서 생겨난 지파와 종족들이며, 도분 바얀과 알란 코아의 시대 이전에 존재했었다.

제2부분

니르운 몽골이라고 부른다. 그들은 알란 코아가 그녀의 남편 도분 바얀이 죽은 뒤 출산한 자손들에서 나온 종족이다. 알란 코아는 두릴리킨 몽골의 한 지파인 코룰라스 종족 출신이었고, 몽골인들의 견해와 설명에 따르면 그녀는 남편이 죽은 뒤 빛에 의해 임신하여 세 아들을 출산했다고 한다. 그 아들들의 자손에서 생겨난 사람들을 니르운이라고 부른다. 니르운의 뜻은 '허리'이고, 빛으로부터 출생했다고 하여 '순결한 허리'를 가리키는 말이다. 알란 코아와 그녀의 아들들에서 생겨난 이 종족은 다음과 같이 세 부분으로 나뉜다.

첫째 : 알란 코아의 후손들 가운데 제6대, 즉 카불 칸에 이르기까지의 사람들, 그들의 자식과 손자와 일족에서 나온 집단 전부를 총괄하여(muṭlaqân) 니르운이라고 부른다. 카불 칸의 형제들과 그 일족도 마찬가지로 니르운이라고 부른다.

둘째 : 니르운임에도 불구하고 〔특별히〕 키야트라고 불리는 사람들. 그들은 알란 코아의 제6대인 카불 칸으로부터 비롯된 족속이다.

셋째 : 니르운이고 키야트이며 알란 코아의 순결한 후손이며 그녀의 제6대인 카불 칸의 자식들로부터 출생했음에도 불구하고, 〔특별히〕 보르지킨 키야트라고 부르는 사람들. 그들은 카불 칸의 손자이자 칭기스 칸의 아버지인 이수게이 바하두르로부터 출생한 사람들이다.「29v」

제1장__

두릴리킨이라고 불리는 몽골계 투르크(Atrâk-i Moğûl) 종족들에 관한 이야기. 그들은 에르게네 쿤으로 들어간 네쿠즈와 키얀에게서 비롯된 종족과 지파들이며, 도분 바얀과 알란 코아의 시대 이전에 존재했었다.

이 축복받은 책의 서론에서 설명한 대로 몽골 종족들은 투르크 종족 전체의 한 부류였고, 외형과 언어도 서로 비슷했다. 그 종족들은 모든 투르크 족속의 조상이며, 아불제 칸이라고도 불리는, 선지자 노아—그에게 평안이 있기를!—의 아들 야벳의 후손에서 비롯되었다. 그러나 많은 시대가 흘렀고, 오랜 세월로 인해 [그들에 관한 자세한] 정황이 잊혀지게 되었다. 투르크인들은 책이나 문자를 갖지 못했기 때문에 4~5천 년의 역사를 기록할 수 없었고, 현시점에 아주 가까워서 전승의 방식으로 그들에게 전해져 내려와 자식들에게 가르쳐 주는 몇몇 사건들을 제외하고는 명확하고 믿을 만한 옛날의 역사를 갖지 못하고 있다.

이 종족들에게 속한 목지와 지역은 서로 인접해 있었고, 각 종족의 목지는 어디에서부터 어디까지라고 획정되어 있었다. 그들의 목지 전체는 위구르 지방의 경계에서부터 키타이와 주르체의 경계에까지 이르며, 오늘날 '모굴리스탄'(즉 몽골리아)이라고 부르는 지방 안에 있었다. 그 지역들의 이름과 그에 관한 설명은 앞에서 했다. 옛날에 몽골이라고 부르던 종족은 지금부터 거의 2천 년 전에 다른 투르크 종족들과 적대와 대립을 벌여, 그것이 전쟁으로 비화되었다. 믿을 만한 사람들의 이야기에 의하면, 다른 종족들이 몽골 종족에 대해 승리를 거두었는데 얼마나 많이 참살시켰던지 두 남자와 두 여자를 빼놓고는 아무도 살아남지 못했다고 한다. 그 두 가족은 적에 대한 두려움 때문에 험준한 곳으로 도망쳤는데, 그 주변은 모두 [30v] 산과 숲이었고 통과하기에 지극히 어려운 좁고 험한 길 하나를 제외하고는 어느 방향에서도 [길이] 없었다. 그 산지 중간에는 목초가 풍부한 아름다운 초원이 있었는데, 그곳의 이름이 에르게네 쿤이었다. '쿤'의 뜻은 '협곡'이고 '에르게네'는 '가파르다'이니, 곧 '가파른 山崖'〔를 의미한다〕.[1]

그 두 사람의 이름은 네쿠즈와 키얀이었고, 그들과 그 후손들은 오랫동안 그곳에 머물렀다. 혼인을 통해서 〔숫자가〕 많아졌다. 그들에서 비롯된 각각의 지파는 특정한 이름과 명칭으로 알려지고 하나의 '오박'(ôbâq)[2]이 되었다. 오박이라는 것은 뼈(ostakhwân)와 계보(naslî)에 의해 정해지는데, 이 오박들은 다시 분파되었다. 오늘날 몽골 종족들이 이야기하는 바에 따르면, 이 지파들에서 나온 사람들이 〔다른 집단에 비해〕 서로 더 가까운 친족 관계를 갖고 있으니, 그들이 '두릴리킨 몽골'이다. 몽골이라는 말은 원래 '몽올' (mông-ôl)이었는데, 이는 '무력한'(firû-mânde) 혹은 '어리석은'(sâde-del)이라는 뜻이다.[3] 몽골어에서 '키얀'은 산 위에서 땅 아래로 흘러내리는 가파르

---

1) 라시드 앗 딘은 qun의 뜻을 kamar-i kûh라고 하였는데, Steingass의 사전에 의하면 kamar는 'the middle of anything ; the middle of a mountain, enclosure for cattle' 등의 의미를 지니고 있다. 이렇게 볼 때 kamar-i kûh는 산 사이에 둘러싸인 계곡이나 협곡을 뜻하는 것으로 이해할 수 있다. 이 말은 『秘史』에도 *昆으로 표기되었고 旁譯이 '崖'로 되어 있는 것도 이러한 해석을 뒷받침한다. ergene는 혹시 『秘史』에 나오는 ergi와 관련이 있는 말이 아닐까 추측된다. 이 말의 旁譯은 '岸'이라고 되어 있지만, 높고 가파른 강 언덕이나 절벽을 의미하기도 한다(Kowalevsky, p.268). 에르게네 쿤으로 도주했다는 이 설화는 突厥의 조상 설화와 매우 흡사하다. 『周書』권50 「突厥傳」에 의하면 突厥人들이 隣國의 공격을 받아 모두 죽고 한 아이만 살아남아 草澤 중에 버려졌다가 암늑대의 젖을 먹고 장성하여 늑대와 혼인하였는데, 隣國의 병사들이 다시 찾아와 그 남자를 죽이자 임신한 늑대가 高昌國의 北山에 있는 洞穴로 도망쳤다. 그 동굴 안에는 평평하고 풀이 무성한 초원이 있었고 周圍가 수백 리에 달했으며 四面이 모두 산으로 둘러싸여 있어, 늑대는 거기서 10명의 男兒를 낳았고, 이들의 후손이 突厥이 되었다는 것이다. 『隋書』와 『北史』에도 이와 거의 동일한 설화가 기록되어 있다. 村上正二(「モンゴル部族の族祖傳承‧一」『史學雜誌』73-7, 1964, pp.21~22)는 大災殃으로 인한 종족 절멸 뒤에 기적적으로 살아남은 사람들을 조상으로 설정하는 說話가 지구상의 여러 민족에게서 보이고 있다고 하였는데, 몽골과 돌궐의 이같이 유사한 설화가 상호 무관하지만 보편적 유형으로 인하여 공통점을 갖게 된 것인지, 아니면 유목민의 역사적 기억의 傳承‧共有에 의한 것인지는 분명치 않다.

2) 몽골어의 oboq을 옮긴 말이며, 『秘史』의 용례로 보아 이것은 父系 宗族을 의미하는 것으로 볼 수 있다. 이에 대해서는 E. Bacon의 *Obok : A Study of Social Structure in Eurasia*(New York : Wenner-Gren Foundation, 1958)와 護雅夫의 「元朝秘史におけるOboqの語義について」(『ユーラシア學會研究報告』, 제3책 所收)를 참조하시오.

고 빠르며 거센 격류이다. 키얀이 용감하고 대담하며 매우 용맹한 사람이었기 때문에 그에게 이러한 이름을 붙여 준 것이다. 키야트는 키얀의 복수형이다.[4] 계보상 그와 보다 가까운 후손들을 옛날에 키야트라고 불렀다.

그 산과 숲 사이에 사는 무리가 많아져서 공간이 좁아지자, 그들은 험준한 계곡과 좁은 산길에서 밖으로 나올 수 있는 좋은 방책이 무엇인지 서로 상의했다. 그들은 한 지점을 찾아내었는데, 그곳에는 철광이 있었고, 그들은 거기서 항상 쇠를 녹이곤 했다. 그들은 모두 함께 모여서 숲에서 수많은 장작과 석탄을 「30r」 실어와 쌓고, 70마리의 소와 말을 죽여서 거기서 껍질을 모두 벗겨 대장장이의 풀무들을 만들었다. 많은 양의 장작과 석탄을 그 협곡의 아래에 쌓고, 계획에 따라 70개의 거대한 풀무를 일시에 불어대니 그 협곡이 녹아내려서 쇠가 거기서 끝도 없이 흘러나왔고 길이 하나 나타나게 되었다.[5] 그들은 모두 이동을 해서 그 협곡에서 넓은 초원으로 나왔다. 전하는 바에 의하면, 키얀에 소속된 원래의 지파가 그 풀무들을 불었다고 한다. 네쿠즈라는 이름으로 알려진 종족과 그 지파인 우량카트 종족도 마찬가지로 불었다

---

3) '몽골'의 語義에 대해서는 諸說이 분분하지만(라츠네프스키의 『칭기스한』, pp.183~184의 주를 참조), 라시드 앗 딘의 설명도 전혀 근거가 없는 것이라고는 치부할 수 없다. 즉, 고대 투르크어에서 mung/bung은 'grief, sorrow, melancholy' 등을 의미하기도 하지만, 동시에 'simpleton'(바보, 얼간이)이라는 뜻도 갖고 있으며, munğul은 'mentally confused, troubled'를 의미했다(Clauson, *Etymological Dictionary*, p.347, pp.768~769). 『秘史』 23절에 칭기스 칸의 先祖 가운데 Bodonchar라는 사람이 있는데, mungqaq이라는 별명으로 불렸고 그 뜻은 '어리석다'는 것으로 설명되었다. 물론 몽골인들이 처음부터 그런 이름으로 자신을 칭하지는 않았을 것이다. 史書에서 '몽골'이라는 말이 처음 등장한 것은 『舊唐書』 「室韋傳」에 室韋에 속하는 여러 집단 가운데 하나로 蒙兀室韋가 언급된 것이다. 이는 室韋 諸族과 접촉을 갖던 투르크인들이 여러 室韋 가운데 특히 未開했던 一集團을 불렀던 것을 그 의미를 정확히 모르는 몽골인들이 自己呼稱으로 사용하게 되었을 가능성도 있다. 칭기스 칸의 시대에도 투르크인들은 몽골인을 未開한 집단으로 보는 卑下的 태도를 가졌고, 이는 『秘史』 189절에 '몽골 사람들은 냄새가 나쁘고 의복이 더러운 것들이다. 따로 멀리 살도록 데려오지 마라! 그들의 아름다운 며느리들과 딸들만 데려다가 손발을 씻게 하고 다만 소와 양의 젖을 짜게 할 뿐이다.'라고 한 나이만 部의 王妃 Gürbesü의 말에서도 잘 드러난다.

4) B본의 29v에는 여기까지가 지워져 있다.

5) 전술한 突厥의 祖上 說話에서 그들이 대대로 柔然의 '鐵工'·'鍛奴'였다는 내용을 상기케 한다.

고 한다. 몇몇 다른 종족들도 〔풀무를〕 불었다는 주장을 하지만 상술한 종족들은 그들을 신뢰하지 않는다.

몇 개의 지파로 이루어져 있고, 또 뒤에서 설명할 쿵그라트 종족들 역시 에르게네 쿤에 있을 때 이 네쿠즈와 키얀으로부터 생겨났는데, 그들은 상의도 하지 않고 다른 사람들보다 먼저 밖으로 나갔고, 〔나가면서〕 다른 종족들의 爐地[6]를 발로 밟았다는 이야기가 전해진다. 그 종족들은 쿵그라트인들이 특유하게 지니는 발의 통증은 이러한 이유, 즉 다른 사람들과 합의하지 않고 먼저 밖으로 나갔으며 부주의하게 불과 爐地를 발로 짓밟았기 때문이라고 믿고 있다.[7] 〔31r〕 이 때문에 그들은 쿵그라트 종족과 사이가 틀어졌다. 현재 이곳에 머무르고 있는 몽골인들 가운데 에르게네 쿤을 본 적이 있는 사람들은 그곳이 험준한 곳이긴 하지만 〔위에서 말한〕 그 정도로 심하지는 않다고 말한다. 그들이 협곡을 녹인 목적은 또 다른 길을 열기 위해서였다.

알란 코아의 남편인 도분 바얀이 키얀의 후손이고 알란 코아는 코룰라스 종족 출신이기 때문에, 칭기스 칸의 계보는 〔앞에서〕 설명한 바와 같이 그들에게까지 올라간다. 그런 연유로 〔몽골인들은〕 그 산과 쇠를 녹인 것과 대장장이의 일을 잊지 않는다. 새해를 맞는 첫날 밤〔=섣달 그믐날 밤〕에 칭기스 칸 일족의 관습과 의례는 대장장이의 풀무와 화로와 석탄을 준비하고 얼마간의 쇠를 달군 뒤 모루 위에 올려놓고 망치로 때려서 길게 늘이고 감사를 드리는 것이었다.[8]

〔앞에서〕 그 까닭을 설명하였듯이 옛날에는 그 종족들을 키야트라고 불렀으나, 도분 바얀 이후에는 그들로부터 수많은 종족과 지파와 족속이 나타나

---

6) B본 30r에는 여기서부터 지워져 있다.

7) B본 30r은 여기까지 지워져 있다.

8) 이같은 儀禮는 『元史』「祭祀志」에도 기록되어 있지 않으며, 아마 궁정 내부에서 皇室 一族들이 치르던 秘儀였던 것으로 보인다. 이 儀禮의 의미에 대해서는 村上正二의 「モンゴル部族の族祖傳承・二」, 『史學雜誌』 73-8(1964), pp.55~61을 참조하시오.

서, 각각의 족속이 특수한 이름과 명칭을 취했고 키야트라는 명칭은 그들 사이에서 잊혀지게 되었다. 그 뒤 알란 코아의 제6대 후손이 카불 칸이라는 이름을 가졌는데 〔그에게서〕 여섯 명의 아들이 출생했다. 그들 모두가 용맹하고 기품 있으며 존경받고 왕자다웠기 때문에 그들의 명칭이 다시금 키야트가 되었다. 그때부터 그의 일부 후손들을 키야트라고 불렀다. 특히 그의 한 아들인 바르탄 바하두르(Bartân Bahâdur)—칭기스 칸의 조부—의 후손들을 키야트라고 불렀다. 그리고 이때 바르탄 바하두르에게 큰 아들이 있었는데 그의 이름은 뭉게두 키얀(Môngedû Qîyân)[9]이었다. '뭉게투'(môngetû)는 곧 '점이 많은 사람'을 가리킨다. 그는 목에 커다란 점이 하나 있었고 매우 용맹한 사람이었다. 현재 킵착 초원 지역에 있는 많은 키야트들은 그 사람, 그의 사촌, 혹은 그의 친족의 후손들이다.

칭기스 칸과 그의 선조와 형제들은 상술한 것처럼 비록 키야트 종족에 속하지만, 칭기스 칸의 부친인 이수게이 바하두르의 자식들은 '보르지킨 키야트'(Qîyât-i Bôrjiqîn)라는 명칭으로 불렸다. 그들은 키야트이며 〔동시에〕 보르지킨이다. 투르크어에서 '보르지킨'은 회색빛 눈을 지닌 사람을 뜻하며, 그들의 피부색은 누런 빛을 띤다. 그들이 얼마나 대담하고 용맹했는지, 그 용맹함은 본보기로 이야기될 정도였다. 종족들이 서로 전투를 벌이게 되면 그들에게 매달려 청원하고 공납과 선물을 바치면서 그들의 힘과 용맹을 〔보태 줄 것을〕 간청했고, 그들의 지원과 도움으로 강력한 적을 정복하고 패배시켰다.

〔그 당시〕 몽골 종족들의 정황에 관해 알려진 것은 위에서 서술한 정도에

---

9) 『秘史』에는 그의 이름이 Mönggetü Kiyan으로 나와 있다. mûngetû를 '점이 많은 사람'이라고 한 라시드 앗 딘의 설명에 대해 Pelliot는 투르크어의 möng, 몽골어의 mengge가 '점'(grain de beauté)을 뜻한다는 것을 근거로 타당하다고 결론을 내렸다. 나아가 그는 Mönglik이라는 이름도 '점을 지닌 사람'이라는 뜻이라고 이해했다(Campagnes, pp.116~117). 그러나 Doerfer는 투르크어에서 möng이 '점'의 뜻을 갖는 것은 오로지 현대어에서나 그러하고, 몽골어에서 '점'을 의미하는 말은 mengge이기 때문에 möngge와 音價에 차이가 있음을 지적하면서 확실한 결론을 유보했다(Elemente, vol. 1, pp.511~512).

불과하다. 뒤에서 상술하듯이 많은 종족들이 그들로부터 생겨 나왔다. 그 종족들에 관해 장황하게 설명하는 이유는 니르운 종족들과 칭기스 칸의 선조들이 모두 하나의 지파에서 나왔고 에르게네 쿤으로 들어간 두 사람의 후손으로서, 그곳에서 오랜 동안 번식하여 그들로부터 두릴리킨 몽골이라고 부르는 지파와 족속들이 생겨났으며, 그들의 허리와 자손으로부터 많은 종족들이 출현했기 때문이다. 일부 종족들은 도분 바얀과 알란 코아에게서 출현한 후손이며, 제2장과 제3장[10])에서 설명하듯이 많은 부분들로 분파되었다.

과거 칭기스 칸과 그의 유명한 일족들의 시대에 네쿠즈와 키얀이라는 이 두 종족 출신의 아미르들이 있었다. 오늘날 이란 땅에 있는 천호장 자우르치(Jâûrchî)──그의 아들인 카라(Qarâ)와 수베테이(Sûbetâî)도 천호장이다──는 네쿠즈 종족 출신이었다. 또한 과거 아바카 칸의 시대에 무칼리 구양의 후손이며 잘라이르 종족 출신인 자우쿠르(Jâûqûr)가 관할하던 천호 안에는 이 네쿠즈 종족 출신이 매우 많았는데, 유명하거나 중요한 인물들은 아니었다.

니르운 종족에 속하는 한 지파로서 네쿠즈라고 불리는 지파가 있다. 그들은 겐두 치나(Gendû Chîna)와 울렉친 치나(Ûlekchîn Chîna)[11])로부터 태어났는데, 이 둘 다 차라카 링쿰(Charaqa Lîngqûm)의 아들로서, [차라카 링쿰이] 자기 형제인 툼비나 칸(Tûmbina Khân)의 부인을 취하여 그녀로부터 태어난 아들들이다. 그들의 일족과 후손은 치나(Chîna)라고 불리고 네쿠즈라고도 불린다.[12]) 그들의 종족과 지파를 잘 아는 사람들은 두 [종류의] 네쿠즈 사이

---

10) 라시드 앗 딘의 이러한 언급과는 달리 '제3장'(qism-i sevvom)은 집필되지 않았고, 니르운 몽골의 모든 지파들은 제2장에서 설명되고 있다.

11) A・B 모두 Iljîgîn Chîna로 표기되어 있다. 그러나 한문 사료에는 玉烈貞赤納이라고 되어 있고, 라시드 앗 딘도 뒤에서는 Ülekchîn Chîna 혹은 Ûlekchîn Chîna로 표기한 것으로 보아 Ülekchîn Chîna의 誤寫로 보아야 할 것이다.

12) Chînas(Chîna의 복수형) 氏의 기원에 대해서는 사료들의 기록이 일치하지 않는다. 우선 『秘史』에는 이 집단의 기원에 대해 아무런 설명이 없으나 207절에는 Adarkin 族의 일부로서 Chinos, Tö'ölös, Telenggüd가 並稱되고 있을 뿐이다. 『元史』 권107 「宗室世系表」(p.2709)에는 察剌哈寧昆이 兄 拜姓忽兒의 妻를 맞아들여 直擊斯(Chinas)라는 아들을 하나 두었고 大丑兀禿(Tayichi'ut)는 直擊斯의 후손이라는

의 차이를 구별할 수 있다.[13] 겐두 치나와 울렉친 치나[14] 그리고 [차라카 링 쿰의] 다른 부인들로부터 태어난 차라카 링쿰의 여타 일족의 후손들로 이루어진 네쿠즈는 모두 타이치우트 종족의 조상들이며, 그에 대한 설명은 타이치우트 지파[에 관한 부분]에서 나올 것이다.

네쿠즈와 키얀 종족은 모두 옛 몽골 종족이 절멸된 뒤 그들로부터 분파된 것이기 때문에, 그들에 관한 이야기에서 별도의 역사가 시작되고 있고, [현재] 자세히 알려져 있지도 않은 그 조상들에 관해서까지 서술할 필요는 없다. 알란 코아와 「31r」 그녀의 자식들이 출생하기 전 시대에 그들[=네쿠즈와 키얀]로부터 생겨났고 두릴리킨 몽골이라고 불리는 후손과 지파들에 관해서는 각 지파에 관한 적절한 이야기들과 함께 다음과 같이 각기 별도로 서술하고자 한다.

우량카트 종족

이 종족은 전술한 네쿠즈와 키얀의 후손에서 갈라져 나왔다. '삼림 우량카트'라고 불리는 다른 집단이 있지만, 이들은 그들과 별개이고 구별된다.

기록이 보인다. 그러나 『秘史』 47節에는 Charaqai Lingqu에게 Senggüm Bilge가 있었고 그의 후손이 타이치우트 氏가 되었으며, Charaqai Lingqu가 兄嫂, 즉 Bai Singqor Doqshin의 妻를 맞아들여 낳은 아들이 Besütei였고 그의 후손이 Besüd 氏가 되었다고 되어 있다. 즉, 『集史』와 『元史』는 치노스/치나스 氏가 차라카 링쿰과 그의 兄嫂 사이에서 출생한 아이들에게서 생겨났다고 본 반면, 『秘史』는 그들이 베수트 氏를 이루었다고 본 것이다. 어느 쪽이 옳건 차라카 링쿰이 툼비나 칸의 부인을 娶嫂했다는 라시드 앗 딘의 기록은 잘못된 것이다. 라시드 앗 딘은 뒤에 「카불 칸 紀」에서 차라카 링쿰이 바이 싱코르의 부인 즉 兄嫂와 혼인하여 Gendû Chîna와 Ûlekjîn Chîna를 낳았으며, 이외에도 Sûrqûqtûkû Chîna라는 아들도 두었다고 했다. 『親征錄』에 의하면 칭기스 칸이 자무카와 十三翼의 전투를 벌일 때 建都赤納과 玉烈貞赤納 二部가 그 一翼을 이루었다고 하였는데, 이는 각각 Gendü China와 Ülekchin China를 옮긴 것으로 보인다. Cf. Pelliot, *Campagnes*, pp.131~135.

13) 라시드 앗 딘의 설명에 따르면 네쿠즈는 원래 두릴리킨 몽골에 속하는 분파이나, 니르운 몽골의 일파인 치나(Chîna)도 역시 네쿠즈라고 불리기 때문에, '두 종류의 네쿠즈' 운운한 것이다.

14) 원문은 Iljîgîn Chîna.

〔31v〕 그 삼림 종족들은 코리와 바르쿠트와 투마트 종족이 거주하고 있는 바르쿠진 투쿰의 경계에 있으며 〔자기들끼리〕 서로 가까이에 살고 있다. 그들의 족속과 지파들은 前篇에서 언급했듯이 원래의 몽골이 아니다. 이 우량카트는 에르게네 쿤에서 70개의 풀무를 불 때 도움을 주고 참가했었다고 주장한다.

그들은 번개와 천둥이 심하게 칠 때 하늘과 구름과 번개를 향해 욕을 해대고 그것들에 고함을 치는 관습이 있다.[15] 만약 벼락이 가축에 떨어져 그 가축이 죽으면 그 고기를 먹지 않고 기피한다. 그렇게 해야 번개가 그치고 힘을 잃는다는 것이 그들의 생각이다. 다른 몽골인들은 이와 반대로 행동하여, 번개가 칠 때면 집에서 밖으로 나오지 않고 무서워하며 앉아 있는다. 몽골리아 지방에는 벼락이 많이 떨어진다고 이야기한다. 몽골인들의 생각에 의하면 번개는 龍과 비슷한 어떤 동물에서 생겨난 것이며, 공중에서 땅으로 하강하여 꼬리로 땅을 치고 자기 몸을 휘감으면서 입에서 불을 뿜어내는 것을 그 지방에서 목격한다고 한다. 정말로 다음의 시구로 구름과 번개를 묘사한 시인은 그같은 뜻을 나타내고자 한 것이다.

詩

마치 한 마리 악어처럼 하늘을 날아다니다가
분노에 찬 검은 빛 몸이 바다에서 솟구칠 때면
세상을 뒤흔드는 용처럼 포효하고
입과 이빨 사이로 불과 연기를 내뿜는다.

신뢰할 만한 몽골인들은 이에 대해서 "우리는 여러 번 이러한 모습을 보았

---

15) 『魏書』 卷103 「高車傳」(p.2308)에 뇌성벽력이 칠 때 高車族의 관습에 대하여 "喜致震霆 每震則叫呼射天而棄之移去 至來世秋 馬肥 復相率候於震所 每殺羊 燃火 拔刀 女巫祝說 似如中國祓除 百帀乃止 人持一束柳棬回竪之 以乳酪灌焉 ……"라고 적고 있다.

다"고 강조한다. 몽골리아 지방에 혹심한 추위가 찾아오면, 특히 바르쿠진 투쿰이라고 부르는 그 지방에서는 벼락이 계속해서 떨어진다. 또한 술이나 쿠미즈, 혹은 젖이나 요구르트를 땅에 부으면 번개가 가축에게, 특히 말 위에 떨어지는 결과가 일어난다고 말한다. 만약 술을 부으면 보다 심각한 결과가 나타나서 필시 번개가 그들의 가축이나 집 위에 떨어진다. 그런 이유로 그들은 매우 조심한다. 만약 어떤 사람이 발에서 양말(ûĝ)[16]을 벗어서 햇볕에 말리려고 하면 앞에서 말한 바로 그같은 재앙이 일어난다. 그 때문에 양말을 말릴 때는 천막의 천정을 덮고 천막 안에서 말린다. 그들에게는 이러한 징험이 인정되고 있으며, 이는 그 지방에 특유한 것이다. 그 지방에 벼락이 많이 떨어져 큰 재앙을 일으키기 때문에 그들은 그같은 현상을 모종의 원인과 연관시킨다.

또한 정령들이 그들에게 나타나고 말을 거는 것도 어떤 까닭이 있기 때문이라고 한다. 그 지방에는 이러한 종류의 미신이 매우 많다. 정령들과 말을 한다는 많은 수의 유명한 무당(qâm)들은 특히 문명에서 가장 먼 변경 지방, 즉 바르구라고 부르기도 하고 바르구진 투쿰[17]이라고 부르기도 하는 그 지방에 아주 많다.

칭기스 칸의 시대에 이 우량카트 종족 출신의 대아미르들 가운데 하나가 젤메 우하(Jelme Ûha)[18]였다. '우하'는 '부랑배, 산적, 용사'를 뜻하는데,[19] 그

---

16) 투르크어인 uĝ에는 두 가지 의미가 있다. 하나는 털로 만든 양말이고, 다른 하나는 천막의 骨組이다. Cf. Doerfer, *Elemente*, vol. 2, pp.150~151.

17) 그러나 A·B본에는 모두 Bûrǧûjîn Tûkûm으로 표기되어 있다.

18) 『秘史』의 Uriyangqan 氏에 속하는 Jarchi'udai의 아들 Jelme, 『元史』·『親征錄』의 折里麥. Jebe, Qubilai, Sübe'etei와 함께 四狗(dörben noqais)의 하나로 유명하다.

19) 『秘史』에 Chaǧa'an U'a, Gü'ün U'a, Gü'ün Ǧo'a 등 人名의 일부로 사용되는 u'a가 『集史』의 uha와 동일한 것으로 보이며, 메르키트의 일 지파인 Uwas/Uhaz도 u'a/uha의 복수형이라는 지적도 있다. 그러나 라시드 앗 딘이 설명한 뜻을 갖는 몽골어 u'a 혹은 uha는 검증되지 않는다. 차라리 u'a/uha는 ǧo'a와 같은 말로 보는 것이 타당할 듯하다. 『秘史』 170절에는 Jelme를 두고 Jelme Ǧo'a라고 부르는 구절이 나온다. 村上正二는 ǧo'a라는 말이 巫劇에서 化粧한 巫覡의 자태를 지칭하는 말로서 男女를 불문하고 적용되

가 이러한 특징을 지녔기 때문에 이같은 이름이 붙여진 것이다. 그는 당시 케식의 아미르에 속했고, 그보다 더 높은 아미르는 두세 명을 넘지 않았다. 칭기스 칸의 시대에 죽었는데, 그에게는 두 아들이 있었다. 「31v」 하나는 이수 부카 타이시(Yîsû Bûqâ Tâîîshî)라는 이름으로 아버지의 지위를 관장했고 좌익 아미르들의 무리에 속했다. 또 하나는 이순 토카 타라키(Yîsûn Tôqâ Ṭaraqî)[20]인데 하나의 천호를 관할했고 우익 아미르들에 속했으며 칭기스 칸의 코르치들의 선임자였다. 부카(Bûqâ)와 아룩(Arûq)[21]의 조부(jadd)[22]인 우겔레이 코르치(Ôgelî Qôrchî)[23]는 그의 近侍들 가운데 하나였고, 그의 후원을 받아 중요하고 유명해지게 되었다. 이수 부카는 '타이시'라고 불렸는데, 타이시는 키타이 말로 有識者(bakhshî)나 큰 스승을 가리킨다.[24] 우구데이 카안의 시대에는 아주 연로해져서 수레를 타고 다녔으며 목소리도 쇠미해졌다. 그래서 우구데이 카안은 그를 '이수 부카 타이시'라고 불렀고 그것이 그의 칭호가 되었다. 오늘날 천호장인 카라우나 추반(Qarâûna Chûbân)은 그의 조카들 가운데 하나이다.

수베테이 바하두르(Sûbetâî Bahâdur)[25]도 이 종족 출신이었다. 그의 자식

있었으며 '기이한 능력을 갖는 美麗한 巫者'에 대한 尊稱일 것이라고 추측했다. Cf. Doerfer, *Elemente*, vol. 1, pp.181~182 ; Pelliot, *Campagnes*, pp.137~138 ; 『秘史』, II, pp.131~132.

20) B : Yîsûn Bûqâ Ṭaraqî ; A : Yîsûn ?ûqâ Ṭaraqî. 露譯本에서는 B본을 따랐으나 이 사람은 『秘史』에 젤메의 아들임을 말해 주고 있기 때문에, B본처럼 ûrûq('一族')으로 해석하는 것은 옳지 못하다. 따라서 露譯本의 해석은 잘못된 것이라고밖에 말할 수 없다.

21) B : ûrûq.

22) 실은 '父親'이 되어야 옳다.

23) 칭기스 칸의 侍從(cherbi)들의 長이었던 Ögele Cherbi와 동일 인물. A : 15r에는 잘라이르 部에 속한 아미르 Ôgelâî Qôrchî와 그의 두 아들 Bûqâ와 Arûq의 이름이 기재되어 있다. A본에는 Bûqâ wa Arûq이라는 말이 붉은 잉크로 쓰여져 있어 이것이 모두 人名임을 말해 주고 있기 때문에, B본처럼 ûrûq('一族')으로 해석하는 것은 옳지 못하다. 따라서 露譯本의 해석은 잘못된 것이라고밖에 말할 수 없다.

24) tâîîshî는 물론 漢字의 '太師'를 옮긴 말이다.

25) 『秘史』의 Sübe'etei Ba'atur(1176~1248). 『元史』에는 「速不台傳」(권121)과 「雪不台傳」(권122)이 별도로 두어져 있다. 『元史』에는 이외에도 速不觧·速卜帶·唉佰台 등으로도 표기되었다. 『親征錄』의 速不台拔都. 그의 생애와 업적에 대해서는 *In the Service of the Khan*, pp.13~26 참조.

들 가운데 티무르 부카 바우르치(Tîmûr Bûqâ Bâûrchî)가 있었고, 티무르 부카의 자식들로는 바야트미시(Bâîtmîsh), 쿤첵(Könchek), 쿠틀룩 호자(Qutluǧ Khwâja)가 있었다. 그들의 친족으로는 바얀차르(Bâînchâr),[26] 바이다르(Bâîdâr),[27] 쿠케 일게(Kûkâ Îlgâ)가 있었고, 그[=쿠케 일게]의 아들인 하르카순(Harqâsûn)은 만호장이었다. 하르카순에게는 아들이 없었으나, 아시 부카(Ashî Bûqâ)라는 조카가 있었다.

젤메 우하[28]의 후손들 가운데 천호장 사르반(Sârbân)이 있다. 그에 앞서 천호장이었던 나린 아흐마드(Nârîn Aḥmad), 그의 아들들인 하산(Ḥasan)과 아킨치(Aqinchî), 그의 조카[인 타이두(Ṭâîdû)][29]와 호자 노얀(Khwâja Nôyân)의 아들인 우룽 티무르(Ûrûng Tîmûr)도 모두 그의 친족이다. 힌두쿠르(Hindûqûr)의 만호에 속하는 우르쿠타(Ûrqûtâ)와 그의 아들 칭 티무르(Chîng Tîmûr)도 그들의 후손이다.

칭기스 칸의 시대에 삼림 우량카트 종족 출신의 한 천호장이 있었다. 좌익 아미르들에 속하는 그의 이름은 우다치(Ûdâchî)였고, 칭기스 칸이 죽은 뒤 그의 자식들은 자기 천호와 함께 부르칸 칼둔이라고 부르는 칭기스 칸의 聖骨의 禁區(ǧoruq-i yôsûn-i buzurg)[30]를 지키고 있으며 원정에 동원되지 않는다. 지금까지도 그러한 관행(yôsûn)이 확고하게 유지되고 있다. 칭기스 칸의

---

26) A : Bâîljâr.

27) A : Îldâr.

28) A : Jâmle Ûha ; B : Jâlme Ûha.

29) Ṭâîdû라는 이름은 A·B본에 모두 빠져 있으나 다른 제사본에 삽입되어 있어 추가했다.

30) B : yôsûn. A본에는 yôsûn의 표기가 불명확하여 yasûn으로 읽을 가능성도 있다. 그러나 A·B 다 뒤에 2회 모두 yôsûn으로 표기되었다. 露譯本에서는 이를 몽골어의 yasun(뼈)으로 이해했다. 그런데 『集史』의 다른 곳에서 yôsûn-i buzurg라는 표현이 보이고 [칭기스 칸의] 慣行'의 뜻으로 사용되었다(Cf. 志茂碩敏, 『序說』, pp.466~467). 그러나 여기서는 yôsûn을 '慣行'으로 이해하면 文意가 아무래도 잘 통하지 않는다. 더구나 다음에 오는 문장에서도 칭기스 칸의 일부 후손들의 'yôsûn-i buzurg'를 '상술한 그 지점에 두었다'라는 표현은 이 말을 '慣行'으로 해석하기 더욱 어렵게 한다. 뒤이은 문장이 보여주듯이 몽골어의 yasun(뼈)과 yosun(慣行)이 번갈아 나오기 때문에 혹시 라시드 앗 딘 혹은 그의 글을 필사한 사람들이 이 양자를 혼동한 것은 아닐까?

자식들 가운데 툴루이 칸, 뭉케 카안, 쿠빌라이 카안과 그의 자식들 및 일족들[31]의 성골도 상술한 지점에 두었다. 전하는 바에 의하면, 칭기스 칸이 그 [32r] 지점에 이르렀을 때 매우 싱싱한 나무 한 그루가 그 황야(ṣaḥrâ)에 자라고 있었다. 그는 그 나무의 푸르름에 매우 기분이 좋아져서 얼마 동안 그 아래에 멈춰 있었다. 그의 마음 속에 기쁨이 넘쳐나자 그는 아미르와 근시들에게 "나의 최후의 자리는 이곳이 되어야 할 것이다!"라고 말했다. 그 뒤 그는 사망했고, 그로부터 이 말을 들었기 때문에 그의 大禁區를 그 지점에 있는 그 나무 아래에 만들었다. 사람들이 말하기를 [칭기스 칸이 묻히던] 바로 그 해에 그 황야에 수많은 나무들이 생겨나 거대한 숲을 이루어서, 처음에 있던 나무를 결코 다시는 찾지 못하게 되었고, 어느 누구도 그것이 어디에 있는지를 알지 못할 정도가 되었다고 한다. 다른 자식들의 성골은 다른 곳에 있다. 이 우다치[32]의 일족은 세습 노비(ôtâgû bôĝôl)[33]이기 때문에 옛부터 [칭기스 칸 일족은 그들과] 통혼하지 않는다.

《또한 제베 노얀과 함께 이란 땅에 왔던 아미르 수베테이[34] 바하두르 역시 우량카트 출신이었다. 그에게 아들이 하나 있었는데 좌익의 천호장이었고 쿠쿠추(Kôköchû)라는 이름이었으며[35] 수베테이가 죽은 뒤 아버지의 자리를 차지했다.》[36] [수베테이에게는] 우량카타이(Ûryângqatâî)라는 이름의 또 다른

---

31) A · B 원문 모두 farzandân wa Qûbîlâî Qân wa ûrûĝ-i û라고 되어 있는데, 첫 번째 wa가 불필요하게 삽입되어 있어 표현이 매끄럽지 못하다.

32) A · B 모두 Dâchî라고 되어 있으나 Ûdâchî가 되어야 마땅할 것이다.

33) A에는 ôtâgû bôĝôl이라고 되어 있으나 B에는 ôtâlû bôĝôl로 誤寫되어 있다. 露譯本에서는 이를 ötöle boğol로 보고 '普通奴隷'라고 이해했으나, 전자가 올바른 표기이다.

34) A · B : Sûbâdâî.

35) 『元史』 권121 「速不台傳」과 권122 「雪不台傳」에는 수베테이의 아들로 우량카타이의 이름만 언급되어 있을 뿐, Kököchü는 언급되지 않았다.

36) A · B본에서 이 부분은 수베테이의 또 다른 아들 우량카타이를 서술한 다음 《 》부분에 나오고 있으나, 쿠쿠추가 먼저 나오고 그 뒤에 우량카타이가 나와야 문맥이 잘 통한다. 아마 필사자의 실수인 듯하다. 레닌그라드 本, 런던 本, 테헤란 本은 올바른 위치에 필사했다.

아들이 있었다. 뭉케 카안의 시대에 大元帥(lashkar-kashî-yi buzurg)였다. 그 당시 [뭉케 카안은] 자기 형제인 쿠빌라이 카안을 십만의 군대와 함께 카라장(Qarâjâng) 지방으로 보냈는데, 그 군대의 지휘관이 우량카타이였다.[37] 쿠빌라이 카안과 군대로 하여금 모두 우량카타이의 명령에 따르도록 지시했다. 그 지방은 카안의 도읍에서 매우 멀어서 거의 일년의 여정이었다. 그곳의 기후는 매우 습하고 나빠서 모든 병사들이 병에 걸렸을 뿐만 아니라, 그 지방에는 사람도 많고 병사도 많아서 가는 곳마다 매일같이 전투를 하지 않으면 안되었다. 이 두 가지 이유로 인해 그 10만의 군대 가운데 돌아온 것은 2만도되지 못했다. 이 우량카타이는 매우 중요한 인물이었고 큰 일들을 많이 했다. 《 》그들의 자식들은 현재 카안의 휘하에 있다. 수베테이 바하두르에게는 아주칸(Ajûqân)[38]이라는 이름의 조카가 있었는데, 그를 사령관으로 하여 바얀(Bâyân)[39]과 함께 친과 마친—몽골인들은 그것을 낭기야스라고 부른다—지방을 정복하기 위해 파견했고, 그 나라를 「32r」7년 만에 정복했다.

칭기스 칸의 시대에 이 종족 출신으로 칭기스 칸의 형제인 주치 카사르(Jôchî Qasâr)의 근시였던 사람이 하나 있었는데, 그의 이름은 차우르가 일라간(Châûrǧâ Îlâgân)이었다. 그는 바로 칭기스 칸이 주리야트 출신의 칼리우다르(Qâlîûdar)와 함께 주치 카사르의 전갈이라고 하면서 옹 칸에게 사신으로 보낸 사람이었다.[40] [칭기스 칸은] 그[=옹 칸]의 경계를 풀게 하고 그를 치러 갔던 것이다. 이 일화는 주리야트 지파에서 상세하게 나올 것이다. 이 우

---

37) 『元史』 권121 「兀良合台傳」(p.2979)에 의하면 憲宗 卽位 明年(1252)에 皇弟 쿠빌라이를 總兵으로 하여 西南夷인 烏蠻·白蠻·鬼蠻 등의 諸國을 정벌하러 보냈으며, 兀良合台로 하여금 總督軍事케 했다고 한다. 여기서 烏蠻은 合剌章이라고도 하고, 白蠻은 察罕章이라고도 부른다고 하였는데, 이것은 각각 Qarajang 과 Chaǧanjang을 옮긴 말로서, 모두 雲南 地域에 있었다.

38) Ajûqân은 바얀(伯顔)과 함께 南宋戰에 참여한 장군 阿朮(Aju)을 가리키는 듯한데, 『元史』에는 阿朮이 수 베테이의 조카가 아니라 손자로 되어 있다. Cf. 卷128 「阿朮傳」.

39) 『元史』의 伯顔. 그에 대해서는 A : 36r의 서술과 주석을 참조하시오.

40) 이와 동일한 내용이 『秘史』 183절에도 나오며, Je'üriyedei 氏의 Qali'udar와 Uriyangqadai 氏의 Chaqurqan으로 기록되어 있다.

랑카트 종족과 그들의 아미르에 관한 일화들은 매우 많으나, 지금은 이 정도만 적었다. 알라께서 보우하사!

쿵그라트 종족[41]

이 종족은 에르게네 쿤으로 들어간 그 두 사람에게서 나왔다. 전해지는 이야기에 의하면 이 쿵그라트 종족은 다른 사람들에 앞서서 상의도 하지 않고 밖으로 나왔는데, 창졸간에 다른 종족들의 爐地를 발로 밟았다고 한다. 몽골인들은 대부분의 쿵그라트가 당하는 발의 통증이 그같은 행동 때문이며, 발이 그 잘못의 죄를 받은 것이라고 믿는다. 과거에 다른 몽골인들은 〔쿵그라트가〕 먼저 밖으로 나왔다고 하여 분개했고 그들과 적대했다. 그들에게 이러한 사정은 잘 알려져 있다.

쿵그라트 종족으로부터 여러 종족들이 분파되어 각각 별도의 이름을 취했다. 그런 까닭에 「명단」에서 각각의 이름을 독립적으로 제시했다. 〔그러나 그들은〕 원래 이 종족의 지파였고 그들의 목지는 카라운 지둔 너머에 위치하여 이키레스나 코룰라스 종족들과 함께 있었기 때문에, 보다 쉽게 이해할 수 있도록 그 종족들의 정황과 이름에 대한 상세한 서술도 이 원래의 지파〔에 관한 부분〕에서 기록했다. 전하는 바에 의하면 그들의 계보(nasab)는 황금 항아리(bastûî-yi jarrîn)에서 태어난 세 男兒에서 비롯되었다고 한다. 이 이야기는 분명히 비유나 상징일 것이며, 그것이 의도하는 바는 이러할 것이다. 즉, 남아들을 출산한 사람이 현명하고 완벽하며 품행이나 교양이 뛰어난 인물이었기 때문에 그를 황금 항아리와 결부시킨 것이다. 특히 이러한 표현은 몽골인들에게 익숙한 것이어서, 군주를 보면 "우리는 군주의 황금 얼굴을 보

---

41) 『秘史』의 Onggirad, 『金史』의 廣吉剌 · 光吉剌, 『元史』의 弘吉烈 · 弘吉列 · 雍吉烈 · 甕吉剌 · 晃吉剌 등. 마르코 폴로의 글에는 Ungrat로 표기되어 있다. 모두 Onggirad 혹은 Qonggirad를 나타낸 말들이다. 이들의 근거지는 케룰렌 강 하류에서 에르구네 강과 부유르 호수에 이르는 지역이었다.

았다"고 말하는 습관이 있으며, 그들은 '황금'이 무엇을 뜻하는지 이해한다. 다른 종족들에게도 이러한 은유와 표현이 존재한다. 왜냐하면 황금은 고귀한 물질이고 필요한 것이며 순결한 것이기 때문이다. [상술한 일화는] 분명히 이런 의미를 가리키려 한 것이다. 만약 그렇지 않다면 사람이 황금 항아리에서 출생한다는 것은 이해하기 어렵고 극히 꾸며진 것에 불과하다.

여하튼 그 세 아들과 그들로부터 각각 생겨 나온 지파의 이름은 다음과 같다.

첫째 아들 추를룩 메르겐(Chûrlûq Mergân) : 오늘날 쿵그라트에 속하는 종족들의 조상.

둘째 아들 쿠바이 시레(Qubâî Shîre) : 그에게 이키레스와 올쿠누트라는 두 아들이 있었다.

셋째 아들 투스부다우(Tûsbûdâûû)[42] : 카라누트(Qarânût)[43]와 쿵글리우트[44]라는 두 아들이 있었다. [32v]

첫째 아들 추를룩 메르겐

쿵그라트 종족의 뿌리에서 몇 개의 지파가 생겨 나왔을 때, 뒤이어 설명하듯이 각각은 별도로 특정한 명칭을 취했고 그것으로 알려지게 되었기 때문에, 쿵그라트라는 이름은 나머지 부분에 대하여 적용되었으며 오늘날 그 이름으로 널리 알려져 있다.

추를룩 메르겐은 이 족속의 조상이다. '메르겐'(mergân)은 정확하게 화살을 쏘는 사람이라는 뜻이다.[45] 그는 자기 형제인 쿠바이 시레와 「32v」 사이

---

42) A본에는 Tûsbûdâûûn이라고 표기되어 있지만 뒤에서 Tûsbûdâûû라고 적었기 때문에 이를 따랐다.

43) Qarânûtût라는 이름은 「序論」의 「종족 명단」에서는 언급되지 않았던 族名이다.

44) A·B 모두 Tûnglîût라고 표기했지만 이는 Qûnglîût의 誤記임이 분명하고 라시드 앗 딘도 뒤에서 바로잡았다.

45) 『元史』 권124 「忙哥撒兒傳」(p.3054)에는 잘라이르 部人 멩게세르의 祖父인 撝阿(Cho'a)가 默爾傑(merge)이라는 별명으로 불렸고 그 뜻은 '善射之尤者'라는 구절이 보인다. Cf. Kovalevkii,

가 나빴다. 하루는 그에게 분노하여 그를 화살로 쏠 생각까지 했다. 쿠바이 시레는 겁이 나서 말 잔등 위에 엎드리고 머리를 말 옆구리로 내린 채, 화살을 쏘려고 하는지 아닌지 그를 살펴보았다. 그의 형은 그의 얼굴을 보자 측은한 마음이 들어 분노를 삼켰다. 그리고 '내가 어떻게 형제를 죽이겠는가? 그러나 화살을 시위에 매겼으니 어찌 쏘지 않을 수 있겠는가? 〔어찌〕 그의 버릇을 고쳐 주지 않겠는가?'라고 생각했다. 그는 그의 귀와 귀걸이[46]를 화살로 쏘았지만 그의 얼굴은 스치게 하지 않았을 정도로 명사수였다. 그런 연유로 그의 별명이 '메르겐'이 되었다.

쿵그라트가 살고 있는 지점은 이스칸다르(Iskandar)[47]의 성벽과 같이 키타이 나라와 몽골 지방 사이를 따라 뻗어 있는 웅구(ôngû)[48]의 변경—아브지아(Abjia)[49]라고 부르는 곳—에 있으며 그들은 그곳에 머물고 있다. 이 쿵그라트 출신의 아미르와 카툰들은 시대마다 매우 많았는데, 알려져 있는 사람에 대해서만 설명하겠다.

칭기스 칸의 시대에 쿵그라트 출신의 대아미르들 가운데 한 사람이 테르게 에멜(Terge Emel)[50]이었고 그는 그들 집단의 수령이었다. 그는 칭기스 칸

Dictionnaire mongol-russe-francais, p.2019의 merge(n).

46) 원문은 halqe. 露譯本에서는 이를 '갑옷'이라고 번역하였는데, '귀와 갑옷'을 쏘았다는 표현은 이해하기 어렵다. 당시 몽골인들이 남자의 경우에도 귀걸이를 했음은 『秘史』 135절에 타타르 部가 파멸될 때 버려진 幼兒 시기 쿠투쿠가 '귀걸이'(e'emeg)와 '코걸이'(dörebchitu)를 하고 있었다는 기사를 통해서도 알 수 있다.

47) 이슬람 권에서는 Alexander를 Iskandar 혹은 Sikandar라고 부른다. 알렉산더의 영웅담은 『코란』에도 언급이 되어 있을 뿐 아니라, 소위 『알렉산더 로만스』라는 이름으로 알려진 傳承을 통해 서아시아 및 중앙아시아에 널리 유포되었다. 몽골어로 된 『알렉산더 로만스』도 발견되었는데 이에 대해서는 F. Cleaves, "An Early Mongolian Version of the Alexander Romance", *Harvard Journal of Asiatic Studies*, vol.22 (1959), pp.1~99를 참조하시오.

48) A·B 모두 ôtgû로 표기되어 있다.

49) A·B 모두 atjïe. 이것은 앞에서 케레이트의 夏營地 가운데 하나로 언급된 Abjïa Kûteger와 연관된 말로 보인다.

50) A : Terge Emel, B : Qarge Emel. 露譯本에서는 B본에 근거하여 Qarkeh-Aml이라고 音寫하였으나 이는

에게 귀순하여 그와 연합했다. 칭기스 칸은 그에게 딸을 주었는데 그녀의 이
름은 ······[51]이었다. 〔그가 그녀를〕 주려고 할 때 〔테르게 에멜이〕 말하기를
"너의 딸은 개구리나 거북이〔같이 생겼으〕니 그녀를 내가 어찌 취하겠는
가?"라고 했다. 〔칭기스 칸은〕 이로 인해 화가 나서 그를 처형시켰다.

쿵그라트 출신의 또 다른 집단이 있었는데, 그들의 선임자와 수령은 데이
노얀(Deî Nôyân)[52]이었다. 그에게는 두 아들이 있었는데 알치 노얀(Âlchî
Nôyân)[53]과 호쿠 노얀(Hôqû Nôyân)[54]이었으며, 딸이 있었는데 이름은 부르
테 우진이었다. 칭기스 칸이 젊었을 때 그녀를 원했지만 그녀의 아버지는 극
구 반대했다. 알치 노얀은 칭기스 칸과 친분을 맺었기 때문에 그 자매를 그
에게 주기 위해 노력했다. 〔그녀는〕 알치 노얀보다 몇 살 더 많았다. 데이 노
얀에게는 다리타이(Dârîtâî)라는 이름의 형제가 있었고, 그〔=다리타이〕에게
는 카타(Qatâ), 부유르(Bûyûr), 테구데르(Tâgûdâr), 주브쿠르(Jûbqûr)[55]라는

잘못된 것이다. 『秘史』 141절에는 Alqui Bulaɣ에 모여 자무카를 군주로 추대한 무리들이 나열되어 있고,
거기에 "Onggirad-un Dergeg Emel Alqui-tan"이라는 표현이 보이는데, 明初의 譯者들은 Dergeg,
Emel, Alqui를 각각 人名으로 보았다. 『集史』의 Terge Emel이 Dergeg Emel임은 의심할 여지가 없다.
또한 『秘史』 176절에는 "Qalqa-yin Buyur na'ur-tur chidququ huja'ur-a Terge Emel-ten Onggirad
büï"(칼카가 부유르 湖로 흘러드는 河口에 테르게 에멜 등 옹기라드가 있다)라는 내용이 보이며, 여기서
도 旁譯者들은 Tergeg과 Emel을 별개의 人名으로 보았다. 이미 那珂通世가 지적했듯이(『成吉思汗實錄』,
東京, 大日本圖書株式會社, 1907, p.144) 이는 두 사람이 아니라 한 사람의 이름으로 보아야 할 것이다.
『金史』 권93 「宗浩傳」(p.2074)에는 그의 이름이 (廣吉剌部將)㤚利虎로 나와 있다. Cf. 村上正二, 『モンゴル
秘史』, 卷1, p.319.

51) 원문 결락.

52) 『秘史』에는 Dei Sechen, 『元史』에는 特薛禪으로 표기되었다. 『元史』 권118 「特薛禪傳」에 그에 대해 '姓孛
思忽兒 弘吉剌氏'라고 하였듯이, 데이 세첸은 앞에서 언급된 테르게 에멜을 수령으로 하는 집단과는 구별
되는 孛思忽兒(Bosqur) 氏의 수령이었다. 이는 『金史』 권93 「宗浩傳」에 婆速火라는 文面으로 나오기도
한다.

53) 『秘史』의 Alchi Küregen, 『元史』의 按陳.

54) 『元史』 권118 「特薛禪傳」(p.2919)에는 칭기스 칸이 按陳과 그의 동생인 火忽과 冊에게 牧地(nuntuq ; 農
土)를 分賜했다는 기사가 나오는데, 여기서 火忽이 Hôqû임은 분명하다. 데이 세첸의 家系에 대해서는 村
上正二, 『モンゴル秘史』, 卷2, p.392를 참조하시오.

55) A : Jû?qûr ; B : Jûnqûr.

네 아들이 있었다. 그들과 그 자식들의 대부분이 칭기스 칸 일족과 통혼했다. 그들의 지위는 [칭기스 칸의] 諸子보다 더 높은 곳에 앉을 정도였고, 모두 좌익의 아미르들이었다. 지금도 여전히 카안 휘하의, 우구데이와 차가타이와 주치의 울루스 안에는 그들의 자식들인 駙馬가 매우 많다. 불루간 노얀(Buluǧân Nôyân)이라 불리는 사람의 아들로서, 쿠툭투(Qûtûqtû)의 딸인 켈미시 아카(Kâlmîsh Âqâ)⁵⁶⁾와 혼인한 살주타이 쿠레겐(Sâljûtâî Kûregân),⁵⁷⁾ 톡타이(Tôqtâî)⁵⁸⁾ 울루스에서 사신으로 왔던 에부겐 쿠레겐(Ebûgân Kûregân) 등도 이 뼈 출신이다. 이란 땅에 있는 아바타이 노얀(Abâtâî Nôyân)과 그의 자식들인 나르부르(Nârbûr), 우테만(Ûtemân), 쿠틀룩 티무르(Qutluǧ Tîmûr), 그리고 그들의 자식들도 쿵그라트 종족 출신이다. 불루간 카툰(Buluǧân Khâtûn)과 케레문 카툰(Kerâmûn Khâtûn) 두 사람 모두 아바타이의 후손인데, 불루간 카툰은 우테만의 딸이고 케레문 카툰은 쿠틀룩 티무르의 딸이다.

칭기스 칸의 시대에 알치 노얀(Alchû Nôyân)⁵⁹⁾이라 불리는 중요한 아미르가 있었다. <그의 이름은 다르게 쿠레겐(Dârge Kûregân)이었다.>⁶⁰⁾ 아들이 하나 있었는데 이름은 싱쿠 쿠레겐(Shingkû Kûregân)이었다.⁶¹⁾ 칭기스 칸은

---

56) A : Kâmlîsh Âqâ. 그녀의 아버지 쿠툭투는 톨루이의 아들이다. Cf. A : 177r ; Successors, p.160 ; 『元史』 권107 「宗室世系表」(p.2720)의 忽覩都.

57) B : Sâljûtâ' Kûregân.

58) 바투의 曾孫으로서 주치 울루스의 군주(재위 1291~1312). 라시드 앗 딘은 Tôqtâ라고도 표기했다. Cf. Pelliot, Horde d'Or, pp.67~71.

59) 여기서는 A·B 모두 Alchû라고 했지만 뒤에서는 Alchî라고 표기했고, 『비사』의 Alchi Küregen, 『원사』의 按陳(Alchin)과 동일 인물이기 때문에 '알치 쿠레겐'으로 옮기기로 한다. 『秘史』 202절에 의하면 칭기스 칸은 Chigü Küregen과 Alchi Küregen에게 각각 1천호와 3천호를 分賜하였는데, Alchi가 죽은 뒤 그의 3천호가 아들인 Chigü의 1천호와 병합되어 4천호를 이룬 것으로 보인다. 라시드 앗 딘이 Alchî Nôyân의 아들 Shingkû Kûregân에게 쿵그라트 4천호를 주었다고 한 것은 이를 말하는 듯하다.

60) 라시드 앗 딘은 쿵그라트 部에 속하는 Alchin 系와 Olar 系와 Botu 系를 서로 혼동하고 있다. Dârge Kûregân은 뒤에 나오는 Dâîrgâî Kûregân과 동일 인물이며 Botu의 아들이기 때문에, 이 문장은 삭제되어야 마땅하다.

61) 『元史』 권109 「諸公主表」(p.2757)에서 칭기스 칸의 딸인 禿滿倫 公主와 혼인한 인물인 赤窟 駙馬(p.35에

4천호의 사람을 다른 쿵그라트 종족으로부터 분리시켜 그에게 위임했고, 자신의 딸인 투말룬(Tûmâlûn)[62]—툴루이 칸보다 더 나이가 많았다—을 그에게 주었다. 그를 투마우트(Tûmâûût)[63] 지방으로 보내 지금까지 그 자식들이 그곳에 있다. 바야우다이 하르바탄(Bâyaûdâî Harbâtân)이 그들 중 하나였는데 그곳에서 [이곳으로] 왔다. 바야우다이는 쿵그라트의 한 지파인 올쿠누트 출신이다. 그에 관한 설명은 [뒤에서] 나올 것이다.

칭기스 칸 시대에 또 다른 아미르가 있었는데 그의 이름은 토쿠차르(Tôqûchâr)였다. 그를 '달란 투르칵투 토쿠차르'(Dâlân Tûrqâqtû Tôqûchâr)라고 불렀는데,[64] 그 이유는 그가 새로운 侍衛(turkâq)와 衛士(keshigtû)를 시작했기 때문이다.[65] 이 나라에서 바드기스 변경에 주둔하는 카라우나스의 천호장 네구베이 바하두르(Nîgübî Bahâdûr)[66]는 그의 손자이다. 그는 칭기스 칸 휘하의 근시였고, 키타이 군대를 향해 출정할 때 그를 2천 명의 기병과 함께 자신의 후위에 哨兵(qarâûl)으로 배치했다. 정복당했던 몽골, 케레이트, 나이만과 기타 종족들이 반란을 일으켜 후방에서 [공격해] 오지 못하도록 경계하기 위함이었다.

칭기스 칸의 근시였던 또 다른 대아미르가 있었는데 그의 이름은 카타이

는 駙馬赤苦라고도 표기), 『秘史』 202절 95 천호장의 명단 가운데 Chigü Küregen이 모두 동일한 인물이다.

62) A : Tûmân.

63) 즉, 투마트(Tûmât).

64) dâlân tûrqâqtû라는 말은 몽골어로 '70명의 侍衛를 가진'을 뜻한다. 즉, 토쿠차르가 휘하에 70명의 侍衛를 두었기 때문에 붙여진 별명일 것이다. 『秘史』 191절은 칭기스 칸이 일차 즉위시에 80명의 宿衛(nayan kebte'ül)와 70명의 侍衛(dalan turqa'ud)로 구성된 衛士(keshigten)를 두었음을 보여준다. 이때 70명의 侍衛를 지휘한 것은 Ögöle Cherbi였다. 토쿠차르가 70명의 侍衛를 지휘하게 된 것은 아마 그 뒤의 일일 것이다. 그에 관해서는 村上正二, 『モンゴル秘史』, 卷3, pp.204~205를 참조하시오.

65) 원문은 yang-i turkaq wa keshiktû û âğâz karde bûd. 露譯本에서는 Berezin의 해석을 따라 '堤防을 修築했기 때문에 그를 Dâlân Tûrqâqtû Tôqûchâr라고 불렀다'라고 했으나, 물론 이는 잘못된 것이다. turkâq은 侍衛를 의미하는 turqaq을, keshiktû는 衛士를 의미하는 keshiktu를 지칭한다.

66) A : Nibgî Bahâdûr.

노얀(Qatâî Nôyân)이었다. 이곳에서 「33r」 토다이 카툰(Tôdâî Khâtûn) 휘하에 있는 말릭(Malik)은 그의 자식들 가운데 하나이다. 또한 훌레구 칸의 부인들인 쿠투이 카툰(Qûtûî Khâtûn)과 마르타이 카툰(Martâî Khâtûn), 그리고 무사 쿠레겐(Mûsa Kûregân)은 상술한 말릭의 사촌들이었다.

톨루이 칸의 아들인 주리케(Jôrîke)에게 부인이 하나 있었는데 그녀의 이름은 볼가이(Bôlǧay)였고 알치 노얀의 손녀였다. 그러나 그녀는 알치 노얀의 지파에 속하지는 않는다. 쿠빌라이 카안에게 부인이 하나 있었는데 그녀의 이름은 차분 카툰(Châbûn Khâtûn)[67]이고 알치 노얀의 딸이었다. 매우 정결하고 아름다웠으며 [쿠빌라이는] 그녀를 무척 총애했다. 그녀로부터 네 아들과 다섯 딸이 태어났는데, [이들에 관한 설명은] 그의 지파에서 나올 것이다. 이 부인의 칭호는 키타이 언어로 '皇后'(qônqû), 즉 '대카툰'이었다. 그녀가 죽자 쿠빌라이 카안은 대신 그녀의 조카를 취하였는데, 그녀의 이름은 남부이 카툰(Nambûî Khâtûn)[68]이었고 나친 쿠레겐(Nâchîn Kûregân)의 딸이었다.[69] 그녀에게 아들이 하나 있었는데 그의 이름은 오그룩치(Oǧrûǧchî)였다.[70] 또한 우구데이 카안의 아들 쿠추의 부인은 카타카시(Qatâqâsh)라는 이름인데 알치 노얀의 손녀였고, 시레문이 이 부인에게서 출생했다.[71] 알치 노얀은 나친 이후에 아들 하나를 가졌는데 그의 이름은 치쿠 쿠레겐(Chîkû

---

67) 『元史』의 察必 皇后. A본은 「쿠빌라이 칸 紀」에서도 Châbûn으로 표기하고 있으나(197v), Berezin 본에 의거한 Boyle의 번역본에는 Chabui로 적었는데, 뒤에서 나오는 Nambûî(南必)와 비교할 때 Chabûî(察必)가 옳은 표기였을 것이다.

68) 『元史』의 南必 皇后.

69) Nâchîn은 『元史』(p.2916)에 의하면 特薛禪의 동생으로 納陳으로 표기. 그러나 남부이가 나친의 딸이라는 라시드 앗 딘의 주장과는 달리, 『元史』(p.2873)에는 南必 皇后가 納陳의 孫 仙童의 딸이라고 되어 있다.

70) Oǧrûǧchî는 「쿠빌라이 칸 紀」(A : 198r)에 쿠빌라이의 제7자로 기록된 Oǧrûqchî와 동일 인물. 그러나 거기서 그는 Dûrbâjîn(Dörbejin) Khâtûn에게서 출생한 것으로 되어 있고, 아마 그것이 사실일 것이다. Nambûî Khâtûn의 아들은 제12자로 되어 있고 이름은 '不明'이라고 되어 있으나(198v), 『元史』(p.2873)의 기록을 통해 그의 이름이 鐵蔑赤(Teme'echi)이라는 사실을 확인할 수 있다.

71) 「우구데이 칸 紀」(A : 135r)에는 시레문의 모친 이름과 종족명이 누락되어 있다.

Kûregân)이었다. 투말룬이라는 이름의 칭기스 칸의 딸을 취하였는데, 〔그는〕 <다이르가이 쿠레겐(Dâirgâî Kûregân)은>⁷²⁾ 쿵그라트 출신이었다. 알라께서 가장 잘 아신다!〔33r〕

둘째 아들 쿠바이 시레

_ 그에게는 이키레스와 올쿠누트라는 두 아들이 있었다.

이키레스 : 이키레스 종족들은 모두 그의 후손이다. 뭉케 카안의 큰 부인인 쿠툭타이 카툰(Qûtûqtâî Khâtûn)⁷³⁾은 이 종족 출신이었는데, 그녀는 보투 쿠레겐(Bôtû Kûregân)—칭기스 칸의 큰 딸인 코친 베키(Qôchîn Bîkî)를 취했다⁷⁴⁾—의 아들 후울다이 쿠레겐(Hûûldâî Kûregân)의 딸이었다.⁷⁵⁾

올쿠누트 : 올쿠누트 종족이 모두 그의 뼈에서 나왔다. 알탈룬(Altâlûn)이라는 이름을 가진 칭기스 칸의 막내 딸을 취한 타추 쿠레겐(Tâîchû Kûregân)⁷⁶⁾은 이 종족 출신이었다. 그에 관한 이야기는 길기 때문에 별도로

---

72) 다이르가이 즉 다르가이는 보투의 아들이다. 투말룬을 부인으로 맞아들인 사람은 치쿠였기 때문에, 이 부분은 삭제되어야 마땅하다.

73) 『元史』 권114 「后妃 · 一」(p.2870) : '憲宗貞節皇后 名忽都台 弘吉剌氏 特薛禪孫忙哥陳(Menggejin)之女也'. 권106 「后妃表」(p.2694)에는 忽〔都〕台皇后, 按陳從孫女로 되어 있다.

74) Bôtû Kûregân은 『元史』의 孛禿駙馬, 95천호 가운데 이키레스 2천호를 지휘했다. 칭기스 칸은 여동생 帖木倫(Temülün)을 보투에게 처로 주었으나, 그녀가 죽자 큰 딸인 火臣別吉(Qochin Beki)을 다시 시집보냈다. 『元史』, pp.2757~58, 2921.

75) 라시드 앗 딘은 「뭉케 칸 紀」(A : 186v)에서 Hûûldâî를 Ûldâî로도 표기하고 있다. 한편 『元史』 권118 「孛禿傳」(pp.2921~22)에 의하면 孛禿에게는 鎖兒哈(Soyirqa)이라는 아들이 있었고, 鎖兒哈이 皇子 斡赤의 딸 安禿公主와 혼인하여 낳은 딸이 憲宗皇后가 되었다고 하였는데, 「諸公主表」(p.2758)에 따르면 安禿公主(昌國大長公主)는 太宗의 아들 闊出(Köchü)의 딸로서 孛禿의 아들 頑兒哈과 혼인한 것으로 되어 있다. 따라서 「孛禿傳」의 '皇子 斡赤'은 '皇子 闊出'로 校訂되어야 마땅하다. 한편 『元史』 「后妃表」와 「后妃傳」(p.2694, p.2870)에는 憲宗의 皇后인 忽都台(즉 Qûtûqtâî Khâtûn)가 弘吉剌氏이고 按陳(즉 알치 노얀)의 從孫女이며 忙哥陳(Menggejin)의 딸로 되어 있다. 따라서 뭉케의 황후인 쿠툭타이의 父親에 대해서 『元史』는 鎖兒哈과 忙哥陳을, 라시드 앗 딘은 Hûûldâî라는 상이한 이름들을 대고 있다.

76) 한문 사료에는 塔出로 나오고 라시드 앗 딘도 뒤에서 Tâchû라고 쓰고 있기 때문에 Tâchû로 표기하는 것이 옳을 것이다. 라시드 앗 딘은 여기서 Tâchû의 이름을 Tâîchû로 쓰고, 칭기스 칸의 막내딸의 이름도

기록했다. 그에게 아들이 하나 있었는데 그의 이름은 주진바이(Jûjînbâî)였고, 뭉케 칸의 딸인 시린(Shîrîn)을 취했고, [그녀가] 죽자 비지카(Bîjîqa)라는 그녀의 자매를 주었다.[77] 이수게이 바하두르의 부인이자 칭기스 칸의 어머니인 우엘룬 푸진(Ûâlûn Fûjîn)은 이 종족 출신이었다. 올라르 쿠레겐(Ôlâr Kûregân)의 아들인 타추 쿠레겐(Tâchû Kûregân)[78]은 칭기스 칸의 막내딸인 알탈루칸(Altâlâlûqân)을 취했는데, [그 역시] 이 종족 출신이다. 그는 칭기스 칸의 어머니인 우엘룬 푸진의 형제였다.[79]

셋째 아들 투스부다우

그에게는 카라누트와 쿵글리우트라는 두 아들이 있었다. 이 쿵글리우트는 아버지의 처를 취하여 그녀로부터 한 아들이 태어났는데 그의 이름은 미사르 울룩(Mîsar Ûlûk)이었다. 그 역시 아버지의 처를 취하여 그녀로부터 한 아들이 태어났는데 코룰라스(Qôrulâs)라는 이름이었다. 코룰라스 종족 모두가 그의 후손이다. 그는 키타이 [출신의] 부인을 취하여 그녀로부터 한 아들이 출생하였는데 그의 이름은 일지긴(Îljîgîn)이었고, [일지긴 종족] 모두 그의 뼈에서 나왔다. 각각에 대한 설명은 뒤이어 상세하게 나올 것이다. 세 개의 독립된 종족을 이룬 세 지파는 이 투스부다우의 아들들로부터 나왔는데 다음과 같다.[80]

Altâlûn과 Altâlûqân을 혼용하고 있어 마치 서로 다른 사람인 듯한 착각을 줄 소지가 있다.

77) Cf. *Successors*, p.198.

78) B : Ṭâîchû Kûregân.

79) Ôlâr Kûregân은 『秘史』에 기록된 95 천호장 가운데 하나인 Olar Küregen과 동일 인물일 것이다. 그의 아들인 Tâchû는 『元史』(p.2426, p.2762)에 塔出 駙馬로, 그 아들인 Jûjînbâî는 朮眞伯으로 표기되어 있다. 『元史』「諸公主表」에는 塔出과 朮眞伯과 각기 혼인한 公主의 이름이 빠져 있는데, 「校勘記」에서 지적했듯이 각기 알탈룬(혹은 알탈루칸)과 시린으로 보충될 수 있을 것이다. 村上正二의 『秘史』, 권2, p.389의 올쿠누트 駙馬家 家系圖를 참조하시오.

80) A · B본은 '카라누트'와 '쿵글리우트'를 적색 잉크로 표기하여 구별해 놓았지만, 세 번째 지파가 무엇인지는 분명히 알 수 없게 되어 있다. 미사르 울룩이 키타이 여인과 혼인하여 낳은 후손들로 이루어진 '일

카라누트 : 이 카라누트는 투스부다우의 큰 아들이었고, 카라누트라고 불리는 종족 모두가 그에게서 비롯되었다. 「33v」

쿵글리우트 : 이 쿵글리우트는 미사르 울룩이라는 이름의 아들을 하나 두었는데, '울룩'(ûlûk)은 '아무것도 두려워하지 않는 사람'을 뜻한다. 또한 '시체'도 같은 말로 부른다.[81] 그는 잠이 들면 사흘 동안 깨지 않는 습관을 지니고 있었다. 어찌나 힘이 센지 천막의 기둥이 그의 손 안에서는 마치 회초리 같았다고 한다. 전하는 바에 의하면, 봄이 되면 그는 조개들을 호수가에 모아 놓고 자루에 담아서 구워 먹었다고 한다. 한번은 조개로 꽉 찬 자루를 가지고 오다가 자루를 베고 잠이 들어 사흘 동안 깨지 않았다. 이루(Îrû)[82]라고 불리는 새 한 마리는 그가 움직이지 않자 흙더미로 생각하고 그의 등에 알을 깠다고 한다. 이 미사르 울룩은 아버지의 처를 취하여 그녀로부터 아들을 하나 낳았는데 그의 이름은 코룰라스였고, 그 종족 모두가 그의 후손들이다.

비록 코룰라스의 기원은 '알탄 코도카'[83] 즉 황금 항아리에서 나왔고, 쿵그라트나 이키레스와 같은 뿌리에서 분파되어 서로 형제(aqa wa înî)이지만, 항상 적대하며 전투를 벌였다. 칭기스 칸이 발주나에 있을 때 코룰라스 종족이 이키레스[84]—그들의 수령은 보투 쿠레겐이었다[85]—를 쫓아내고[86] 습격

지긴'이 그 세 번째 지파로 보인다.

81) ûlûk의 兩義에 대한 라시드 앗 딘의 설명은 이해하기 어렵다. 우선 투르크 語 ölüg이 '시체'라는 뜻을 지녔음은 분명하지만, '아무것도 두려워하지 않는 사람'이라는 의미는 찾기 힘들다. Pelliot는 이 말을 '몸, 부분, 운명'의 의미를 지닌 투르크 語 ülüg과 연결시켜 보려고 했고, Doerfer는 '배고픈, 쇠진한'의 의미를 지닌 ölög의 의미가 확대되어 '대담한, 겁이 없는'이 되지 않았을까 추측하였는데, 두 사람의 견해 모두 만족할 만하다고 하기 어렵다. Cf. *Campagnes*, p.145 ; Doerfer, *Elemente*, vol. 2, pp.162~163.

82) 이 말은 '노래'를 의미하는 투르크어 yir에서 파생한 yirau('노래하는 사람')와 연관된 단어로 보인다. Cf. Doerfer, *Elemente*, vol. 4, 233ff.

83) 원문은 altân qôdôqa로서 '황금 항아리'를 뜻한다. Kowalevsky(p.917)에 의하면 qotoğo 혹은 qoto가 'pot, pottery'를 의미한다. Cf. Doerfer, *Elemente*, vol. 1, p.427.

84) A : Ankîrâs.

85) 원문에는 A·B 모두 Bûtûk Khân으로 표기되어 있고 露譯本에서도 그대로 옮기고 있으나, 이러한 이름의 인물은 다른 어느 사료에도 보이지 않는다. 이키레스의 수령이며 후일 駙馬가 된 Bôtû Kûregân이라

하자, 이키레스는 그들을 피해 칭기스 칸이 있는 발주나로 가서 그와 연합했다. 이 코룰라스 가운데 3천 명의 병사가 우테치 노얀(Ûtechî Nôyân) 휘하에 있었다.[87] 두라투 쿠레겐(Dûrâtû Kûregân)이 이 종족 출신이다.

보투 쿠레겐은 칭기스 칸의 어머니의 형제였고, 칭기스 칸은 자식들 가운데 가장 나이가 많은 코친 베키[88]라는 이름의 딸을 그에게 주었다. 그녀에게서 아들이 하나 태어났는데 그의 이름은 다르가이 쿠레겐(Dârgay Kûregân)이었다. 〔칭기스 칸은〕 가족 가운데 차분(Châbûn)이라는 이름의 또 다른 딸을 이 다르가이 쿠레겐에게 주었다. 보투 쿠레겐의 아버지는 네쿠즈(Nekûz)[89]였다.[90] 그 당시 네쿠즈는 타이치우트 종족 휘하에 있었는데 그들

는 글자를 잘못 읽어서 誤寫한 것이 아닐까 싶다. 사실 보투는 칭기스 칸과 자무카 사이의 十三翼의 戰鬪가 벌어지기 직전에 보롤다이(Boroldai, 波欒歹, 卜欒台)와 물케 투탁(Mülke Tutaq, 慕哥, 磨里禿禿)이라는 사람을 칭기스 칸에게 보내 자무카의 습격 소식을 알려 주었다(『秘史』 129절 ; 『親征錄』, p.19 ; 『元史』 권118 「孛禿傳」, p.2921). 이때 보투가 자무카 측의 공격을 먼저 알릴 수 있었던 것은 아마 攻擊路上에 위치했었기 때문으로 볼 수 있고, 따라서 그는 먼저 자무카의 공격을 받고 휘하에 있던 이키레스 부민을 이끌고 발주나로 가서 칭기스 칸과 합류했을 가능성이 크다고 하겠다.

86) 원문은 qawm-i Qôrûlâs wa Îkîrâs-ra. 露譯本에서처럼 wa를 빼고 해석하는 것이 마땅할 것이다.

87) 十三翼의 전투가 벌어지기 직전 자무카와 연합하여 그를 군주로 추대한 집단들 가운데 코룰라스가 보인다. 『秘史』 141절은 이 코룰라스 氏의 수령으로 Chonaq과 Chaġa'an을 들었고, Ûtechî라는 이름은 보이지 않는다. 자무카의 진영에는 보투 휘하의 이키레스와는 별도로 Tüge Maqa가 지휘하는 이키레스 집단도 있었다.

88) B : Fûjîn Bîkî.

89) 『親征錄』(p.18)에는 보투의 아버지는 捏群(Nekün)으로 되어 있어, Nekûz는 Nekûn의 誤寫인 것으로 보인다.

90) 칭기스 칸 일족과 혼인 관계를 맺은 쿵그라트의 세 집단—① Dei Sechen 系, ② Olar 系, ③ Botu 系—의 계보에 대해서 『集史』의 내용은 혼란을 일으키기 쉽다. 위에서 언급된 인물들만 선별적으로 『元史』와 대조하여 정리해 보면 다음과 같다.

① Dei Sechen 系 : Deî Sechen→Alchî→Nâchîn(納陳)

　　　　　　　　Chîkû(赤窟)+Tûmâlûn(禿滿倫)

　　　　　　　　Châbûn(察必)+쿠빌라이 카안

② Olar 系 : Ôlâr→Tâchû(塔出)+Altâlûn→Jûjîbâî(抗眞伯)+Shîrîn & Bîjîqa

③ Botu 系 : Bôtû+帖木倫 & Qôchîn Bîkî(火臣別吉)

　　　　→Dârîgâî(帖堅干, 帖里干)+亦乞列思 & 茶倫(Châbûn)

　　　　→Hûûldâî(鎖兒哈)+安禿 公主→Qûtûqtâî(忽都台=憲宗 皇后)

이 [칭기스 칸에게] 적대한다는 소식을 자기 아들인 보투에게 보내서 알려주었다.

코룰라스 종족의 수령인 차우르카(Châûrqâ)[91]는 타이치우트와의 전투에서 칭기스 칸과 연합했다. 코룰라스 종족 출신의 메르키타이(Merkîtâî)라는 한 아미르가 있었다. 주치 카사르가 제베의 말에 따라 쿵그라트 종족들을 공격했는데, 칭기스 칸은 그를 질책하였지만 [그들은] 원망하면서 자무카에게로 갔고, 이키레스·코룰라스·타타르·카타킨·살지우트 등의 종족이 연합하여 자무카를 '구르 칸'으로 추대하고 칭기스 칸을 공격하려고 했다. 이 메르키타이는 어떤 용무로 그에게 갔었던 코리다이(Qôrîdâî)[92]라는 사람을 칭기스 칸에게 보내 이를 알렸다. [메르키타이는] 그에게 특별한 말을 주지 않고 귀 위에 상처가 나 있는 회색 말 하나를 주었다. 그는 길에서 후인(Hûîn) 종족 출신의 쿨란 바하두르(Qûlân Bahâdur)[93]의 쿠리엔과 천호를 만났다. ……[94]이라는 사람이 밤에 보초(yîsaûl)를 서고 있었는데, 그를 알아보고는 황백색의 준마[95]를 그에게 주어 달리게 했다. 그가 와서 소식을 전해 주니 칭기스 칸이 출정하여 그들을 패배시켰다.

[일지긴] : 미사르 울룩은 키타이 출신의 처를 취했다. 그 부인에 관한 이야기는 [33v] 다음과 같다. 그녀는 한 마리 노새를 타고 키타이에서 나왔는

---

91) 『觀征錄』(p.23)에서 칭기스 칸의 十三翼을 설명하면서 火魯剌 諸部를 통솔한 褰忽蘭이라는 인물을 언급했는데, 여기서 褰忽蘭과 Châûrqâ는 동일 인물로 보아야 할 것이다.

92) 『秘史』 141절에도 코룰라스의 Qoridai가 당시 Gürelgü에 있던 칭기스 칸에게 자무카의 출정 소식을 전해 주었다는 기록이 보인다.

93) 『秘史』 48절과 51절에는 카불 칸의 아들로 Qulan Ba'atur라는 사람이 언급되어 있다. 그러나 『集史』의 Qûlân Bahâdur는 타타르의 일 지파인 Hûîn(=Kûîn) 종족에 속한다고 되어 있어 양자를 동일 인물로 보기는 어렵다.

94) 원문 결락.

95) 원문은 ayğîrî-yi nîkû-i qâlîûn. 여기서 『秘史』 117절에도 qali'un이 언급되어 있는데 털의 색깔이 황백색을 띠는 말을 의미한다. 小澤重男, 『全釋』 권3, pp.328~329 참조. 露譯本에서 qâlîûn을 Qûlân Bahâdur로 본 것은 타당하지 않다.

데, 그 목적은 남편을 구하기 위해서였다. 그녀의 이름은 다우카이 야부닥 (Dâûqâî Yâbûdâq)이었는데, '다우카이'는 키타이 말로 '꽃'이고 '야부닥'은 '노새를 타고 [가는] 사람'이다.[96] 미사르 울룩은 그녀로부터 아들을 하나 얻었는데 그의 이름을 일지긴(Îljîgîn)이라고 지었다. 그 이유는 노새를 '일지게' (îljîge)라고 부르고 그 부인이 노새를 타고 왔기 때문이었다.[97] 일지긴 종족[98] 모두는 그 아들에서 나왔다. 그 종족 출신의 유명한 아미르들과 대카툰들은 각 시대마다 있었다.

이 나라에서 가라카이 노얀(Ğaraqay Nôyân)과 그의 자식들인 잔 티무르 (Jân Timûr), 아미르 알리(Amîr 'Alî), 테수(Tesû), 아바치(Abâchî)는 그들 [종족] 출신이다. 아미르 테수의 자식들 가운데는 투룩차르 바하두르(Tûrûqchar Bahâdur),[99] 사르탁(Sartâq), 하르반데(Kharbande)[가 있고], 이슬람의 제왕 —알라께서 그의 통치를 영원케 하시기를!—의 카툰으로 '불루가니 후라산' (Buluğân-i Khurâsân)[이라는 별칭]으로 알려진 불루간 카툰(Bûluğân Khâtûn)[100]도 아미르 테수의 딸「34r」이다. 아미르 테수는 카안의 어전에서

---

96) Dâûqâî Yâbûdâq은 Dâûqâ-i Yâbûdâğ으로 이해하는 것이 옳을 듯하다. dâûqâ는 '桃花'를 音寫한 것으로 보이며, yâbûdâğ은 몽골어의 yabu-('가다')에 습관적 행위를 나타내는 접미사 dağ이 붙은 것으로 '늘 다니는 사람'을 뜻한다. Cf. N. Poppe, *Grammar of Written Mongolian*, p.94. 따라서 Dâûqâî Yâbûdâq은 '늘 다니는 桃花'를 의미하는 셈이다. 『長春眞人西遊記』에는 Almaliq(阿里馬) 지방에 있는 주민들이 漢人을 '桃花石'이라 불렀던 사실이 기록되어 있는데, 혹시 Dâûqâ가 이 말과 연관이 있는 것은 아닐까?

97) îljîge는 '노새'를 뜻하는 몽골어 eljige(n)—현대 몽골어로는 iljig(en)으로 발음된다—를 나타낸 것이다. 『秘史』 274절에는 노새·나귀를 뜻하는 말로 qachid(←qachir의 복수형)와 lausas(←lausa, 즉 騾의 복수형)라는 단어가 사용되고 있다.

98) 『輟耕錄』의 也里吉斤, 『元史』의 燕只吉台.

99) A : Tûruqchâr Bahâdur.

100) bûluğân은 『秘史』에서도 여러 차례 사용되고 있는 buluğan, 즉 '貂鼠' = '검은 담비'(黑貂)를 가리킨다. 따라서 Bûluğân Khâtûn의 별명은 '후라산(지방 출신)의 黑貂'를 뜻하는 셈이다. 「가잔 칸 紀」에서 그녀의 모친은 Arğûn Aqâ의 딸이라고 기록되어 있다. 黑貂의 毛皮는 당시 몽골인들 사이에서도 매우 귀중하게 여겨져, 부르테가 칭기스 칸과 혼인할 때 婚需物로 가져왔으며, 칭기스 칸은 이것을 옹 칸에게 선물로 바쳐 그의 지원을 받기도 했다.

아르군 아카(Arğûn Aqâ)의 누케르로 [이곳으로] 와서 카안에게 직속해 있는 지방을 관할했다. 테수의 아들로는 하르반데와 하르바타이가 있다. 무술만 슈순치(Musulmân Shûsünchî)도 일지긴 출신이다.

[위에서] 설명한 이들 몇몇 지파는 황금 항아리에서 나왔고 모두 하나의 종족에서 분파된 것이다. 전술했던 것처럼 모두 사촌간이고 가깝다. 그러나 각각 독립된 종족이 되고, 각기 별도의 군대가 되었으며, 숫자도 매우 많아졌다. 전술한 투룩차르 바하두르와 사르탁 바하두르는 칭기스 칸의 시대에 형제간이었고 분봉(qismat)시에 톨루이 칸에게 주어져 제데이 노얀(Jedey Nôyân)의 천호 안에 [편입되었으며], 망구트 종족과 의형제·사돈이 되었다. 그들은 칭기스 칸의 칙령을 받고 가서 바르쿠트 종족을 종속시켰다. 바르쿠트의 수령은 카단 아인(Qadân Âîn)이라고 불렸다.[101] 그 당시 그들은 맹서를 하고 귀순하였는데, "우리는 서로 일족이나 형제와 다름없다. 몽골인들이 서로 딸들을 취하지 않는 것처럼 우리도 역시 [우리끼리 서로] 취하지 않겠다. 우리 가운데 누구라도 다른 종족으로부터 딸을 취하면 [그들에 대해서] 며느리와 사위의 관계로서 서로 예의를 지키자"라고 서약을 했다. 그들은 오늘날에 이르기까지 같은 방식으로 살고 있다. 부랄기 쿠켈타시(Bûrâlğî Kûkeltâsh), 바르바(Bârbâ), 바르반(Bârbân)은 이 카단의 후손들이다. 알라께서 가장 잘 아신다!

---

101) 『秘史』에는 Tarğut 部의 수령으로 Qada'an Daldurqan이라는 인물이 보인다. 95천호장의 명단에도 포함되어 있고, 후일 우구데이 시대에도 宿衛의 千戶長을 역임했다. 그러나 『集史』의 타르쿠트 部에 관한 설명에서는 그의 이름이 언급되지 않고 있다. Roshan이 Qadân Âîn을 Qadân Dâldûrqân으로 바꾸고 Barqût를 Tarqût로 바꾼 것은 아마 이러한 점을 생각해서인 듯하지만, 별다른 적극적인 증거가 없는 상태에서는 原文에 충실하는 편이 옳을 것이다. 더구나 Qadân Âîn의 후손인 Bûrâlğî Kûkeltâsh는 라시드 앗 딘 자신도 바르쿠트 人이라고 서술했다.

오로나우트 종족[102]

이 오로나우트에서 콩코탄,[103] 아룰라트,[104] 오로나우트 킬키누트[105]의 세 지파가 나왔다

이 이름들은 원래 세 형제의 이름이었는데 각 사람으로부터 지파가 생겨났고, 그 일족이 매우 많아져 독자적으로 하나의 종족이 되었으니, 그들의 기원이 된 사람의 이름을 따라 각각의 지파가 이름을 갖게 되었다.

첫째 아들 콩코탄

이 말의 뜻은 '큰 코를 지닌 사람'이다.[106] 그는 [사실] 그러했고 그런 이유로 이 이름을 갖게 되었다. 그의 후손 가운데 대아미르들이 있었다. 칭기스 칸의 시대에 뭉릭 에치게는 그의 후손이었다. 옹 칸이 계략을 꾸며 칭기스 칸의 아들에게 딸을 주겠다는 구실로 그를 불러서 잡으려고 했다. 칭기스 칸의 아들이 가다가 도중에 뭉릭 에치게의 집에 들러 상의했는데, [뭉릭 에치게가] 그를 만류하여 가지 못하게 했다.[107] 그는 역경과 행복, 공포와 희망의 상황에서도 칭기스 칸과 함께 했고, 칭기스 칸은 자기 어머니인 우엘룬 에케(Ûâlûn Îke)[108]를 그에게 주었다. 그는 모든 아미르들보다 윗자리에, 칭기스

---

102) 『秘史』의 Oronar, 『元史』의 斡羅納·斡剌納兒·斡魯納兒·斡納台·斡耳那·斡耳納·兀羅帶·斡羅台 등. 『輟耕錄』의 兀羅台·兀羅台. 『秘史』는 칭기스 칸의 선조인 Cha'ujin Örtegei의 六子로부터 각각 Oronar, Qongğotan, Arulad, Sönid, Qabturğas, Geniges의 族集團(oboğ)들이 생겨났다고 기록했다.

103) 『秘史』의 Qongğotan, 『元史』의 晃合丹·晃豁塔台·晃火壇·黃忽答, 『輟耕錄』의 晃忽攤·晃兀攤.

104) 『秘史』의 Arulad, 『元史』의 阿兒剌·阿而剌·阿魯剌阿剌剌, 『輟耕錄』의 阿剌剌·阿兒剌歹.

105) A · B 모두 Ororâûût Kilkinût. A · B본에는 이 종족의 명칭이 언급된 다른 個所에서도 모두 Kilkinût로 표기되어 있으나, 다른 諸寫本에서는 Kilkinût 대신에 Kilinkût로 표기되어 있다. 이 族名이 다른 자료에서는 검증되지 않기 때문에 여기서는 일단 A · B본에 따라 Kilkinût라고 옮기기로 한다.

106) qôngqôtân은 'qongğo를 지닌 사람'의 뜻이다. 그러나 몽골어에서 qongğo 혹은 qongğa는 '균형 잡힌, 아름다운, 보기 좋은'을 뜻한다(Kowalevsky, p.870). 『秘史』에서도 '코'는 qamar라는 단어로 표현되었다. Doerfer는 Abû al-Ğâzî의 글에서 Qôngqôtân 대신 Qôngqamâr라는 말을 썼음을 지적한 바 있다. Cf. Doerfer, Elemente, vol. 1, pp.441~442.

107) 이 사건에 대해서는 『秘史』 168절 ; 『親征錄』, pp.92~93 ; 『元史』, pp.9~10 등의 기사를 비교해 보시오.

칸의 옆—우측—에 앉았다.[109)]

   그는 쿠쿠추(Kôköchû)라는 이름의 아들을 하나 두었는데 몽골인들은 그를 텝 텡그리(Teb Tengrî)라고 불렀다.[110)] 그는 종종 신비한 일과 미래의 상황을 알려주었으며, "신이 나에게 말을 한다. 나는 하늘로 간다"고 말하곤 했다. 칭기스 칸의 어전에 올 때마다 "신께서는 네가 세계의 제왕이 되라고 명령하셨다"고 말하곤 했다. 그에게 '칭기스 칸'이라는 칭호를 주면서, "신의 명령에 따라 너의 이름은 이렇게 되어야 한다"고 말했다. 몽골어로 '칭'(chîng)은 '강건하다'(mustaḥkam)이고 '칭기즈'(Chînggîz)는 그것의 복수형이다.[111)] 그 이유는 [다음과 같다]. 카라 키타이의 막강한 군주들은 그 당시 '구르 칸'이라는 칭호를 갖고 있었다. '구르'(gûr)의 뜻 역시 '강건하다'이며, 매우 강력한 군주가 아닌 한 그를 구르 칸이라고 부르지 않았다. 몽골어로 '칭기즈'도 동일한 뜻을 갖고 있으나, 복수형이기 때문에 보다 더 강조된 것이다. 이 단어의 용법은 예를 들어 페르시아어에서 '샤한샤'(shahanshâh)[112)]와 같은

---

108) 칭기스 칸의 모친 Hö'elün은 『集史』에서 Ûâlûn Fûjîn 혹은 Ûâlûn Îke로 표기되었다. Fûjîn은 夫人을 옮긴 말이고, Îke는 몽골어로 '어머니'를 의미하는 eke를 나타낸 것이다. 『秘史』에는 뭉릭이 과부가 된 Hö'elün과 혼인했다는 내용은 없다. 다만 Mönglig Echige('뭉릭 아버지')라고 불렸던 것으로 보아, 라시드 앗 딘의 주장처럼 그랬을 가능성도 배제할 수는 없다. 이 문제에 대해서는 A : 25v의 역주를 참조하시오.

109) 『秘史』 202절에 나오는 칭기스 칸의 88명의 천호장의 명단에서도 가장 먼저 언급되었다. 몽골인들의 관습으로는 右邊이 左邊보다 上位에 속했다.

110) 『秘史』에도 Kököchü Teb Tenggeri로 나온다. Kököchü는 그의 이름이고 Teb Tenggeri는 '드높은 天神'이라는 뜻을 지닌 무당으로서 그의 별명이다. Tenggeri는 유목민들 사이에서는 이미 오래 전부터 '天神'으로 인식되었으며, 匈奴의 撑犁, 突厥 碑文의 tängri가 모두 이를 가리킨다. Teb은 뒤의 Tenggeri의 語頭音을 반복함으로써 그 뜻을 강조하기 위해 첨가된 것이다.

111) 라시드 앗 딘은 여기서 chinggis라는 말의 의미를 '견고한, 강한, 성실한'을 의미하는 ching의 복수형으로 보고, 카라 키타이의 gûrkhân이나 페르시아의 shahanshâh와 같은 뜻으로 이해했다. 그러나 학자들은 그의 설명이 타당하다고 보지 않고 있다. gür 역시 '强堅하다'는 뜻이 아니라 '보편적인'의 뜻을 갖고 있다. chinggis의 의미에 대해서는 諸說이 분분하나 Ramstedt나 Pelliot 등이 tänggis('바다')의 口蓋音化形으로 본 이래 대부분 이 주장을 받아들이고 있다. 즉, chinggis khan은 '四海의 君主'를 의미하는 셈이다. 여러 논설이 있지만 Pelliot, *Notes on Marco Polo*, vol. 1, pp.296~303 ; 라츠네프스키, 『칭기스한』, pp.222~224를 참조하시오.

것이다.

텝 텡그리는 종종 한겨울에 그 지방에서 가장 추운 오난-켈루렌이라는 곳에서 벌거벗고 [34r]「34v」얼음 가운데 앉아 있곤 했다. 그의 체온으로 인해 얼어붙은 물이 녹고 물에서 김이 올랐다. 몽골의 대중들은 그가 회색 말을 타고 하늘로 갔다고들 말하며 [이 이야기는] 널리 알려졌다. 이것은 비록 대중들의 과장과 거짓이긴 하지만, [어쨌든] 그는 간계와 사술에 능했다. 그는 칭기스 칸에게 방자한 말을 하였으나, 그가 어느 정도는 [칭기스 칸에게] 잘 맞는 기질인 데다가 칭기스 칸을 돕기도 했기 때문에 [칭기스 칸은] 그를 좋아했다. 그 뒤 그가 지나치게 말을 하고 매사에 음모를 꾸미며 오만불손하자, 칭기스 칸은 탁월한 지혜와 명석함으로 그가 사기꾼이며 위선자라는 사실을 깨달았다.

하루는 자기 형제인 주치 카사르와 결심하기를, 그를 오르두에 오라고 해서 그가 주제넘게 굴기 시작하면 죽여 버리라고 말했다. 주치 카사르는 힘이 어찌나 센지, 두 손으로 사람을 잡아 그의 등을 마치 가는 나뭇가지처럼 부러뜨릴 정도였다. 간단히 말해 텝 텡그리가 들어와 주제 넘게 굴기 시작했고, 그를 두세 번 발로 후려찬 뒤에 오르두 밖으로 던져서 죽여 버렸다. 그의 아버지는 자기 자리에 앉아서 그의 모자를 주워들었고, 그를 죽이리라고는 생각지 않았다. [그러나] 그를 죽이자 [뭉릭은] 침묵을 지키며 동요하지 않고 위엄을 지켰다.[113] 그는 좌익의 한 천호를 관할했다.

그에게는 세 명의 다른 아들들이 있었는데[114] 모두 대아미르였으며 중요한 인물이었고 각각 천호를 관할했다. 하나는 톨룬 체르비(Tôlûn Cherbî)[115]라

---

112) shahân은 shâh의 복수형이기 때문에 '왕 중의 왕'이라는 뜻이다.

113) 텝 텡그리의 죽음에 관한 이 설명은 『秘史』와 약간의 차이가 있다. 『秘史』 245~6절에는 칭기스 칸의 막내동생 테무게 옷치긴이 칭기스 칸으로부터 사전에 허락을 받고 力士를 천막 밖에 배치해 두었다가 죽였으며, 뭉릭은 아들의 죽음에 분노하여 그의 다른 아들들과 함께 칭기스 칸을 향해 示威했다가 도리어 질책을 받은 것으로 묘사되어 있다.

114) 『秘史』에서는 그에게 텝 텡그리를 포함하여 모두 7명의 아들이 있었다고 했다.

는 이름이고, 다른 하나는 수게투 체르비(Sûgetû Cherbî)였다.[116) 그들 둘 다
우익의 천호장에 속했다. 다른 아들의 이름은 수투(Sûtû)였는데 그는 좌익의
아미르 가운데 하나였다. 그들의 후손으로 이 지방에는 카안의 어전에 전령
으로 간 장칸 카툰(Jankân Khâtûn)의 남편 툰세(Tûnse), 아비시카(Abishqâ),
투다주 야르구치(Tûdâjû Yârğûchî)와 그의 아들들인 에멕친(Îmekchîn)과 투
글룩(Tûqlûq) 등이 이 종족과 일족 출신이다. 아바카 칸의 시대에 있던 부르
쿠트 코르치(Börkût Qôrchî)[도 이 종족 출신이다].

칭기스 칸의 시대에 한 아미르가 있었다. 그는 군대와 함께 우구데이 카안
에게 주어졌는데, 이름은 다이르(Dâir)였으며 차가타이의 근시였다.[117) 칭기
스 칸의 시대에 또 다른 아미르가 있었는데, 그의 이름은 이수르 코르치
(Yîsûr Qôrchî)였다. 칭기스 칸과 톨루이 칸 사후에는 톨루이 칸과 소르칵타
니 베키의 자식들의 근시가 되었다. 칭기스 칸이 젊었을 때 중요한 또 다른
대아미르였던 사람 가운데 이 종족 출신으로 차라카 에부겐(Charaqa
Ebûgân)[118)이라는 사람이 있었는데, 그의 이야기는 [칭기스 칸의] 기전에 나
올 것이다. 그의 자손들 가운데 이 나라에는 알린 티무르(Alin Timûr)와 마이
주(Mâijû) 천호장이 있었고, 그[=마이주]의 형제로 시라즈의 監官이었던 마
수드(Mas'ûd)가 있었다. 아바카 칸의 시대에 활동했던 코르치의 아미르들[119)

---

115) 『秘史』의 Tolun Cherbi ; 『親征錄』의 〈脫〉脫欒闍兒必. 『元史』에는 撤忽蘭, 千戶脫倫, 脫忽闍闍里必, 奪忽闍
     闍里必, 脫倫闍里必 등 다양하게 표기되었다.
116) 『秘史』에는 이 두 사람 모두 88명의 천호장 명단에 포함되어 있으며 Tolun Cherbi, Söyigetü Cherbi로
     표기되었다.
117) 그는 88명의 천호장 명단에 등재되었다. 후일 우구데이 휘하의 천호장이 되었다가 '힌두스탄·카시미르
     鎭守府'의 萬戶長을 역임하고 1244년 사망했다. Cf. 志茂碩敏, 『序說』, p.262.
118) 『秘史』에도 Charaqa Ebügen으로 나온다. 그는 뭉릭의 아버지이며, 이수게이가 죽은 뒤 타이치우트 氏
     가 칭기스 칸 一家를 遺棄할 때 이를 극력 말리다가 도리어 창에 찔려 상처를 입기까지 했던 인물이다.
     ebügen은 몽골어로 '老人'이라는 뜻이다.
119) A : umarâ 'i qôrchî : B : Abâ qôrchî. 러시아 校勘本에서는 前者를 취해 놓고 번역에서는 B本을 따랐는
     데, 문맥이 아주 부자연스럽다. 즉, Abâ qôrchî를 人名으로 보고, Abâ Qôrchî, Îtelgû, Börkût를 모두

이 있는데 그 이름은 이텔구(Îtelgû)와 부르쿠트(Börkût)이고, 그들의 자식들도 이 종족 출신이었다.

둘째 아들 아룰라트

이 말의 뜻은 '부모에게 사랑스러운 사람'이다.[120] 아룰라트 종족 모두가 이 아들에게서 나왔고, 그의 후손 가운데서는 어느 시대에나 대아미르와 카툰들이 있었다. 칭기스 칸의 시대에 보코르치 노얀이 이 종족 출신이었으며, 이 나라에서 벡클레미시(Beklâmîsh)와 우잔(Ûjân), 그리고 지금도 살아 있는 그[=우잔]의 아들 사루(Sârû)가 그의 후손이다.

역시 그 시대에 활동하던 또 다른 대아미르로서 보코르치 노얀이라는 사람[121]이 있었는데 그의 정황은 다음과 같다. 그는 어렸을 때부터 칭기스 칸을 모셨으며, 언제나 그에게 적대하지 않았다. 칭송할 만한 공을 세웠고 우익에서 아미르들의 위에 앉았다. 전하는 바에 의하면, 칭기스 칸이 젊었을 때 몇몇 타이치우트 사람들을 맞아 싸우러 갔다가 거기서 입과 목에 화살을 맞아 상처를 입었다. 그는 [집으로] 돌아오는데 견딜 수 없었다. 보코르치 노얀과 보로굴 노얀이 그와 함께 있었는데, 도중에 그를 말에서 내리게 했다. 큰 눈이 내렸고 보로굴 노얀은 그의 말을 손으로 붙잡았다. 그런 상황에서 돌을 달구어 물을 그 위에 붓고 거기서 올라오는 김으로 그의 [상처난] 입을 쏘이게 했다. 죽은 피가 조금씩 밖으로 나오자 차츰 그가 숨쉬는 것이 쉬워지게 되었다. 많은 눈이 내렸기 때문에 보코르치 노얀은 자신의 털코트(yâǧu)[122]

Mâîjû의 형제로 보았는데, 이러한 해석은 잘못된 것이다.

120) 라시드 앗 딘이 제시한 이 說明은 납득하기 어렵다. Pelliot는 이것을 '순전히 상상'이라고 배척했다. Cf. *Campagnes*, p.345.

121) 실은 앞의 '보코르치 노얀'과 동일 인물이다.

122) 고대 투르크어에서 yaqu는 'raincoat'를 의미했다. Clauson(*Dictionary*, p.898)은 이 말이 yaǧ-('비가 오다')와 qu가 결합된 것이며 몽골어의 daqu는 이를 차용한 것이라고 보았다. 『秘史』에서는 daqu로 표기되었고 '襖子'·'皮襖' 등으로 旁譯되었으며, '毛皮로 된 겉옷'을 의미했다. 비슷한 내용의 사건을 전하

를 두 손으로 〈들어〉 [34v] 「35r」 칭기스 칸의 머리 위를 가려서 눈이 그의 [몸] 위에 떨어지지 않도록 했다. 새벽이 될 때까지 그렇게 서 있었다. 눈이 그의 허리까지 쌓였는데도 발을 자리에서 떼지 않았다. 새벽에 그를 말에 태워 그의 오르두로 모시고 갔다.[123] 이밖에도 다른 큰 일들을 했지만 그에 대한 설명은 [뒤에서] 나올 것이다.

칭기스 칸은 곤경에 처하여 군대나 다른 근시들로부터 떨어져 있었고, 적은 그의 행적을 추적하고 있었다. 그는 보코르치 노얀과 보로굴 노얀과 함께 황야와 산지를 전전하면서 먹을 것을 찾으려 했으나 아무 것도 발견하지 못했다. 어망을 갖고 있었기에 그것을 강에 던지니 커다란 고기 하나가 걸려들었다. 보코르치 노얀이 [그것을] 밖으로 끌어내려 했으나, 극도의 허기와 쇠진함으로 인하여 끌어낼 힘이 없어 쓰러지고 말았다. 칭기스 칸은 보코르치 노얀이 쇠진하고 무력해졌으며 그의 허벅지가 살도 없이 야위어진 것을 보고 슬퍼하면서, 보로굴에게 "슬퍼하지 말라! 당황하지 말라! 너는 손도끼 (tabar)가 되고 나는 끌(iskana)이 되어 그의 허벅지를 살찌우도록 하자!"고 말했다.[124] 이러한 고귀한 생각과 강력한 의지와 정신적인 힘으로 인하여 칭기스 칸과 그들의 일이 [뒤에] 紀傳에서 설명되듯이 다시 한번 흥륭하게 되고 세계를 정복하였던 것이다.

보코르치 노얀과 보로굴 노얀과 잘라이르 지파의 우티 쿠르추(Ûtî Kürchû)[125]는 칭기스 칸의 오랜 누케르들이었으며 언제나 그의 근시였다. 그

고 있는 『元史』 권119 「博爾朮傳」(p.2946)에서는 이것을 '氈裘'라고 했고, 『秘史』 205절에서는 nemürge(氈衫)라고 했다.

123) 『秘史』 205절에는 타타르와 Dalan Nemürges에서 전투하다가 이러한 일을 당했다고 한 반면, 『元史』 권119 「博爾朮傳」(p.2946)에서는 케레이트의 공격을 받고 도주하다가 '會天雨雪 失牙帳所在 臥草澤中 與木華黎張氈裘以蔽帝 通夕植立 足蹟不移 及且 雪深數尺 逢免於難'이라고 했다.

124) A·B 원문 모두 tabar와 iskana라는 두 단어를 사용했는데, 露譯本에서는 이를 각각 '도끼'와 '도끼 자루'로 이해하여, '너는 도끼가 되고 나는 도끼 자루가 되어 그의 허벅지에 살이 오르도록 하자'고 번역했다.

가 군주가 되었을 때 모든 아미르들에게 [은사의] 칙령(yarlîğ)을 주었는데 보코르치와 보로굴에게는 주지 않았다. 그들이 무릎을 꿇고 "어찌해서 저희에게는 칙령을 내리시지 않습니까?"라고 하자, "그대들의 지위는 칙령으로 정해 줄 수 있는 정도를 넘는다"라고 말했다.

우구데이 카안의 시대에 그[=보코르치]의 만호를 조카인 보랄타이 (Bôrâltâî)[126)가 관할했다. 뭉케 카안의 시대에는 보랄타이의 아들인 발칙 (Bâlchîq)이, 쿠빌라이 카안의 시대에는 보코르치 노얀[127)의 아들이 그 만호를 관할했다. 그 뒤 역시 쿠빌라이 카안의 시대에 보랄타이의 아들인 지르카미시(Jîrqâmîsh)가 관할했다. 이 보랄타이는 많은 아들들을 두었는데 모두 대아미르였다. 그들 가운데 하나가 우즈 티무르 바우르치(Ûz Timûr Bâûrchî)였는데, 대아미르이자 寵臣(înâq)이었고 유명했다.[128) 이 나라에 보코르치 노얀의 후손으로는 이미 언급했던 벡클레미시와 그의 아들 우잔이 있었고, 수케 (Sûkâ)와 함께 반란을 일으켰다는 이유로 처형된 툴렉(Tûlek)이 있었다. 좌익의 천호장인 토콜쿠 체르비(Tôqôlqû Cherbî)는 보코르치 노얀의 형제였다.[129) 지금 그들의 후손 가운데 야야스 투르카쿤(Yâyâs Tûrqâqûn)이라는 사람은 카안의 휘하에서 대아미르이다. '야야스'는 키타이 말로 '수령'이며, 투르카쿤은 그의 이름이다.[130)

---

125) 이 인물은 다른 자료에서 찾을 수 없다.

126) 그러나 『元史』 권119 「博爾朮傳」(p.2947)에는 孛欒台가 보오르추의 아들로 기록되어 있다.

127) A · B : Bôrchî Nôyân.

128) 『元史』 권119 「玉昔帖木兒傳」에 의하면 쿠빌라이는 그를 寵愛하여 '能官'이라는 의미를 지닌 月呂魯那演 (Örlük Noyan)이라는 칭호까지 下賜했다고 한다. 그의 이름은 玉速帖木兒, 玉速鐵木兒 등으로도 표기되며 Pelliot는 Üz Temür로 복원했다. 그러나 그의 職名을 baurchi âmir-i buzurg로 붙여서 읽은 것은 잘못이다. Cf. Campagnes, pp.350~351.

129) Tôqôlqû Cherbî는 『秘史』의 Doğolqu Cherbi와 동일 인물. 그러나 『秘史』 120절에 의하면 도골쿠 체르비는 망구트 部에 속하는 인물이었고, 아룰라트 部 출신인 보오르추의 동생은 그가 아니라 Ögelen Cherbi이다. 라시드 앗 딘은 좌익 천호장의 명단에서도 Tôqôlqû Cherbî를 보오르추의 동생이라고 되풀이했다(A : 130r).

칭기스 칸은 보코르치 노얀에 대해서 '칸들보다는 낮고 아미르들과 평민
(qarâchû)[131]보다는 높다.'고 말했다. 보코르치 노얀은 몽골어로 말하기를
"까마귀가 잘못 말할 때 나는 그러지 않았다. 눈먼 새가 어리둥절할 때 내 머
리는 어리둥절하지 않았다. 땅의 흙이 하늘로 오를 때, 하늘의 먼지가 땅에
내릴 때, 나는 길을 잃지 않았다. 그런 이유로 이러한 지위에 이르렀고 나를
'보코르치'라고 부르는 것이다"라고 했다.[132] 그가 처음에 칭기스 칸과 같이
있었던 상황은 다음과 같았다. 칭기스 칸이 아직 젊었을 때 그의 추종자와
군대가 그를 저버려 쇠진한 상태가 되었다. 하루는 몽골 종족들에 속한 도적
들이 와서 그의 말떼를 훔쳐갔다. 즉시 [그 사실을] 깨달았지만 누케르들이
모일 때까지 기다릴 수 없어서 곧바로 혼자서 도적들을 뒤쫓아갔다. [그러
다] 길가에 회색 말을 타고 서 있는 기사를 보았다. 보코르치였다. [칭기스
칸이] 가서 "너는 누구냐? 서 있는 이유가 무엇이냐?"고 하자, "너와 이야기
하려고 기다리고 있는 것이다"라고 말했다. 칭기스 칸은 "나는 혼자인데 나
와 함께 가지 않겠느냐?"고 하자, 그는 "너와 함께 하려고 멈추어 있었던 것
이다"라고 대답하고는 그와 동행하여 달려갔다. 도적들[이 있는 곳]에 이르
자 칭기스 칸이 "내가 전위(mangqala)에 설 테니 너는 내 후위(gejîge)[133]에
있어라!"라고 말하니, 보코르치가 "말들은 너의 것인데 어떻게 나를 믿을 수

---

130) Yâyâs Tûrqâqûn은 千戶 名單(A : 130r)에는 Yâyâr Qûrqâqû로 표기되어 있다. '首領'이라는 뜻을 지
   닌 Yâyâs 혹은 Yâyâr는 '爺爺'와 연관된 말일 것이다. Tûrqâqûn은 '侍衛'를 의미하는 turğaq과 관계된
   말로 보이지만 語末의 -un을 설명하기 어렵다. Pelliot는 Yâyâs를 Tâbâîn으로 표기한 Berezin 本에 근
   거하여 이를 '頭人'으로 해석해 보려고 했으나 수긍하기 어렵다(*Camapagnes*, pp.358~359).

131) qarachu는 noyan('貴族')에 대응되는 개념으로서 '平民, 下民, 黎民' 등을 의미한다.

132) Pelliot도 지적했듯이 이 문장에서 bôqôrchî라는 말은 '결코 길을 잃지 않는 사람'을 의미하는 것이라고
   시사하고 있으나, 그러한 의미를 지닌 몽골어는 찾을 수 없다. Cf. *Campagnes*, p.343. 어쨌든 당시 전
   쟁과 이동이 잦았던 몽골인들에게 길을 잃지 않고 제대로 찾는 것은 중요한 능력으로 여겨졌고, 칭기스
   칸은 千戶長 웅구르(Önggür)에게 '너는 안개에 길을 잃지 않았다'고 하면서 그의 功勞를 인정했다(『秘
   史』 213절).

133) A · B 모두 gejîle로 표기하였으나 '後衛'를 의미하는 gejîge가 되어야 마땅하다.

있겠는가? 네가 달려갈 때 내가 도망칠 가능성도 있으니, 내가 전위로 가고 네가 내 후위에 있으면 내가 도망칠 수 없어서 할 수 없이 싸울 수밖에 없을 것이다"라고 말했다. 그들은 이에 대해 많이 토론했고 극구 주장을 세웠다. 결국 칭기스 칸이 후위가 되고 보코르치가 전위가 되어 도적들을 〔35r〕「35v」 쫓아 버리고 말들을 되찾았다. 칭기스 칸은 이 일에 대하여 크게 기뻐했고, 그를 완전히 신임하여 근시로 삼고 소중히 여겼다.[134]

셋째 아들 오로나우트[135] 킬키누트

그는 사팔뜨기(kilikî)였기 때문에 이러한 이름이 붙여졌다. 킬키누트 종족과 지파 모두가 그에게서 나왔으며 숫자도 무척 많다. 바다이(Bâdâî)[136]와 키실릭(Qishliq)[137]은 이 종족 출신이다. 그들을 '킬키누트 타르칸'(Kilkinût TarKhân)이라고 부르는데, 칭기스 칸이 그들을 타르칸으로 만들었기 때문이다. 비록 킬키누트 종족 출신이지만 '타르칸'이 그들을 대표하는 이름이 되었다.[138] 그 종족 출신의 자손들은 매우 많다. 바다이의 자손들 중에 타르칸 호라즈미(Tarkhân Khwârazmî)와 사닥 타르칸(Sâdâq Tarkhân)이 있고, 키실릭의 자손들 중에는 아쿠타이(Aqûtâî)가 있는데 천호장이다. 이 바다이와 키실릭은 〔원래〕 옹 칸에게 속한 대아미르였던 예케 체렌(Yâkâ Chârân)의 아크타치들의 우두머리였다.[139] 그들이 타르칸이 된 이유는 칭기스 칸의 기전에

---

134) 『秘史』 90~93절에도 말도둑 사건과 보오르추와의 만남의 일화가 소개되어 있다.

135) A : Ôronât.

136) 『秘史』의 Badai, 『親征錄』(p.95)의 把帶.

137) 『秘史』의 Kishilig, 『元史』의 啓昔禮·乞失力. 『親征錄』(p.94)의 乞失力은 把帶의 형으로 되어 있다.

138) tarqan/darqan(荅剌罕)은 功勳을 세워 여러 가지 特權을 부여받은 사람을 칭하였는데, 『秘史』에 나타난 바에 의하면 특정 지역에서 免稅의 특권, 弓矢를 소지하고 杯飮할 수 있는 특권, 9회의 범죄까지 면책받는 특권, 약탈물을 자유로이 획득할 수 있는 특권, 圍狩에서 자기가 사살한 짐승을 포획할 수 있는 특권 등을 누렸다고 한다. Cf. 惠谷俊之, 「荅剌罕考」(『東洋史硏究』, 22-2, 1963, pp.61~78).

139) 『秘史』에 의하면 Yeke Cheren은 타타르 部의 Qulan Ba'atur의 아들이었으며, 바다이와 키실릭의 主君 (noyan)이었다. 『親征錄』(p.94)에는 也可察合闌으로 나와 있다.

서 설명될 것이다. 쿤친(Qûnchîn)[140] 종족은 킬키누트의 한 지파이며 콩코탄의 사촌들에 속한다. 후라산에 있었고 매우 뚱뚱했던 킵착타이(Qipchâqtâî)는 이 종족 출신이었다.[141] 알라께서 가장 잘 아시고 가장 현명하시도다!

후신 종족[142]

이 종족 출신의 대아미르들 가운데 [칭기스 칸의 시대에 보로굴 노얀(Bôroǧûl Nôyân)이 있었는데,][143] 칭기스 칸의 휘하에서 처음에는 부케울(bôkâûl)과 바우르치(bâûrchî)[144]였고 그 뒤에 친위(kezîktû)가 되었다. 그 뒤 친위의 아미르가 되었고 곧 만호장이 되었다. 후에 우익의 중요한 대아미르가 되었고 보코르치 노얀 [다음으로] 두 번째의 지위에 올라 헌신을 다했다. 칭기스 칸은 그들을 매우 총애하고 아꼈으며, "보코르치가 죽는다면 슬프지 않겠는가? 보로굴이 죽는다면 슬프지 않겠는가?"라고 말할 정도였다. 보로굴이 매번 세웠던 수훈은 칭기스 칸 紀에 자세히 나올 것이다. 그는 몽골에 속하는 한 종족인 투마트 군대와의 전투에서 비록 그들을 패배시키긴 했지만 죽음을 당했다. 우구데이 카안의 시대에 그의 아들 주부쿠르 쿠빌라

---

140) A·B 모두 Fûnchîn. 『親征錄』(p.25)에서는 十三翼의 전투에서 칭기스 칸과 연합하여 朶忽蘭 · 捏古思 · 火魯罕 · 撒合夷 등과 함께 一翼을 구성했던 嫩眞이라는 집단이 언급되고 있는데, 『集史』의 Qûnchîn이 혹시 이 Nunchin의 誤寫인지 아니면 異名인지 확실치 않다. Cf. Campagnes, pp.71~74.

141) 露譯本에서는 콩코탄을 人名으로 생각하여 '콩코탄의 사촌'이 킵착타이라고 번역하였는데 납득하기 힘들다.

142) 『元史』의 許兀愼 · 旭申. 이로 보아 이 종족의 이름은 Hü'üshin 혹은 Ü'üshin으로 불렸던 것 같다. 『秘史』에는 이 종족의 명칭이 나오지 않고, 대신 보로굴을 Jürkin 部의 牧地(nuntuǧ)에서 데리고 왔다는 기록만 보인다. 『輟耕錄』에는 忽神 혹은 忽神忙兀歹이라는 이름이 나오는데, 屠寄(권2, 30下)는 忽神을 溫眞(=嫩眞)과 동일한 것이며 망우트의 일 지파라고 보았다. Pelliot(Campagnes, p.72 참조)도 이를 비판했듯이 Nunchin/?Qûnchîn과 Hûshîn은 별개의 집단으로 보아야 할 것이다.

143) 이 부분은 A·B에 모두 缺落되어 있어, Leningrad 본과 London 본을 삽입한 露校勘本에 따랐다.

144) bûkâûl은 투르크어 böke'ül을 옮긴 말로서 '음식을 미리 맛보는 사람'을 뜻하며, bâûrchî는 전술했듯이 料理士를 의미한다. Cf. Doerfer, Elemente, vol. 2, pp.301~307 ; Pelliot, Campagnes, pp.81~82.

(Jûbûkûr Qûbîlâ)는 그의 후계자였고, 그의 뒤를 이어 쿠빌라이 카안의 시대
에는 툭치 쿠레겐(Tûqchî Kûregân)이 있었는데 역시 그의 일족이었다.[145] 그
가 쿠레겐의 지위에 있었던 것은 훌레구 칸의 조카인 쿠툭투의 딸 시린
(Shîrîn)—켈미시 아카(Kâlmîsh Aqâ)의 자매이자 쿨란 카툰의 자식의 소생—
을 그에게 주었기 때문이다.[146]

또 다른 대아미르가 있었는데 그의 이름은 후시다이 바이쿠(Hûshîdâî
Bâîqû)였다.[147] 칭기스 칸은 그를 군대와 함께 주치에게 주었고, 바투 군대의
우익을 그가 관할했다. 인생의 말년에 그는 "늙고 병들었으니 이 일을 할 수
가 없습니다"라고 탄원했다. 주리야트 종족 출신의 일데케(Îldeke)라는 사람
—〔후시다이가〕 그의 모친을 취하였기 때문에 데리고 와서 자신의 副官
(nâîb)으로 삼았던—이 그 뒤 그의 후계자가 되었다. 오늘날 그의 후손들 가
운데 대아미르들이 그곳에서 같은 일을 돌보고 있다. 이 나라에는 아랍타이
쿠레겐('Arabtâî Kûregân)[148]이 있는데, 그의 자식인 벡클레미시 비틱치

---

145) 보로굴의 후손에 대해 『集史』와 『元史』의 기록은 전혀 일치되지 않는다. 『元史』 권119 「博爾忽傳」
(p.2949)에 의하면 보로굴의 자리는 脫歡(Toğon)이라는 아들이 계승하였으며, 그 뒤 그의 아들 失里
門, 失里門의 아들 月赤察兒가 襲職했다. Cf. 『國朝文類』 권23, 元明善 撰 「太師淇陽忠武王碑」. 한문 사료
를 기초로 한 보로굴의 家系에 대해서는 蕭啓慶, 「元代四大蒙古家族」(『元代史新探』, 臺北, 1983), p.148
참조.

146) Qûtûqtû는 톨루이의 아들이다. 그에게는 두 딸이 있었는데 큰 딸인 Kâlmîsh Aqâ는 쿵그라트의
Sâljûtâî Kûregân에게 시집갔으며, Shîrîn은 그녀의 異腹姉妹이다. 따라서 Shîrîn은 훌레구의 姪女가 되
는 셈이다. 露譯本에서 Qûtûqtû를 훌레구의 조카라고 한 것은 잘못이다. 한편 라시드 앗 딘은 쿠툭투의
딸 시린에 대하여 혼란된 서술을 하고 있다. 왜냐하면 그는 뒤에서 쿠툭투에게는 켈미시 아카라는 딸 하
나만 있었다고 썼고, 또 한번은 딸이 둘 있었는데 쿨란 카툰과의 사이에서 난 켈미시 아카와 바야우트
部 출신 부인과의 사이에서 난 시린이 그들이라고 하였기 때문이다. Cf. Boyle tr., Successor, p.160,
p.312.

147) A : 131r에는 주치에게 分賜된 4명의 千戶長이 기록되어 있는데, 거기서 Hûshîtâî와 Bâîqû는 별개의 인
물로 각각 하나의 千戶를 관할했다고 되어 있다. 그러나 전자를 Bôrchî Nôyân의 친족(khwîshân)이라
고 한 것은 잘못이며, 후자의 출신 종족은 缺文으로 되어 있다. 반면 『五族譜』에는 Hûshîdâî Bâîqû가 후
신 部 출신의 존경받는 아미르로 기록되어 있다(志茂碩敏, 『序説』, p.385).

148) B : Artabâî Kûregân.

(Beklâmîsh Bîtikchî)는 아직도 활동하고 있다.[149] 쿠빌라이 카안에게 카툰이 하나 있었는데 보로굴 노얀의 딸이었다. 우시진(Ûshijîn)[150]이라는 이름이고, 그녀로부터 아들이 하나 태어났는데 그의 이름은 아야치(Ayâchî)[151]이다.

술두스 종족[152]

이 종족 출신의 아미르들은 무척 많았지만, 칭기스 칸 휘하에 있었던 유명하고 중요한 그리고 [35v]「36r」좀더 잘 알려진 사람들을 우선시하여, 보다 중요한 이야기들을 먼저 하고자 한다. 칭기스 칸이 젊었을 때, 그가 타이치우트 종족과 적대하기 시작하여 군대와 추종자들이 그로부터 떠나가고 그의 지배권이 아직 확고히 자리잡히지 않았던 시절, 하루는 그가 어떤 용무로 말을 타고 떠났다. 도중에 그는 아무도 건드리지 않았는데 바위 하나가 그에게 굴러온 것을 보게 되었다. 그는 혼자서 "이것은 매우 기이하고 놀라운 일이다. 내가 이 길로 가서는 안 되겠구나"라고 생각했다. 그는 갈지 말지 한동안 망설였지만, [결국] 그것에 신경쓰지 않고 가벼운 마음으로 다시 길을 갔다. 그의 적이자 타이치우트 종족의 군주였던 타르구타이 키릴툭(Tarğûtâî Qirîltûq)[153]이 그와 마주치게 되었고, 그를 붙잡아 형틀[154]을 씌우고 감시했다. 그 당시에는 포로를 신속하게 처형하는 관습이 없었다.

타이추 에게치(Tâîchû Îgâchî)[155]라는 이름의 노파가 있었는데, 그녀는 그

---

149) 본문에는 주어가 '자식들'(farzandân)이고 동사 역시 복수형으로 되어 있어, '벡클레미시'와 '비틱치'를 두 사람으로 이해할 수도 있다.

150) Hûshin(Ûshin) 部 출신의 여자'라는 뜻.

151) 『元史』 권107 「宗室世系表」(p.2725)의 愛牙赤大王. 愛也赤이라고도 표기되었다.

152) 『秘史』의 Süldüs, 『元史』의 遜都 · 遜都思 · 孫都思 · 速勒都孫 · 遜都臺.

153) 『秘史』의 Tarqutai Kiriltuq, 『親征錄』(p.10)의 塔兒忽台.

154) 페르시아어로 dô shâkha('pillory')인데, 이는 목에 채우는 나무로 만든 형틀이다. 『秘史』에서는 몽골어 buqa'u라는 단어가 사용되었고 '枷'로 旁譯되었다.

155) A·B 모두 원문은 Bâîchû Îgâchî로 되어 있으나, '바이추'라는 族名은 없으며, 문맥상 타이치우트 族과

종족[=타이치우트] 출신이어서 타이추(Tâîchû)라고 불렸다. 그녀의 남편은 메르키트 종족 출신이고 이름은 알려지지 않는다. 이케테이 일치(Îketâî Îlchî)와 함께 [이곳으로] 온 우자우르가이(Ûjâûṛġâî)라는 카안의 사신이 그의 후손이다. 어쨌든 그 노파는 줄곧 칭기스 칸의 머리를 빗기고 필요한 시중을 들어 주었다. 그의 목에 형틀로 인하여 상처가 나면 그곳에 조그만 헝겊을 대 주곤 했으며, 항상 측은하게 여겼다.

얼마가 지난 뒤 칭기스 칸은 기회를 포착하여 형틀을 찬 채 도망쳤다. 그 부근에 큰 호수가 있었는데, 그곳으로 가서 코만 밖으로 내놓은 채 형틀과 함께 몸 전체를 물 속에 잠기게 했다. 타이치우트 종족의 한 무리가 추적하여 나서서 그를 찾아다녔다. 술두스 종족 출신의 소르간 시라(Sôrġân Shîra)[156]—칠라우칸 바하두르(Chîlâûġân Bahâdur)의 아버지—가 수둔 노얀(Sûdûn Nôyân)의 아버지[=칠라우칸]와 함께 그 종족 안에 [살고] 있었는데, 그의 집이 그 근처에 있었다. 문득 그의 시선이 칭기스 칸의 축복받은 코에 멈추었고, 그것이 그라는 것을 알아차리고는 머리를 물 속에 더 집어넣으라고 은밀히 눈치를 주었다. 그리고는 무리들에게 "당신들은 다른 곳을 찾아 보시오. 내가 이곳을 살펴보겠소"라고 말하며 그들을 흩어지게 했다.

밤이 되자 그는 칭기스 칸을 물 속에서 나오게 하여 형틀을 목에서 벗기고 집으로 데리고 갔다. 그리고는 수레 위에 잔뜩 쌓인 양털 속에 숨겼다. 그 뒤 그의 자취를 따라 그곳까지 오게 된 수색하던 무리는 그가 소르간 시라의 집 안에 있다고 의심하였다. 그들은 그곳을 꼼꼼하게 뒤지면서 그 양털 무더기를 꼬챙이로 찔러 보기까지 하였으나, 그를 찾아내지 못했다. 신께서 그의 흥륭을 원하셨기 때문에 그의 축복받은 몸은 매번 아무런 상처나 고통도 받지 않았고, 그들은 그를 찾지 못하고 가 버렸다.

관련하여 말하는 것으로 보여 Tâîchû Îgâchî의 誤寫로 보아야 할 것이다. Îgâchî는 몽골어에서 '누나, 언니'의 호칭인 egechi를 나타낸 것이다.
156) 『秘史』의 Sorqan Shira, 『親征錄』(p.35)의 梭魯罕失剌.

그 뒤 소르간 시라는 그에게 갈색 암말[157] 한 마리와 약간의 고기와 고기 굽는 꼬챙이, 그리고 활과 화살을 비롯한 여행에 필요한 물건들을 주었지만, 어떤 것은 주지 않았다. 전하는 바에 의하면, 부시는 주지 않은 채 보냈다고 한다.[158] 그런 연유로, 비록 [소르간 시라의 후손들이] 큰 은총을 입고 있기는 하지만, 그가 물건들 가운데 일부와 부시를 주지 않았기 때문에 조금은 비난거리가 되고 있는 것이다. 그[=소르간 시라]로서는 발각되면 안 되는 일이었기 때문에 변명의 여지는 있다. "그는 용서받을 만하고, 너는 비난할 만하다."[159]

그러는 동안 칭기스 칸의 어머니와 부인들과 종족은 그에 대한 희망을 포기했었다. 그의 넷째 아들인 톨루이 칸은 당시 어린아이였는데, 마지막 며칠간 "아버지가 암말을 타고 오고 있다" 하고 계속해서 말했다. 그의 어머니는 그를 야단치고 귀를 잡아당기며 "이 꼬마가 무슨 헛소리를 하는 것이냐? 우리에게 계속 그를 생각나게 하고 우리 마음에 상처를 주는구나"라고 말했다. [그러나] 그는 그만두지 않고 반복해서 말하다가, 칭기스 칸이 돌아오는 그 날에는 "보세요! 아버지가 오고 있어요! 갈색 암말을 타고 두 마리 새끼 양[160]을 말안장 끈에 묶고서!"라고 말했다. 그의 어머니는 여전히 "어떤 귀신이 이 아이를 해꼬지하고 있는 것이냐?"라고 말했고, 그는 "보세요! 그가 오고

---

157) 원문은 mâdîyânî-yi kûrang. kûrang은 몽골어의 küreng을 옮긴 말로 '갈색, 밤색'을 뜻한다.

158) 『秘史』 87절에 의하면, 소르간 시라는 칭기스 칸을 '입이 희고 새끼를 낳지 않은 엷은 황갈색 암말(qulaǧchin)에 태우고, 두 어미의 젖을 빠는 새끼양(tel quriǧan)을 끓여서, 작은 가죽 통과 큰 가죽 통에 챙겨 주고, 안장은 주지 않고, 부시(kete)도 주지 않고, 활을 주고 화살 두 대를 주었다. 그렇게 챙겨서 보냈다.'고 한다. kete는 火鐮으로 旁譯되어 있다.

159) 인용부호 안은 아랍어.

160) A · B 모두 QWRBQAN으로 표기. 露譯本에서는 이를 tûrbaqân의 誤寫로 보아, 곧 들쥐의 일종인 tarbağan(『秘史』에는 '土撥鼠'로 旁譯)으로 이해했다. 그러나 Doerfer(Elemente, vol. 1, pp.434~435)도 지적했듯이 이는 qûrîqân의 誤寫로 보는 것이 옳을 것이다. 몽골어의 quriǧan은 '새끼 양'을 의미한다. 이미 앞에서 인용했듯이 『秘史』 87절에 소르간 시라가 칭기스 칸을 보낼 때 새끼 양을 잡아 음식을 만들어 크고 작은 두 개의 가죽 통에 넣어 주었다고 기록한 것으로 보아 마땅히 qûrîqân으로 이해해야 할 것이다.

있어요!"라고 계속해서 소리쳐댔다. 얼마 뒤 칭기스 칸이 도착했는데, 과연 갈색 암말을 타고 두 마리의 새끼 양을 안장 띠[161]에 묶고 왔다. 모두들 그의 도착에 매우 기뻐하고 즐거워했으며, 톨루이가 한 말에 대해 〔36r〕「36v」크게 놀라워했다. 그들은 이 사실을 칭기스 칸에게 설명하고 〔톨루이에게〕 선물을 주었다.

소르간 시라는 자기가 칭기스 칸을 숨겨 주었다는 사실을 감출 수 없음을 알고 타이치우트 종족으로부터 빠져나와야 한다는 것을 깨달았다. 그는 가구와 식솔들과 함께 이동하여 칭기스 칸의 휘하로 왔다. 칭기스 칸은 그와 그의 자식과 동료들을 매우 환대하고 그들에게 극진한 경의와 후의를 표시했다. 칠라우칸 바하두르는 소르간 시라의 아들로, 매우 용맹했으며 남자다웠다. 한번은 전쟁터에서 갑자기 말에서 떨어져 적이 그를 죽이려고 달려들었다. 그는 일어나 선 채 창을 들고 기병과 맞서서 기병에게 덤볐고 그를 도망치게 한 뒤 1파르상(farsang)[162]까지 추격했다. 칭기스 칸은 놀라서 "말에서 떨어진 사람이 어떻게 일어나서 싸움을 할 힘을 갖는단 말인가. 설사 그렇다 하더라도 도보로 어떻게 기병과 맞서 싸워 승리를 거둘 수 있단 말인가.

본 적이 없도다, 도보로 전투하는 사람을,
반항하는 자의 머리를 손으로 내리누르는 것을.

나는 이러한 용사를 본 적이 없었다"라고 말했다.

칭기스 칸은 타이치우트와 여러 차례 전투를 하고 대치하였기 때문에, 결국 최후의 전투에서 칠라우칸 바하두르가 타르구타이 키릴툭〔—타이치우트의 군주—과 전투를 벌였다. 그는 매우 용맹했고 키도 컸으며 비대했지만,

---

161) 원문은 qanjuqa. 이는 몽골어에서 '안장 뒤에 매달린 끈'을 의미하는 qanjuğa를 나타낸 것이다. Cf. Kowalevsky, p.980 ; Doerfer, *Elemente*, vol. 1, pp.418~419.

162) 1farsang은 통상 3.5mile＝약 5.6km.

칠라우칸 바하두르는 키가 작았다. 그는 창을 키릴툭의 치골]163)에 꽂았고, 그를 [창으로] 흔들어 말에서 떨어뜨리려고 했지만 할 수가 없었다. [할 수 없어] 창을 놓으니, 그 끝이 땅에 꽂혀 힘이 가해지면서 그의 치골을 통과하여 복부를 관통했다. 그는 말에서 떨어졌고, 그때 이렇게 말했다. "내 배를 칼로 조각낸다 해도 나는 죽지 않을 것이라고 생각했다. [그런데] 소르간 시라의 아들, 마치 무당들의 북채164) 같고 조그만 채찍같이 비천하고 왜소한 사람이 창을 찔러서 [마음대로] 할 수 없게 되자, 그것을 놓는 바람에 내가 이처럼 죽고 마는구나!"라고 말했다.

詩

후만(Hûmân)165)의 힘은 비잔(Bîzhan)166)보다 강했지만,
태양이 등을 돌리니 재주도 흠이 되는구나.

결국 타르구타이 키릴툭은 그 상처로 죽고 영혼은 지옥사자(mâlik)에게 맡겨졌다.

칠라우칸 바하두르의 아들은 수둔 노얀(Sudûn Nôyân)167)으로, 칭기스 칸의 시대에 우익 아미르들에 속했으며 매우 중요한 인물이었다. 우구데이 카안의 시대에도 생존했고 톨루이 칸과 소르칵타니 베키의 자식들을 모셨다. 쿠빌라이 카안의 시대에는 그의 아들 카추(Qâchû)가 그의 직무를 관할했다.168) 거의 100세에 가까운 수명을 누렸으며, 노망이 들어서 자기 며느리를

---

163) A·B에 모두 缺落되어 다른 寫本에서 보충한 부분.
164) 원문은 daste-i kengergen-i qâmân. kenggerge(n)은 몽골어로 '북'을 뜻한다. Cf. Kowalevskii, *Dictionnaire mongol-russe-francais*, p.2447 ; Lessing, *Dictionary*, p.454.
165) 이란 고대의 전설상의 영웅으로 Pîrân의 형제.
166) *Shâh-nâme*에 나오는 이란의 전설적 영웅으로 Gev의 아들이자 Rustam의 조카.
167) Chila'un의 家系는 이상하게도 『集史』와 漢文 資料에 제시된 것이 완전히 다르다. 이 두 종류의 계보에 대해서는 蕭啓慶의 「元代四大蒙古家族」, p.149, p.151을 참조하시오.

알아보지 못하고 "그녀를 내게 달라!"고 말할 정도였다. 그의 친족들 가운데 우익 아미르 하나가 있었는데 토그릴(Tŏğrîl)이라는 이름이었다. 또한 그의 친족 가운데 대아미르가 있었는데, 뭉케 카안의 바우르치였고 이름은 체렌(Chârân)[169]이었다. 뒤에 아릭 부케를 미망에 빠뜨렸기 때문에 쿠빌라이 카안이 그를 처형시켰다.

수둔 노얀의 아들들 가운데 훌레구 칸과 함께 이란 땅으로 온 사람으로는 순착 노얀(Sûnchâq Nôyân)이 있었다. 야르구치와 우익 아미르 및 케식의 아미르 직책에 있었으며, 쿠케 일게이(Kûkâ Îlgâî)의 부하였다. 그의 형제들로는 케흐티 노얀(Kehtî Nôyân), 아라 티무르 이데치(Arâ Timûr Îdâchî), 토단(Tôdân), 티무르 부카(Timûr Bûqâ)가 있었고, 순착의 아들들로는 바이두(Bâîdû)와 아랍('Arab)과 아르군(Arğûn)이 있었다. 바이두의 아들은 바얀(Bâyân)이고 아랍의 아들은 예멘(Yemen)이며 케흐티의 아들은 키타이(Khitâî)였다. 키타이의 아들들은 카잔(Qazân)과 제키(Zekî)이다. 토단의 아들은 말릭(Malik)이고 말릭의 아들은 추반(Chûbân)이며, 티무르 부카의 아들들은 바이 부카(Bâî Bûqâ)와 식투르(Shîktûr)와 무바락(Mubârak)이다.

쿠빌라이 카안의 휘하에 있던 수둔 노얀의 자식들 가운데는 사르탁(Sartâq)이라는 이름의 아들이 있었는데, 그를 훌레구 칸에게 사신으로 보냈다. 그와 함께 會計를 위하여 압둘 라흐만('Abd al-Rahman)[도 파견했다]. 그들은 이곳에 머물면서 쿠빌라이 카안의 사람인 바얀(Bâyân)—바아린 종족 출신 알락 노얀(Alâq Nôyân)[170]의 손자—을 [다시 쿠빌라이에게 돌려주

---

168) A·B 모두 원문은 pesaresh Qâchû dar jây-i û dâneste. 露譯本에서는 Qâchûdar의 dar를 人名의 일부로 보지 않고 前置詞로 이해한 반면, Roshan은 Qâchûdar를 인명으로 읽었다. 그러나 『五族譜』(쿠빌라이 部將一覽)에는 그의 이름이 Qâchû로 나와 있다.

169) 露譯本에서는 이를 Jârân으로 읽었으나, 앞에서 옹 칸의 아미르였던 Yeke Cheren도 Yâkâ Chârân으로 표기된 것으로 보아 Chârân으로 읽는 것이 마땅할 것이다.

170) A·B 모두 Alân Nôyân으로 표기되어 있으나 「칭기스 칸 紀」에서도 확인되듯이 Alâq의 誤寫로 보아야 할 것이다. 『元史』 권127 「伯顔傳」(p.3099)과 『親征錄』(p.36)의 阿剌.

도록) 요청했고, [홀레구 칸은] 그에게 귀환을 허가해 주었다. 홀레구 칸이 사망하던 해에 돌아갔다. 바얀은 낭기야스 지방을 정복한 그 사람이다.[171] [36v]「37r」

일두르킨 종족

이 종족은 술두스 종족의 한 지파이다. 칭기스 칸의 시대에, 칭기스 칸이 옹 칸과 전투하다가 후퇴하여 발주나 쪽으로 갔을 때, 「紀傳」에 서술되듯이 그 는 옹 칸에게 사신을 보내 많은 전갈을 보냈다. 그 사신이 이 종족 출신이었 고, 그의 이름은 하르카이 제운(Harqay Jîûn)이었다. 하르카이는 이름이고 제 운은 '왼쪽'이라는 뜻이다.[172] 이 나라에는 후라산의 바드기스 지방에서 카라 우나스 만호의 아미르였던 힌두 비틱치(Hindû Bîtikchî)[173]가 있었는데, 그의 일족이며 사촌이었다. 하르카이 제운은 나이가 많이 들어 쇠약해졌는데 뭉 케 카안의 시대까지 살았다.

---

171) 『元史』「伯顏傳」은 바얀이 중국에 오게 된 경위에 대하여 『集史』와 상치되는 기록을 담고 있다. 즉, 그의 부친 曉古台(Se'ügütei)는 홀레구를 따라 '西域'으로 갔고 바얀은 그곳에서 성장하였는데, 至元初에 그 가 홀레구의 사신으로 왔다가 쿠빌라이가 '諸侯王의 臣下[될 인재]가 아니다'라고 하면서 그를 자신의 신하로 삼았다는 것이다. 그의 활동에 관한 상세한 내용은 In the Service of the Khan, pp.584~607 참조.

172) 그러나 『秘史』에는 칭기스 칸의 사신으로 Arqai Qasar와 Sükegei Je'ün이라는 두 사람이 나온다. 전자 는 잘라이르 部의 Seche Domoğ의 아들이고, 후자는 Sükeken 部의 Jegei Qongdağor의 아들이다. 라 시드 앗 딘은 이 두 사람을 하나로 오인하여 Harqay Jîûn으로 표기한 것이다. Sükegei Je'ün이라는 이 름에서 Sükegei는 'Sükeken 部民'이라는 뜻이며, Je'ün은 라시드 앗 딘의 말대로 '왼쪽'을 뜻한다. Îldûrkîn이라는 명칭은 『集史』 이외에는 보이지 않고, 반대로 Sükeken이라는 명칭도 『秘史』 이외의 자 료에서는 발견되지 않는다. 그렇다면 『集史』의 Îldûrkîn 部와 『秘史』의 Sükeken 部는 동일한 집단으로 보아도 좋을까?

173) 카라우나스 萬戶軍과 힌두 비틱치에 관해서는 志茂碩敏, 『序說』, 38ff를 참조하시오.

바야우트 종족[174]

이 종족은 몇 개의 지파가 있으나 두 지파만 알려져 있다. 그 중 하나는 '제데이 바야우트'(Jedei-în Bâyâût)라고 부르고, 다른 하나는 '초원 바야우트'(Keher-ûn Bâyâût)라고 부른다.[175] 제데이는 몽골리아에 있는 강인데[176] 그들의 거주지가 그곳에 있었기 때문에, 그곳과 연관하여 그들을 지칭하는 이름이 된 것이다. 그리고 초원에 머무는 사람들을 '초원 바야우트'라고 부른다. 그들의 목지는 셀렝게 무렌이다. 이 [강의] 두 발원지는 그 지역 안에 있는 곳으로, 大禁區인 쿠르반 카흐트(Qûrbân Kaht)[177]와 부라 운두르(Bûra Ûndûr)이다. 그 강이 세 지류로 나뉘는 가장 먼 곳은 수둔 노얀에게 목지로

---

174) 『元史』의 伯岳吾·伯牙吾·伯要兀, 『輟耕錄』의 伯要歹. 『秘史』 15절에 의하면 Ma'aliğ Baya'udai(즉, '바야우드 氏의 마알릭')라는 사람이 극도로 가난하여 Alan Qo'a의 남편인 Dobun Mergen에게 짐승의 고기를 대가로 자기 아들을 주었다고 한다. 라시드 앗 딘이 뒤에서 바야우드 氏는 칭기스 칸 일족의 世襲 奴婢(ötögü)였다고 한 것도 이러한 사정 때문일 것이다. 한편 『秘史』 120절에는 Münggetü Kiyan 의 아들 Önggür 등이 이끄는 Changshi'ud와 Baya'ud가 칭기스 칸과 연합한 것으로 되어 있다. 『親征錄』에 열거된 十三翼 가운데는 그의 이름이 빠져 있지만, 『集史』(A 70v)에 기재된 명단에는 'Mûngedû Qîyân의 아들인 Changshîût와 칭기스 칸과 사촌간인 그의 형제들, 또한 두릴리킨에 속하는 바야우트 종족과 그들의 수령인 Ûnggûr' 등이 第八翼을 구성한 것으로 나와 있다. 『秘史』 213절에는 칭기스 칸이 Önggür에게 흩어진 바야우드 部民을 모아 千戶를 구성하고 관할하라는 聖旨를 내렸다는 기사가 보인다.

175) A·B의 원문은 모두 yekî-râ Jedey în-ra Bâyâût gûyand wa dîgar-ra Keherîn Bâyâût라고 되어 있다. 이를 문자 그대로 옮기면 '하나를 제데이, 이것을 바야우트라고 부르고, 다른 것을 케헤린 바야우트[라고 부른다]'가 되며, 이는 露譯本에서 취한 방식이기도 하다. 그러나 매우 어색한 표현이라 아니할 수 없다. 라시드 앗 딘도 설명하듯이 바야우트 部의 이 두 집단 가운데 하나는 제데이 河畔에 살고 다른 하나는 草原에 살았기 때문에 '제데이 바야우트'와 '초원 바야우트'라고 불린 것이다. 이를 몽골어로 표기하면 Jedei-yin Baya'ut와 Ke'er-ün Baya'ut가 된다. A·B를 제외한 다른 여러 寫本들은 이 문장을 yekî-râ Jedey-în Bâyâût gûyand wa dîgar-ra Keher-ûn Bâyâût로 필사하고 있는데, 이것이 바로 이를 나타내고 있는 것이며, 본문에도 나오듯이 A·B본도 뒤에서는 올바르게 표기하고 있다. Roshan 역시 이에 따른 표기법을 채용했다. Campagnes, pp.82~83도 참조.

176) 학자들에 따라 이 강을 셀렝게 좌안으로 흘러들어가는 Jida 江과 같은 것으로 보기도 하나 Pelliot는 이에 대해 음성상의 차이를 들어 회의적인 입장을 표명했다. Cf. Campagnes, p.83. 그러나 d'Anville의 지도에는 오늘날 Jida 강의 이름이 Tchede라고 표기되어 있고, 바야우트의 거주지가 셀렝게 강 유역이라는 점을 생각할 때, 필자는 『集史』의 Jedey 강이 d'Anville의 Tchede 강을 가리키는 것으로 추정한다.

177) A : Qûryân Kaht.

주었다. 오늘날 아직도 술두스 종족은 그곳에 머무르고 있으며 [그 지역은] 그들에게 속해 있다. 그들 출신의 아미르로는 카치우다르(Qâchîûdar)가 있고, 사신으로 [이곳에] 왔던 그의 형제 탐마치(Tammâchî)가 있다.

부라 운두르에서 흘러내리는 강들은 다음과 같다.

山의 前面 : 시레 시바우투(Shîre Shîbâûtû), 키반(Kîbân), 탈라두(Taladû).

山의 背面 : 인케(Înke), 주브쿠레(Jûbqure), 부란 쿠르키(Bûrân Qûrqî), 사마르(Samar), 쿠바카투(Qûbaqâtû), 타바이(Tawâî).

이 아홉 개의 강들이 셀렝게로 흘러들어간다. 우카이 케레추(Ûqâî Kerechû)의 후손들로 이루어진 1천호의 오이라트가 그곳에 살고 있으며 그 지역을 수비하고 있다.

칭기스 칸이 젊었던 초기, 타이치우트 종족과 전투를 시작했을 때 군대를 모았는데, 바야우트 종족의 대부분이 그와 연합했다. 그의 군대 13개 쿠리엔 집단 가운데 하나의 쿠리엔이 그들이었다. [그는] 그 종족을 '우투구'[178]라는 이름으로 부를 것을 명령했고, 이 바야우트는 [칭기스 칸] 일족과 통혼하는 지위를 누렸다.

칭기스 칸 시대에 좌익 아미르들 가운데 한 아미르로 부카 쿠레겐(Bûqâ Kûregân)[179]이 있었는데, [칭기스 칸 일족의] 딸을 그에게 주었으며, 그는 제데이 바야우트(Bâyâût-i Jedey) 출신이었다. [현재] 이곳에 있는 후네겐 쿠레

---

178) A·B 원문은 ûteggû. 이미 「잘라이르 傳」에서 ôtögû boğôî이라는 표현이 사용되었는데, 이것은 ötögü bo'ol를 옮긴 것이며 '세습 노비'라고 번역한 바 있다. 따라서 ûteggû는 g 하나가 衍字로 첨가된 것으로, 역시 ötögü를 나타낸 것으로 보인다. ötögü는 『秘史』에서 '老'로 旁譯되듯이 '오래된, 노년의' 등을 의미하며, 어떤 학자들은 이를 '譜代'로 번역하기도 한다. 바야우트가 ötögü라 불린 것은 칭기스 칸 일족과 일찍부터 연맹 관계를 맺었기 때문이었을 것이며, '노비'(bo'ol)였기 때문에 칭기스 칸 일족과 혼인을 맺지 못했던 잘라이르 部와는 달리 그들과 통혼 관계를 가졌다.

179) 『秘史』 202절의 87명 천호장 명단 가운데 언급된 Buqa Küregen, 그리고 『元史』 권106 「后妃表」 (p.1997)에 成宗의 卜魯罕(Buluğan) 皇后의 祖父로 나오는 勳臣晋化와 동일 인물이다. 그러나 그의 이름을 『集史』의 좌익 천호장 명단 속에서는 찾을 수 없다. 那珂通世는 『秘史』의 Buqa Küregen을 잘라이르 部의 Gü'ün U'a의 아들이며 Muqali의 동생으로 보았는데 이는 잘못이다(『實錄』, pp.325~326).

겐(Hûnegân Kûregân)¹⁸⁰⁾이 그의 후손이다.

좌익의 또 다른 천호장으로 웅구르(Ûngûr)¹⁸¹⁾가 있었는데, 매우 중요한 인물이었다. 일찍이 베수트 종족 출신의 쿠추르 노얀(Kûchûr Nôyân)¹⁸²⁾이 부케울과 바우르치였는데, 그가 노년이 되어 병들자 보로굴 노얀이 그 대신 부케울과 바우르치가 되었으며, 보로굴 노얀이 만호장이 되어 군대의 일로 바쁘게 되자 그 대신 이 웅구르가 부케울과 바우르치가 되었다. 그를 '웅구르 키사트'라고 불렀는데, 나이만 언어로는 부케울을 '키사트'(qîsât)라고 불렀으니 곧 '포식하다'¹⁸³⁾〔는 뜻이다〕. 이 웅구르는 초원 바야우트 종족 출신이었다. 中都(Jûngdû) 市¹⁸⁴⁾—알탄 칸의 거주지이며, 그는 그곳에서 떠났지만 그의 재물과 아미르들은 남아 있었다—를 포위하고 정복하였을 때, 쿠투쿠 노얀〔37r〕「37v」과 이 웅구르 바우르치를 누케르들과 함께 보내서 재물을 가지고 오게 했다. 알탄 칸의 副官들이 財庫에서 선물을 내주었는데 쿠투쿠 노얀은 취하지 않았으나 웅구르 바우르치는 취했다. 칭기스 칸이 〔그 일을〕 물어보고는 기분이 나빠져서 紀傳에 서술되듯이 웅구르와 그의 누케르들을 질책(qâqmîshî)했다.¹⁸⁵⁾

---

180) 몽골어의 (h)ünegen은 '여우'를 의미한다. Cf. Kowalevskii, *Dictionnaire mongol-russe-francais*, p.484.

181) A : 〔Û〕ngûr ; B : Ûngûz. 『秘史』에 의하면 Önggür는 이미 칭기스 칸의 일차 즉위시에 '바우르치'의 임무를 부여받았고, 앞의 주석에서 지적한 대로 95천호 편성시 部落마다 흩어진 바야우트 部를 거두어서 하나의 千戶를 만들어 그의 관할하에 두도록 했다.

182) 이는 『秘史』 120 · 202 · 223절에 나오는 베수트 氏 출신의 Küchügür와 동일 인물로 보인다. 그러나 『秘史』에서 그는 ba'urchi가 아니라 mochi(木手)로 나온다.

183) 원문은 qanishmîshî kardan. 露譯本의 주석자들이 지적했듯이 이 말은 투르크어의 qan-('to be satisfied, satiated' ; Clauson, *Etymological Dictionary*, p.632)에 명사화 접미사인 -sh가 첨가되고, 여기에 다시 -mîshî가 붙어서 '滿足, 飽食'의 뜻이 된 것으로 보인다. qîsât의 語義는 不明이나 상기 주석자들은 이를 qanisât로 읽기를 제안했는데, 이 단어 역시 검증되지 않는다.

184) 金國의 首都이며 현재의 北京에 해당.

185) 『秘史』 252절에 의하면 中都에 파견된 사람은 베수트 部의 웅구르 바우르치, 잘라이르 部의 아르카이 카사르, 타타르 部의 시기 쿠투쿠 셋이었으나, 이 중 시기 쿠투쿠를 제외한 나머지 두 사람은 中都 留守 Qada(哈荅)의 뇌물을 받았다고 한다. 『親征錄』(pp.174~176)에도 이와 동일한 내용이 나오며, 『元史』

노카이 야르구치(Nôqâî Yârğûchî)와 그의 조상과 친족들은 제데이 바야우트[186] 종족 출신이다. 그와 조상들의 계보에 대한 설명은 다음과 같다. 칭기스 칸의 시대에 소르칸(Sôrqân)이라는 이름을 지닌 사람이 칭기스 칸의 우게치(ûgechî)[187]였다. 그는 현명하고 영리한 사람이었기 때문에 적절할 때마다 좋은 이야기들을 해주고 가르쳐 주었다. [칭기스 칸은] 그의 지위를 높여주었고, 그는 세습 노비[188]의 무리에 속하게 되었다. 칭기스 칸이 아직 군주가 되지 못했던 시절, 종족마다 고집 센 사람들이 모두 수령과 군주의 자리를 탐했다. 이 소르칸은, "군주의 자리를 탐하는 사람들로 타타르 종족의 알락 우두르(Alâq Ûdûr), 키야트 유르킨(Kîyât Yûrkîn)[189] 종족의 세체 베키(Seche Bîkî), 자지라트(Jâjîrât) 종족[190]의 자무카 세첸이 있다. 이들은 大位를 추구하고 있으며 군주의 자리에 대한 탐욕을 갖고 있지만, 결국 테무진(Temûjîn)이 선두에 나서며 군주의 자리는 종족들의 합의로 그에게 정해질 것이다. 그는 그 일에 마땅한 권위와 능력을 지니고 있고 하늘의 가호와 제왕의 영광이 그의 이마에 분명하다"라고 말했는데, 결국 그가 말한 대로 되었다.

이 소르칸은 아들을 하나 두었는데, 쿠케추(Kûkechû)라는 이름을 가졌고 쿠케추에게 아들들이 있었다. 그 중 하나가 노카이 야르구치였고, 그의 아들

권1「太祖本紀」(p.18) 十年 五月條도 참조하시오.

186) A · B 모두 Jedey-în Bâyâût로 표기. 그러나 이 역시 露譯本에서는 '이 바야우트의 제데이 부족'이라고 誤譯했다.

187) Sôrqân에 대한 뒤이은 설명으로 보아 이는 몽골어의 üge+chi의 합성어로서, '言官'으로 이해해야 옳을 것이다. 그러나 露譯本에서는 이를 다른 일부 사본을 따라 echige로 보고 '아버지'로 해석했다.

188) ûtegû boğôl.

189) A : Kibât Yûrkîn.

190)『秘史』40~41절에 의하면, 보돈차르가 이미 '다른 사람'(jad irgen)의 아이를 임신한 부인을 맞아들여 얻은 아이를 Jajiradai라고 이름하였으며, 그의 후손을 Jadaran(혹은 Jajirad)이라고 불렀다고 한다. 그 부인과 보돈차르와의 사이에서 생겨난 또 다른 아이의 후손이 Ba'arin이 되었다. 121절에 바아린 部의 Qorchi가 자무카에게 '배(腹)'를 같이 하고, 羊水를 함께 한' 사이라고 한 것도 이 때문이다. Pelliot은 Jadaran과 Jajirad가 무관한 이름이 아니라 ʰJadïran(〉 pl. Jajirat)과 Jadaran은 a와 ï음의 혼용의 결과일 뿐이라고 했다(Campagnes, p.395). 이 종족의 이름은 이미 『遼史』에 茶赤剌로 기록되고 있다.

들은 툭 티무르(Tûq Timûr)와 알루구(Aluğû)와 에센 부카(Îsen Bûqâ)였다. 쿠케추의 다른 아들들로는 줄라치 바우르치(Jûlachî Bâûrchî)[191]와 카안 생전에 야르구치였던 무스타파 비틱치 노얀(Muṣṭafa Bîtikchî Nôyân)이 있었다. 우룩투(Ûruğtû)의 아들인 카단(Qadân)도 그들의 친족이며, 토다이 야르구치(Tôdâî Yârğûchî)도 마찬가지이다. 훌레구 칸과 함께 와서 몽골 비틱치들의 선임자였던 쿠케 비틱치(Kûke Bîtikchî)는 그들의 사촌이다. 그의 아들인 쿡 부리(Kôk Bûrî), 쿡 부리의 자식들인 라마단(Ramaḍân)과 토크바(Tôqbâ)와 불루간 카툰—아바카 칸의 부인—은 노카이 바우르치의 사촌·조카들이다.

칭기스 칸의 시대에 대아미르가 하나 있었는데 그를 쿠빌라이 코르치(Qûbîlâî Qôrchî)라고 불렀다. 그는 칭기스 칸이 죽은 뒤에도 살아 있었고, 톨루이 칸이 죽은 뒤 그의 자식들과 소르칵타니 베키를 모셨다. 쿠빌라이 카안에게는 바야우진(Bâyâûjîn)이라는 이름의 부인이 하나 있었는데 이 종족 출신이었다.[192] 그녀로부터 아들이 하나 출생하였는데, 그의 이름은 토간(Tôğân)이었다. 뭉케 칸의 아들 시리기(Shîrigî)의 어머니도 역시 이 종족에서 나왔으며, 바야우진이라는 이름이었다.[193]

게니기트 종족

이 종족 출신 가운데 잘 알려져 있는 아미르와 인물들은 많지 않다. 그러나 칭기스 칸의 시대에 아미르들을 병사들과 함께 자식들에게 분배해 주었을

---

191) jûlachî는 '등잔'을 의미하는 몽골어 jula의 파생어로 '등잔을 받쳐 드는 사람'을 의미하는 듯하다.

192) Cf. *Successors*, p.245. 『元史』 권106 「后妃表」(p.2699)에 의하면 伯要兀眞皇后는 第三斡耳朵에 속해 있었다.

193) A·B의 원문은 Shîrigî pesar-i Mönkkû Khân wa mâdar ham az în qawm bûde로 되어 있으나 중간의 wa는 문맥상 어색하다. 露譯本처럼 그대로 옮기면 Shirigi도 바야우트 종족에 속한 것이 되어 버리기 때문에, 文意에 적절하게 번역했다. 라시드 앗 딘은 후에 시리기의 모친 바야우진이 뭉케의 첩이었다고 기록했다. Cf. *Successors*, p.198.

때, 몇 명의 아미르를 4개의 천호 병사와 함께 큰 아들 주치 칸에게 주었다. 그 무리들 가운데 한 아미르의 이름이 쿠난 노얀(Qûnan Nôyân)[194]이며, 이 지파 출신이다. 주치의 일족 가운데 오르다(Ôrda)의 자식들 중 하나인 코니치의 울루스에 있는 후란(Hûrân)이라는 사람은 그 울루스의 아미르들 가운데 유명하고 지위가 높았는데 그의 후손이다. 오늘날 그의 형제와 자식들은 그곳에 있다.

---

194) 『秘史』 122절에는 자무카로부터 이탈하여 칭기스 칸과 합류한 집단 가운데 Qunan이 이끄는 Geniges 氏가 언급되어 있고, 또한 87인의 천호장 명단에도 포함되어 있다. 『秘史』 47절에 의하면 Geniges는 Oronar, Qongǧotan, Arulad, Sönid, Qabturǧas와 함께 Qaidu의 아들인 Cha'ujin Örtegei의 아들들의 이름이고, 그같은 이름의 각 宗族들의 조상이다. 문제는 라시드 앗 딘이 Qûnân이 속한 집단의 이름을 KYNGYT라고 표기한 것이다. 露譯本에서는 이를 Kînkît로 轉寫하였지만, 쿠난이 속했던 Geniges라는 족명을 생각해 볼 때 이는 Gînigît(즉 Geniged)로 읽는 것이 타당할 것이며, Roshan도 이를 Genîgît로 校訂했다.

제 2 장__

니르운이라고 부르는 투르크인의 종족들에 관한 설명

그들은 몽골 종족 가운데 알란 코아의 후손들로부터 새롭게 생겨 나온 하나의 종족이다. 알란 코아는 코룰라스의 후손이었고 코룰라스는 두릴리킨 몽골에 속한 한 지파였는데, 전승과 추정에 의하면 알란 코아가 남편도 없이 빛으로 인해 잉태하여 세 아들을 출산했고, 이 세 아들에게서 나온 사람들을 '니르운' 즉 '허리'라고 부르는데, 그들이 빛으로부터 나왔기 때문에 순결한 허리라고 〔37v〕 「38r」 지칭하는 것이다. 알란 코아와 이 세 아들로부터 생겨난 이 종족들은 세 부분으로 되어 있다. 첫 번째는 알란 코아의 후손들 가운데 그녀로부터 6대째인 카불 칸에 이를 때까지이고, 그들을 전술한 이유로 모두 '니르운'이라고 부른다. 마찬가지로 카불 칸의 형제들과 그들의 후손을 모두 니르운 종족이라고 부른다. 그들의 여러 종족 지파에 대한 설명은 다음과 같은 방식으로 기술될 것이다.[195]

카타긴 종족[196]

이 종족은 니르운에 속한다. 알란 코아의 큰 아들로부터 갈라졌는데, 그의 이름은 부쿤 카타키(Bûqûn Qataqî)이다. 칭기스 칸의 시대에 그와 적대했고,

---

195) 여기서 라시드 앗 딘은 알란 코아의 후예 가운데 '세 부분'을 언급하고는 그것이 구체적으로 무엇을 가리키는지에 대해서는 상세한 설명을 하지 않고 있다. 그러나 「序論」에서 그가 설명했듯이 이 '세 부분'이란 ① 일반 니르운, ②Ⓐ 일반 키야트, ②Ⓑ 보르지긴 키야트를 말하는 듯하다. 즉, ①은 '빛에 의해 출생한' 알란 코아의 후손들 가운데 카불 칸 이전의 집단을 가리키고, ②Ⓐ는 카불 칸의 후손들 가운데 이수게이의 후손—보르지긴 키야트라 불린 ②Ⓑ—을 제외한 나머지 집단을 가리킨다.

196) 『秘史』에서도 알란 코아가 빛에 感應하여 출생한 세 아들 가운데 첫째인 Buqu Qatagi의 후손들이 Qatagin 氏가 되었다고 하여 『集史』의 기록과 일치한다. 이 집단의 이름은 『元史』·「親征錄」 등에 哈答斤·哈荅斤·合底忻 등으로 표기되었다.

그런 연유로 각 울루스 안에 그들의 숫자가 매우 많기는 하지만, 그렇게 유명한 사람은 없다. 칭기스 칸의 시대에 중요한 인물 가운데 하나가 우쿠추 바하두르(Ûqûchû Bahâdur)였는데, 나이만의 부이룩 칸과 연맹했던 대아미르요 수령이었다. 그 시대에 있었던 또 다른 아미르들은 다음과 같다.[197]

살지우트 종족[198]

이 종족은 알란 코아의 가운데 아들에게서 갈라져 나왔는데, 그의 이름은 부아투 살지(Bûâtû Sâlǰî)[199]였다. 그의 후손 가운데 많은 아미르들이 있으나, 칭기스 칸의 시대에 그와 적대했기 때문에 그들 중에서 많은 사람이 죽음을 당했다. 그 당시 이 종족 출신으로 사무카(Sâmûqa)[200]라는 이름의 아미르가 있었다. 비록 군대의 선임자는 아니었으나 칭기스 칸은 그에게 여러 차례 군대를 주어 매우 중요한 일로 파견했다. 그러한 일들 가운데 하나로 알탄 칸의 아미르들 가운데 한 사람이 군대와 함께 그로부터 이탈하여 칭기스 칸 쪽으로 오고자 했을 때, 이 사무카에게 군대를 주어 보내서 그 아미르를 군대와 함께 어전으로 데리고 오도록 명령한 일이 있다. 그는 귀순한 그 키타이 군대와 함께 中都市 — 현재 Dâîrzû[201]라고 부른다—를 포위·점령했고, 그곳에 있던 알탄 칸의 물자와 재물과 아미르들을 수중에 넣었다. 그 외에도 그는 여러 차례 매우 중요한 일로 파견되었다.

---

197) 이에 상응하는 내용은 어느 사본에도 보이지 않는다.

198) Buqu Qatagi의 동생인 Buqatu Salji의 후손들로 이루어진 집단. 『秘史』의 Salji'ud, 『元史』·『親征錄』 등의 珊竹·散北台·散竹台·撒勒只兀惕·山只昆.

199) A·B 모두 Bûâsû Sâlǰî라고 표기되어 있지만, 『秘史』에서도 나오듯이 이는 살지우트의 始祖인 Buqatu(혹은 Bu'atu) Salji를 옮긴 것에 틀림이 없으며, Bûâtû Sâlǰî의 誤寫로 보아야 할 것이다.

200) 그는 『元史』 권1 「太祖本紀」(p.17, p.19)에 三撲合 혹은 撒里知兀觸三撲合拔都魯(즉, '살지우타이 사무카 바투르')로 나오고, 권150 「石抹明安傳」(p.3556)과 권153 「王檝傳」(p.3611)에는 三[撲]合拔都로 나와 있다. 라시드 앗 딘은 그의 활동에 대해 「칭기스 칸 紀」에서 보다 자세히 설명하고 있다.

201) 이는 Dâîdû(大都)의 誤寫이다.

이 사무카는 누군가가 '염소'라는 말을 하면 그 사람에게 화를 내며 가 버리곤 했다. 그 이유는 그가 어렸을 때 염소와 통정했기 때문이었는데, 당연히 사람들은 염소와 통정한 사람이 있으면 그를 염소라고 부르며 욕한다. 이런 연유로 그는 시기 쿠투쿠 노얀과 싸웠고 그와의 관계가 나빠졌다. 그 뒤 그들은 화해하고, 앞으로 다시는 그 말을 하지 않기로 약속했다. [그런데] 어떤 다른 사람이 그에게 "만약 네가 염소라는 말을 하면 [그 대가로] 너에게 무엇인가를 주겠다"고 말하자, 그는 자기 입으로 염소라고 말했다. 쿠투쿠 노얀이 그 이야기를 듣고 "나를 그렇게까지 괴롭히고 적대해서 내가 이후에는 염소라는 말을 하지 않겠노라고 약속을 했는데, 너는 보잘것없는 물건 때문에 네 입으로 말하면서 참는단 말이냐?"라고 했다. 쿠투쿠는 칼을 뽑아들고 그를 치기 위해 달려들었는데, 칼끝이 안장 뒤까지 뻗쳤으나 그에게 미치지는 못했고, 사람들이 중간에 나서서 말렸다.

이란 지방에는 이 종족 출신으로 셰이흐 슈순치(Shaykh Shûsünchî)[202]와 그의 형제인 발투 슈순치(Bâltû Shûsünchî)[203]가 있다. 칭기스 칸이 아버지를 여의고 고아가 되었을 때, 그의 친족 가운데 아버지 이수게이 바하두르의 근시였던 두 사람이 그로부터 떠나갔다. 그 뒤 두릴리킨 몽골 가운데 몇몇 종족이 그와 연맹하고 복속하게 되자, 자무카 세첸과 협의하여 한 사신을 카타킨과 살지우트 종족에게로 보냈다. 그 당시 그들의 관습은 운율이 있는 애매하고 수수께끼 같은 말을 하는 것이었는데, 사신의 입을 통해 보낸 전갈도 [38r]「38v」그런 방식으로 된 것이어서 그들은 이해할 수 없었고 그에 대해서 속수무책이었다. 그들 중에 ……[204]이라는 이름의 한 청년이 있었는데 "이 말의 뜻은 이러합니다. '우리와 아무런 관계도 없는 쿵그라트·타타르·두릴리킨과 같은 많은 종족들이 모두 우리와 연합하고 친구가 되었습니다. 형과

---

202) B : Shaykh Sûnîchî.
203) B : Bâltû Sûnchî.
204) 원문 결락.

아우요 한 핏줄(khûn)인 우리도 연합하고 친구가 됩시다'"라고 말했다. 그들은 [이 제안을] 받아들이지 않고, 몽골인들이 [동물의] 창자와 피를 삶는 가마에서 남은 고기[205] 하나를 들어올려 그 사신의 얼굴에 팽개쳐서 심한 모욕과 창피를 주어 그를 돌려보냈다. 그런 연유로 적대감과 원한이 커져서 그들 사이에는 전쟁과 분란이 계속되었고 공격과 전투가 거듭해서 벌어졌다.

결국 칭기스 칸이 승리하여 그들을 수도 없이 도륙했다. 그들은 비록 과거에는 많았지만 [지금은] 약간만이 살아 남았다. 그 남은 사람들은 친족이기 때문에 모두 복속하여 노비가 되었고, 일부는 다른 몽골 종족에게 복속했다. 칭기스 칸이 "[그들은 우리와] 친족 관계에 있으니 딸들을 취하지도 주지도 말라. 그래서 몽골의 다른 종족들과 구별되도록 하라!"고 명령한 것을 제외하면, 이 종족에게는 칭기스 칸의 친족으로서의 어떠한 지위도 남아 있지 않다.

타이치우트 종족[206]

몽골인의 역사에 관한 몇몇 글들 속에서 타이치우트 종족은 나친(Nâchîn)[207]

---

205) A · B 모두 sarkhuṭûî로 표기되어 있는데, 마지막 i는 indefinite를 나타내는 이란어 語尾이다. 그렇다면 sarkhuṭû는 무엇인가? Berezin은 돼지와 같은 동물을 가마에 넣고 끓여서 만든 죽(pokhlebki)이라고 보았다. 露譯本에서는 이를 비판하고 일종의 순대와 같은 것으로 이해하면서도 譯文에서는 여전히 '죽'(varevo)이라고 했다. Roshan은 Doerfer를 따라 sarkhuṭû를 투르크어 sûqtû의 誤寫로 보아 '순대'로 이해했다(Roshan, vol. 3, pp.2369~70). 그러나 sarkhuṭû와 sûqtû는 표기상 큰 차이가 있어 특별한 이유도 없이 그렇게 읽는 것은 곤란하다. 본 역자는 sarkhuṭû를 『秘史』 70절에 나오는 sarqud와 같은 말이라고 생각한다. sarqud는 明代 旁譯에 昨이라고 되어 있고, 이는 '祭祀 지낸 고기(肉)'를 의미한다. 이 말은 현재 '술(酒)'의 뜻을 지니고 있는데(Kowalevskii, *Dictionnaire mongol-russe-francais*, p.1336) 여러 학자들이 『秘史』의 이 단어를 '술' 혹은 '祭酒'로 번역하였지만, Mostaert는 明代 旁譯을 선호했고("Sur quelques passages", p.306), Cleaves 역시 'the meat offered'라고 번역했다(*The Secret History of the Mongols*, Cambridge : Harvard University Press, 1982, p.19). 부리야트 방언은 아직도 그 原意를 보존하여 '고기의 남은 것'을 의미한다고 한다(小澤重男, 『全釋』 권2, pp.18~19).

206) 『秘史』 47절에 의하면 Charaqai Lingqu의 아들인 Senggüm Bilge와 그의 아들 Ambaqai의 후손들이 Tayichi'ud 氏가 되었다고 한다. 『元史』·『親征錄』 등의 泰赤烏·大丑兀禿.

이라는 이름을 가진 두툼 메넨의 둘째 아들로부터 출생하여 갈라져 나왔다고 되어 있다. [그러나] 칸들의 財庫 안에 항상 대아미르들의 손에 의해 보존되는 『金冊』(Altân Daftar)이라는 책을 조사해 보면, 타이치우트는 카이두 칸의 아들인 차라카 링쿰으로부터 생겨 나왔다고 분명히 쓰여져 있고, 어디에도 나친의 후손이라는 언급은 없다. 그는 자기의 조카인 카이두를 잘라이르로부터 보호하여 그[=카이두]와 함께 밖으로 나와 오난 강에 자리를 잡았다고만 했을 뿐이다. 이러하니 분명히 [『金冊』] 본문의 기술이 더 정확할 것이다.[208] 타이치우트 종족의 숫자는 매우 많았기 때문에, 나친의 자손들이 그들과 섞여서 그 이름[, 즉 타이치우트]을 취했을 가능성도 있다. 아마도 그러했을 것이다. 그렇지 않았다면 그의 자손과 후손들에 관한 이야기가 어디에선가 나왔어야 하기 때문이다.

이 타이치우트 종족들은 매우 많은 지파와 부족들로 되어 있다. 그들의 계보의 기원은 다음과 같다. 카이두 칸에게 세 아들이 있었는데, 큰 아들의 이름은 바이 싱코르(Bâî Singqôr)[209]이고 칭기스 칸의 조상이 속한 지파가 그에게서 비롯되었다. 셋째 아들의 이름은 차우진(Châûjîn)[210]이었으며, 아르티간(Artigân)과 시지우트(Sîjîût) 두 종족이 그에게서 나왔다.[211] 가운데 아들의

---

207) 『秘史』에 의하면 Nachin Ba'atur는 Menen Dutum과 Monolun 사이에서 태어난 일곱 아들 가운데 막내였다. 『元史』권107 「宗室世系表」(p.2706) 및 『輟耕錄』권1(p.1)의 納眞도 마찬가지이다. 반면 라시드 앗 딘은 아마 『金冊』에 근거하여 나친은 보돈차르의 세 아들 가운데 막내인 Bûqtâî의 아들이고, 카이두는 보돈차르의 둘째 아들인 Dûtûm Menen의 末子라고 기록한 것 같다. 따라서 나친이 Dûtûm Menen의 2子라는 내용을 담은 '글들'은 현재 우리에게 전해지지 않는 자료들 중의 하나일지도 모르겠다.

208) 라시드 앗 딘의 이 기사는 매우 흥미롭다. 우선 그가 『集史』를 집필할 때 저 유명한 『金冊』 이외에도 현재 우리로서는 확인할 수 없는 '몽골인들의 역사에 관한 몇몇 글들'(ba΄ḍî nuskhahâ-i tawârîkh-i Moğûlân)을 참고했다는 점이 그렇다. 또한 나친이 카이두를 잘라이르로부터 보호하여 오난 강으로 가서 살았다는 『金冊』의 記事는 『秘史』나 『親征錄』에는 전혀 언급이 되어 있지 않은 반면, 『元史』「太祖本紀」에는 이에 상응하는 내용이 나온다는 점도 그렇다.

209) 『秘史』의 Bai Singqor Doqsin, 『元史』의 拜住忽兒(住는 姓의 誤記).

210) 『秘史』의 Cha'ujin Örtegei, 『元史』의 獠忽眞兀秃迭葛(禿은 兒의 誤記).

211) 『秘史』에 의하면 차우진 우르테게이에게 Oronar, Qonggotan, Arulad, Sönid, Qabturgas, Geniges의

이름은 차라카 링쿰이었고, 타이치우트 종족 모두가 그로부터 분파된 것이다. 차라카 링쿰이라는 이름은 키타이의 칭호인데 '링쿰'(lînqûm)은 '대아미르'라는 뜻이다. 몽골인들은 '링쿰'(linkûm)〔이라는 말을〕 알지 못하기 때문에 '리쿠'(lîqû)라고 부른다.[212] 차라카 링쿰은 그의 형제인 바이 싱코르가 죽자 그의 부인—툼비나 칸의 어머니—을 '엥게'(înge)[213]로 취했다. 그녀로부터 두 아들이 태어났는데 하나는 겐두 치나(Gendû Chîna)이고 다른 하나는 울렉친 치나(Ûlekchîn Chîna)였다. 또한 자신이 맞이했던 〔원래의〕 부인으로부터 아들들을 두었는데, 하나는 아버지의 후계자였고 유명했으며 이름은 소르카두 치나(Sôrqadû Chîna)라고 했다. 그와 툼비나 칸은 同輩(qa'dûd)였다. 그의 후계자가 된 아들은 함바카이 카안(Hambaqâî Qân)[214]이었고 카불 칸과 同輩였다. 함바카이 카안의 아들로 그의 후계자가 된 것은 타이시(Tâîshî)[215]였고 바르탄 바하두르와 同輩였다. 그 당시 형과 아우들은 모두 서로 화목했다.

타타르 종족이 키타이 군주에게 복속하고는 함바카이 카안을 급습하여 붙잡아 알탄 칸에게로 보내서, 그를 나무로 만든 나귀에 못박혀 죽게 했다. 카

6子가 있었고 이들로부터 각각 그 이름을 딴 집단이 생겨났다고 했을 뿐, Artigin과 Sijûût에 대한 언급은 없다. 다만 『秘史』 46절에는 Menen Dutum의 제5자인 Qachi'un의 아들이 Adarkidai이고 그로부터 Adarkin 氏가 생겨났고, Nachin Ba'atur의 後妻에게서 태어난 것이 Siji'udai와 Doğoladai였다는 기사가 있다. Siji'ud와 Doğolad는 이 두 사람의 후손들로 볼 수 있다. 따라서 라시드 앗 딘이 말하는 Artigin은 Adarkin에 해당되고 Sijûût는 Siji'ud에 해당되는 것으로 추정된다. 다만 자료마다 系譜가 다를 뿐인데, 이 系譜上의 同異 問題는 여기서 간단히 다룰 수 있는 성질이 아니므로 別稿를 통해서 분석을 기대할 수밖에 없다.

212) Charaqa Lînqûm은 『秘史』에서 Charaqai Lingqu, 『元史』에서 察剌哈寧昆에 해당된다. Pelliot에 의하면 lînqûm은 漢字의 令公(契丹에서는 令穩)을 나타낸 것이며, charaqa는 'trace, line'을 의미하는 몽골어 charuğa(Kowalevsky, p.2112)에서 나온 것이라 한다. Cf. *Campagnes*, pp.23~24.

213) Clauson(*Etymological Dictionary*, p.950)에 의하면, yenge라는 투르크어는 'the wife of one's father's younger brother, or one's own elder brother ; junior aunt-in-law, senior sister-in-law'라고 하였는데, 소위 收繼婚의 대상이 되는 여자를 총칭하는 말로 이해할 수 있다.

214) B : Hambaqâî Qâân. 『秘史』의 Ambağai Qaqan, 『元史』(p.13)의 咸補海罕.

215) 뒤에서 Qadân Tâîshî로 표기했고, 『秘史』의 Qada'an Taisi.

불 칸의 자식들 가운데 쿠툴라 카안(Qûtula Qân)[216]은 그에 대한 보복으로 키타이로 원정을 가서 많은 사람을 죽였다. 그 뒤로 이수게이 바하두르의 시대에 이르기까지 그 자손과 사촌들로 이루어진 이 타이치우트 종족에서는 대단히 많은 사람이 출생했으나, 종족의 군주이며 수령이었고 이수게이 바하두르와 연맹자이자 친구였던 〔38v〕「39r」사람들을 제외하고는, 〔다른〕이들의 이름은 알려지지 않는다. 칭기스 칸의 시대에 그의 紀傳에도 나오듯이 분쟁과 갈등이 시작되었다. 그러나 겐두 치나와 울렉친 치나의 자손들은 칭기스 칸 쪽을 택했다. 그의 시대에 함바카이 카안과 카단 타이시(Qadân Tâîîshî)의 자식 · 손자들 가운데 유명했던 사람으로 그 종족의 수령이자 선임자로서 칭기스 칸에게 대항했던 사람들은 다음과 같다.

토다(Tôdâ') : 그는 카단 타이시의 아들이었다. 그에게는 주치 칸(Jôchî Khân)이라는 이름의 아들이 하나 있었는데, 이는 쿠툴라 카안[217]의 아들이며 칭기스 칸과 연합했고 알탄 칸의 형인 주치 칸[218]과는 다른 인물이다. 술두스의 수둔 노얀의 아버지와 베수트 출신의 제베가 그에게 속했었다. 그들에 관한 이야기는 그들 지파에서 나왔는데, 그들은 그로부터 도망쳐 나와 칭기스 칸의 휘하로 왔다. 제베는 이 토다에게 속했으며 〔원래〕이름은 지르쿠타이(Jîrqûtâî)였다.[219] 칭기스 칸은 그에게 제베라는 이름을 주었는데, 그 이유는 그에 관한 〔부분에서〕나온 대로이다. 〔즉, 칭기스 칸이〕그에게 "칠라우칸[220] 바하두르가 타고 있던, 입이 하얀 나의 말을 누가 죽였느냐?"고 문

---

216) B : Qûtula Qâân. 『元史』(p.2708)의 忽魯刺罕(魯는 都의 誤記).
217) A · B 모두 Qûtulqân이라고 표기되어 있으나 이는 Qûtula Qân의 誤記로 보아야 할 것이다.
218) 『秘史』 51절에 의하면, 쿠툴라 칸은 Jöchi, Girma'u, Altan이라는 세 아들을 두었다. 즉, 쿠툴라 칸의 아들이고 알탄의 형인 Jöchi와 카단 타이시의 아들 Jöchi를 구별해야 한다는 뜻이다.
219) A · B 모두 ?îrqûtâî로 표기되어 있는데, 비록 語頭字에 點은 없지만 『秘史』 147절에 제베의 본명이 Jiřǧo'adai였다고 한 것을 보아 j로 읽어야 할 것이다. 露譯本에서 이를 h로 읽어 Hîrqûtâî라고 한 것은 잘못이다.

자 "나다!"라고 말했다. 칭기스 칸은 "이 남자는 '제벨레미시'(jebelâmîshî), 즉 '전투'[220]를 할 만한 사람이다"라고 말했는데, 그런 연유로 그의 이름이 제베가 되었다.

또한 전하는 바에 의하면, 이수게이 바하두르의 시대에 [그의 일족이] 한 번은 타이치우트와 전쟁하러 갔었다. 콩코탄 종족과 [같이 공격하기로] 약조를 맺었는데 그들[=콩코탄]이 먼저 전투하러 와서, 타이치우트 종족이 그들 중 많은 수를 죽였다. [이때] 갑자기 이수게이 바하두르가 도착하여 콩코탄 종족을 타이치우트 종족의 손에서 구해 주었다. 타이치우트가 그 종족을 얼마나 많이 죽였는지 70대의 수레에 그들의 뼈를 싣고 돌아올 정도였다. 이 사건은 유명한 일화가 되었다.

아달 칸(Adâl Khân)[222] : 그는 함바카이 카안의 후손 가운데 하나였고, 이수게이 바하두르의 시대에 활동했으며 [그에게] 적대하거나 반란을 일으키지 않았다. 그의 시대 마지막과 칭기스 칸의 시대에 타르쿠타이 키릴툭(Tarqûtâî Qîrîltûq)이 있었는데, '키릴툭'은 '탐욕스럽고 시기심이 많다'는 뜻이다.[223] 그러한 성격을 지녔기 때문에 그같은 이름이 지어진 것이다. 그는

---

220) 원문 Chîlâûqûn.

221) A · B 모두 jîlâmîshî로 표기되어 있으나, 이미 先學들이 지적했듯이 jebelâmîshî로 읽어야 마땅하다. Cf. Doerfer, *Elemente*, vol. 1, p.283 ; 本田實信, 「モンゴル・トルコ語起源の術語」, pp.429~430. 『秘史』 147절에도 ﹐Jebe nereyidchü jebeleye'(제베라고 이름 지어 싸우게 하라)라는 표현이 보이는데, jebe 는 원래 화살이나 창과 같은 무기의 뾰족한 尖端部를 의미하며, 거기서 파생된 jebele-라는 동사는 그러한 무기를 사용하여 전투하는 것을 뜻한다(小澤重男, 『全釋』 下, p.175). 露譯本에서는 이를 jîlâmîshî로 받아들여 '哀悼하다'(jila-)로 해석하였는데 文意가 통하지 않는다. jebelâmîshî를 '전투'(jang)라고 한 라시드 앗 딘의 설명은 정확하다.

222) 라시드 앗 딘은 뒤에서(A : 51r) 그가 타르쿠타이 키릴툭의 아버지라고 했다. 함바카이의 후손(nasl)이 고 타르쿠타이의 아버지라면, 이는 카단 타이시일 수밖에 없다. 'Adâl Khân'은 그가 타이치우트의 군주로서 취했던 칭호가 아닐까 추측되며, 那珂通世(『校正增注元親征錄』, p.2)와 Pelliot(*Campagnes*, pp.14~15)가 지적했듯이 『親征錄』(p.10)의 阿丹可汗도 이를 옮긴 것으로 보인다.

223) Pelliot는 라시드 앗 딘이 설명한 뜻에 맞는 투르크어나 몽골어를 찾을 수 없다고 했다(*Campagnes*, p.16). qîriltuq의 -tuq은 투르크어의 deverbal nominal suffix로 보이며, 그렇다면 qiril-은 'to scrape, strip(hair)'의 뜻을 갖는 투르크어 kir-의 수동형 kiril-로 볼 수밖에 없다. Clauson(*Etymological*

이수게이 바하두르와 대립을 시작하여 칭기스 칸과 적대하고 전투를 벌였다. 타이치우트 종족은 카단 타이시의 시대 마지막까지 줄곧 중요한 군주를 추대하고 모두 그 [군주]의 명령을 받들었으며 전부가 한마음이었다. 그래서 그들 가운데 가장 연장자로 칭기스 칸의 시대에 활동했던 토다, 그리고 그의 친족이자 사촌인 타르쿠타이 키릴툭과 바가치(Bağâchî)와 쿠릴 바하두르(Qûrîl Bahâdur)[224]는 형제들 가운데 한 사람을 군주의 자리에 앉히려고 했지만, 서로간의 불화와 대립으로 그렇게 하지 못했다. 타르쿠타이와 바가치가 전투를 벌여, 바가치가 한번은 칭기스 칸에게 귀순했고, 또 한번은 타이치우트 종족에게로 가 버렸다. 칭기스 칸이 그들과 적대하고 전투를 벌이던 시절에 그들 사이에는 상호간의 내분이 계속되었고, 그런 까닭으로 칭기스 칸이 그들에게 승리를 거둘 수 있었던 것이다. 사촌들이 제각기 고집을 부렸기 때문에 대립으로 인하여 [그들은] 한 사람을 군주로 정하지 못했다.

오로나우트[225] 종족 출신의 쿠케데이(Kûkedâî), 그리고 메투겐(Metûgân)이나 티무르 유르키(Tîmûr Yûrkî) 같은 당시의 몇몇 耆老들이 그들에게 충고를 했지만 듣지 않았다. [그러자] 그들은 토다의 아들인 토그릴(Toğrîl)의 부인 하릴룬(Harîlûn)을 쿠케데이의 집으로 불러 그녀에게 좋게 충고를 해 주면서, "함바카이 카안에게 10명의 아들이 있었고, 모든 친구들이 그들의 출생을 기뻐했다. [그러나 그들은] 군주의 자리가 그들 가족에게 머물러 [39r] 「39v」 있지 않을 것[226]이라고 말했다. 이제 적대와 분열로 인해 군주의 자리는 너희들의 손에서 떠나갈 것이다"라고 말했다. 부인이 집으로 와서 이 충고를 자신의 남편인 토그릴에게 말했다.

그는 자기 아버지인 토다에게로 가서 [그 말을] 되풀이해 주었다. 그는 충

Dictionary, p.643, pp.658~659)에 의하면 그 뜻은 '(머리가) 깎인 사람' 정도가 될 것이다.

224) 『親征錄』(p.10)에 塔兒忽台와 형제인 忽鄰拔都.

225) A · B 모두 Ôronât.

226) A · B 원문은 모두 namânad로 되어 있는데 부정형 na가 빠지고 mânad가 되어야 옳을 것이다.

격을 받고 [서로] 논의하기 위하여 또 한번 모였는데, 그러는 사이에 타르쿠타이와 바가치 사이에 싸움이 벌어졌다. 회중들이 말리면서 "싸우는 이유가 무엇이냐?"고 물었다. 바가치는 "그가 나와 형과 아우의 물건과 가축떼를 빼앗았다"고 말했고, 타르쿠타이는 "바가치가 나에게서 '타르군 에메'[227] 즉 처자식을 빼앗아 갔다. [그래서] 그에게 나의 용맹함과 힘을 다시 보여주려는 것이다'라고 말했다. 그 논쟁의 결과 바가치가 복종하게 되었지만, 그 뒤 후회하고 등을 돌렸다.

토다는 비록 군주의 자리에 앉지는 않았지만 군주의 자식이었고 명망이 있었다. 아들들을 두었는데, 그 가운데 연장자인 토그릴—칭기스 칸은 그를 '아우 토그릴'[228]이라고 불렀다—은 옹 칸의 근시였기 때문에 칭기스 칸과 옹 칸 사이의 전갈들을 그가 옮겨 주었다. 결국 칭기스 칸은 타이치우트를 제압하여 다수를 죽이고 나머지는 그의 노비로 삼았다.

쿠릴 바하두르 : 타르쿠타이 키릴툭의 사촌들 가운데 하나이며 그와 연합했었다.

앙쿠 후쿠추(Angqû Hûqûchû)[229] : 그 역시 그들의 사촌들 중의 하나였다.

그들의 지파와 이름을 적은 表는 카이두 칸의 지파의 表에 삽입되어 있으니, 그들 지파의 정황을 잘 알고 이해하기 위해서는 그것을 찾아보아야 할

---

227) 원문은 tarğûn îme. 몽골어에서 tarğun(Kowalevskii, *Dictionnaire mongol-russe-francais*, p.1678)은 '뚱뚱한'을, eme는 '婦人, 妻'를 의미한다. 따라서 '妻와 子息'이라는 라시드 앗 딘의 설명은 납득하기 어렵다.

228) 원문은 Toğril-i dû'û. dû'û는 몽골어의 de'ü, 즉 '아우'를 뜻한다. 이렇게 부른 이유는 옹 칸의 본명이 토그릴이기 때문에 그와 구별하기 위해서였을 것이다. 露譯本에서는 이를 Togoril-Dua라고 하여 마치 전부가 이름인 것처럼 오해했다.

229) 그의 이름은 「칭기스 칸 紀」(A : 79v)에서도 언급되는데 Angq Hâqûchû, Angqû Hâqûchû, Angqû Hûchû 등 다양하게 표기되었다. 『親征錄』의 沆忽阿忽出(Hangqu Aquchu) 혹은 阿忽出拔都(Aquchu Ba'atur), 『秘史』의 A'uchu Ba'atur와 동일 인물로 보인다. 라시드 앗 딘은 그의 이름이 '대단한 분노'를 뜻한다고 설명하였는데, Pelliot는 이에 대해 angqu/angqa는 '처음, 대단한'을 뜻하고, haquchu는 '성낸다'를 뜻하는 hawurla-와 관련이 있을지도 모른다고 보았다. Cf. *Campagnes*, pp.159~161.

것이다. 타이치우트와 연합했던 니르운 종족과 그 밖의 종족들로는 다음과
같은 집단들이 있다. 우루우트-망쿠트 종족—그들의 수령은 우두트 부르두
트(Ûdût Burdût)—중의 일부, 주리야트 종족—그들의 수령은 울룩 바하두
르(Ülûk Bahâdur)[230]와 타가이 달루(Tagâî Dâlû)와 마구이 야다카야(Mâğûî
Yâdâqâyâ)[231]—중의 일부. 자무카 역시 여러 번 연합했지만 다시 등을 돌렸
다. 이키레스·노야킨·코롤라스·바아린·카타킨·살지우트 종족, 그리고 그
뒤 다른 종족들이 그들에게 동참했고, 또 다른 때에는 등을 돌렸다.

줄라(Jûla)와 카치안 베키(Qâchîân Bîkî)도 타이치우트 종족 출신의 아미르
들이었다. 그들은 옹 칸의 형제인 자아 감보와 연맹하여 그와 연합했다가,
옹 칸이 칭기스 칸과 대립할 때는 그[=옹 칸]와 연합했다. 각 울루스 안에는
이 종족 출신의 아미르와 부족들이 매우 많이 있고, 이 지방에서도 켈테게
우다치(Keltegâ Ûdâchî)의 아들들인 세르긴(Sergîn)[232]·카바이(Qabâî)·사마
가르(Samağâr)·무라간(Mûrâğân)이 이 종족 출신이다.

하르티간[233]과 시지우트[234] 종족

타이치우트 지파에서 약간 설명했듯이 그들은 카이두 칸의 막내 아들이며
바이 싱코르와 차라카 링쿰의 막내동생인 차우진[235]에게서 비롯된 두 개의

---

230) 『親征錄』(p.32)의 照列之長 玉烈拔都, 『元史』(p.4)의 照列之長 王律. ülük의 의미에 대해서는 前註 참조.
231) 『親征錄』(p.32)에 나오는 照列部의 '族長'인 馬兀牙荅納와 동일 인물. 이는 Ma'u Yadana를 옮긴 말임이
    분명하다. ma'u/maqu, ma'ui/maqui는 '나쁜, 악한'을 뜻하며, yadana는 '무력한, 지친'을 뜻하는
    yada-의 파생어로 보인다.
232) B : Sergîs.
233) 뒤에서는 Artigân이라고도 표기되어 있다.
234) 『秘史』에는 Siji'ut가 Nachin Ba'atur의 한 아들의 후손들이라고 되어 있지만, 『元史』(p.2709)에는 차우
    진 우르테게이의 후손들이 시지우트(昔只兀剌)가 되었다고 하여 『集史』의 기사와 일치하고 있다.
235) A·B 모두 Chânîn으로 표기되어 있으나 Châûjîn의 誤寫로 보아야 할 것이다. A : 51r에서 그의 이름은
    Châûjîn Hûkûr로 보충되어 있다. 이는 『秘史』의 Cha'ujin Örtegei와 동일 인물.

종족이다. 〔39v〕「40r」이 두 지파에 대한 상세한 설명과 그들의 정황에 대한 서술은 다음과 같다.

첫째 지파, 아르티간(Artigân) 종족 : 이 종족 출신으로 이란 지방에서 중요한 인물이나 유명한 사람은 없지만, 몽골리아 지방에는 그들의 뼈 출신이 매우 많고, 고위의 사람들이 이 종족 출신이다.

둘째 지파, 시지우트 종족 : 이 종족 출신으로 고위의 사람들이 매우 많았고 또 〔지금도〕 많다. 그러나 이 나라에는 중요하고 유명하며 언급할 만한 어느 누구도 알려져 있지 않다. 칭기스 칸의 시대에 아미르와 군대를 왕자들에게 분배해 줄 때 이 종족 출신의 뭉게두 노얀(Mûngedû Nôyân)[236]을 주치에게 주었다. 그는 바투의 시대에 그의 군대를 관할했다. 오늘날 톡타이[237] 휘하에 있는 대아미르로서 체르케스(Cherkes)라는 사람이 그의 후손이다.

치나스 종족[238]

그들은 비록 타이치우트 종족에 속하였지만 칭기스 칸과 타이치우트가 전쟁할 때 칭기스 칸과 연합했다. 이 지파는 차라카 링쿰의 두 아들에게서 나왔는데, 그의 지파에서 설명한 대로 자기 형제의 부인을 취하여 그녀로부터 두 아들이 출생했다. 하나는 이름이 겐두 치나이고, 다른 하나는 울렉친 〔치나〕였다. '치나스'는 '치나'의 복수형이다. 상술한 두 이름의 뜻은 수늑대와 암늑대이며,[239] 그 자손의 지파에 속하는 사람들을 치나스라고 부른다. 그 종족의

---

236) 그의 이름은 칭기스 칸이 분배한 천호장 명단(A : 131r)에는 Münggû로 표기되어 있다. 『秘史』 243절은 칭기스 칸이 천호장을 임명하고 子弟들에게 分封하면서 주치에게 Ǧunan, Müngge'ür, Kete 세 명을 주었다고 기록하여, 『集史』의 Mûngedû 혹은 Münggû가 Müngge'ür와 동일 인물이 아닌가 하는 추측을 하게 한다.

237) A : Tôqbâî.

238) 치나스에 대해서는 A : 31r의 역주를 참조하시오.

239) 『秘史』 210절에는 칭기스 칸이 Geniges 氏에 속하는 Ǧunan을 빗대어 gendü chino라고 하였는데, 明

일부를 네쿠즈라고도 부른다. [그러나] 다른 종족, [즉] 특정한 두릴리킨 몽골에 대해서도 역시 네쿠즈라고 부르니, 그 종족은 앞선 篇에서 기록했듯이 70개의 대장장이 풀무로 철산을 녹여 에르게네 쿤에서 밖으로 나왔던 이들 가운데 한 지파이다. 이 나라에서는 자우르치(Jâûrchî) 천호장이 그들 [네쿠즈]의 후손이었다. 이 나라에서 이 치나스 지파 출신으로 존경받는 사람은 아무도 알려져 있지 않다.

노야킨과 우루우트와[240] 망쿠트 종족[241]

툼비나 칸의 아홉 자식들 가운데 큰 아들의 이름은 차크수(Châqsû)였는데, 그의 자식들로부터 세 지파가 일어났다. 하나를 노야킨 종족, 다른 하나를 우루우트 종족, 세 번째를 망쿠트 종족이라 부른다. 노야킨과 우루우트 종족은 칭기스 칸의 시대에 타이치우트 종족과 하나가 되어 칭기스 칸에게 심하게 적대했다. 오늘날 이 나라에는 그 종족 출신이 아무도 없다. [현재] 알려진 바 칭기스 칸의 시대에 우루우트 종족의 수령은 [그에게] 대적했던 우두트 부르두트였다. 다음과 같은 이야기가 전해진다. 옛날부터 서로 친족이고 하나의 근원에서 나온 종족들은 [아래에서] 열거되는 집단들이다. 콩코탄·수니트·키르키즈(Qirqis)·바룰라스·바아린 일링기트(Bârîn Îlîngit)·일지트(Îljit)·케쿠멘(Kekûmân)·우루우트·망쿠트·오로나우트·아룰라트·베수트.

代의 旁譯은 이를 '雄狼'이라고 하였듯이 gendü는 수컷을, chino 혹은 chino'a는 늑대를 의미한다. 또한 Kowalevskii(*Dictionnaire mongol-russe-francais*, p.531)에 따르면 ülükchin은 '맹수나 개의 암컷'을 뜻한다.

240) A에는 망쿠트가 빠져 있으나 B에 근거하여 보충했다.

241) 『秘史』에 의하면 Menen Dutum의 둘째 아들인 Qachin의 아들 Noyagidai의 후손들이 Noyakin 氏가 되었고, Menen Dutum의 막내 아들인 Nachin Ba'atur에게서 난 네 아들로부터 각각 Uru'ud, Mangğud, Siji'ud, Doğolad 氏가 생겼다고 한다. 노야킨은 『親征錄』의 那也勤, 『輟耕錄』의 那顏吉歹. 우루우트는 『元史』·『親征錄』의 兀魯·兀魯兀·兀魯兀敦·兀魯兀帶, 『輟耕錄』의 兀魯兀·兀魯歹. 망쿠트는 『元史』·『親征錄』의 忙兀, 『輟耕錄』의 忙兀歹.

〔40r〕「40v」 그리고 칭기스 칸의 휘하에 있던 존경할 만한 아미르들 가운데 제데이 노얀이 있었다. 그의 역사는 이 篇에서 이야기하고자 한다. 또한 노야킨 종족 출신으로 〔칭기스 칸의 휘하에 있던 사람은〕 알려진 바 없고, 망쿠트 종족 출신 가운데 자기 부하와 무리들과 함께 칭기스 칸과 연합하여 많은 공로를 세웠던 쿠율다르 세첸(Qûyûldâr Sâchân)[242]—그 이야기는 별도로 나올 것이다—을 제외하고는 역시 대부분이 우루우트 종족들과 함께 타이치우트 쪽으로 기울었었다. 칭기스 칸은 그를 의형제라고 불렀다.[243]

그 당시 망쿠트 종족 출신의 또 다른 사람들로는 세 형제가 있었는데, 둘은 타이치우트 종족과 연맹할 생각이었다. 막내동생이 그들에게 "우리가 칭기스 칸이 무슨 나쁜 일을 한 것을 보았다고 그로부터 떨어져서 그의 적들과 연합하는가?"라고 말했다. 그들은 그에 대해 분을 참지 못하고 화를 냈다. 큰형이 케이부르 화살[244]로 그의 허리를 쏘자[245] 그의 다른 형제와 모든 누케르들이 그를 화살로 쏘아 죽이고, 그의 가재도구와 자식들과 가족과 가축을 모두 노략했다. 그에게는 바르쿠트 종족으로부터 취한 부인에게서 난 젖먹이 어린 아들이 있었고, 그 종족은 근처 가까운 곳에 있었다. 그 부인의 친족들은 어린애를 말에 태워 자기들 집으로 데리고 왔는데, 그의 삼촌들이 그를 죽이려고 마음 먹었다. 그들은 어린애를 양털 속에 감추었다. 삼촌들은 그를 수색하여 꼬챙이로 찔러 보기까지 했지만, 지고한 주님이 그를 살피셔서 그

---

242) A : Tûbûldâr Sâchân. 그의 이름은 『秘史』에서 모두 Quildar로 표기되었으나 단 130절에는 Quyuldar라는 표기도 쓰여졌다. 『元史』도 畏答兒, 忽因答兒, 憰里答兒 등 다양한 字面을 사용했고 별도의 列傳(권 121)을 두었다.

243) 칭기스 칸과 그의 anda 관계는 『秘史』 171절에도 언급되어 있다.

244) 원문은 KYBR. Roshan도 지적했듯이(vol.3, p.2406) 이는 keybür를 옮긴 것이고 『秘史』 195절에도 언급되어 있는 화살의 일종이다. 그 확실한 모양은 알 수 없으나 小澤重男, 『續攷』 上, pp.345~346 ; 柳元秀, 『몽골비사』, p.163의 註를 참조하시오. Steingass에 의하면 페르시아어에서 kaibur는 'A large spear used in hunting'의 뜻을 지니는데, 혹시 몽골어의 keybür라는 말이 전달되면서 뜻에 약간의 변화가 생긴 것이 아닐까 추측된다.

245) A : tîr-i keybur bar mîyân âvorde ; B : tîr-i keybur bar mîyân-i û zade. 본 역자는 B本을 취했다.

에게 해가 미치지 않았다. 얼마가 지난 뒤 〔삼촌들은〕 그 어린애가 그들에게 있다고 의심하여 다시 한번 그를 죽이려고 나섰다. 그들은 그를 가마 속에 숨겨 놓았는데, 그의 수명은 하늘이 정한 것이어서 그를 찾지 못했다.

몇 년이 지난 뒤 지고한 주님이 칭기스 칸에게 힘을 주어, 타이치우트 종족과 그들에게 복속하던 다른 종족들을 쇠미하게 만들었을 때, 그 어린애를 보살피던 바르쿠트 종족은 그에게 제데이라는 이름을 지어 주고 칭기스 칸의 어전으로 데리고 왔다.[246] 칭기스 칸이 타이치우트 종족을 완전히 정복하여 우루우트와 망쿠트 종족이 곤경과 절망으로 인해 귀순했을 때, 그들 대부분을 도륙했고 나머지는 전부 제데이 노얀에게 노비로 주었다. 비록 그의 친족이었지만 칙명에 의해 그의 노비가 된 것이며, 오늘에 이르기까지 계속해서 우루우트와 망쿠트의 병사들은 제데이 노얀 일족의 노비이다. 그는 우익의 대아미르들 무리에 속했고, 항상 칭기스 칸 휘하에서 그를 모셨다. 우구데이의 시대에도 생존했고, 소르칵타니 베키와 톨루이의 자식들의 근시였다. 그 뒤 쿠빌라이 카안의 시대에 그의 손자인 망쿠다이(Mangqûdâî)[247]가 그의 지위를 차지했다.

이 지방에는 그의 일족 중에서 쿠틀룩 샤 노얀(Qutluǧ Shâh Nôyân)의 아버지인 망쿠다이(Mangqûdâî)가 망쿠트 종족의 천호장이었다. 그의 형제인 훌쿠투 코르치(Hûlqûtû Qôrchî)는 케식의 아미르였고 카라우나스의 만호장이 되기도 했다. 훌쿠투의 아들들은 차피(Châpî)[248]와 그의 형제인 잘랄 앗 딘(Jalâl ad-Dîn)이고, 망쿠다이의 아들들은 이슬람의 제왕의 대아미르인 쿠틀룩 샤 노얀과 천호장인 티무르 부카(Tîmûr Bûqâ)이다. 그들에게 다른 형

---

246) 이 문장에 이어서 A · B본에는 없지만 Berezin 本을 비롯한 다른 寫本에는 다음과 같은 내용이 추가되어 있다. "그리고 그에게 맡겼다. 그는 그들〔= 바르쿠트〕을 위로하고 안도하도록 했다. 〔칭기스 칸은〕 그 어린애를 잘 보살폈고, 그는 장성하여 대아미르가 되었다. 그의 이름이 제데이 노얀이 되었다."

247) 『元史』에서는 畏答兒의 손자 가운데 망쿠다이라는 이름을 가진 사람을 찾을 수 없다. 그의 家系에 대해서는 錢大昕의 「元史氏族表」(p.8306)를 참조하시오.

248) A : Châî.

제가 두세 명 있었지만 죽었다. 마르타드(Martad)도 그들의 사촌들 가운데 하나이다. 훌레구 칸의 시대에 쿠두순 노얀(Qûdûsûn Nôyân)도 이 망쿠트 종족 출신이었고, 케식의 아미르들 가운데 대아미르였다. 훌레구 칸은 그를 케식의 아미르 자리에서 해직하고 그의 친족인 티무르(Tîmûr)라는 사람을 그 자리에 임명했다. 그는 아르군 칸의 시기까지 생존했었다. 바그다드의 감 관인 후시다이(Hûshîdâî)도 이 종족 출신이었다.

쿠율다르 세첸에 관한 이야기는 다음과 같다. 대부분의 기간 동안 그는 칭 기스 칸과 연합했고 많은 공로를 세워서, 〔칭기스 칸은〕 그를 의형제라고 불 렀다. 옹 칸과의 전투에서 돌아와 발주나로 갔다가, 거기서 나올 때 그의 군 대는 4600명이었는데 分兵하여²⁴⁹⁾ 길을 나섰다. 그 무리들 가운데 〔2300명 은 우루우트와 망쿠트 종족 출신이었고,〕 칭기스 칸 〔휘하〕의 2,300명은 다 른 〔종족들 출신〕이었다.²⁵⁰⁾ 우루우트와 망쿠트 병사들 중에서, 우루우트는 모두 케흐티 노얀(Kehtî Nôyân)²⁵¹⁾이 지휘했고 망쿠트는 모두 쿠율다르 세첸 이 지휘했다.〔40v〕「41r」

그가 세운 여러 공로들 가운데 하나는 다음과 같았다. 칭기스 칸이 〔옹 칸 과〕 칼랄진 엘레트(Qalâljîn Elet)라는 곳에서 대치할 때, 그의 부하들은 적었 고 옹 칸 측은 매우 많았다. 칭기스 칸이 아미르들에게 "어떻게 하지?"라고 묻자, 우루우트의 수령 케흐티 노얀은 망설이면서 채찍으로 말의 갈기를 쓰 다듬으며 아무 말도 하지 않았다. 쿠율다르 세첸이 말하기를 "나의 군주여,

---

249) 원문은 bölûk shode. 투르크어 bölûk은 'section, part'를 의미하며, 이를 轉借한 몽골어는 bölek이다. Cf. Clauson, *Etymological Dictionary*, p.339. 칭기스 칸이 발주나에서 출발할 때 군대를 분할한 사실 은 『秘史』 183절에도 분명히 보인다.

250) 이 부분의 A·B 원문은 무엇인가 脫誤가 있다. 〔 〕 안에 있는 부분은 다른 사본들에서 취한 것이나 그래 도 문장이 매끄럽지는 못하다. 이와 동일한 내용의 기사가 『親征錄』(pp.98~99)에도 보이는데 참고로 轉載해 보면 다음과 같다. "軍凡四千六百騎 沿哈勒合河順進 分爲兩隊 上親將二千三百騎 行河南岸 兀魯 吾·忙兀二部 將二千三百騎 行河北岸".

251) Kehtî는 『元史』(p.2962)에 怯台로, 『秘史』에는 Ketei로 나와 있는데, Jürchedei의 아들이다. 그러나 라 시드 앗 딘은 주르체데이의 事蹟을 마치 케흐티의 것인 양 오해하고 있다. 이에 관해서는 後註 참조.

의형제여! 적의 후방에 있는 쿠이덴(Kûîîdân)²⁵²⁾이라는 저 언덕을 보십시오! 제가 돌격하겠습니다. 만약 지고한 주님이 길을 내주셔서 적진을 통과한다면, 나의 깃발(tûq)을 저 언덕 위에 꽂겠습니다. 군대가 그것을 보게 되면 그쪽으로 진군하여 적을 치도록 하십시오. 만약 주님이 길을 내주지 않아서 내가 죽는다면, 칭기스 칸께서 내 자식들을 보살펴 주십시오."²⁵³⁾ 그런 식으로 그는 돌진했고, 길이 열려서 케레이트의 군대를 쳤다. 이 이야기는 [칭기스 칸의] 紀傳에 자세히 기록되어 있다.

그 뒤 그의 아들 뭉케 칼자(Mûngkâ Qaljâ)²⁵⁴⁾가 그의 직위를 관할했다. 또한 초르마군 노얀과 함께 왔던 물카르 칼자(Mûlqar Qaljâ)는 그들의 후손이다. 그의 일족은 카안의 휘하에 매우 많다. 이 나라에서는 할리파(Khalîfa)와 메크리타이(Mekrîtay)가 그의 자손이다. 아바카 칸의 시대에 활동했고, 그 뒤 게이하투의 시절에도 역시 아미르와 근시였던 누리키 야르구치(Nûrîkî Yârğûchî)도 역시 그들의 후손이다.²⁵⁵⁾

망쿠트 종족 출신으로 옹 칸과 연합했던 아미르가 하나 있었다. 이름은 타가이 쿨카이(Ṭağâî Qûlqâî)이고 타가이 케헤린(Ṭağâî Keherîn)이라고도 불렀다. '케헤린'의 뜻은 '도둑, 거짓말쟁이'이다.²⁵⁶⁾ 몽골인들 중에서 이러한 수

---

252) A·B 원문은 모두 Kûîndân. 그러나 이 지명은 『秘史』의 Köyiten, 『元史』(p.8)의 闕奕壇, 『觀征錄』(p.86)의 闕亦壇에 해당하기 때문에 Kûîîdân의 誤寫로 보아야 할 것이다. 王國維는 이곳이 札魯特(Jarut) 旗 남쪽에 있는 盆騰嶺에 해당될 것이라고 보았다.

253) 원문은 farzandân-i marâ negâh dâshtan Chînggîz Khân dânad(내 자식들을 돌보는 것을 칭기스 칸께서 아십니다)인데, 이러한 표현 방식은 몽골어의 語法을 그대로 옮긴 것으로 보인다. 사실 『秘史』171 절에는 Quildar가 칭기스 칸에게 'önecid kö'üd-i minu asaraqu-yi anda medetügeï(나의 고아들을 보살피는 것을 의형제로 하여금 알게 하라)고 말했다는 표현이 보인다. 라시드 앗 딘의 이러한 文章 形式은 그가 『集史』 집필시 몽골어 문헌의 직접적인 飜譯 혹은 通譯에 근거했음을 추측케 한다.

254) 『秘史』의 천호장 명단에는 Mönkö Qalja, 『觀征錄』에는 木哥漢札, 『元史』에는 蒙古漢札, 忙哥, 木哥漢札 등으로 표기되었다.

255) 이들 아미르에 대해서는 志茂碩敏, 『序說』, pp.144~145 참조.

256) KHRYN의 의미에 대한 라시드 앗 딘의 설명에 부합하는 적절한 투르크·몽골어를 찾기는 어렵다. Cf. Doerfer, *Elemente*, vol. 1, pp.485~486.

식어로 불리는 사람은 누구나 매우 괴로워하였는데, 그는 이 이름으로 널리 알려졌기 때문에 항상 슬퍼했다.

우루우트 종족 중에서 칭기스 칸의 시대에 중요한 아미르로는 케흐티 노얀이 있었다. 그에게 형제가 하나 있었는데, 부지르(Bûjir)[257]라는 이름의 대 아미르였다. 이 케흐티 노얀은 [지위가] 매우 높아졌고 좌익 아미르 중 하나였다. 그에 관한 이야기로는 다음과 같은 것이 있다. 어느 날 밤 그는 칭기스 칸의 오르두에서 케식을 지휘했다.[258] 칭기스 칸이 무서운 꿈에서 깨어나 등불을 찾았는데, 오르두 안에는 자아 감보의 딸인 이바카 베키[259]라는 이름의 한 카툰이 있었다. 그는 그 카툰에게 말하기를 "나는 항상 너에게 잘 대해 주었고, 너에게서 아무런 간악함을 보지 못했다. 방금 내가 꿈을 꾸었는데, 지고한 주님이 너를 [남에게] 주라고 말씀하셨다. 섭섭한 마음을 갖지 말라!"고 했다. 그리고 "밖에 누구 있느냐?"고 소리쳤다. 케식을 서던 케흐티 노얀은 "접니다"라고 대답했다. 그를 안으로 불러들여 "이 카툰을 너에게 주노라! 그녀를 취하라!"라고 말했다. 케흐티가 이 일로 크게 두려워하자 [칭기스 칸은] 그를 달래면서 "두려워하지 말라! 내가 한 이 말은 진실이다"라고 하고, 카툰에게는 "내게는 기념으로 이름이 ……[260]인 바우르치 한 명과 내가 쿠미즈를 마시던 이러이러한 황금 술잔을 남겨 놓으라!"고 말한 뒤, 오르두와 가복들과 가인들과 재물과 가축 등 나머지 모든 것을 카툰에게 주었고, 그녀를 케흐티 노얀에게 주었다.[261]

---

257) 그 역시 『秘史』의 천호장 명단에 올라 있으며, 라시드 앗 딘에 의하면 케흐티 노얀과 함께 좌익에 속하는 우루우트 4천호를 지휘했다고 한다(A : 129v에는 Bûrjî라고 표기되어 있지만 Bûjir의 誤寫임이 확실하다).

258) '지휘하다'의 원문은 bashlâmîshî. 이는 '시작하다, 선두에 서다'는 뜻의 투르크어 bashla-의 파생어이다. Cf. 本田實信, 「術語」, pp.415~416.

259) A · B 모두 Abîqa라고 표기했지만 Îbaqa의 誤寫임이 분명하다.

260) 『秘史』 208절에 이와 동일한 내용이 나오는데, 요리사의 이름은 Ashiġ Temür로 되어 있다.

두르벤 종족[262)

이 종족은 니르운에 속한다. 바아린 종족과 가깝고 같은 뿌리에서 분파되었다. 칭기스 칸의 시대에 타이치우트 종족과 하나가 되어 그에게 심하게 적대했다. 그들의 아미르 가운데 유명하고 존경받는 사람은 볼라드 아카(Bôlâd Âqâ)[263)인데, 그는 쿠빌라이 카안의 어전에서 丞相(chîngsâng)이었고 바우르치이기도 했다. 사신의 임무를 띠고 이 나라에 왔었는데, 대아미르이고 중요하며 유명한 인물이다. 그의 아버지는 유르키(Yûrkî)[264)라는 이름인데, 칭기스 칸의 바우르치였고 큰 부인 부르테 우진의 오르두에 속해 있었다. 친위천호 집단 가운데 하나의 백호를 그가 관할했다. 아미르 볼라드의 자식들은 카안의 휘하에 있다. 쿠쉬치들의 우두머리이자 대인이었던 아미르 마죽 쿠쉬치(Amîr Mâzûq Qûshchî) 역시 이 종족 출신이었다. 시대마다 이 종족 출신의 고위 아미르와 카툰들이 있었다. 쿠빌라이 카안에게 이 종족 출신의 카툰이 하나 있었는데 두르베진(Dörbejîn)이라는 이름이고 후케치(Hûkechî)[265)의 어머니이다.[41r]「41v」

---

261) 『秘史』 208절에는 우루우트 氏의 Jürchedei의 공로에 대한 보상으로 칭기스 칸이 이바카 베키를 恩賜해 주었다고 적었고, 『元史』 권120 「朮赤台傳」에도 같은 내용이 기록되어 있다. Kehtî(怯台)는 Jürchedei의 아들이고 87명의 천호장 명단에도 올라 있다. 那珂通世, 『成吉思汗實錄續編』, pp.6~7 ; 村上正二, 『秘史』 1, pp.286~287 참조.

262) 『秘史』 11절에 의하면 Dobun Mergen의 형 Duwa Soqor의 네(dörben) 아들의 후손이 Dörben 氏가 되었다고 했다. 『秘史』에서는 Dörben과 Ba'arin이 같은 뿌리에서 나왔다는 『集史』의 기록과 부합되는 내용을 찾을 수 없다. 두르벤은 『元史』에서 禿魯班 · 朵魯班 · 朵魯別 · 多禮伯臺 · 禿立不帶, 『親征錄』에서는 朵魯班 · 朵兒班 · 禿魯班, 『輟耕錄』에서는 朵里別歹으로 표기되었다.

263) 그가 바로 라시드 앗 딘이 『集史』를 집필할 때 도움을 주었다는 Bôlâd Chîngsâng이다.(cf. A : 7v).

264) A본(cf. 128r)에는 그의 이름에 點이 찍혀 있지 않아 Bûrgî로 읽는 것도 가능한데, 그의 이름은 다른 자료에 보이지 않아 확인할 수 없다.(cf. A : 128r)

265) 『元史』의 雲南王 忽哥赤. Cf. Boyle tr., *Successors*, p.244.

바아린 종족[266]

이 바아린 종족은 두르벤 종족과 가깝고 그들의 뿌리에서 분파되었다. 수카
누트(Sûqânût) 종족도 바아린 종족에서 분파된 것이다. 처음에는 세 형제가
있었고, 상술한 세 지파[267]는 모두 그들로부터 분파된 것이다. 칭기스 칸의
시대에 이 바아린 종족 출신으로 고위의 유명한 아미르들 중에는 나야카 노
얀(Nâyâqâ Nôyân)[268]이라는 이름의 아미르가 있었고 좌익 아미르들 무리에
속했다. 무칼리 구양보다 한 단계 낮았고, 그의 '수투쿠순'(sûtûkûsûn)[269]—
즉 '監官이나 高官과 같고 後繼者가 되기에 합당한 사람'—이었다. 그는 젊
었을 때 '나야 주수르'(Nâyâ Jûsûr)라고 불렀는데, '주수르'의 뜻은 '僞善者'·
'無恥者'이다.[270] 바아린 종족은 거칠고 어리석은 놀이를 매우 많이 하면서
도 부끄러움이나 걱정은 없는 것이 보통이었다. 이 나야카 노얀은 아주 장수

---

266) 앞에서도 지적했듯이 『秘史』에서 Ba'arin은 보돈차르와 그가 掠取해온 여자 사이에서 출생한 Ba'aridai
의 후손으로 되어 있다. 바아린은 『元史』·『親征錄』에서 把憐·八憐·八鄰·覇鄰으로 표기되었고, 『輟耕
錄』의 入憐은 八憐의 誤記이다.

267) 여기서 '세 지파'는 두르벤, 수카누트, 바아린을 가리키는 것으로 보인다. 『秘史』 207절에도 '三千戶의
바아린(ǧurban mingǧad Ba'arin)'이라는 말이 보이는데, 혹시 이것이 위의 '세 지파'와 연관된 것일지
도 모른다. 한편 『비사』에는 바아린의 지파로 Nichügüd와 Menen이라는 이름이 언급되어 있다.

268) 『秘史』의 Naya'a, 『親征錄』의 乃牙. 『秘史』 149절에 의하면 그는 Nichügüd Ba'arin에 속하는 Shirgü'etü
Ebügen의 아들이며, 후일 中軍 萬戶長으로 임명되었다.

269) 라시드 앗 딘이 설명한 뜻에 부합되는 몽골어가 무엇인지 불확실하다.

270) A·B 모두 원문은 Bâyâ Jûsûra라고 되어 있지만 誤寫이다. 몽골어 jusur 혹은 jisur는 '거짓말쟁이, 유혹
자, 사기꾼' 등의 의미를 지니고 있다(Kowalevskii, *Dictionnaire mongol-russe-francais*, p.2384).
『秘史』 160절에는 jusuri라는 동사가 나오며 詔傍(헐뜯다)이라고 旁譯되어 있다. 나야아는 메르키트의
Dair Usun이 딸 Qulan Qatun을 칭기스 칸에게 獻納하러 오는 것을, '保護'한다는 명목으로 사흘 동안
못 가게 한 일이 있고, 이로 인해 칭기스 칸으로부터 의심을 받은 적이 있는데(『秘史』 194절), 혹시 이런
일로 인해 좋지 못한 별명을 얻게 되었을지도 모른다. 또한 『秘史』 220절에는 'Naya'a Bilji'ür'라는 표현
이 보이는데 bilji'ür에 대한 旁譯은 없지만, 학자들은 160절에 나오는 bildü'ür와 같은 것으로 추정한다.
bildü'ür의 旁譯은 告天雀兒이고 곧 '종달새'를 뜻한다. 이 새에 관한 설명은 那珂通世, 『實錄』,
pp.186~187 참조. 160절에서 자무카가 옹 칸에게 자신을 'aqu qayiruǧana'(머무는 종달새)로, 칭기
스 칸을 'ajiraqu bildü'ür'(날아가는 종달새)로 비유했다가 주위의 인물로부터 왜 그를 헐뜯는가고 비
판받은 것으로 보아, bildü'ür는 한 곳에 머물지 않고 여기저기 거처를 옮기는 새의 일종으로, 한 사람에
게 충성을 바치지 않는 신의 없는 사람을 비유하는 비하적인 의미로 사용되었음을 추측할 수 있다.

하여 백살이 넘도록 살 정도였고 우구데이 카안의 시대에도 생존했었다. 전하는 이야기에 의하면, 칭기스 칸이 처음으로 카툰을 맞아들였을 때 신랑의 잔치 음식을 그가 먹었으며 그것을 기억하고 있었다고 한다.

그[=나야카]에 관해서는 다음과 같은 이야기가 있다. 칭기스 칸과 타이치우트가 전쟁하고 적대하고 있을 때, 그의 아버지 시르기라 에부겐(Shîrgîrâ Ebûgân)[271]은 타이치우트 종족과 함께 있었다. [그는] 기회를 살피다가 그 수령과 왕자들 가운데 하쿠추(Hâqûchû)[272]와 타르쿠타이 키릴툭을 붙잡아 칭기스 칸의 어전으로 데리고 왔다. 자신의 아들들인 나야(Nâyâ)와 알락(Alâq)을 동반해 왔고, 그들 둘과 함께 항상 칭기스 칸의 근시로 있었다. 알락 노얀에게는 쿠케추(Kûkechû)[273]라는 이름의 아들이 있었는데, ……에서 ……[274]의 연유로 처형되었다.

그에게는 바얀(Bâyân)이라는 이름의 아들이 하나 있었는데, 분배된 몫(qûbî wa bakhsh)[275]으로 쿠빌라이 카안에게 주어졌다. 훌레구 칸이 이란 땅으로 향할 때 그의 휘하로 왔다. 쿠빌라이 카안은 수둔 노얀의 아들인 사르탁과 압둘 라흐만을 훌레구 칸에게 사신으로 보내 바얀을 달라고 요청했다. 사르탁은 귀환했고 바얀은 그와 동반하여 돌아갔지만, 압둘 라흐만은 회계를 처리하기 위해 남았다. 바얀이 카안의 어전에 도착하자 [카안은] 그를 위로하고 군대의 아미르 직을 주었다. 수베테이 바하두르의 손자인 아우추(Aûchû)[276]를 그의 누케르로 하여 30만의 몽골 군대와 80만의 키타이 군대

---

271) 『秘史』의 Sirgüetü Ebügen. 『元史』 권127 「伯顔傳」의 述律哥圖.

272) A : 39r의 「타이치우트 志」의 양쿠 후쿠추.

273) 『元史』「伯顔傳」에는 바얀의 아버지의 이름이 曉古台로 되어 있으며, 훌레구를 따라 西征에 참가했다.

274) 원문 결락.

275) B는 qûlî로 표기했지만 의미가 불명하다. A는 qûlî 혹은 qûbî가 모두 가능한데, Roshan은 후자를 취했고 본 역자도 동감이다. 페르시아어의 bakhsh와 몽골어의 qubi는 모두 '분배된 몫'이란 뜻에서 동일하기 때문이다.

276) 『元史』의 阿朮. 우량카타이(兀良合台)의 아들. 권128에 그의 列傳이 있다.

와 함께 낭기야스 원정에 보냈다. 그곳으로 가서 7년에 걸쳐 낭기야스 지방 전부를 장악했다. 바얀의 아들로 이 나라에는 노카이(Nôqâî)가 있었다.

칭기스 칸의 시대에 이 바아린 종족 출신으로 또 다른 아미르가 있었는데, 우익 천호장들 가운데 하나였고 이름은 망쿨 테르겐(Mangqul Tergân)이었다. 그에게 친족이 하나 있었는데 역시 우익 천호장이었고 이름은 코르치 노얀(Qôrchî Nôyân)[277]이었다. 수카누트(Sûqanût) 종족은 그들에게서 분파된 것이며, 그 정황은 다음과 같다. 전술한 바아린의 세 형제 가운데 막내동생이 여자 종 하나를 집안에 두었는데, 그의 눈에 들어 우연한 기회에 그녀에게 손을 댔고, 임신하게 되었다. 그의 부인이 눈치채고 여자 종을 구박하고 어린애가 떨어지라고 무수히 때렸다. 출산할 때가 이르자 그녀는 은신처에서 아이를 낳았는데, 부인을 두려워하여 남편의 외투에서 가죽을 조금 잘라서 아기를 그 안에 말아 넣고 버드나무 숲에 놓아 두었다. 요행히도 그의 아버지가 버드나무 숲 속으로 갔다가 아이의 소리를 들었다. 그를 들어올리고는 자기 외투임을 깨달았다. 〔시기적으로〕 여자 종이 출산할 때였고 〔아이가〕 그녀에게서 나왔다는 사실을 알게 되었다. 〔그래서〕 그를 데리고 와서 그의 어머니에게 맡겨 기르고 키우도록 했다. 그러나 그의 부인은 애정을 보이지 않았고 관심도 갖지 않았다. 그 뒤 그 아이로부터 자식들이 나왔는데, 그들은 비록 바아린이기는 하지만 수카누트 지파라는 이름으로 불린다. 〔41v〕「42r」왜냐하면 몽골어로 버드나무는 '수카이'(sûqâî)[278]이기 때문이다. 오늘날에는 독립적인 종족이고, 그들의 뼈에서 나온 아미르들은 매우 많았고 또 〔지금도〕 많다.

---

277) 『秘史』의 Qorchi 혹은 Qorchi Noyan. 120절의 Qorchi Usun Ebügen에 대해서는 Qorchi와 Usun Ebügen이 한 인물의 이름인지 아니면 서로 다른 인물인지에 대해 많은 논란이 있다. 『秘史』에는 그가 Menen Ba'arin의 수령으로 나와 있다. 그렇다면 Menen 支派의 별칭이 Sûqanût라고 볼 수 있지 않을까?

278) Cf. Kowalevskii, *Dictionnaire mongol-russe-francais*, p.1378 ; Lessing, *Dictionary*, p.741.

전해지는 바에 의하면, 칭기스 칸은 바아린 종족 출신의 한 사람을 '옹콘'(ôngqôn)으로 자유롭게 해 주었는데, 이는 말이나 다른 짐승이 옹콘이 될 경우 어느 누구도 그것을 차지할 수 없는 자유의 몸, 즉 타르칸(tarkhân)이 되는 것과 마찬가지이다. 그 사람의 이름은 베키(Bîkî)[279]였다. 오르두에서 모든 사람보다 위에 앉았고, 왕자들과 마찬가지로 오른쪽으로 들어왔으며,[280] 그의 말은 칭기스 칸의 말과 함께 매어 놓았다. 그가 아주 늙자 칭기스 칸은 "수카누트 종족 가운데 한 사람을 골라 俯伏하게 하여, 베키가 그의 등을 발로 밟고 말을 탈 수 있도록 하라"고 지시했다. 그런 연유로 수카누트 종족을 '베키의 마부(aqtâchî)'라고 부르고 '고삐잡이(dôrünchî) 마부'[281]라고도 부른다. 그들은 이 말을 참지 못하고 화를 낸다. 또 그것을 부인하고 받아들이지 않으면서 농담과 거짓이라고 비난한다.

　칭기스 칸의 시대에 이 종족 출신으로 두 형제가 있었다. 둘 다 좌익의 천호장이었는데, 하나의 이름은 우케르 칼자(Ûker Qalja)이고 다른 하나는 쿠투스 칼자(Qûtûs Qalja)[282]였다. 수카누트 출신의 아미르 가운데는 타무카 노얀(Ṭamûqa Nôyân)과 카라 노얀(Qarâ Nôyân) 형제가 있었다. 타무카는 세

---

279) A·B 모두 YNGY. 그러나 Berezin이 주장했고 露譯本에서도 지지했듯이 이는 bîkî의 誤寫로 보아야 할 것이다. 『秘史』 216절에 나오듯이 그의 이름은 Usun Ebügen이었고 Bîkî는 稱號였다.

280) 원문은 az dast-i râst dar âmadî. 『秘史』 112절의 ger-tür inu Belgütei bara'un e'üden-ber oroqulu'a('그 천막에 벨구테이가 오른쪽 문으로 들어가니')라는 표현을 참고하시오. 『秘史』 216절에는 칭기스 칸이 바아린의 Usun Ebügen에게 "베키의 길은 우리들 가운데 위에서부터 베키 우순 노인이 되도록 하라! 베키를 추대하여 흰 외투를 입히고 흰 거세마를 태워, 자리 위에 앉혀 받들고, 또한 해마다 달마다 의논하며 그렇게 지내도록 하라!"라고 말했다고 적었다.

281) 원문은 dôrunchî aqtâchi. Doerfer(Elemente, vol. 1, p.330)는 dörä가 鐙子라고 추정했다. 그러나 『秘史』 135절에 나오는 dörebchi(環子)는 '(코)걸이'의 뜻으로 사용되었고, 현대 몽골어 dörü 역시 '고삐'의 뜻을 지니고 있다(Lessing, Dictionary, p.269). 따라서 dôrünchî는 dörünchi 혹은 dörenchi를 나타낸 것이며, '고삐를 잡는 사람'을 뜻하는 셈이다. 露譯本에서는 이것을 '下等의'라는 뜻으로 이해했는데, 근거를 밝히지는 않았으나 '평민'을 의미하는 dürü 혹은 düri와 연관시킨 것이 아닌가 추측된다.

282) 『秘史』 191절에 칭기스 칸 1차 즉위시에 侍衛의 수령 가운데 하나로 언급된 Qudus Qalchan과 동일 인물로 추측된다. 그러나 那珂通世(『實錄』, p.274, p.489)는 Qudus Qalchan을 Qubilai의 형제이며 87 천호장 중의 하나인 바룰라스 部의 Qudus와 동일 인물로 보았다.

아들[283]을 두었는데 하나는 훌레구 칸의 시대에 투트가울(tutǧâûl)[284]들의 아미르였던 장쿤(Jangqûn)이고, 다른 하나는 존경받는 대아미르였던 쿠투 부카 노얀(Qûtû Bûqâ Nôyân)이고, 또 하나는 테크네 투트가울(Tekne Tuṭǧâûl)이며, 또 하나는 차라카타이(Charaqâtâî)였다. 상술한 장쿤 노얀의 아들은 부랄기(Bûrâlǧî)이고, 쿠투부카 노얀의 아들들은 타이추(Tâîchû)와 타차르 노얀(Tâchâr Nôyân)[285]이었다. 타이추(Tâîchû)는 어려서 죽었다. 타차르의 아들 무바락(Mubârak)은 죽었지만 차룩(Chârûq)은 살아 있다. 테크네 노얀의 아들들은 야글라쿠(Îǧlâqû), 무사(Mûsa), 카라박(Qarâbâǧ), 술레이만(Sulaymân), 이센 티무르(Îsen Tîmûr), 압달('Abdal), 차라가타이(Charaǧâtâî)이고, 차라가타이의 아들은 에부게테이(Ebûgetâî)이다.

바룰라스 종족[286]

칭기스 칸 시대에 쿠빌라이 노얀(Qûbîlay Nôyân)[287]이 이 종족 출신이었다.

---

283) 그러나 라시드 앗 딘은 네 명의 이름을 열거했다.

284) tutuǧâûl에 대해서는 前註 참조.

285) 그는 Tuǧâchâr라는 이름으로 더 잘 알려져 있으며, 일 칸국의 아르군 칸 시대 이래 카라우나스 만호대를 지휘하며 막강한 영향력을 발휘했으나, 가잔 칸이 즉위한 직후 그가 보낸 자객에 의해 살해되었다. 그에 관해서는 志茂碩敏, 『序說』, pp.33~35 참조.

286) 『元史』의 八魯剌觸・八魯剌思, 『親征錄』의 八魯剌思. 라시드 앗 딘은 뒤에 「툼비나 칸 紀」(A:52v)에서 툼비나 칸의 셋째 아들인 Qâchûlî의 후손들이 Barûlâs 종족이 되었다고 했다. 그러나 『秘史』 46절에는 Menen Dutum의 아들 가운데 Qachi'u의 셋째 아들 Barulatai의 후손이 Barulas 氏가 되었고, 넷째 아들 Qachula의 두 아들인 Yeke Barulas와 Üchügen Barulas로부터 각각 Erdemtü Barula 氏와 Tödöyen Barula 氏가 생겨나왔다는 기사가 있다. 또한 『秘史』에서는 Qachi'u의 아들이 '큰 몸에 음식을 탐했기(baruǧ) 때문에' Barulatai라는 이름이 붙여졌다고 하였는데, baruǧ은 '猛的'이라고 旁譯되어 있으나 현대 몽골어에서는 '거의, 대체로;어두운'의 뜻만을 지니고 있다(Kowalevskii, *Dictionnaire mongol-russe-francais*, p.1108). 다만 부리야트 方言에서 근사한 뜻을 발견할 수 있을 뿐이다(小澤重男, 『全釋』上, p.201). Cf. Doerfer, *Elemente*, vol. 1, p.209. 유명한 정복자 티무르는 바로 이 종족 출신이었다.

287) 『秘史』에서 '四狗'(dörben noqais)의 하나로 이름난 Qubilai. 『元史』와 『親征錄』의 虎必來.

그의 자손들은 오늘날 카안의 휘하에 있다. 이 나라에서는 사이간 타라키 (Sâîgân Taraqî)가 그의 후예였다. [칭기스 칸은] 마지막 전쟁에서 그에게 제베와 함께 대군을 붙여 타양 칸을 추적하라고 보냈다. 중요한 두 아미르가 이 종족 출신인데, 테구데르(Tegûder)와 함께 이 나라로 온 이지발 노얀 (Îjibâl Nôyân)[288]과 쿠케추 바하두르(Kûkechû Bahâdur)가 그들이다. 이 쿠케추 바하두르는 총명하고 유능했으며 달변이었다.

하다르킨 종족[289]

칭기스 칸의 시대에 그들의 수령은 무쿠르 쿠란(Mûqûr Qûrân)이었다. '쿠란'의 뜻은 마치 [쇠]줄(sûhân)처럼 '못된 성격'을 뜻한다. 그의 행동에 이같은 특징이 있었기 때문에 이러한 이름을 그에게 붙인 것이다.[290] 하다르킨 종족의 천호를 그가 관할했고, 우익의 아미르들 가운데 하나였다. 지금까지 그 군대의 대부분은 킵착 초원에서 노카이(Nôqâî)[291]와 함께 있었는데, 노카이와 [무쿠르 쿠란의] 자식들이 적대하였기 때문에 [노카이는] 그들을 겁략하

---

288) Îjibâl Nôyân의 이름은 B본을 비롯한 諸寫本에는 없으며, A본에도 그의 이름 뒤에 약간의 空白이 있어 무엇인가가 누락된 인상을 준다.

289) 「툼비나 칸 紀」(A 52v)에 툼비나 칸의 넷째 아들인 Sem Qâchîun의 후손들이 Hadarkîn 종족이 되었다는 기사가 보인다. 『秘史』 46절에서는 Menen Dutum의 다섯째 아들 Qachi'un의 후손들이 Adargin 氏가 되었다고 했다. Adargin은 『親征錄』에 阿荅兒斤, 『元史』 권107 世系表(p.2702)에 阿荅里急, 『輟耕錄』에 阿大里吉歹·阿塔力吉로 표기되어 있다. Cf. Campagnes, pp.57~58.

290) Mûqûr Qûrân의 이름은 『秘史』 천호장 명단에 Qa'uran으로 나온다. 라시드 앗 딘의 설명처럼 qûrân은 몽골어 qa'uran(qag`uran)을 표현한 것으로 '줄'을 의미하며, 현대 몽골어에서는 qag`urai (Kowalevskii, Dictionnaire mongol-russe-francais, p.746 ; Lessing, Dictionary, p.910)이다. 『親征錄』(p.22)에서 칭기스 칸의 十三翼의 하나를 이룬 阿兒荅兒斤部의 수령 木忽好蘭과 같은 인물인 것으로 보인다. 그러나 王國維 校註本에는 阿兒荅兒斤으로 나와 있고, Pelliot와 那珂通世의 校訂本에는 阿荅兒斤으로 되어 있다. 혹시 王本의 것이 誤植이 아닐까 추측된다.

291) 주치의 증손자. Toqta와 연합하여 그를 킵착 칸국의 칸으로 앉혔으나 후에 그와 충돌하여 사망했다. Cf. G. Vernadsky, Russian and the Mongols(New Haven : Yale University Press, 1953), pp.174~189 ; Boyle tr., Successors, p.113, pp.125~129.

여, 현재 그 나라에서 그들은 극도로 분산되어 있다. 이곳에 있던 부쿠리 (Bûkûrî)가 무쿠르 쿠란의 손자였다.

쭈리야트 종족[292]

이 종족은 툼비나 카안의 일곱째 아들인 두르바얀(Durbâyân)의 후손이며, 그들을 자지라트(Jâjîrât)라고도 부른다. 칭기스 칸의 시대에 [42r]「42v」그와 심하게 대립하고 저항하였으며, 몇 차례 복속했다가 다시 적들과 연합했다. 당시 그 종족의 유명한 수령들 가운데 하나가 자무카 세첸이었다. 그를 '세첸'[293]이라고 부르는 이유는 매우 총명하고 간사하였기 때문이다. 칭기스 칸은 그를 의형제라고 불렀지만, 그는 항상 그에게 속임수와 배반과 간계를 부렸고 군주권을 손에 넣으려고 노렸다. 메르키트의 군주였던 톡타이 베키가 이 자무카를 급습하여 그의 재산을 모두 빼앗아갔다. 그는 한동안 30명의 누케르와 함께 숨어 다녔고, 그 뒤 극도의 절망과 곤경에 처하자 전갈을 보내 "나의 아버지 톡타이 베키에게 귀순하고 복속하여 그에게 노고를 다하겠습니다"라고 했다. 톡타이 베키는 이를 받아들여 그를 용서해 주었고, 그는 휘하에 들어가 한동안 그를 모셨다. 그는 간계에 대단히 능했기 때문에 톡타이 베키의 아미르들에게 항상 화려하고 부드러우며 반들반들한 말들을 했다.

하루는 참새 한 마리가 풀숲에 새끼를 낳은 것을 보고 그곳에 표시를 해 두었다. 다음날 여러 아미르들과 함께 그곳에 가서 "작년에 내가 이곳을 지나갔었는데 메추라기 하나가 이 풀섶에 둥지를 틀었다. 올해도 둥지가 있는

---

292) 『秘史』의 Je'üred, 『元史』의 照列 · 召烈台 · 召兀列亦惕 · 徹兀臺, 『親征錄』의 照列. 『秘史』 43절에 의하면 이들은 보돈차르의 妾生인 Je'üredei의 후손들이며, 이미 他人의 아이를 임신하고 있던 부인이 보돈차르에게 와서 낳은 아들의 이름이 Jajiradai이며 그의 후손이 Jadaran 氏가 되었다고 했다. 그리고 이 Jadaran 氏에 속한 인물이 바로 자무카였다. 그러나 라시드는 이미 A : 37r에서 자무카가 Jâjîrât 종족의 수령이라고 언급한 바 있어, Jûrîyât와 Jâjîrât를 동일한 집단으로 보고 있는 듯하다.

293) 몽골어에서 sechen은 '현명한, 똑똑한'을 의미한다.

지 또 새끼를 낳았는지 아닌지 봐야지!"라고 말했다. 그는 가까이 다가가서 메추라기가 풀섶에서 날아오르는 것과 바로 그곳에 둥지와 새끼가 있는 것을 보았다. 그들은 그의 이야기를 믿었고 매우 놀라서 "얼마나 총명하고 똑똑하면 풀섶 하나를 작년부터 올해까지 틀리지 않고 기억할 정도인가?"라고 말했다. 이러한 간계들로 톡타이 베키와 그의 아미르들에게 자신의 지위를 분명히 인식시켰다.

하루는 그가 간계를 생각해 내었다. 새벽에 아직 톡타이 베키가 일어나지 않았고 그의 케식들도 주의를 풀고 있을 때였다. 아무도 [그렇게] 일찍은 그에게 가지 않는 것이 관례였는데, 그는 서른 명의 자기 누케르들과 함께 갑자기 톡타이 베키의 천막으로 갔다. 그의 주위에는 아무도 없었기 때문에, 톡타이 베키는 매우 두려워하며 그 상황에서는 [누군가] 원하기만 하면 [어떤 일이든] 할 수 있을 것이라고 생각했다. 자무카가 말하기를 "당신의 케식은 아주 엉터리이고 주의를 게을리 하고 있다. 어째서 당신을 보호하지 않는 것인가? 나는 그들이 주의하며 [당신을] 보호하고 있는지 아닌지 [확인하기 위해서] 일부러 이렇게 온 것이다"라고 했다. 톡타이 베키는 두려워졌고 이 사태의 의미를 알게 되었다.

그[=자무카]는 이에 대해 거듭해서 사과와 변명을 하고 용서를 빌었지만, 톡타이 베키는 크게 두려움을 느꼈다. 그는 그들의 관습대로 황금의 술잔에 대고 맹서를 하며 쿠미즈를 땅에 뿌리고는, "너의 모든 家財와 留守陣을 돌려주겠다. 앞으로 나는 너에 대해 어떠한 배신과 악행도 하지 않겠다"고 했는데, [이는] 그같은 경우에 [자무카가] 그를 죽이는 일이 없도록 하기 위해서였다. 그러자 자무카는 그 일에 대해 용서를 구했고, 그[=톡타이 베키]가 취했던 모든 것을 다 되돌려받을 때까지 그를 모셨다. [그리고는] 어느 날 자기의 집과 목지로 가 버렸다.[294]

그 뒤 그는 여러 차례 칭기스 칸으로부터 도망쳐 적대했고, [칭기스 칸의] 적인 옹 칸과 타양 칸에게로 갔다. 한번은 각종 몽골 출신의 많은 종족들이 모여서 그를 군주로 추대하고 '구르 칸'(Gûr Khân)이라는 칭호를 주었다. 칭기스 칸이 그들과 전쟁을 하여, 매번 출정할 때마다 그들을 제압했다. 자무카는 칭기스 칸과 대적할 사람이 없다는 것을 깨닫고는, 자신을 군주로 추대한 누케르들을 노략하고 다시 한번 칭기스 칸과 연합했다. 그는 여러 차례 다시 반란을 일으켰으며, 칭기스 칸과 옹 칸 사이의 분란과 전쟁도 그가 일으킨 것이다.

결국 그는 도망쳤다가 바로 그의 누케르들에게 붙잡혀 칭기스 칸의 군대에게 넘겨지는 것으로 종말을 맞이하고 말았다. 그가 붙잡혔을 때, 그를 끌고 가던 [칭기스 칸의] 사신들의 면전에서 "나의 의형제가 머리 뒤에서 눈짓을 보내 [나의 누케르들을] 처형하는 일을 잘 처리할 것이다"라고 말했다. 그를 붙잡아 칭기스 칸의 어전으로 데리고 왔을 때, [칭기스 칸은] "자무카를 붙잡았을 때 그가 무엇이라고 하던가?"라고 물었다. [사신들이] 그의 말을 되풀이하자, 칭기스 칸은 그것이 무엇을 의미하는지 알았다. 이 말의 뜻은 "누케르들이 주군인 나를 붙잡고 나에게 충성하지 않았으니, 누구에게 그렇게 하겠는가?"라는 것이다. 칭기스 칸은 [42v]「43r」60명을 헤아리는 그의 친족과 사촌들 가운데 그를 붙잡은 30명의 누케르를 갈라서 그 모두를 처형시키도록 명령했다. 나머지 30명은 [그에게] 투항하고 복속했다. 그들의 수령은 울룩 바하두르(Ûlûk Bahâdur)였는데 지위가 높아졌고 중요한 인물이 되었으며 훌륭한 공을 세웠다.

[칭기스 칸은] 자무카를 의형제라고 불렀기 때문에 그를 죽이기를 원치 않았다. [그래서] 그와 친분이 있던 자기 조카 알치다이 노얀(Alchîdâî Nôyân)[295]에게 그를 누케르·家財들과 함께 사여해 주었는데, 알치다이는 며칠 뒤에 그를 죽여 버렸다.[296] 전하는 바에 의하면, 알치다이는 그의 신체를

---

294) A·B 모두 원문은 bâ khâne wa yûrt-i khôd raft로 되어 있어 '자기의 집과 목지와 함께 가 버렸다'이나, 의미가 통하지 않아 露譯本과 마찬가지로 bâ를 be로 이해했다.

한 부분씩 자르라고 지시했다. 그[=자무카]는 "그대가 옳다. 내가 승리를 거두었다면 그대를 조각조각 내려고 생각했었다. 승리는 그대가 거두었으니 빨리 나를 조각내라!"라고 말하면서 재촉했다. 그는 자신의 관절을 그들에게 보이며 "여기를 잘라라!"라고 하면서 아무 것도 두려워하지 않았다.

이 종족의 수령들 가운데 역시 칭기스 칸의 시대에 칼리쿠다르 (Qâlîqûdar)[297]와 울룩 바하두르와 마구이 야다가(Mâĝûî Yâdâĝâ)[298]와 타가이 달루(Ṭaĝâî Dâlû)가 있었다. 그들이 심하게 적대하여 칭기스 칸은 그들 중 많은 사람을 죽였기 때문에 소수만이 [살아] 남았다. 오늘날 이란 땅에는 아라 티무르 바우르치(Arâ Tîmûr Bâûrchî) 천호장과 그의 형제인 자지라타이 키란(Jâjîratâî Qirân)이 있다.

칭기스 칸과 타이치우트 종족이 불화하던 초기에, 자무카 세첸의 친족 가운데 테구 다차르(Tegû Dachar)[299]라는 사람이 있었다. 그는 잘라이르 종족 출신이고 칭기스 칸의 노비였던 주치 타르말라(Jôchî Tarmala)[300]의 집으로 가서 약탈했는데, 주치 타르말라는 그를 활로 쏘아 죽였다. 그런 이유로 자

---

295) 칭기스 칸의 동생 Qachi'un의 아들. 『秘史』에 Alchidai, 『元史』에는 按赤帶, 按赤台, 安赤台, 按只吉歹 등으로 표기되어 있다. 또한 여러 史料에 그의 이름이 잘라이르 部의 Eljigidei와 혼동되어 사용되기 때문에 유의할 필요가 있다.

296) 『秘史』에 의하면 칭기스 칸이 자무카를 죽이기를 원치 않은 것은 사실이었다. 그러나 『集史』에서와는 달리 결국 그의 처형 명령을 내린 것은 칭기스 칸이었다.

297) 『秘史』 183절의 Je'üriyed 氏의 Qali'udar.

298) A : Ĝâĝûî wa Yâdâĝâ ; B : Ĝâĝûî wa Yâdâĝâyâ. 라시드는 앞에서 그의 이름을 Mâĝûî Yâdâĝâyâ라고 했다. 따라서 이는 Mâĝûî Yâdâĝâ로 교정되어야 옳을 것이다. Cf. Camapgnes, pp.143~144.

299) 『秘史』에는 '자무카의 동생 타이차르'(Jamuqa-yin de'ü Taichar)로 되어 있고, Altan Tobchi에는 Jamuqa-yin degüü Taichar로 되어 있다. 그러나 『元史』(p.3)와 『親征錄』(p.14)에서는 '札木合部人 禿台察兒'라고 했다. Pelliot도 지적하였듯이 Tegûdachar/Tegûdecher의 tegû는 tegü 〉te'ü 〉tüü로 발음되며 禿台察兒(*Tü Taichar)의 禿은 그 音價를 나타낸 것으로 보인다. 학자들은 모두 『集史』・『元史』・『親征錄』의 撰者들이 de'ü(弟)를 오해하여 Tegû나 禿으로 표기한 것으로 간주하지만(Cf. Campagnes, pp.29~31 ; 村上正二, 『秘史』, 卷1, p.272 ; 『元史』, p.26, 校勘記 註4), 『秘史』 201절에 자무카가 죽음을 앞두고 칭기스 칸에게 자신은 '동생들도 없다'고 말한 것을 생각해 보면, 128절의 Jamuqa-yin de'ü Taichar를 오히려 Jamuqa-yin Te'ü Taichar로 읽을 가능성도 배제하기는 어렵다.

무카는 자지라트 종족과 함께 타이치우트 및 다른 종족들과 연합하여 칭기스 칸과 전쟁을 시작하였는데, 이는 紀傳에 나오는 바이다. 또한 칭기스 칸의 시대에 이 종족 출신의 대아미르가 하나 있었는데 코샤울(Qôshâûl)이라는 이름이고, 형제가 하나 있었는데 주숙(Jûsûq)이라는 이름이었다. 칭기스 칸이 키타이와 주르체 지방을 정복하고 그 지방과 백성을 보호하기 위해 군대를 그 경계에 주둔시켰을 때, 그들 둘 다 민첩하고 용맹하였기 때문에, 각 십호로부터 두 명씩 차출하여 세 개의 천호를 만든 뒤 그들에게 주고 그 지방을 그들에게 위임했다. 코샤울의 이름은 그 전에는 다른 글자였으나, 십호마다 차출한 병사들의 집단을 그에게 주었기 때문에, 그 뜻에서 파생된 이런 이름을 붙여 준 것이다.[301]

칭기스 칸이 발주나(Bâljîûna)에 있을 때 사방에서 군대가 모였는데, 주치 카사르는 그 전에 그로부터 떨어져 나갔다. 옹 칸의 군대가 그의 家財와 무리와 가축들을 약탈하자 그는 소수의 사람들과 함께 도망쳐 도중에 시체를 먹으면서 (와서) 칭기스 칸과 합류했다. 칭기스 칸은 옹 칸의 경계심을 풀게 하기 위해 주치 카사르의 말이라고 하면서, 주리야트 종족 출신의 칼리우다르와 우량카트 종족 출신의 차우르가 일라가난(Châûrğâ Îlâğânân)[302]—그를 차우르(Châûr)라고도 불렀는데, 이 말은 '체머리를 떠는 사람'을 뜻한다. 그는 항상 머리를 떨었다.[303]—의 입을 통해 전갈을 보냈다. 그는 "주치 카사르의 말이라며 (이렇게) 말하라. '나의 형인 칭기스 칸을 쫓아가서 그와 합류하려고 무진 애를 썼으나, 그의 종적을 찾을 수 없고 길을 찾을 수 없다. 지금

---

300) 『秘史』의 Jöchi Darmala. 『親征錄』(p.15)과 『元史』(p.4)의 搠只.

301) qôshâûl은 투르크어 qosh-('합치다, 통합하다' : Clauson, *Etymological Dictionary*, pp.67~671)의 파생어로 보인다. Cf. Doerfer, *Elemente*, vol. 1, pp.437~438. 露譯本에서도 이같은 어원을 지적하면서 qôshâûl의 뜻을 '갈대로 만든 담장으로 둘러싸인 유목민들의 천막 그룹'으로 이해했다.

302) 그러나 라시드 앗 딘은 앞에서 Châûrğâ Îlâğân이라고 했다.

303) 『秘史』에서 cha'ur라는 말은 '出征, 襲擊'의 의미로만 사용되었을 뿐이며, 이 말에서 '흔들다, 체머리를 떨다'는 의미는 찾을 수 없다. Cf. *Campagnes*, pp.58~59.

숲이 나의 집이고 흙더미가 나의 베개이다. 만약 은사를 베풀어 처자식과 종족과 집을 내게 되돌려준다면 귀순하러 가겠다"라고 말했다.

그들이 이 말을 옹 칸에게 전해 주자 그는 기뻐하며 믿었다. 맹서를 하기 위해 소뿔에 약간의 피를 묻혀, 이투르겐(Îtürgân)[304]이라는 이름의 자기 사신에게 [주고], 그들과 함께 보냈다. [이에 앞서] 칭기스 칸은 그 [사신]들을 보낸 뒤 즉시 그 뒤를 쫓아 군대를 이끌고 밤낮을 가리지 않고 갔었다. 두 명의 사신이 이투르겐과 함께 왔을 때 멀리서 칭기스 칸의 깃발을 보았다. [그들은] 이투르겐이 사태를 깨닫고 도망쳐 소식을 알릴까 두려워했다. ……[305] 그들 중 하나가 말에서 내려 "내 말의 발굽 틈 사이에 무엇인가가 들어갔다"고 말하면서, 말의 앞발을 이투르겐의 손에 쥐여주고 [그로 하여금] 살펴보고 매듭을 푸는 핀으로 [말발굽을] 깨끗이 하여 그 일에 정신이 없도록 만들었다. 잠시 동안 이러한 핑계로 그를 바쁘게 했다. [43r]「43v」 [그러는 사이에] 칭기스 칸이 가까이 와서 이투르겐을 붙잡아 留守陣에 남아 있던 카사르에게 보낸 뒤, 그 두 명의 사신을 길잡이[306]로 앞세우고 불시에 옹 칸을 덮쳐 그들의 군대를 분쇄한 것이다.

부다트 종족[307]

이 종족은 툼비나 칸의 다섯 번째 아들인 바트 쿨키(Bât Külkî)에게서 분파되었다. 칭기스 칸의 시대에 그들의 수령은 우리다이(Ûrîdâî)였다. [칭기스

---

304) 『秘史』 184절의 Itürgen.

305) 原缺.

306) 원문은 qulâûûzî. 이는 투르크어의 qulawuz(Clauson, *Etymological Dictionary*, pp.617~618)에서 나온 것이지만, Steingass의 사전에도 등록되어 있다.

307) 『秘史』 46절에 의하면 Menen Dutum의 여섯째 아들인 Qaraldai의 자식들이 Buda'ad 氏가 되었다고 하며, '쌀(buda'an)'을 저어 놓은 것같이 두서가 없었기 때문에' 이름을 Buda'ad라고 지었다고 했다. 『親征錄』에서 不荅合(*Campagnes*, p.36)으로 표기되어 있다(王國維는 이를 不荅安으로 바꾸었다).

칸이] 타이치우트와 전쟁할 때 그와 연합했고, 그의 군대의 일부를 이루었다. 그들 출신의 많은 아미르들이 있었고 또 [지금도] 있지만, 현재 알려지지 않는다.

두글라트 종족[308]

그들은 툼비나 칸의 자식들 가운데 여덟 번째인 부울자르(Bûûljâr)라는 사람에게서 분파되었다. 칭기스 칸이 타이치우트와 전쟁을 하고 있을 때, 이 종족은 칭기스 칸과 연합했고 그의 군대의 일부를 이루었다. 그러나 그 당시 그리고 지금 그들의 아미르들 가운데 중요하고 유명한 사람은 아무도 알려지지 않는다.

베수트[309] 종족

이 지파는 툼비나 칸의 아홉 번째 아들인—형제들 가운데 가장 어린—키타타이(Khitatâî)라는 사람으로부터 생겨났으며, 그들 출신 가운데 아미르와 대인들이 매우 많았다. 처음에는 칭기스 칸과 대적했지만, 그 뒤 일부는 복속하여 공로를 세웠다. 몽골의 관습으로는 막내 아들을 '옷치긴'(ôtchigîn)이라 불렀는데, 그 까닭은 그가 집안에 머물러 있고 또 불이 집안생활의 중심이었

---

308) 『秘史』 46절에는 Menen Dutum의 막내 아들 Nachin Ba'atur에게 Doğoladai라는 이름의 아들이 있다는 기사가 있어, Doğolad 氏가 그의 후예임을 시사하고 있어 『集史』와는 차이를 보인다. 이 집단은 차가타이 칸국 분열 이후 천산 북방을 근거로 성립된 모굴 칸국에서 Duğlât라는 이름으로 최대의 세력을 이룬다. Muḥammad Ḥaydar Mîrzâ의 Târîkh-i rashîdî에는 이 종족의 역사가 자세히 서술되어 있다. Cf. E. D. Ross tr., A History of the Moghuls.

309) A·B 모두 Îisût로 표기되어 있지만 Bîsût의 誤寫로 보인다. 『元史』의 別速. 『秘史』 47절에는 Charaqai Lingqu가 형수를 부인으로 맞아 낳은 아들이 Besütei이고 그의 후손들이 Besüd 氏가 되었다는 기사가 보인다.

기 때문이다. 칭기스 칸의 일족이 '야살'(yâsâl)[310]을 처리(yâsâmîshî)할 때—
'야살'은 그들의 관습과 규범을 올바로 준행하는 것을 뜻한다—그러한 문제
에 관해서는 이 종족에게 물어보고, 무당들은 그들의 관습에 따라 처리한다.

칭기스 칸의 시대에 이 종족 출신의 유명 인사들 가운데 하나가 제베[311]였
는데 그의 이야기는 다음과 같다. 이 종족이 칭기스 칸에게 대항하였을 때,
〔그는〕 그들을 제압하고 그들의 家財를 약탈했다. 일부는 도주했는데 그 무
리 속에 제베가 있었다. 하루는 칭기스 칸이 사냥을 하고 있었는데, 제베가
포위망(jerge)[312] 안에 갇히게 되었다. 칭기스 칸은 그를 알아보고 그와 싸우
려 하였지만, 보코르치 노얀이 "내가 그와 싸우러 가겠소!"라고 말했다. 그는
칭기스 칸으로부터 '차간 아만 쿨라'(chağân amân qula), 즉 입이 하얀 말[313]
을 빌려서 그것을 타고 싸우러 나갔다. 〔보코르치가〕 제베를 향해 활을 쏘았
으나 빗나갔다. 제베가 활을 쏘았는데 〔보코르치의〕 말에 맞았다. 〔말은〕 쓰
러져 죽었고 제베는 도망쳤다. 얼마 지난 뒤 그는 힘도 떨어지고 도움도 찾
을 수 없게 되자 돌아와 투항했다. 그는 용맹한 사람이었으므로 칭기스 칸은
그에게 십호장의 직책을 주었다. 그가 봉사를 잘 했기 때문에 백호장에 임명
되었고, 분발하여 헌신했기 때문에 천호장이 되었다. 그 뒤 그에게 만호장의
직책을 주었다. 오랜 동안 〔칭기스 칸의〕 휘하에서 근시로 있었으며, 원정에
참가하여 훌륭한 공로를 세웠다.

타양 칸의 아들 쿠쉴룩 칸이 칭기스 칸과 전쟁을 한 뒤 도망쳐서 투르키스

---

310) yasal은 몽골어의 jasal에 해당되며, Kowalevskii(*Dictionnaire mongol-russe-français*, p.2270)에 의
하면 이는 改正, 準備, 整頓의 뜻을 지니고 있다. 그런데…『秘史』 194절에 사용된 이 단어는 '法度'로
방역되어 있다.

311) 『親征錄』의 哲別, 『元史』의 哲別·遮別·者必 등 다양한 字面으로 표기되었다. 그의 이름의 연유에 대해
서는 A : 38v의 내용을 참조하시오.

312) 현대 몽골어에서 jerge는 '種類, 序列, 順序' 등을 의미하고, 『秘史』에도 '班列, 次序, 列位, 列, 次' 등으로
旁譯되고 있다. 그러나 여기서는 동물이나 적을 포획하기 위하여 만드는 '포위망'을 의미한다. 이에 대
해서는 Doerfer, *Elemente*, vol. 1, pp.291~293을 참조하시오.

313) 『秘史』 147절에도 aman chağan qula라는 표현이 보이는데, 이는 '입이 하얀 黃馬'이다.

탄과 하중 지방으로 카라 키타이의 군주인 구르 칸에게 갔다. 〔쿠쉴룩은〕 그의 딸과 혼인했다. 그 뒤 그는 나이만 지방으로 〔43v〕「44r」 와서 군대를 모아 구르 칸에 대항해 음모를 꾸몄다. 그리고는 군대를 끌고 가서 그를 붙잡아 죽이고 그 자리에 앉았다. 紀傳에서 설명되듯이 이러한 일들로 7년의 기간이 지나갔다. 칭기스 칸은 제베를 군대와 함께 보내서 쿠쉴룩을 내쫓았고, 패배한 그〔즉 쿠쉴룩〕은 바닥샨 경계로 갔다가 거기서 피살되었다.

이 소식이 칭기스 칸의 어전에 전해지자 그는 제베에게, 쿠쉴룩을 내쫓아서 커다란 승리를 거두었다고 자만하지 말라면서, "옹 칸과 타양 칸과 쿠쉴룩과 다른 사람들의 자만으로 인해 우리가 그들을 제압할 수 있었기 때문이다"라는 말을 전달해 주었다. 〔과거에〕 제베가 그 쿨라 말을 활로 쏘아 죽였을 때, 그리고 투항하러 왔을 때, 그는 무릎을 꿇고 "쿨라 말을 죽인 것이 저의 죄라는 것을 압니다. 만약 칭기스 칸께서 저를 용서하시고 은사를 베푸신다면, 수많은 그런 말들을 어전으로 갖고 오겠습니다"라고 말했는데, 그 뒤 쿠쉴룩과의 전쟁에서 돌아올 때 그 지방에서 1천 마리의 입이 하얀 쿨라 말을 끌고 와서 헌물로 바쳤다.[314]

칭기스 칸이 발흐(Balkh)와 탈리칸(Tâliqân)[315] 지방에 있을 때 그를 수베데이와 잘라이르 출신의 부르케(Bûrke)[316]와 함께 군대를 대동시켜 그 지방으로 파견했다. 도중에 부르케[317]는 죽었다. 그들은 밖으로 나와 이라키 아잠('Irâq-i 'Ajam)의 몇몇 도시들을 정복하고 파괴와 약탈을 행했으며, 거기서 구르지스탄(Gurjistân)과 티플리스(Tiflîs)[318] 지방으로 갔는데, 엄청나게 많은 구르지(Gurjî) 사람들[319]이 모여 전쟁을 하러 왔다. 제베는 수베데이를 군대

---

314) tekeshmîshî karde.
315) 현재 아프가니스탄 동북부 쿤두즈 동쪽에 있는 地名.
316) A본에는 點이 찍혀 있지 않고 B본에는 Nûrke로 되어 있어 露譯本에서는 이를 취하였으나, 앞의 「잘라이르 志」(A : 15r)에서 Bûrke로 되어 있어 이를 따랐다.
317) A · B 모두 Nûrke로 되어 있다.
318) Gurjistân은 오늘날의 Gruziya 지방을 가리키고, Tiflîs(=Tbilisi)는 거기서 가장 큰 도시이다.

와 함께 보내 그들과 맞서도록 했고, 자신은 5천 명의 용사들과 함께 매복했다. 수베데이가 일부러 도망치자 구르지 사람들은 그를 추격해 왔고, 제베는 매복한 곳에서 측면에서 모두를 죽였다. 대부분의 전투에서 그들의 관행이 그러했다. 그들은 거기서 돌아와 鐵門關[320]을 거쳐 밖으로 나왔는데, 데르벤드의 주민들은 糧食[321]을 갖고 나와 투항했다. 그곳을 지나 러시아 지방으로 갔는데, 도중에 모든 지역을 파괴하고 약탈했다. 그들은 3년 안에 그 일을 마치기로 칭기스 칸과 약속했는데 2년 반 만에 이루었다.

제베의 아우들 가운데 뭉게두 사우르(Mûngedû Sâûr)가 톨루이 칸의 휘하에 있었다. 그에게 7명의 자식들이 있었는데, 작은 [아들]이 우루스(Ûrûs)라는 이름이었고 훌레구 칸의 휘하에서 箭筒士 親衛(kezîk-i qôrchî)의 직분으로 이곳에 왔으며, [다른] 형제들은 저쪽에 있었다. 아바카 칸을 후라산 지방으로 파견했을 때, 우루스를 四케식의 아미르로 임명하고 대인의 직분을 주었다. 아바카 칸이 제왕이 되어 후라산에서 돌아오자, 우루스를 돌아오게 하여 헤라트(Herât)[322]와 바드기스의 경계를 수비하도록 파견했고, 그 지역과 요충(sûbîe)[323]의 군대를 그에게 맡겨서 그곳에 주둔하도록 했다. 2년 뒤 툽신(Tûbshîn)을 그 방면으로 파견하였는데, 그는 거기서 많은 노력을 기울이고 애를 썼다. 네구데르(Negûder) [휘하]의 지역과 종족을 주륙하고 준지다르(Jûnjidar)와 수많은 포로들을 데리고 왔는데, 아바카 칸의 명령에 따라 도중에 모두 도살했다. 그때 쿠투이 카툰[324]이 [아무다리야] 강을 건넜는데, 우

---

319) A · B 모두 Gurjistân으로 되어 있으나 露校勘本처럼 Gurjiyân으로 바뀌어야 옳을 것이다. Gurji 人은 오늘날의 그루지아 人에 해당된다.

320) 원문은 Tîmûr Qahalqa인데, 현재 카스피 海 西岸의 Derbend가 이곳에 해당한다.

321) A · B 모두 turğû로 표기되어 있으나 tuzğû가 되어야 옳을 것이다. tuzğu는 투르크어에서 '여행자들에게 선물로 갖다 주는 糧食'을 의미한다. Cf. Clauson, *Dictionary*, p.573. 우구데이 카안은 카라코룸 근처에 Tuzğû Bâlîq(A : 146v에도 Turğû라고 되어 있다)를 지은 바 있다. Cf. Boyle tr., *Successor*, p.64.

322) 아프가니스탄의 서북부에 위치한 地名.

323) 이 단어는 앞에서 설명했듯이 몽골어의 sübe를 나타낸 것이며, '關口, 要衝'을 의미한다. 露譯本에서는 이를 固有地名으로 오해했다.

루스가 그 일을 처리함에 있어 [그녀를] 정성껏 모시고 호위하여 투스까지 왔으며 필요한 것들을 잘 해드렸다. 그는 바락과의 전투 이후 사망했다.

그의 아들들로는 아바카 칸의 시대에 카라타리(Qarâtarî)와 아바치(Abâchî)가 있었다. 카라타리의 자식들 가운데 현재 하르반데(Kharbande)가 있고, 아바치의 자식들 중에는 장기(Zangî) 천호장과 힌두 바우르치(Hindû Bâûrchî)가 있다. 제베의 자식들 가운데는 순쿠순(Sunqûsûn) 천호장이 있었다. 현재 그의 아들인 카라(Qarâ)가 있고,[325] 올자이 카툰[326]의 가복들인 장기와 이집트에 사신으로 갔던 그의 형제 바하두르(Bahâdur)가 있다. 제베의 친족과 사촌들이 오늘날 카안의 휘하에 대단히 많다.

대아미르이며 장관이던 카단(Qadân), 비틱치들의 대인이었던 노카이(Nôqâî), 그리고 바이주 노얀(Bâîjû Nôyân) 등도 역시 베수트 출신이다. 바이주는 제베의 친족이다. 우구데이 카안은 그를 초르마군과 함께 [이곳으로] 파견했는데, 그는 천호를 관할했고 그 뒤에는 만호를 관할했다. 바이주는 룸을 복속시켰는데, 그것으로 인해 "룸을 내가 복속시켰다"고 하며 오만함을 보여, 홀레구 칸이 그를 불러들여 죄를 물어 처형시키고 그의 재산의 반을 취했다. 그리고 그 만호를 뭉케 칸의 칙명으로 초르마군의 아들 [44r] 「44v」 시레문(Shîrâmûn)에게 맡겼다. 바이주 노얀의 아들은 아닥(Adak)[327]이었는데 천호를 관할했다. 아닥의 아들인 술레미시(Sûlâmîsh)는 룸에 있었는데 이 슬람의 제왕—알라께서 그의 통치를 영원케 하시기를!—께서 그에게 은사를 베풀어 5천 명의 기병을 주고 그곳의 만호장으로 삼았다. [그러나] 그는

---

324) 홀레쿠 칸의 부인.

325) A·B의 원문은 pesar-i û Qarâst로 되어 있는데, Roshan처럼 pesar-i û Qarâ [a]st로 읽는 것이 옳을 듯하다. 露譯本에서는 Qarâsut로 읽고 이를 하나의 人名으로 보았다.

326) 홀레쿠 칸의 부인. 露譯本에서는 그녀가 Zangî의 부인이라고 하였는데, 이는 原文을 잘못 끊어 읽었기 때문에 생긴 오해이다.

327) A·B의 원문에는 Aûk처럼 보이나 Adak으로 읽어야 할 것이다. 「수니트 傳」에도 바이주 노얀의 아들은 Adak으로 되어 있다.

변심하여 바얀차르(Bâyânchar)와 부지쿠르(Bûjiqûr)를 죽였고, 그 죄로 인하여 처형되었다. 그 사건의 정황은 〔뒤에서〕 설명될 것이다.

칭기스 칸이 타양 칸과 최후의 전투를 치를 때, 제베와 바룰라스 종족 출신의 쿠빌라이를 선봉에 세워 파견했다. 또한 두 번째로 제베를 군대와 함께 키타이와 주르체 나라—퉁깅(Tûngîng)[328]이라 부른다—로 파견했다. 그는 포위하지 않고 갑자기 철군하여, 그들〔=퉁깅의 주민들〕이 안심할 수 있도록 열흘 거리의 50파르상[329]까지 왔다. 〔그 뒤〕 留守陣을 남겨 두고 다시 회군하여 전속력으로 달려가 도시에 도착했더니 그들은 무방비 상태였다. 그러한 계략으로 도시를 점령했다.

이 종족 출신으로 두 명의 중요한 아미르가 있었는데 데게(Degâ)와 쿠추구르(Kûchûr)[330]이다. 그들에 관한 이야기는 다음과 같다. 그들이 타이치우트 종족과 함께 있었을 때, 그들의 아버지와 형·아우가 죽음을 당했다. 바이다르 카툰(Bâîdar Khâtûn)[331]이라는 이름을 가진 그들의 어머니가 아들들을 염려하였는데, "〔칭기스〕 카안은 약자들과 고아들을 잘 돌보아 준다"는 소문을 듣고, 그러한 희망으로 그들 둘을 끌고 카안의 어전으로 데리고 와서 그의 은사를 입게 되었다. 그는 쿠추구르에게 천호를 주고 바이다르 카툰을 '타르칸'으로 만들었으며, "고아들은 타르칸의 대우를 받도록 하라!"고 지시했다. 데게를 아크타치로 명하여 '수단 우둔'(sûdân ûdûn),[332] 즉 그의 御位 馬群을 관할하도록 했고, 쿠추구르(Kûchûgûr)에게는 말젖을 짜도록 하였으

---

328) 金朝의 東京, 즉 현재 遼陽을 가리킨다.

329) 약 280km.

330) 『秘史』에는 이 두 사람의 이름이 Degei와 Küchügür이고 형제간으로 되어 있다. Degei는 qonichi(양치기)이고 Küchügür는 mochi(목수)였으며, 둘 다 87명의 천호장 명단에 포함되어 있다. A·B 원문에도 처음에는 Kûchûr라고 표기되다가 뒤에서는 Kûchûgûr로 바뀌어 표기되어 있다.

331) A본의 표기가 불분명하여 B본을 따랐다.

332) 이는 몽골어의 sutun adu'un을 옮긴 말이기 때문에, sûtûn adûn으로 표기되었어야 마땅하다. su'u 혹은 sutu는 '洪福'을 의미한다(『秘史』272절). 즉, sutun adu'un은 〔카안의〕 洪福을 지닌 말떼'를 뜻한다.

며, 바이다르 카툰에게는 쿠미즈를 관할토록 했다.

데게[333]의 아들은 우두이(Ûdûî)였는데, 현재 카안의 어전에서 칭 티무르(Chîng Tîmûr)의 휘하에 있으며 만호장이고 많은 자식들을 두었다. 쿠추구르의 아들 가운데 하나가 부르테친 코르치(Bûrtechîn Qôrchî)였는데, 톨루이칸의 케식의 아미르였다. 〔또〕 하나가 쿠틸라 코르치(Qûtîlâ Qôrchî)인데 천호를 관할했다. 그의 아들 차르 부카(Châr Bûqâ)는 쿠빌라이 카안에게 속해 있다. 그의 아들 기우히(Gîûkhî)[334]는 말릭 티무르의 아들인 밍칸 쿠둔(Mingqân Kûdûn)[335]에게서 사신으로 이곳에 왔었다.

수켄 종족[336]

그들 역시 니르운 종족 집단에 속한다. 칭기스 칸이 타이치우트 종족과 전쟁을 하고 군대를 모으던 초기에, 이 종족은 그의 친족이기 때문에 그와 연합했다. 그들의 수령의 이름은 알려지지 않는다.

킹키야트 종족[337]

역시 니르운 집단에 속하며, 칭기스 칸이 타이치우트 종족과 전쟁을 시작했던 그때에, 이 종족 역시 〔칭기스 칸의〕 친족이었기 때문에 그의 휘하로 왔고

---

333) A · B : Dege.

334) A · B 모두 Gîûhî로 되어 있으나, 이미 앞에서 Gîûkhî로 표기되었기 때문에 이를 따랐다.

335) 그의 이름은 앞에서는 Mingqân Kûn으로 표기되었다.

336) 『親征錄』(p.28)에 의하면, 共吉牙部의 塔降吉拔都가 雪干札剌吾思를 이끌고 十三翼의 一翼을 이루었다고 한다. 『集史』(A : 71r)에는 第12翼에 니르운의 Qîngqîyât 종족의 Dâqî Bahâdur, 니르운의 Sûkân 종족이 포함되었다는 기록이 보인다. 共吉牙가 Qungqiyât, 塔〈降〉吉拔都가 Dâqî Bahâdur, 雪干이 Sûkân에 상응함은 분명하다. 札剌吾思는 Pelliot도 지적했듯이 '젊은이'를 뜻하는 jala'u의 복수형으로 보이며, Sükän Jala'us는 '수켄(部)의 젊은이들' 정도의 의미로 추측된다. Cf. *Campagnes*, pp.126~130.

337) 前註 參照.

그의 군대의 일부를 이루었다. 그들의 수령의 이름은 다키 바하두르(Dâqî Bahâdur)였다. 그들에 관한 다른 이야기들은 각각 적당한 곳에서 나올 것이다.

귀족 몽골인(Moğûlân-i khâṣṣ)의 종족과 여타 몽골 종족들의 지파 및 몽골과 비슷한 무리들, 키타이와 탕구트와 위구르와 기타 종족들의 정황에 관해 상세한 설명을 한 까닭은 그들의 역사와 이야기가 칭기스 칸의 시대에 나오기 때문이다. 〔칭기스 칸은〕 군주가 된 초기에 그 종족들을 지고한 주님의 가호로써 자신의 명령을 받게 했고, 모두를 자신의 노비와 군대로 만들었다. 세심하고 면밀한 조사를 통해서 알려진 것들을 글의 형태로 기록함으로써, 어떠한 종족과 어떠한 지파가 있는지, 그 각각이 어떠한 방식으로 분파되었는지, 각 종족의 특징과 관습은 어떠했는지, 그들의 목지〔44v〕「45r」와 거주지는 어디에 있었는지 등을 알 수 있도록 했다.

나는 이제 그들에 관한 이야기를 마쳤으니, 이 축복 받은 책을 저술하고 집필하는 목적, 즉 세계 정복의 군주 칭기스 칸과 그의 자손들, 특히 이슬람의 제왕인 술탄 마흐무드 가잔—알라께서 그의 나라를 영원케 하시기를!—의 역사를 시작하도록 하겠다. 그리고 칭기스 칸과 그의 친족과 사촌들의 각각의 지파가 어디에서 시작되어 번성하게 되었으며 그들이 분파된 정황과 그 지파들은 어떠한 상태인지에 대하여 상세하게 말하도록 하겠다.

알라! 그 분께 도움을 청하고 그에게 믿음과 희망을 바치노라! 알라께서 우리의 주인이신 예언자 무함마드와 그의 순결한 가족에게 축복을 내리시기를!

찾아보기

라시드 앗 딘의 집사 ①

부족지

2002년 9월 30일 1판 1쇄
2022년 9월 16일 1판 7쇄

지은이   라시드 앗 딘
역주자   김호동

편집·관리   인문팀
디자인   김수미
제작   박흥기
마케팅   이병규·양현범·이장열
홍보   조민희·강효원

출력   블루엔
인쇄   천일문화사
제책   책다움

펴낸이   강맑실
펴낸곳   (주)사계절출판사
등록   제406-2003-034호
주소   (우)10881 경기도 파주시 회동길 252
전화   031-955-8588, 8558
전송   마케팅부 031-955-8595 편집부 031-955-8596
홈페이지   www.sakyejul.net
전자우편   skj@sakyejul.com
블로그   blog.naver.com/skjmail
페이스북   facebook.com/sakyejul
트위터   twitter.com/sakyejul

ISBN 978-89-7196-909-0 93920